スピノザの学説に関する書簡

スピノザの学説に関する書簡

F. H. ヤコービ 著
田　中　光 訳

知泉書館

凡例

一、本訳書は Friedrich Heinrich Jacobi Werke, 6 Bde., Leipzig 1815–1825.（Photomechanischer Nachdruck Darmstadt 1968）のうちの第四巻第一部、第二部を底本とした（巻頭のケッペンの読者宛ての文と「メンデルスゾーンの非難に抗して」は割愛した）。

以下のものを参考にした。

（1）Friedrich Heinrich Jacobi, *Schriften zum Spinozastreit*, hrsg. von Klaus Hammacher und Irmgard-Maria Piske, Gesamtausgabe Werke, hrsg. von Klaus Hammacher und Walter Jaeschke Bd.1, 1., Meiner frommann-holzboog, Hammburg 1998.

（2）Friedrich Heinrich Jacobi, *Über die Lehre des Spinoza in Briefen an den Herrn Moses Mendelssohn*, Auf der Grundlage der Ausgabe von Klaus Hammacher und Irmgard-Maria Piske bearbeitet von Marion Lauschke, Felix Meiner Verlag 2000.

（3）*Die Hauptschriften zum Pantheismusstreit zwischen Jacobi und Mendelssohn*. hrsg. und mit historisch-kritischen Einleitung versehen von Heinrich Scholz, Verlag von Reuther & Reichard, Berlin 1916.

（4）*Œuvres philosophiques de F. H. Jacobi, Lettres a Monsier Moses Mendelssohn sur la doctorine de Spinoza*, traduction, introduction, notes de J.-J. Anstett, Aubier Edition Montaigne, Paris 1946.

（5）*Jacobis Spinoza Büchlein: Nebst Replik und Duplik*, hrsg. von Fritz Mauthner, Georg Müller, München 1912.

（6）*The Main Philosophical Writings and the Novel Allwill Friedrich Heinrich Jacobi*, translated with an Introductory Study, Notes and Bibliography by George di Giovanni.

一、訳注として Friedrich Heinrich Jacobi, *Schriften zum Spinozastreit Anhang* ,hrsg.von Klaus Hammacher und Irmgard-

Maria Piske, Gesamtausgabe, hrsg. von Klaus Hammacher und Walter Jaeschke Band 1, 2.を使用した。

一、スピノザの著作の訳文は岩波文庫の邦訳（畠中尚志訳）に原則的に依拠した。

一、本訳書の「スピノザの学説に関して」の七つの章分けは原典にはない。訳者の判断によって内容に従って章分けを行った。また、「第三付録」から「第八付録」には原典にタイトルは付いていない。これに関しても訳者の判断によってタイトルを付けた。

一、原文の隔字体（ゲシュペルト）、太字、斜体は傍点で示した。〔 〕は訳者の補足であり、（ ）はヤコービの言葉である。

一、本書第三版と第一版・第二版との異同については、主な箇所は＊で示した。異同の内容に関しては「本書第三版と第一版・第二版との異同について」を参照のこと。

一、ヤコービの著作『信をめぐるデイヴィッド・ヒューム、あるいは観念論と実在論』は、原文でヤコービは『観念論と実在論の対話』あるいは『観念論と実在論』などと略記しているが、本訳書では『信をめぐるデイヴィッド・ヒューム』に統一した。

一、なお、哲学文庫版（Philosophische Bibliothek. Bd.517）の編纂者マリオン・ラオシュケの編集報告は以下のようである。

「『スピノザ書簡』の「第三版」はヤコービの著作集第四巻のはじめ二部（書簡、付録）として出版された。この出版をヤコービは見ることはなかったが、しかし「メンデルスゾーンの非難に抗して」と同じく植字版の形では校閲していたのである。彼はまた「第三版」序文もまた完成することはなかった。それゆえこの序文は日付がつけられてはいない。彼の友達であり、弟子であるフリードリヒ・ケッペンがそれをヤコービの死後、ヤコービの覚書きから編纂したのである。

『スピノザ書簡』が「第二版」で行われた新しい構成と比較して「第三版」における新しい、異なった資料で知らされる変更はあまり重大なものではない。ヤコービは、「第二版」で削除した「第一版」の最後の部分を再び取り上げた。とりわけ彼はこの「第三版」に比較的新しい文学に関係するいくつかの脚注を付け加えた。「第二版」の根本構造はしかしながら維持されている。

日本語訳への序言

一七八〇年、カントの『純粋理性批判』の出版の一年前、ヴォルフェンビュッテルで記憶すべき、極めて重要な哲学的対話の一つが行われた。対話の相手はレッシングとヤコービであり、彼らの対談のテーマはスピノザの哲学である。これら三人〔スピノザ、レッシング、ヤコービ〕の誰一人として哲学の正式な教授ではなかった。このことは会談にとって欠くことのできない重要性をもっている。ここでは典型的なスコラ哲学の問題は興味をもたれていない。だから対話が行われた状況といえば一八世紀の礼儀作法にかなった、形にとらわれない優雅さのうちに行われている。対話の最も重要な部分はヤコービの記録によれば、身支度と調髪という朝の一連の手続きの間に行われる。そうした舞台装置のなかで私たちは重要なテーマに集中することができるだろうか。もちろん――できるのである。対話の口調は時には皮肉とさえ思えるほど軽く、自由なものの考え方における相互の満足が行間においてぱちぱちと音を立てている。しかし話合われている内容は、それにもかかわらず重大なことである。

その内容はとても重大であるので、最初にヤコービとメンデルスゾーンとの間の論争にまで広がっていったのである。メンデルスゾーンはそうこうしているうちに亡くなってしまった友人レッシングのことについて、またヤコービが言ったと言われていることについて取り乱してしまう。メンデルスゾーンがスピノザの哲学を誤解していること、ヤコービがスピノザの問題においてははるかに優れた専門家であることが明らかになる。この論争の記録文書とともにヴォルフェンビュッテルの対話が一七八五年に出版された時、ドイツの知識人は自分たちが根底から震撼させられるのを目撃するのである。自作の詩『プロメテウス』がこの問題に引き込まれたゲーテは後年、自叙伝『詩と真実』の中で本物の「爆発」[1]のことを回想している。そして同様にヘーゲルもまた後になって、彼の『哲学史講義』において「青天の霹靂」について語っている。この「青天の霹靂」は一つの時代全体の精神的な風土めがけて青い空から落ちてきたのである。[2]こうしたことの後では何一つとして以前と同じではない。カントの理性批判だけでなく、カントの他の著作と『スピノザの学説に関する書簡モーゼス・メンデルスゾーン氏宛の書簡』（一七八九年の第二版では本質的な付録が増補され、一八一九年のヤコービ著作集においては第三版という形で出版された）というタイトルのヤコービの書物の公刊は一つの新しい時代を導き入れていく。

つまりドイツ古典哲学にとっても、近代哲学全体にとっても一つの新しい時代である。このことはすぐに同時代の人々には明らかになった。哲学の公の場における議論のなかでヤコービによって述べられたスピノザ・ルネッサンスとスピノザの初めての正当な評価は、すべての議論の新しい基準点を形成することになり、そこでは同時にヤコービの異論の中心的なものが映し出される。「体系と自由」と「学問と生活」は互いにどのような関係にあるのかという根本的な問いはヤコービの『スピノザ書簡』に、そしてここで叙述されている「私のスピノザとアンチ・スピノザ」という二重哲学に由来している。[一]カントと並んで、理性の限界を公に説明し、「直接知」の形で新しい実在論を論議したのはヤコービであった。そしてまた『スピノザ書簡』において個人の重要性への問いをまったく新しい形で打ち立てたのもヤコービであった。ヤコービの洞察力のある、存在論的に重要な分析は深い痕跡を残しているのである――例をあげるとすれば、レッシングとの対話における「現存在を露わにすること」という原則に沿った主張である。この主張はカント以後の論議において有名で、よく引用され、公式にまでなっている。それどころかフォイエルバッハにもこの主張は見出される。

大学の哲学の教授としてではなく、自身が自分をそう見なしているように、「哲学者になるように生まれた人間」としてヤコービは時代の影の実力者である。フィヒテはヤコービを、「カントをはるかに超えて……我々の時代の最も深遠な思想家」と評価している。(3) そしてヘーゲルは一八一九年にヤコービの死に際し、彼の友であるニートハンマーに次のように書いている。「青春時代から見上げていたこのような年老いた木が枯れてゆくのを見れば見るほど、私たちはますます取り残されたように感じてしまいます。彼〔ヤコービ〕は時代と個人の精神的教養の転回点を形づくり、私たちが私たちの存在をそこに思い描く世界のためのしっかりした支えとなる人々の一人でした」。(4) この卓越した影響史とヤコービおよび彼の主著である『スピノザ書簡』のアクチュアルな重要性を考慮にいれれば、後にヤコービの作品に対し暗い影となる激しい、しかも誤った様々な批判が投げかけられたのは本来まったく理解できないことである。非合理主義者、宗教的な「信仰哲学者と感情哲学者」として批判され、ヤコービは哲学史の項目から除外された。このことは本当に言語道断であり、前代未聞の無視であった。

けれどもこうした無視にあまりにも多くの注意を向けることはしがいのないことである—そのことは過去のことであり、今となっては完全に古びてしまった研究水準のものである。人々がヤコービを、そして特に彼の見事な『スピノザ書簡』を軽視することができた時代は決定的に過ぎ去ったのである。ドイツでは最近、彼の全集の決定版(歴史的—批判版)が編纂された。目下、彼の浩瀚な「往復書簡」の決定版の仕事が行われており、これは量的にも、質的にもその時代の最大の「往復書簡」集となる。この後でヤコービのオンライン事典のプロジェクトが着手される。

研究の進展はまた国際的な影響を示している。大きな喜びでもって、ここで『スピノザ書簡』の初めての日本語の翻訳を読者にお知らせするのを許していただきたい。田中光氏の非常に大きな業績はいくら評価してもしきれないものであり、また私はそれに感嘆せざるをえないのである。ヤコービはすでに述べたように大学の哲学者ではない。したがって彼はいかなる抽象的な（そしてそれゆえたやすく翻訳できる）概念の言葉も話さない。彼は長編小説も書いており、本当の意味での言葉の天才なのである。ヤコービは多くの言語上の表現を創造的に考案し、一八〇〇年頃の哲学的な言語に深い影響を与えた。ヤコービを翻訳することはそれゆえ計り知れない挑戦であり、この挑戦に田中氏は長年にわたる集中的な労苦を費やしたのである。それによって彼はヤコービ研究だけでなく、ドイツ古典哲学研究全体にも多大な貢献を示したのである。私は田中氏に心からこの大きな仕事のお祝いを申し上げ、また日本で『スピノザ書簡』の翻訳ができるだけ良い成功を収めることを祈っている。そしてこの翻訳を読めば、ただちに次のことが明らかになることを私は確信している。すなわち手にとっているのはカントと同等の近代で最も重要なテキストの一つなのだということが。

二〇一七年一二月二日

ビルギット・ザントカウレン
（ボーフム大学）

原注

（1）ゲーテ『詩と真実』、エーリヒ・トゥルンツ編『ゲーテ全集』第一〇巻、ミュンヘン、一九七六年、四九頁。

（2）G・W・F・ヘーゲル『哲学史講義』、エヴァ・マンデルハウアー、カール・マルクス・ミッシェル編『理論作品集』第二〇巻、フランクフルト、一九七〇年、三一六頁以下。

（3） フィヒテからラインホルト宛書簡（一八〇〇年一月八日付）ヴァルター・イェシュケ編『哲学-文学の論争』第二巻の一、六五頁。
（4）「一八一九年三月二六日の手紙」、ヨハネス・ホフマイスター編『ヘーゲル書簡集』第二巻、ハンブルク、一九六九年、二一三頁。

訳注

（一） ヤコービの二重哲学に関しては、ビルギット・ザントカウレン「特別講演 ヤコービの「スピノザとアンチ・スピノザ」（下田和宣訳）、『スピノザーナ』第13号、スピノザ協会、二〇一二年、四六—五四頁を参照。

目次

スピノザの学説に関する書簡

第I部　スピノザの学説に関する書簡

第三版序文

時間の順序に逆らい、私の著作集第四巻において初めて『スピノザの学説に関する書簡』が出版される。この『スピノザ書簡』でもって全集版を、少なくとも哲学的著作集の部分を始めてくれたら、恐らくいっそう適切だったであろう。私は断固としてそれを望み、可能な限り徹底して年代順の配列を守ることを望んできたのである。それはこの全集の第三巻を批評した人物が『ゲッティンゲン学芸報知』（一八一七年、三二号）において述べていたのと同じ理由だからである。つまり、これらすべての哲学的な著作は、全体として互いに、かみ合いながら、互いをより細部にわたり解き明かし合い、規定し合っているからである。そして年代順に配列することで、作者の考えが、どのような順序で明らかになったのかをきわめてはっきりと示し、また、一見して作者の哲学のいくつかの主要な要点が完全に同じものであり続けなかったように見えるのはなぜなのか、きわめてはっきりわかるようになるからである。しかしながら、外的な原因がこれらの内的な原因に抵抗し、そして――いづれにせよつらいことであったが――諦めを要求したのであった。この全集が企画された一八一一年のドイツの状況、そしてすべての学問上の公の交流の没落を迫ってくる時代によって私は、長い年月の間、絶版になり、今なお、しばしば望まれているこうした著作を、とりわけ『エドゥアルト・アルヴィルの書簡集』と『信をめぐるデイヴィッド・ヒューム』を何よりも先に出版するように、そしてそれらに、一部は印刷出版されていなかった論文を、また一部は雑誌の中で散逸された論文を加えるようにと切実に要求されたのである。『アルヴィルの書簡集』のために私は譲歩しても構わなかったであろう。というのも『アルヴィル書簡集』は心ならずも完成されないままであり、また成立年代からいっても先にくることがふさわしいからである。しかしそれ以上に、この『書簡集』は実際、内容に関しても、叙述の仕方〔書きぶり〕に関しても私のいろいろな作品への全般的な真なる鍵を含んでいる。読者には、このことについて『アルヴィル書簡集』の序文の一一頁から一三頁で述べられていることを確かめてもらいたい。『信をめぐるデイヴィッド・ヒューム』が『スピノザ書簡』に先んじることは、この『ヒューム』が、より古くかつより新しいものとみなされたことによって緩和された。すなわち『ヒューム』は『メンデルスゾーン宛の書簡』より二年だけ遅く出版され、一七八九年に完全な形で発行されたスピノザの学説についての本よりも二年だけ早く出版されたのである。この本は、しばしば先行するものとしての『信をめぐるデイヴィッド・ヒューム』に関係している。それゆえ、ここでは年代順の配列をしっかりと守るための方法はいずれにせよ、見あたらなかった。したがって私は『ヒューム』の序文として私のすべての哲学的著作への諸論を先頭に置くことを、そしてそれでもって、この事態を調停することを決心した。何と言っても、すべての読者はこの一連の著作が『メンデルスゾーン宛の書簡』で始まったことは知っていたのであり、また書簡の主たる内容を読者はおそらくまだありありと記憶していたからである。

あの序文の四頁から七頁で述べられた理由、つまり、なぜ私が『ヒューム』の新版に際し、この『ヒューム』を時代から引き離し、歴史的文書としてのそれを歪曲してしまうようないかなる変更も行わなかった理由は『スピノザの学説に関する書簡』についてもはるかに高い程度においてあてはまる。この著作の歩みはあらゆる点で歴史的である。それはつくられたものではなく、生成したものである。そしてすべてがその著作においてどのように成立したか、また、それ以来どのように存続したかを、長所をふやすことも、また短所を減らすこともなく、私たちは、そのままにしておかなければならないのである。そうした試みにおいては、取り去ること、加えること、曲げること、そして修正することは限りがない。それゆえ、私は熟慮の末にこの第三版については新しい注によって修正を施そうとする[1]のではなく、すでに亡くなってしまった著者の作品の出版者であるかのように振舞うことを決心した。一七八九年の版では欠けていた結びの言葉のいくつかの箇所さえ、私がのちのちの冷静な考察——この考察は精神がその言葉に込めたものを取り戻すことはできないが——よりも、初めのインスピレーションを信頼していたので、一七八五年の版から再び取り上げられている。同様な意味においてヴォルテールは多くの修正を求めた人に対し、彼の作品のひとつを次のように弁護した。すなわち、「あるがままにその子供を私に任せて下さい。子供にはこぶがあります。しかし元気なのです」と。外見上は他の部分を傷つけることなく、たやすく、こうしたものが取り去られ得る時でさえ、そうした企ては懸念すべきものとなる。なぜなら生命の中心部である場所を侵害するという危険を冒すからである。私の作品においてはこの根本原則に従って振る舞わなければならないと考えていた。そして多くのこぶはそれゆえあるべき場所にそのまま残ったのである。

　このことについて興味をもたれる読者によって好意的な理解が始められるならば、私の仕事のすべての内容と叙述の仕方に関することは、他の点においても同様に望ましいものとなるだろう。私の仕事への共通の鍵にはすでに言及されている[2]。この鍵を人々は必ずしもいつも見つけ、使ったのではなく、他の主要な鍵と副次的な鍵でもって時おり解明を行ったのである。その時、とりわけ次のことが明らかになった。すなわち、あれらの仕事の原作者は生まれつき、あるいは性格からして哲学者である、と。すなわち偶然に、あるいは何かの機会から著作家になった人だ、と。学問と真理は、彼にとっていかなる絶対的な価値ももっていない、と、それゆえ彼の学問と真理への愛は、従属的であり、利己的なそれゆえ不純な愛にすぎない、と。彼には純粋に論理的な熱狂が[二]、すなわち研究の結果に無頓着であり、思考の本来の道徳性を形づくる徹底した純粋な真理愛が欠けている、と。彼の頭脳は心と癒着してしまっていて、それゆえ必然的に非哲学的である、と。こうして最後にヤコービ的な叙述と学の総計として個人的な人生の、すなわちフリードリヒ・ハインリヒ・ヤコービという人物の概念と言葉でもたらされた精神だけが現れてくる、と(三)。

　これらの判断は、どれほどきびしく聞こえようとも、全く根拠のないものではなかった。私は一六年前にフリードリヒ・ケッペン宛の手紙においてある告白をしたのであるから。その内容はそうした判断を確証するものとしておそらく解釈されるだろう。私の言葉は次のようなものであった。

「私の意識から離れなかった最初の考えで私は真理を探しました。そして後になって、すべての私の考えでもってそれを得ようとしました。しかし当時も、その後の時代においても、虚栄心の強い欲望から、私によって発見されたものとしての、あるいは私自身から初めて生じたものとしての真理だけで自分を取り繕うことはありませんでした。私は、私の所産ではなく、私がその所産である真理を必要としていました。その真理は私の空虚さに充溢を与えるはずでした。またそれは私を取り囲む夜に光をもたらすはずでした。私は今述べたことが私の内面において私に約束してくれるのを感じたように、真理は私の前で、私の中において夜を明けさせてくれるはずでした。私はこれらの約束を根底におき、そしてそれが認識でありさえすれば、認識したいものに関して無関心ではありませんでした。それゆえ私にはあの純粋な出しゃばりを賞賛することは許されていません。このでしゃばりは、私たちの時代の偉大な人々の判断によれば、そのつど欺くだけで、どこまでもひきのばされる満足がそのすべての意図であるというのに、唯一、哲学の真の精神と言われています。私に賞賛することが許されているのは次のことだけです、すなわち、私はどんな他の偏見に対してよりも自分自身の偏見に対し疑いの態度をとり、また吟味することにおいては、単に純粋で出しゃばりやの哲学者たちよりも、どこにおいてもとらわれない振る舞いをしてきたということを。彼らを公平無私と考えることは求めすぎでしょう。客体に関して全く無関心であれば、主体は彼らにおいてすべてである必要はありません。そして客体においては無党派性が完全になるように、主体においては党派性が無限となるというのでしょうか(3)」。

いまでもこの告白に関してはいかなる箇所も取り消すことはなく、完全に有効であると考えている。したがって、もし私が何にも増して学問と認識を単にそれ自体として崇め、愛するのではなく、それらが私にとって卓絶した価値を持つならば、必然的に伴っているに違いない内容のためにそれらを崇め、愛していると非難されるなら、それはもっともだと考えなければならない。このことに関して最後の言葉を私の同時代に投げかけることは――この言葉は『アルヴィル』の序文において私の哲学、流儀、芸術についての最初の言葉であったが――長い間私の断固とした望みであった。晩の闇は濃くなり、一時間ごとに増していく生の影が私の目を暗闇で包んだ。他方においては精神は新しい曙光という思想によって照らされている。私の仕事から十分に不足を補うことができるいくらかの暗示を伝えることが私に許されるように。

以前から私の哲学的な省察は意図なきものではなく、一定の目標を眼前に見ていた。方向については無関心で、ある時はあちこちで始まり、ある時はあちらこちらへと向きを変える単なる自己了解(四)だけが、私の関心事であったわけではない。私はあることについて考えようとした。すなわち、ある見知らぬ神への生まれつきの敬虔な気持ちについて。自己了解が、私たちが祈ることのできるある神についての軽々しい確信は――別の神を敬虔な心は知らない――愚行であると、自己了解が私に説いてくれたので、まず私は自分を犠牲にして賢くなったが、私の欲求は満たされないままであった。すなわち、神をあらゆる学問の第一の根拠として見つけ出し、至る所で再び見つけるという欲求が。私の目的はある学派のために体系を打ち立てることではなかった。私の著作は私のきわめて内的な生活から生じたものである。それらは歴史的な帰結をもたらした。私はその帰結としての著作をいわば自身によってではなく、任意ではなく、より高い抵抗しがたい力から引き出されたものとしてつくりあげたのである。この種の省察と伝達が、個人的な省察と伝達であるならば、私の哲学は確かに個人的な哲学である。このことは哲学を宗教と見なすすべての人にあてはまるだろう。こうした人々は真理一般を得ようとするのではなく、すなわち存在あるいは現実性一般のような思想でもないものを得ようとするのではなく、頭脳と心の両方を満足させてくれる確かな真理を得ようとするのである。すべての他の哲学は私にとっては教授職のためであり、単なる文書と言葉のためであり、哲学では全くなく、そこには真なる価値も、生き生きとした精神もないのである。

真理を愛し、求めることは何を意味するだろうか。私たちは不確かなもの、人間にとってなじみのないもの、不相応のもの、人間と彼の精神的存在を滅ぼすものを愛し、求めるのだろうか。あるいはむしろ真理を、その内容が確固たるもの、固有のもの、人間の精神的存在を高めるものであるから、愛し求めるのだろうか。もし仮に、すべての根拠は、それが何であるかはっきりしないが、自らを自分自身から永遠につくり続けるある何か、すなわち何らかの実体であり、無思想な活動性をもっているこの実体だけが唯一の存在者であり、すべて区別されたもの、確定されたもの、思惟するもの、意図的なものは、妄想にすぎないとしよう。そしてそうした洞察に私が至ることに、すべての真理を超えた真理の本質があるとしよう。もしそうであれば、誰がそのような真理の所有と享受において自分自身を幸いなりと言うことができるだろうか。人間は人間を殺し、滅ぼす真理などは求めることも愛することもできないのである。

そうしたことは、実際にはこの世では一度も起こらなかったし、起こり得なかったのである。人間の魂は永遠なもの、変わることのないもの、自分自身の中に存続しているもの、絶対的なものを探し求める。人間の魂は自ら進んで真理なしで済まそうとするわけではない。しかし人間の魂は影ではなく、影を投げかけるものを認めようとする。すべての人間が、何かを心の中で、あらかじめ真理と呼んでいる。しかしこの真理を人間は所有しておらず、それを得ようと努力しているのである。しかしながら、彼らは何らかの仕方で、それが彼らに現前することなしには、それを前提することはできないだろう。ほのかな光が彼らの目を開き、素晴らしい仕方で、まだ昇って来ない太陽を告げる。朝が来たが、しかし昼間にはなっていない。神のみが安息日を守る。人間は安息日を崇めるべきである。真理を前提とすることが理性を持つ存在者の単なる主観的な錯覚であるなら、彼らは、曖昧であれ真理についてのいかなる直観も持たないだろう。そうすると彼らの探究はいつでも無価値である。「この探求は無価値ではないのである！」――このように敬虔な気持ちが初めに予言する。

このことに学問の関心は基づいている。単に感性的なものにのみとどまり、それをよりよく満足させるための手段を求める学問も存在する。しかし最高の学問の関心は超感性的なものに向けられている。私はカントと共に本質的に哲学の対象は神、自由そして不死性であると言う。かつて『スピノザ書簡』が出版された時、この考えがドイツでは支配的であり、決定的な重要性を持っていた。そしてライプニッツがこうした対象の認識への正しい道を発見したと人々は確信していた。真の学問として哲学はそれ以来全く異なった計画を見つけただろうか。

ちょうど宗教が人間を人間につくりあげ、人間だけを動物界より高めたように、宗教はまた人間を哲学者にする。宗教心が敬虔な企図で神の意志のみを満たそうとする一方で、宗教上の認識は、神について常により確実に知ろうとし、また隠れたものを認識しようとする。この宗教が、すなわちあらゆる精神的生活の中心点が、私の哲学にとっては問題であり、哲学なしでも得られる他の学問的な知識の獲得は問題ではなかった。自然との交わりは神と交わることを助けてくれることになった。永遠に自然のうちにとどまり、自然の中で神なしですませ、また神を忘れることを学ぼうとはしなかった(五)。

そのとき私の哲学と違う哲学の人々は「なぜ」と言う。私は、あらゆる哲学と宗教の第一の直接的な根拠として拒みがたい、打ち勝ちがたい感情を引き合いに出す。人間に超感性的なものに対する感覚を持っていることを認めさせ、理解させる感情である。この感覚を目に見える世界の感覚と区別するために私は理性と呼ぶ。自分自身であることと人格が——カントに従えば両者が一つになって——存在するところにおいてのみ、そうした使命の自覚とそれを伴う理性が告げ知らされる。人間は思惟する精神において、最も深い意味での真なるもの、美なるもの、善なるものの幻影を見ている。そして、これらの幻影を持つがゆえに、彼のうちに、ある精神が生きていて、彼の上に、ある(六)精神が存在するのを知っている。誰もそうした幻影の詩的透明さを散文的な自己了解によって暗くすることを要求されることはあり得ない。しかしながら、そうしたことを知る人は同時に、自身をすべての真理へと導く精神を知らない人々にとっては不可解なままにとどまるだろう。それゆえ人々が非難したように、私に散文的自己了解が欠けていて、体系を付け加えなければならないような状況に読者を置いてしまったのだとしても、他の哲学者たちがもっとうまく行ったわけではない。ソクラテスは学派のために何をしたというのだろうか。ライプニッツさえ何をしたのだろうか。熱心に説くことは誰ができるのだろうか。哲学の根源はとどまらねばならないのである。すなわち人間の認識は啓示に由来し、理性は摂理を啓示することによって自由を啓示する。そしてこの教えのすべての大枝はこの根元から出て来るのである。自由という感情に私と同じくらい激しく見舞われることのない人は、私の言葉で納得することはあり得ないと、私はしばしば繰り返してきた。私が理解する意味での人格を認めない人は、私の哲学も認めることはできないのである。私はその人のために存在している訳では全くないし、私の学説もその人のためのものでは全くない。このことを今老人になって分かったのであるが、いつも分かっていたわけではない。しかしこのことは私のすべての人生において実証されてきた。

人類の歴史が宗教の歴史であれば、どうして各人の内面の歴史が各人の宗教の歴史であってはいけないだろうか。

強い人格性が現れるところでは、人格の中に、そしてそれによって超感性的なものへの意向が、また神についての確信が決定的に言葉へともたらされる。ソクラテス、キリスト、フェヌロンは私が崇める神を彼らの人格性でもって証明している。この神は私にとっては、神自身がおのれの仕事において従属している内的必然性の法則に従っているだけの星空の創始者としてよりも、この人格性の創造者としてより崇高である。聖書の神は、絶対者であるだけの神――どれほどこの神が飾り立てられようとも、金ぴかの装身具で囲まれようとも――より崇高である。

それゆえ私の哲学は尋ねる、すなわち、神は何であるかではなく、神は誰であるのかと。何かであるすべてのものは自然に属している。「我々は神の概念を、物の根源として単に盲目的にはたらく自然のようなものとしては解しないで、悟性と自由とによって物の創始者でなければならないような最高存在者と理解し、そして生ける神というこの概念のみが我々の関心を惹き付けるのである」とカントは言っている(4)。このことに関して他の仕方で思い描くことはできなかった。人格ある存在がもっているのではない理性など存在しない。そして理性が存在するので、単に神的なものではない、ある神が存在するのである。前者は悟性の上にただよう想像力の産物にすぎないのである。私は、自然を神化する人々は神を否定する、と主張することによってキリスト教を信じることを告白する。

自然崇拝は異教の教えであり、神崇拝はキリスト教の教えである。徳性は後者の宗教と切り離しがたく一体化している。私たちは、私たちの内部で良心が――消しがたいほどに自由な人格性を証明しながら――激しく活動する度ごとに、ある神が存在することを知る。神的な生活によって人間は神を知覚するのである。この観点からすれば、超感性的なものの認識への道は、理論的な道、単に学問的な道ではなく、実践的な道である。そして、それゆえキリストは言う、「われが道なり、真理《まこと》なり、生命《いのち》なり」と。究極の善であるもの、あるいは、むしろもっぱら善と呼ばれるに値するものはこれを通じて変わることのない使命を手に入れるのである。大きさの比較においてだけでなく、比較にならぬほど他のすべての善にまさるそうした善が存在すれば、そしてこのことが幻でないとすれば、実際の、真なる宗教が存在することになるのである。一時的な善についてのみ知っており、また知ろうとする者はいかなる宗教ももっておらず、またそれを必要としない。マホメットの天国を、人々は地上にひょっとしたら作り上げるかもしれない。しかしそうした天国において自らを幸いであるというものは、天国の中にいかなる神も観ず、そして不滅の精神ではなく、不滅の、動物的に魂を与えられた身体を熱望するのである。それゆえ道徳性なしにはいかなる宗教性もないのである。このことが神崇拝を偶像崇拝から区別している。つまりキリスト教を異教やマホメット教から区別している。

神を失うことが真の学問の目的と意図になることは決してなく、学問は、神を探し、神を根源的に人間的で、理性的な超地上的な牽引する力によって与えられた「真なるものは神のうちに、神のそばにのみ在るのです」という前提でもって見つけ出そうとする。であれば学問にとって真理の発見にまさるよろこびは存在せず、認識と知にまさるよろこびは存在しない。何らかの混乱した観念が私たちに明らかとなり、外見上の矛盾が解決されると、このことは悟性にとってよろこびである。しかしこの喜びは、神的なものが私たちの魂の前に歩み寄る場合よりも、私たちが悟性にとって獲得できるものすべてを超えて、高く舞い上がる場合よりも高い性質のものではない。ここに人々がそのために何にもまさって愛することができる真なるものが、すなわち、それなくしては多くのいろいろな真理が価値をもたないひとつの真理がある。多くの真理が私たちを惑わすのであれば、真なる学問は幻滅を探し求めることとなる。

それゆえ私は言った、すなわち、いかなる神も存在しないことが学問の関心である、と、さらに、あたかも最後に学問を見つけるかのように、学問だけを追求するものは、神に無関心であり、神のことを気にかけず、また決して神を問題にすべきではない、と。この学問は、逆のことがあてはまる先に暗示された真なる学問とは違った別の学問であるに違いないだろう。[5]

見誤り得ぬほどに、すべての人間存在とその歴史において根源的なものの解決しがたい転倒と退化が現れている。神の似姿に従って作られた人間は、その高みから沈んでしまい、初めは神と神的な事物に向けられている人間の考えは、空虚と錯誤の中をあてもなくさまよい、そして人間の認識はこの方向に関係し、疑いと不確実さと誤りの中へと陥っている。あらゆる人の証言によれば、悪がそこにあり、最高善は失われてしまい、道徳は弱くなり、宗教は退化してしまった。助力するはずの、そして助力を約束した学問は、しばしば混乱を増大させ、神と徳を否認し、それらと自分は相容れないものと思うほどになりかねないのである。そうなってしまうや否や、学問の関心の本質は次のところに見られるようになる。すなわち、いかなる神も存在しないこと、そして、神への愛は人間の魂を根源的に支配しているもの、第一のものとは認められないということに。

それから学問は、自分自身だけを愛し、尊重しようとし、自分を超える何ものも認めず、すべてにおいてすべてであろうとし、すべてを生み出そうとし、神のようでありたいと思うのである。学問は全知を要求し、またすべての疑問を根絶する、と、完全な認識を所有している、と主張する。そしてそれは教授職の人々によって、それだけで足りる学説と英知として告げられるのである。他方、あらゆる世紀の思想家たちは誤っていたのであり、全くの誤りと錯覚にとらわれていたのだ、と言われる。本来の、唯一の学として呼ばれているこの学問〔科学〕は、対象を自己産出することに本質をもっている。それは真なるものと真理を創出し、どこまでも自立していて、自分以外のすべてを無へと変貌させるのである(6)。

学問は、反省あるいは悟性の働きとして自分を完全なものにするがゆえに、しっかりした、まとまった体系として現れる。そして学問は次のような嘘を罰しなければならない。つまりより高い根源的な知を前提とし、反省と諸体系のすべての重要性をこの知の認知に還元し、この点に理性の関心を見つけ、また悟性の力を、派生的でそれ自体独立していないものとしてのみ表現しようとするそうした嘘を罰しなければならないのである。自足した悟性の学問にとっては、敵対者は昔も後の時代にも欠けたことはなかった(7)。彼らは単なる懐疑家であり、悟性という武器を自分自身に逆らって使用するか、さもなければ彼らは次のように主張するだろう。すなわち、学問のより高度な理性への関係は、ちょうど道具と人工的な機械の生きた四肢への関係と同じである。生きた四肢をつくる機構は発明され得ない。学問は参照されなければならない第一のものと最後のものが欠けている交互にお互いを参照し合う知識の体系的な索引であるが、そこには参照されなければならない第一のものと最後のものが欠けている。もろもろの学問は人間の発明であるが、知はそうでない、と。体系のあの信奉者たちにはこのことは冒瀆と思えるだろう。というのは、彼らは「古い軌道から外れてはならない」ということを第一の掟としているからである。

アラビア人がアリストテレスについて、彼は、世界を飲み尽くす盃《さかずき》ではなくて、どの分野でも掬うだけの盃であると言ったことは、単なる悟性の学問の本質をその創始者に即して知らしめたのである。というのも哲学はアリストテレスに従えば、知のための学問であり、根拠をもった知識(8)であり、知識の総体であるからである。人々はアリストテレスとともに学問を単に知のためにのみ評価することもできるが、しかしながらパウロと共に心の底から、キリストを愛することは、すべてのことを知るよりも立派なことであるという確信を表現できるように思われるのである。ソクラテスは議論の余地なく、アリストテレス的というよりもパウロ的に考えていた。

この十分に特徴を指摘された学問とその自惚れに対し私の発言は照準を合わせてきた。すべての真理へと通じる精神によって導かれる学問にではないのである。すなわち〔先の学問〕前者にとっては人格性、自由そして超世界的な神の魂の啓示は重要ではないのである。〔この学問〕後者は逆に世界、森羅万象あるいはその個々の力を拠り所としている。人間の生み出すことと為すことは、ある自然の何かに結びついているために、人々が正しい仕方でそれでもって仕事に取り掛かるとすぐに、自然の何かに関して多くのことが達成されるように思える。とかくするうちに、そのようなことは単なる錯覚であることが分かってくる。悟性の因果性の原理は、自然を、有限なものの総体を凌駕しない。それどころかまさにこの因果性によって、いかなる有限なものの総体も存在し得ないこと、自然概念は超自然的なものの概念から分離しては、虚構の概念であることが明らかとなる。それゆえ有限なものを超えていかねばならないとすれば、有限なものの掟である因果律を超えていかねばならないのである。この掟は行為が自分自身で始まることを許さない。どのように、ある行為が自分自身で始まり得るかは、ただいつも先に進み、仮定を行う悟性にとっては理解しがたいのである。人間の悟性は真に第一のものを前提としてはいない。悟性にはいつもあれやこれやのものだけが前提とされている。悟性が諸条件の不確かな連続に終りを告げ、この終りを始まりあるいは総体性と呼ぶ時、この虚構された始まりは神と呼ばれるべきだろうか。何という惨めな神人同形論だろうか。ここに私たちの汎神論者の全員が囚われている。人間という種族はいつも神について知っていて、彼らの中の瞑想的な人々はさらに神を探求してきたのではなかっただろうか。神を探しながら、彼らは何を探したのだろうか。彼らは宇宙とは違った、またそれを超えていて、それに依存しない世界の原因を探し求めたのである。神が、その顔を向ける人は神を見ることができ、神が顔を背ける人は神を否定することになり、また否定しなければならない。

スピノザはこうした状態にあった。彼の世界は今日も昨日も永遠に同じものである。この根底において不条理な世界は、存在しない存在物によって自分自身をごまかそうとする。それらの存在物のどれもが、したがってそれらの総体もまた、変わりやすい無にすぎないのである。それゆえ次のように言うことができるだろう。すなわち、まさしくこのことがその種の体系すべてについても言われるように、スピノザ主義は神の存在よりも、現実の真なる世界を否定している、と。しかし、このことは結局言葉遊びにすぎないのである。私たちは、存在する現実の世界を根底に置き、次のことだけを問う。すなわち、その世界の外に、またその上にまだ他の存在が存在するのか、あるいはその世界自身はその全体性においてすべてであり、その世界の外は無であるのか。制約されないもの——無規定な全体——を前提とすることと神を前提とすることは全く違ったことである。そして私たちは同じ道では、双方に辿りつけないのである。この両者の間に理性によって課せられた本来の問いがある。すなわち、その内部から無限の現象を始まりも終りもなく、意志もなく、産み出すところの、他に依存しない自然だけが存在するのか、あるいは、カントが適切に区別したように(八)、単なる豊かさではなく、知と意志を持った創造が、自然の上あるいはその外に存在するのかという問いが。自然は懐疑論者を困惑させ、理性は独断論者を困惑させる！(九) パスカルはここで自然を感覚と感情として、理性を考量する悟性と理解している。

それに対して、神の知覚としての理性は人間において至高のものを知っている。人間がそれを超えようとすれば、彼は論理的な流出論に、すなわちすべてを無にしてしまう無へと陥っていく。神々が世界から現れ、あるいは流出によって神から世界が出現するという比較的古い、異教徒の教えとユダヤ人の哲学的流出論はこのことで一致する。ただキリスト教だけが異なることを教えている。

そうしたことが、またそれゆえに、スピノザ主義が無神論であるということが私には明らかになった。哲学の部門に属する多くの人々のこの言葉に対する憎しみにもかかわらず――彼らはこの言葉を国語から追放したいと願い、他方では、とりわけ無神論者とは第一に無神論を信じる人であるということを指摘しているが――その言葉は意味を失うことはないのである。たとえ、その名称を変え、宇宙有神論のことを言ったところで、事実は以前と同じままである(9)。

スピノザの学説に関する私の書簡はそれゆえ、ある体系を別の体系によって押しのけるために書かれたものではない。私はただスピノザ主義の打ち勝ちがたさを論理的な悟性使用の側面から説明しようとしたのである。またいかなる神も存在しないというこの学説の目標に達しても、私たちの振る舞いは首尾一貫するであろうことを説明しようとしたのである。この学説はそれ自身からは反駁されることはあり得なかった(一〇)。それにもかかわらず、私は別の哲学的確信を持っていたので、こうしたことを一つの事実になぞらえて話をしたのである。つまりどういう意味でレッシングがスピノザ主義者であったか、そしてどういう意味で私はそうでなかったか、という事実である。この点に関して論争が始まった。人々は非スピノザ主義者であるという私の在りようを認めようとしなかった。そして私の在りようについて、明らかに盲目の無条件的信仰（blinder Köhlerglaube）であり、哲学ではないと、それゆえ、私の哲学はスピノザ主義であるか、さもなければ私はいかなる哲学ももっておらず、従ってすべての学説の中で最も崇高なこの学説について口をはさむことは許されない、と主張したのであった。私の哲学が基づいているかの直接的な精神の意識と神の意識は、単なる自然科学や悟性の学問以上の何か、また単なる物理学や論理学以上の何かであろうとしているそれぞれの哲学に礎石や柱石として役に立つに違いない、という私の内的な確信に照らして、このことは私にはどうしてもわからないことであった。のちに私のすべての哲学的な著作において次のことが明らかにされた。すなわち自らの研究において、予感された神を失う哲学者は必然的に無を見出すということが。この無は本来誰も求めず、また求めることができないものであり、いくらそれが最終的に純粋な真理として判明するとしても、誰もが、どうしても愛することのできないものである。私は自分の確信を十分に展開することに成功しさえすれば、ことにカントやマルブランシュ(10)という他の哲学者たちも全く同じことを主張したのだから、偏見のない思想家たちの賛成を得ることを確信していたのである。

もちろんその際には、神を理解するにはいかなる思弁的な道も全く存在しないという感情と直観が根底に置かれていなければならない。ともすれば思弁は進み出てきて、思弁自体はかの啓示なしでは、空虚であること、また啓示を確信できても、それを根拠づけることはできないことを証明するかも知れない。思弁は自らでは精神のない必然性へ、実体へとしか至ることはできないので、私がサルト・モルターレ（Salto mortale）と呼んだ(一一)「死の跳躍」によってのみ思弁を克服することができるのである。精神なき必然性と実体は、しっかりと力強く「それを〕踏むことによって私をもちあげてくれるバネである。精神は、精神なき実体が世界であり、実体の外には何ものも存在しないという判断に反対する。しかしこの判断が断固として下されないならば、そこから際限なく幻想が生じてくる様々な混合のための材料が残ることになる。スピノザでさえも、彼の最高存在者〔神〕に延長の他に、さらに無限の別の実在性、すなわち完全性を帰すことによって思い違いをしてしまったのである。

　神をどうしても失いたくない哲学のために、悟性の軌道からのこうした飛び越えをせずにはいられないという不可避性に私は繰り返し言及してきた。人間において理性は他のものより後になって初めて現れるので、理性は、それ自体では盲目で無意識の本性から、すなわち賢明な天意と摂理とは逆のものから次第に進展するように思える。にもかかわらず、自然の神格化は実は思考とは言えないものである(一二)。自然から出発し、それとともに始める人はいかなる神も見出すことはないのである。神は最初に存在するものであり、さもないと神は存在しないことになる。私の哲学はこのことを話題にし、より良い道を示した。そして私の哲学はそのことによって多くの人々の証言によれば、永続的な時代をつくることになったのである。その学問的な価値はそこにある。私の哲学は論理的な熱狂主義の学問を促進しようとすることは不可能であった。

「ありのままの人間性を、説明し得るにせよ、そうでないにせよ、きわめて誠実な仕方で、はっきり分からせること」が学問の目的であった。学問は、事物からなる全自然(一三)よりも大きく崇高な魂の最も根源的な　啓示でもって始めなければならなかった。この啓示は人間が堕落の状態にいることを、そして悟性において失われた光を再び獲得しなければならないことを人間に認めさせるのである。人間は暗闇に囲まれている。人間の理性は進展しつつはあるものの、この暗闇を追い払うことはない。しかし理性的な生の力が闇を貫いてみている。この力は、ちょうど天文学者の望遠鏡を用いた眼が天の川の星雲の中に無数の星々を認めるように、暗闇によっては飲み込まれはしない。「汝自身を知れ」はデルポイの神とソクラテスによれば最高の命令である。そしてこの命令が発せられるや否や人間は神聖な汝なしにはいかなる人間的な我は存在しないこと、またその逆も正しいことに気づくだろう。

この靄と暗闇を通して見ることは信〔仰〕の力である。信はそれゆえ真の合理主義が自分のものとして認める理性の原光である。根源にある信を破壊してみなさい。そうすればすべての学問はうつろで空虚となり、荒れ狂うことはできても、考えを述べることも、答えることもできないのである。信は見えないものへの堅固な確信である。私たちには絶対的なものは見えないのである。私たちはそれを信じるだけである。絶対的でないもの、制約されたものを私たちは見、そしてこの見る力を知識と呼ぶ。この領域においては学問が支配している。私たちには、見えないものへの確信は、見えるものへの確信より大きく圧倒的である。後者が前者に異を唱えることがあれば、私たちは知識における信を妄想と呼ぶようになる。あるいは人々がこの確信を学問の能力と理解する限り、信は感覚と理性に屈している。真の学問は自分自身と神を証明する精神である。私が真なるもの、美なるもの、善なるものについての私の感情の客観性について、そして自然を支配している自由について確信しているように、私は神の存在について確信している。そしてこの感情が衰えるときには神への信もまた衰えてゆくのである。

無知の学問[一四]はそれゆえ、すべての人間の知はつぎはぎ細工にすぎず、また必然的につぎはぎ細工にとどまらざるを得ないという認識にその本質がある。それは知ある無知である。このつぎはぎ細工を超えて私たちを導いていくのは、理性とともに私たちの一部分となった啓示への信だけである。信は学問のように誰にでもできることではなく、またしかるべき努力をしているからといって誰でもが伝え得るものではない。理性は悟性が否定するものを肯定する。しかしながら、悟性は、すべてが精神のない必然性の中へと沈んでいくことなしには、この肯定を除くことはできないのである。したがって無かあるいは神かである。悟性は理性に背を向けないときに、神についての無知の知を持つのである。

私は、私の哲学の根底である自由についての教えでもって規律一点張りの裁判官たちの前で、私が悟性を無視しながら受け入れ、しかも私にとって唯一真なる現実的なものであり、実質があるものであるという形で認めている自由について何を思い描いているのかという問いに対して答えよと言われれば、もちろん少しばかり困惑に陥ってしまう。私は、彼らにおいてもまた同じ観念が生じるように言葉に表し、はっきり述べるようにと求められている。私が、誰かをその仕事のために、あるいは行いのために賞賛し、大いに尊敬し、愛し、崇拝する時、自由という言葉において私は必然的に前提としなければならないもの、心の内奥において思い描かねばならないものを考えている、と答えても、このことは彼らを満足させないのである。そして彼らは主張する。感情による証明はいかなる証明でもない、と。それに対するいかなる方策もないのである。しかし次のことは相変わらず確かなことである。

理性は人格においてのみ存在し得るとすれば、そして世界が、理性的な創始者、すべてを動かすもの、支配者を持つべきだとするならば、この存在者は人格的存在者でなければならない。そのような存在者は、人間の理性的な在りようと人格的な在りようのイメージのもとでのみ思い描かれ、私が人間において最高のものとして認める特性がそのような存在に与えられなければならないのである。すなわち愛、自意識、悟性、自由意志が。私たちが人格的な神を否定すれば、あたかも世界の成り行きは理解できるように思えるかもしれないが、しかしより深く考察すれば事情は違うことが判明する。二つの見解のあいだで権威が、絶対命令が決定を下さなければならないのである。――この絶対命令を感情は宗教的信仰のために行うのである。あらゆる信仰はこの宗教的な感情から生じたのであり、この感情が消えるところでは信仰も消えてゆく。忌まわしい迷信もまた真の信仰に代ることができるのである。すなわち善の力の代りに悪の力を頼る妄想が。

徳性が信をより多く生むのかどうか、あるいは信が徳性をより多く生むのかどうかがさらに問われるだろう。私は、信が絶対的な優位を持っている、と考える。宗教的感情は人間性の根底である。私たちは、私たちの心を打つことになるものを人格的に思い描き、精神化する必要はないのだろうか。わずかな人々だけが、人格的な信仰と共に彼らから消えてなくなるものすべてをじっくりと考えている。私たちの道徳的確信はすべて、善を欲し、生ぜしめる道徳的な、すなわち人格的存在としての道徳的根源存在者〔神〕が私たちから消えていく時、消滅してゆく。

パルシー教〔ゾロアスター教〕徒の教えによれば、ペルシャの悪の神の清浄でない獣は、ゾロアスター教の最高神の清浄な獣より強いように、人間の内面においては地上的な衝動が天上的なそれより強いのである。後者がそれにもかかわらず、しばしば前者に打ち克つことがあれば、そのことは隠れた力によって生じるのである。この力が知られるところでは、自由が示される。そこには巨人族とたたかう神の子供たちがいる。またノアの洪水で滅びた両性具有者もまた存在する。ルターは言う。「私たちが見ることも理解することもできないすべてのものは信仰においてある。これらのものを見ることができるようにし、輝かし、理解できるようにしようとするものは、報いとして苦悩する。どうか主が、おまえたちの、ほかの人々の信仰をましてくださるように(11)」と。

ソクラテスが生きていた時代のアテネと全ギリシャの状態を考えれば、私たちはソクラテスを真の信の英雄とみなさなければならないのである。彼は自分に「しかし神は存在するのです」と語りかけた心の声を信頼していた。

見えるものという外面的な学者的知恵に対する、見えないものへの内的な信仰の力から、人類史における間断のない戦いが、神々の子供たちの巨人族に対する戦いが展開されている。光の哲学は夜の哲学に、神人同形論は汎神論に、真の合理主義は悟性の間違った鏡像に、キリスト教は異教に対立している。キリスト教は本質的に神人同形論的であり、世界を知と意志でもって創造する神だけを教えている。異教は宇宙有神論的である。全くの自然神格化へと、したがって異教へと向かう教えによって真のキリスト教が明らかにされる、と主張することほどつじつまの合わない、間違ったことは考えられないのである。それゆえ子供たちの信仰、民族の信仰は、信仰なしの哲学の単なる知よりも優れた良いものを含んでいる。キリストを信じることは、キリストが信じたものを信じることであり、キリストがどのように信じたかを信じることである。

叙述の仕方〔書きぶり〕というものは対象である事柄に応じて、その都度形成される。私の叙述の仕方はそのうえ、ちょうど私のメンデルスゾーン宛の手紙が世間一般のため、また大学での講義のためにではなく、手紙が差し出されている一人の人物のために書かれたように、様々なきっかけから生じている。幾人かの人が、私の方法に欠けているものは精神の深い徹底性であると考えるのであれば、その欠落の原因は精神に考えを述べるように促す様々なきっかけにあったのだろう。そのようなきっかけが存在し、私の公の著作が本当に偶然に、ただ何らかの機会から生じたのであれば、叙述の仕方をその度ごとにきっかけに従って形成する必要などなかったのではないだろうか。誰もきっかけなしに公の著作家にはならないのである。そして私もそのようなやり方で、ただ不承不承であるが、著作家になったのである。それにもかかわらず、私は大変熱心に青春時代から私の考えと感覚のために一つの表現を見出そうとしてきたのである。この表現は、私自身のために、それら〔考えと感覚〕を最も忠実に、最も生き生きと保持している。私はそれらを〔具体的に〕描出しながら、仕事を進めてきた。[12] 私はそうでないことをできなかったし、望みもしなかったのである。敵からさえも賞賛された私の散文に固有なものはここにその源を持っている。そして慣習に反して雄弁を哲学と結びつけていると言われている[13]ペトルス・ラムス[一五]への告発は同じように私にもあてはまるが、私を不安にはしないだろう。むしろ私の著作が後世に伝わるならば、私たちの時代の教授職の持ち主たちがそれらを前にして、苦しみ、呪詛し合うという〔著作の〕性質のおかげとしなければならない。彼らは思っている、学派に役立たないものは、それはまた人間性にも役に立たない、と。

人間性は、しかしながら個々の人間と同様に、その悟性使用と理性使用でもって、いつも私の哲学の中心点を形成する場所へと至ってゆく。昔の思想家の先例に従い、きわめて目立つ仕方で一六世紀に繰り返され、すなわちもう一度企てられ、そして私たちの時代まで持続している学問を完成させようとするあの努力はいつもこのことを示唆している。昔の、また後代のすべての試みに関して、この場所をその度ごとの動機において解明し、単なる学問的な真実よりも実質のある真理を明るみに出そうと私は努めている。それゆえ敵対者たちの私の内容と叙述の仕方に対する嫌悪は、彼らの固有な体系にではなく、むしろ哲学的体系主義一般に、それどころかこの世紀のすべての精神において根拠づけられているのである。

そして、まさしくこのことによって私の文筆家としての流儀は、それらの特殊な動機と固有性にもかかわらず世界史的な意味をもつだろう。そして私の哲学は世界史的な真実をもつだろう。精神のために精神から証言しながら、心のために心から証言しながら、私の流儀と哲学は存在しているのである。それらは、茨からいちじくを、あざみから葡萄を摘み取ろうとは絶対にしないのである。

キリスト教の見えない教会――信仰をもつ人々の共同体があるように、哲学の見えない教会がある。見える哲学主義は見える教会主義と同様に、悟性を訓練し、悟性に真理を偽造させ、悟性を明らかに認めさせ、神をつくろうとする。「汝等之を食らう日には汝等神の如くになり（一六）」。

私の哲学はあくまで見えない教会を信じることを告白するものである。見えない教会を守るための立派な戦いを戦ったものは最善をなしたのである。そしてすべての時代の最高のものに尽力したのである。私の使命は、哲学の見えない教会とその最も内奥の永遠なる精神を、多様に変化し、そして表面的なものを促進している私たちの同時代の人々の文字から守ろうとすることである。だとすれば、このことがとても広範囲に成功したので、私は現在、かつて著作家としての経歴を積み始めた時よりもドイツにおいて多くの親しい思想家と交わりをもち、それどころか、少なからぬ数の敵対者さえも事の真相を正しく判断してくれているほどである。したがって私は十分に生きたことになる。

「主よ、今こそ僕《しもべ》を安らかに逝かし給うなれ（一七）。」

原注

（1）この巻の二一七―二二二頁だけを参照、そして他のいくつかの個所ではこのことに関しては相違している。

（2）すなわち第一巻『アルヴィル』の序言一一―一三頁と同じく三六四―三六七頁。J・G・ハーマン宛書簡〔一七八三年六月一六日付〕、またハーマンよりすぐ前のエリーゼ・ライマールスの兄宛書簡〔一七八一年一〇月二三日付〕における部分的にはより詳細な説明〔本書「ヤコービの生涯と著作」四一一頁、注（22）を参照〕。

（3）Friedrich Köppen. *Schellings Lehre. Oder das Ganze der Philosophie des absoluten Nichts. Nebst drey Briefen verwandten Inhalts von F. H. Jacobi.* 1803, S. 239 f.〔『シェリングの学説、あるいは絶対無の哲学の全貌。関連する内容のヤコービの三通の

手紙を付す』〕.

（4） Immanuel Kant, *Die Kritik der reinen Vernunft*, S. 660 f.〔カント『純粋理性批判』B版〕.

（5） F. H. Jacobi Werke Bd.III, S. 384–85f.Anm.〔*Von den Göttlichen Dingen und ihrer Offenbarung*『神的事物とその啓示について』〕.

（6） Vgl. F. H. Jacobi Werke Bd. III, S. 20.

（7） Vgl. Wilhelm Gottlieb Tennemann, *Geschichte der Philosophie*, Bd. IX, S. 441 f.496〔テンネマン『哲学の歴史』第九巻〕.

（8） Wilhelm Gottlieb Tennemann, *Grundriß der Geschichte der Philosophie. Für den akademischen Unterricht*, 2. Aufl., S. 102.〔テンネマン『哲学史綱要』〕.

（9） この巻の二一七頁以下の注を参照〔本書二〇三頁、原注（2）〕。

（10） Wilhelm Gottlieb Tennemann, *Geschichte der Philosophie*, Bd. X, S. 337〔テンネマン『哲学の歴史』第一〇巻〕.

（11） *Die Weisheit D. Martin Luther's*, T. III, Abt. 2, S. 410〔『ルターの教え』(hrsg. von Friedrich Immanuel Niethammer, Nürunberg 1816–1817)〕.

（12）〔本著作集第一巻〕『アルヴィル書簡集』序言を参照。

（13） Wilhelm Gottlieb Tennemann, *Geschichte der Philosophie*, Bd. IX, S. 426〔テンネマン『哲学の歴史』第九巻〕.

訳注

（一） ヤコービ著作集（F. H. Jacobi Werke）は、弟子の哲学者であるフリードリヒ・ケッペン（Johann Friedrich Köppen, 1775–1858）によって編集され、各巻の含まれている作品は以下のようである。

第一巻（1812）『アルヴィル書簡集』（*Eduard Allwills Briefsammlung*, 1781）

「ある孤独な思索家の心情の吐露」（Zufällige Ergießungen eines einsamen Denkers in Briefen an vertraute Freunde, 1795）

「箒の柄についてのスィフトの考察」（Swifts Betrachtung über einen Besenstiel, und wie sie entstanden ist, 1789）

第二巻（1815）『信をめぐるデイヴィッド・ヒューム、あるいは観念論と実在論』（*David Hume über den Glauben, oder*

Idealismus und Realismus. Ein Gespräch, 1787）

付録として

「超越論的観念論について」（Über den transzendentalen Idealismus, 1787）

「自由と摂理の概念の理性の概念からの不可分離性について」（Über die Unzertrennlichkeit des Begriffes der Freyheit und Vorsehung von dem Begriffe der Vernunft, 1799）

『レッシングが語ったあること』（*Etwas das Lessing gesagt hat,* 1782）

「善意の嘘と理性ではないある理性についての考察」（Einige Betrachtungen über den frommen Betrug und über eine Vernunft, welche nicht Vernunft ist. An Joh. Georg Schlosser, 1788）

「パリのフランスアカデミーの会員であるラ・アルプ氏宛」（An Herrn Laharpe, Mitglied der französischen Akademie zu Paris, 1790）

第三巻（1816）『フィヒテ宛公開書簡』（*Sendschreiben an Fichte,* 1799）

「理性を悟性にもたらそうとする批判主義の企てについて」（Ueber das Unternehmen des Kriticismus, die Vernunft zu Verstand zu bringen, 1801）

「リヒテンベルクの預言について」（Über eine Weissagung Lichtenbergs, 1801）

『神的事物とその啓示について』（*Von den Göttlichen Dingen und ihrer Offenbarung,* 1811）

第四巻（1819）第一部『スピノザの学説に関するモーゼス・メンデルスゾーン宛の書簡』（*Über die Lehre des Spinoza in Briefen an den Herrn Moses Mendelssohn,* 1 Aufl. 1785, 2 Aufl. 1789）

第二部「メンデルスゾーンの「レッシングの友へ」における非難に抗して」（Wider Mendelssohns Beschuldigungen in dessen Schreiben an die Freunde Lessings, 1786）

第三部『ハーマンとヤコービの往復書簡』（*J. G. Hammans Briefwechsel mit F. H. Jacobi,* 1819）

第五巻（1820）『ヴォルデマール』第一部・第二部（*Woldemar: ein Seltenheit aus der Naturgeschichte,* 1796）

第六巻（1825）『学術団体、その精神と目的について』（*Über gelehrte Gesellschaften, ihren Geist und Zweck,* 1807）

「雑文集」（Fliegende Blätter, 1817）

「言語起源論においてヘルダー氏によって提出された動物の熟練さと芸術衝動の発生論的な説明についての考察」（Betrachtung über die von Herrn Herder in seiner Abhandlung vom Ursprung der Sprache vorgelegte genetische Erklärung der tierischen Kunstfertigkeiten und Kunsttriebe, 1773）

「政治的叙事詩」（Eine politische Rhapsodie, 1779）

「もう一つの政治的叙事詩」（Noch eine politische Rhapsodie, 1779）

（二）「論理的な熱狂」という言い回しについては以下のフリードリヒ・シュレーゲルの言葉を参照。「すべての純粋に哲学することの、第一の、主観的な条件は、言葉のソクラテス的な古い意味における哲学である。すなわち学問への愛である。認識と真理における無私で、純粋な関心である。それを論理的な熱狂主義と名づけることができるだろう。それは、哲学的天才の最も本質的な構成要素である。哲学者とソフィストを区別するものは、彼らが何を考えるのではなく、どのように考えるかである」（Friedrich Schlegel. *Kritische Schriften*（『フリードリヒ・シュレーゲル批評論集』）, Carl Hanser Verlag 1964. S. 272）。

（三）小説『ヴォルデマール』の中で「ありのままの人間性を明らかにすること」をめざしたヤコービであったが、この小説の批評を書いたフリードリヒ・シュレーゲルによると、この試みは成功していないという。そこに表れている人間性とは、シュレーゲルによれば「フリードリヒ・ハインリヒ・ヤコービ性」、つまりヤコービの個人的な経験や意見の集積にすぎないというのである。シュレーゲル「ヤコービ『ヴォルデマール』批評」を参照。「〔『ヴォルデマール』にあるもの〕は精神と文章スタイルの統一だけにすぎない。個人的な統一だけがあるのである。それ〔統一〕は私たちがそれを生み出した個人の性格と歴史を知れば知るほど、それだけ理解しやすくなるのである。作者自身によってはっきりと提出されたと言われているいわゆる哲学的意図、すなわち、説明できるにせよ、できないにせよ、ありのままの人間性をきわめて誠実な仕方ではっきりみせるということは客観的に聞こえるが、私たちがそれに惑わされてはならない。というのも、作品を一瞥してわからなくとも、『アルヴィル』への序文における例の説明と成立史からすでに次のことが明らかになるのであるから、すなわち、ここでも人間性の名のもとに人間性についての個人の意見だけが述べられているにすぎないということ、また——したがってそのことが当然意味するのは——説明できるにせよ、できないにせよ、ありのままのフリードリヒ・ハインリヒ・ヤコービ性をきわめて誠実な仕方ではっきりみせるということである」（Ibid. S. 271）。

（四）「使徒言行録」第一七章第二三節。

（五）ここではシェリングの自然哲学が述べられている。

「真の哲学は現にあるものについて、すなわち現実的に存在している自然について語らなければならない。神は本質的に有です。すなわち神は本質的に自然である。逆もまた真である。それゆえ真なるすべての哲学、すなわち唯一真なるもの、肯定的なものの認識であるすべての哲学は事実上自然哲学である。」

さらに次の言葉も。

「本質と形式がこの概念によって相互に入り混じり、輝いていることは自然の、あるいは事物における神の永遠の誕生の、さらには神におけるこれらの事物の再度の受け入れの領域である。その結果、本質的に見れば、自然自体は完全な神的現存にすぎず、あるいはその存在の現実において、またその自己啓示において考察すれば神である」（『自然哲学の改善されたフィヒテ的哲学への真なる関係の説明』Schelling Werke, hrsg. von Manfred Schröter, Bd.III, S. 624-25, 653）。

（六）『実践理性批判』の「結び」の有名な次の文章を指している。「ここに二つのものがある。……すなわち私の上なる星をちりばめた空と私のうちなる道徳法則である」（『実践理性批判』（波多野精一・宮本和吉・篠田英雄訳）岩波文庫、一九七九年、三一七頁）。

（七）「自然を神化する」という言葉でヤコービの念頭にあったものは、シェリングの自然哲学を批判するフィヒテの以下の箇所である。「自分自身に自然哲学という名前を与え、自然を絶対者とみなし、またそれを神として崇めようと努めることによって、従来のすべての哲学を凌駕していると考えているある哲学」フィヒテ『学者の使命』（宮崎洋三訳）岩波文庫、一九四二年、一三一頁。「ある哲学」とはシェリングの自然哲学を指している。シェリングはヤコービに言わせると、自然を絶対化、神化させる方向で、超自然的なものと自然的なものを統一しようとしたのである。

（八）「それゆえ、単に産出によって盲目的に働く全能な自然としてではなく、自由による叡智として世界の原因でなければならない、崇高な賢明な原因（あるいは若干の原因）が存在する」（カント『純粋理性批判』B653）。

（九）パスカル『パンセ』（前田陽一・由木康訳）〈世界の名著24〉中央公論社、一九六六年、二三七頁（ブランシュヴィック版四三四）。エルンスト・カッシーラーは、理性が抱える自己矛盾的在りようを指摘しているパスカルのこの言葉を「一八世紀フランス哲学にとって最も困難で最も深遠な問題」の提起だと『啓蒙主義の哲学』において述べている。

（一〇）ここでヤコービがスピノザ主義の「打ち勝ちがたさ」あるいは「反駁され得なさ」を強調しているのは、「思考の方向を定める問題」において、スピノザ主義を独断論として簡単に切り捨てようとした理性主義者カントへの批判である。カントの以下の批判を参照。「神の概念および神の現存に関する確信でさえも、理性において見出され、理性からだけ出発し得るものであり、霊感によって、まだ偉大な権威を保っている公布された事実報告によって、最初から我々の中へは入ってくるものではない。……

神の現存在とか未来の世界というような超感性的対象に関わる事柄において、最初から語ると言う理性に帰属すべき権利が理性にたいして拒まれるならば、あらゆる熱狂、迷信に、いやそれどころか無神論に対してさえも広い門戸が開かれることになる。しかしヤコービとメンデルスゾーンとの論争においてすべてが上述のような顛倒に関係しているように思われる。もっともその顛倒がただ、理性的洞察や知識だけに関係するものなのか、あるいは理性信仰にさえも関係し、そしてその反対に誰でも自分の好き勝手にもち得る別な信仰を樹立しようというのか私にはよくわからない。彼らが、神についてのスピノザ主義的な概念は理性のあらゆる原則と一致する唯一の概念であるとしながら、しかも非難されるべき概念として示しているのを見るとき、われわれはおそらく彼らが後者の立場に立っていたのだと推論すべきだろう」（カント『思考の方向を定める問題』（門脇卓爾訳）〈カント全集　第十二巻〉理想社、一九六六年、二三頁）。この論文が書かれた一七八六年四月にカントはマックス・ヘルツ宛に「ヤコービの気まぐれな考えはけっして真面目なものでなく、名声を博すためのもったいぶった天才的熱狂であるにすぎません。それゆえ真面目な反駁を加えるにはほとんど値しないものです」と書いている。このカントの『スピノザ書簡』の読みは当時のベルリンの啓蒙主義者たちとあまり違いはないように思える。たとえば一七八六年、『一般ドイツ文庫』誌の第六八巻の第二号に次のような『スピノザ書簡』についての書評が載っている。「最も偉大な人でも、学問的な往復書簡において最も弱い人に対して示すのを恥じらうであろう思い上がりが、そこにはあります。そしてヤコービのような人がメンデルスゾーンほどの人に敵対しているのを想像して下さい。幾つかのチラシを書いた人が『フェイドン』の作者であり、『感情についての書簡』の作者に敵対しているのを想像してみて下さい！……ヤコービ氏は、学者としてモーゼス・メンデルスゾーンと真に優劣を競うことなど許されていないことを忘れています」(Heinrich Scholz, *Die Hauptschriften zum Pantheismusstreit*, Einleitung. S. 82)。

カントはここで「反論に値しない」と述べながら、一七八九年、『スピノザ書簡』第二版を贈呈された際のお礼の手紙で賞賛の言葉とともに「思考の方向を定める問題」に自分の思いは尽きているかのように述べている。論争の調停者として期待されたカントは、ヤコービが八五年一二月のゲーテ宛書簡で「スピノザから彼〔カント〕は一つの意味も引き出すことはできませんでした」と言っているように実はスピノザの熱心な読者ではなかったように思える。

(一一) ここで言う「サルト・モルターレ」の真意とヘーゲル「『ヤコービ著作集第三巻』批評」に対する感想を述べている重要な書簡、一八一七年五月三〇日付ヤコービからヨハン・ネープ宛書簡を参照。

「あなたは、私の「死の跳躍」を、――それをあなたは一月の手紙で宿命的なものと名づけていますが――私によって理解されているようには、またすべての人によって理解されねばならないようには、全く理解しておりません。この人たちは向こうみずな跳躍者たちが「死の跳躍」と呼ばれる宙返りを見たのでした。私にとって問題となっていることは、頭を下にして岩から奈落に落ちて行くことが問題ではなく、平らな土地から岩と奈落の上を飛び越えて行き、向こう側でしっかりと両足で立つようになることです」。

「ヘーゲルは私の著作集第三巻の批評において、私の跳躍を賞賛し、次のように言っています。「ヤコービは絶対的実体から絶対的精神への移行は彼の心の内奥において成し遂げ、確信の抗いがたい感情でもって、神は精神であり、絶対的なものは自由であり、人格的であると宣言したのである」と。さらに「哲学的洞察に関して最も際立つ重要性は、彼によって神の認識の直接性のモメントがきわめて明確に、力強く強調されたことである」と付け加えています。ヘーゲルは次のことだけを非難しています。すなわち、私〔ヤコービ〕の場合は媒介から直接性の移行は、媒介を外的に放棄するという形をとっているが、〔彼〔ヘーゲル〕の場合は〕直接性は自分自身を止揚する媒介から生じ、そうしたことによってのみ真なる、生き生きとした精神的な直接性になり得る、と。

ヘーゲルと私の違いは次の点にあります。彼は、スピノザ主義――すなわちそこではすべてが没落していくだけであり、すべての個々の事物が廃棄され、消滅させられるところのあの実体的な絶対者であるわけですが――このスピノザ主義は、ヘーゲルにとっても実際すべての首尾一貫した哲学が至るに違いない思惟の真なる究極の帰結ですが――このスピノザ主義を超えて、自由の体系に、より高度な道ですが、しかし、それにもかかわらず同じ――それゆえ根本においてより高度な道ではないのですが――思想の道に跳躍なしに出ていくのです。私の方はと言えば、ただ跳躍によってのみ、性急な跳躍によってのみ、跳躍台から単なる実体的な知識によってそれをするのです。ヘーゲルはこの実体的な知識を受け入れ、前提としていますが、私とは違ったように扱おうとしたのでした。私の方法は、生きものとして私たちが無意識的な消化によって、すなわち哲学の知識なしに食べ物を消化することで血と肉にして行く際に従っている方法と類似性があると彼は思っています。彼は多分正しいでしょう、思惟の力だけができることをすべてもう一度彼と徹底してやってみたかったのですが、老人の頭ではそれにはついていけないでしょう」(F. H. Jacobis auserlesener Briefwechsel, S. 466-467)。

(一二) この箇所はシェリングの自然哲学に、とりわけ『自然哲学の考案』(*Ideen zu einer Philosophie der Natur*, 1797) に向けられている。ヤコービは自然を、超自然的自然と自然的自然の二層構造で理解するが、シェリングのこの論文では自然が産出的活動性をもって、低次の段階から高次の段階へと単層構造的に発展していくものと捉えられている。たとえば次のような箇所である。

「われわれは、自然がわれわれの精神の法則と偶然に(たとえば第三者の媒介によって)出会うというのではなく、自然そのものが、必然的かつ本来的にわれわれの精神の法則を表現するだけでなく、自分自身を実現し、そうする限りにおいてのみ自然であり、自然と呼ばれると主張したいのである。

自然は目に見える精神でなければならず、精神は目に見えない自然でなければならない」(Schellings Werke, hrsg. von Manfred Schröter, Bd. I. S. 705-06)。

(一三) 「事物からなる全自然」とはヤコービによれば人間の自由が存立することは許されない必然的な因果性が支配する世界のことである。この世界に対して人間は精神でもって対抗し、超越していかなければならないのである。ヤコービ『神的事物とその啓示について』の次の箇所を参照。「自然は神を隠す。なぜなら自然は宿命を、始まりも、終わりもなく、作用するだけの原因のとぎれない連鎖のみを明らかにし、ひたすら同じ必然性で二つのもの、すなわち神の摂理と偶然を明らかにするのである……。人間は精神でもって自然を超越し、この精神の力で、自然から独立した、自然に克服できない力として自分を対抗させ、自然と戦い征服し、支配することによって神を明らかにする」(JW, 3. S.425.)。この箇所の大意は以下のようである。すなわち機械論的な自然現象をどれほど観察しても、そこに神は姿を現さない(「自然は神を隠す」)。むしろ自然に自らを対置し、その理不尽さを克服しようとして戦う精神のうちにこそ神は浮かび上がってくるのである。

(一四) 一七九九年三月三日付ヤコービからフィヒテ宛公開書簡を「無知の学問」というヤコービ独特な表現が初めて使用されたのは『フィヒテ宛公開書簡』(一七九九年三月三日付ヤコービからフィヒテ宛)においてである。そこでは次のように言われている。

「私が絶望からこの計画で企てようとするものが何であるか自分自身でもわかりません。それゆえこの計画は私の非哲学にそれだけふさわしいものであります。というのもこの非哲学はその本質を無知にもっているからです。まさしくあなたの哲学が知においてのみその本質をもつように。それゆえにあなたの哲学は私の心の最も深い確信によれば、より厳密な意味においてまさしく哲学と呼ばれるのに値するのです」(JW, 3, S. 9)。

(一五) ペトルス・ラムス (Peter Ramus, 1515-72)。フランスの哲学者、人文学者、パリ大学教授。アリストテレスおよびスコラ哲学に反対したため、教授を禁じられた。一五六一年プロテスタントに改宗し、一五七二年年聖バルテミーの虐殺に遭い死す。

(一六) 「創世記」第三章第五節。

(一七) 「ルカによる福音書」第二章第二九節。

スピノザの学説に関するモーゼス・メンデルスゾーン氏宛の書簡

私に私が立つべき場所を与えよ

献呈の詞

デュッセルドルフのハインリヒ・シェンク氏[1]へ

愛する、高貴な人よ！

あなたは、恵まれた人生の歩みにおいて乞い求めることなど一度も経験しなかったあの老人をご記憶のことと思います。ところがこの人が施物を、すなわち埋葬のお金を必要としたのです。というのも年老いた気取り屋でも見苦しくないくらいの葬儀を出したいとのことでした。

私たちは皆、この老人に似ていると思います。ヘムステルホイスによれば、私たちが愛するものを私たちの腕に抱き締めること、そして内面の親密さに応じてしっかりと何度も抱きしめることは、人間の考案でもなく身につけた慣行でもありません。それと同様に、私たちが自分や友人たちのために死の後もまた、この世における良き場所を願うことも、人が考えついたことでも習慣でもありません。乞い求めることのなかったその人、フリードリヒは愛する妹の埋葬の費用のためヴォルテールの前に立っていたのです。

私にとってもっとも名誉となるものが一人の友の心における追憶でありますように。私のささやかな埋葬のお金をあなたの手にお受け取り下さい。

親愛なる人よ！　あなたもご存じですし、私も知っています、だれでも友であり得るし、友を持つことができることを。ですから私が、私たちの幸福のために据えるこの記念となるものをお許し下さい。私たちの人生の喜び、強さ、名誉であったものは私たちの人生の栄光となりますように――それらはまた私たちの墓の上の歌になりますように。

ペムペルフォルト　一七八九年四月

フリードリヒ・ハインリヒ・ヤコービ

第一版への序文

私はこの本の題名を、その機縁となったもの、およびその主たる内容に因んで名づけた。というのもヘムステルホイス（一）宛の手紙もまた、ここでは補足するものとしてメンデルスゾーン宛の手紙の一つとして数えられるに違いないからである。

私がこれらの手紙の物語をお話しすることは、これらの手紙自体を正当化することになるだろう。

この作品の意図は、最後の手紙の後で簡単に述べた。そして私はこの意図がすみずみまで十分明確にされたと信じている。

さらに、私は注意深い、研究心のある、真理のみを心掛けている読者にはさしあたって何も言う必要はないだろう。意見の異なる人がこの本を手にとれば、それは私の意志に反しているのである。私が彼から何も要求しないと同様に、彼も私から何も要求しないようにしてほしい。

ペムペルフォルト　一七八五年八月二八日

第二版への序文

この新判には、付録という表題のもとに様々な論文が載っている。それらについてここではじめに説明したいと思う。

第一付録はきわめて珍しい本の抜粋である。その本とはジョルダーノ・ブルーノの『原因・原理・一者について』である。この不思議な人物はナポリ王国のノラで生まれた。何年に生まれたかは知られていないが、一六〇〇年二月一七日ローマで火刑に処せられた。ブルッカーは非常に熱心に彼について収集したが、残されたものは断片だけであった[2]。彼の著作は長い間、その曖昧さのために無視され、そこで述べられている考えのために偏見をもたれ、評価されず、またそれが含むことになった危険な学説のために憎まれ、隠蔽された。このことからして、それらが現在持っている希少価値はたやすく理解されると思う。ブルッカーは『最小のものについて』という本だけを見ることができた。ラ・クロゼ（la Croze）の手元には『測りがたいものと数え切れないものについて』という本だけがあった。彼はこの本の抜粋にして発表した。ちょうどホイマンが自然の学説についてそうしたように。ベールもまたブルーノの形而上学的な著作については私が抜粋を提供しているもの〔『原因・原理・一者について』〕だけを自分自身で読んでいた。それの抜粋を提供する。

すべての人々がこの人物の測りがたい、ヘラクレイトス以上の難解さについて嘆いている。ブルッカーはそれを常闇と比較している。そしてベールは断言している、ブルーノの最も重要な学説はトマス・アクィナスとドゥンス・スコトゥスの後継者によって提出された最も理解しがたいものよりも千倍も曖昧であり、不可解である、と。

にもかかわらず何人かの世界の賢者達、すなわちガッサンディ、デカルト、私たちのライプニッツもまたこの謎深い人物を利用し、彼らの学説の建物の重要な部分を彼から引き出していると言われている。私はこのことは論じないことにしておく。ブルーノに向けられた曖昧さという非難について言うのであれば、『原因について』においても『無限、宇宙、および諸世界について』においても――この著作については別の機会に詳細に語るつもりでいるが――私はそういう印象はうけなかったと述べておく。前者に関しては、読者自身が、私が皆さんに提示する試論からそのことについて判断することができる。私の抜粋は、ブルーノの体系だけを、彼がそう名づけている『フィロソフィア・ノラーナ』のみを中断されずにそこで論ずることによって少しばかり理解しやすくなっただろう。それに対して私は、彼が時折かなり詳細に述べているもの、様々な仕方で明らかにしようと努めている幾つかの箇所のうち或る箇所については一度だけ〔詳しく〕触れて、他の箇所は非常に簡潔に述べておいた。[3]

この抜粋においての私の主たる目的は、ブルーノをスピノザと比較対照することにより〈一にして全〉（Ἓν καὶ πᾶν）の哲学のいわゆる汎論を私の本の中で明示することである。ブルーノは、古代の人々の著作を自家薬籠中のものにしてしまい、自分自身であることをやめることなく、彼らの精神によって貫かれていた。ブルーノ自身ではない古代精神も見出されない。それゆえ、彼は力強い、すぐれた感性でもって〔個物を〕統合し、また同じ鋭敏さで個物を識別している。ブルーノが描いたよりも純粋な、そして美しい、最も広い意味における汎神論の輪郭を与えることは困難であるだろう。読者の皆さんに、この学説をどこにおいても認識できるために、その自ずからとり得る形姿に従って知ってほしい。さらに、他の体系へのそれの関係をできる限り判明に、完全に洞察し、問題点を正確に知ってほしい。このことは、私は幾つかの観点からしてとても有益なこと、それどころか私たちの時代においては必要・必須なことと思うのである。

第二付録　「無神論についてデイオクレスからディオテイーマに」（二）——二年前に無神論について、あるいはむしろ無神論以外のものについて多くの意見が出され、私はその事についてうまくものを言うことができなかったので、幾人かの友人にたずねた、無神論は意味の無い言葉なのか、あるいはその概念はどのように把握されるべきなのか、と。とくに私はガリツィン侯爵夫人にお願いした。ヘムステルホイスにこのテーマについて彼の考えをまとめるよう頼んでくれないか、と。こうして、すばらしい、哲学の全歴史を包括するような、僅かの太い線で描かれた絵が出来上がったのである。それをここに提示する。この絵を作り上げるには、目の力、丈夫な手とそのような秀でた人の精神が必要であった。

第三付録　これはメンデルスゾーン宛の最初の手紙のはじめで述べられる見解がどれほど奇妙なものであるかを語っている。

そしてこの付録は、今はなきハーマンの「別の世界の事物」という表現についての注釈で終っている。

第四付録　ヘルダーの「神」に関連して、最高存在者の人格についての問いについて。

第五付録　再びヘルダーの「神」に関連して、レッシングはスピノザ研究において、スピノザは自身の研究において道半ばであったということが本当であるかどうか、そして両者が、彼らの縺れた思考の糸球を完全にはほどくことはなかったということは本当であるかどうか。終りに一言、スピノザは延長というデカルトの概念を受け入れてしまい、そのことにより惑わされてしまったという主張に触れている。

第六付録　スピノザの体系をライプニッツの体系と比較すること。二人における本質的な相違。予定調和の生成。スピノザとライプニッツは二人とも二元論の反対者であった。そこから一方の学説と他方の学説の類似が出てくる。幾つかのこの点に関する批判的な言葉。

第七付録 思弁的な哲学のありのままの歴史。スピノザ主義の成立。その目的。あたかもこの目的が達せられるかのような錯覚がどのように成り立つのか。この錯覚は、スピノザ主義に固有なものではなく、宇宙の存在の可能性を何らかの仕方で説明しようとするとき、決まって探し求められ、意図的になされる誤解に基づいているのである。この試みの不合理なところを詳細に論究すること。そしてこの試みは、制約されないもののもろもろの条件を見つけ出すという結果になるのである。推論。解明。結果。

第八付録 この本のある箇所におけるガルヴェの一節。

*この委曲をつくした論文の他に、私は、重要でなくはない様々な問題の箇所を注の形で本文の所で詳しく論じた。私は、これらの註において所々あまりにも簡単に意見を述べてしまったのではないか、そして読者に必要以上の注意を要求してしまったのではないか、と恐れている。けれども、本のそれぞれの部分は有機体を構成するものと同じようにみなされねばならない、ということさえ忘れなければいかなる誤解も恐れる必要はないのである。えぐりとられた目は見ることができない。切り落とされた手は摑む事ができない。それぞれの個々の部分は、全体との関連においてのみその本来の仕事を果たしている。

四月二一日の論文(三)に関して番号をつけられた注を除いて、第一版にあった注がそのままこの第二版においてもある。この本で付け加えられた註は+という印で表示されている。

メンデルスゾーン宛に私が書いた最初の手紙に対する彼の異論(Erinnerungen)はこの本の中にある。そして読者は、それをしかるべき場所で見つけるだろう。

この本に題名を与えている数々の手紙の歴史的な配列に関して、私はとても如才なく振る舞った。第一版で抜粋があった所には、この版ではオリジナルなテキストが置いてある。いろいろな新しい手紙が付け加わっている。とりわけこの仕事で書いた最初の手紙が付け加えられている。いくつかのレッシングの手紙を見つけるだろう。私は、即物的な真理というとても単純な道をとったので、他のすべての考えを私は気にする必要はなかった。そしてこの事に再び戻る必要はないという満足を手に入れた。

残りの訂正は読者自身が気づくのに任せたいと思う。その際、私は奇妙な論駁によって忘れ難いものになってしまったものを取り除かないように細心の用心をした。これらの非難は十分な力を保持し、本来の価値を保っている。結語を私は、主として様々な、差し挟まれた箇所を取り除いたことにより半分ほどに短くした。(4) それが非難されたのは理由があり、誤解されたことは自分に責任がないとは言えない。

原註

（1）一七四八年四月一七日、デュッセルドルフに生まれる。下士官の息子。ミュンヘンで最後には枢密院顧問官ならびに財務長の地位に就く。一八一三年五月二日その地で死す。一八一三年の『ハレ一般文芸新聞』の一八八頁、一八一七年の『イェーナ一般文芸新聞』の九三頁に掲載されたフリードリヒ・ロートの追悼文を参照のこと。

（2）Jacob Brucker, *Historia critica philosophiae: a mvndi incvnabvlis ad nostram vsque aetatem dedvcta*, T. V, pp. 12-62; VI, pp. 809-16〔ブルッカー『哲学の批判的歴史』第五巻・第六巻〕. ブルーノが本当に追放されたのかということは、ブルッカーと同様に私にとっても疑う事のできないことのように思われる（この本が書かれた当時は、哲学の歴史についてのティーデマン、ブーレ、テンネマン、フュルボルンらの仕事は始められていなかった）。

（3）私は、正確さが批評であると考える読者をあてにしているので、説得されることのみを好む読者はあてにしていない。彼らは理解できないものは理解しようとしない。スウィフトによれば、講演の完璧な技は、適切な言葉を適切な場所に置くこと̀で̀あ̀る̀、と。実際、短い内容の話を短さのために摑めない人には長く聞かせることは無駄であり、その人をお喋りな人にしてしまうだけである。

（4）　大部分のものは再び差し挟まれている、この本の序文に述べられた理由からである。

訳註

（一）　ヘムステルホイス（Franz Hemsterhuis, 1721-1790）。オランダの哲学者。「物質は凝固した精神である」という神秘的な新プラトン主義を主張し、彼の審美主義的世界観は初期ロマン派に大きな影響を与えたと言われている。ガリツィン侯爵夫人とはハーグで知り合い、以後精神的な交流を深め、やがてミュンスターにおいて夫人のサークルに属するヤコービ、ハーマン、クラウディウス、シュトルベルクと親密な関係を築く。ヤコービとヘムステルホイスとの関係は深いものがあったと想像される。というのも、スピノザ哲学の「第一の叙述」の宛先はヘムステルホイスであり、さらに『スピノザ書簡』の「第二付録」はヤコービがヘムステルホイスに頼み、出来上った論文であるからである。詳細は第Ⅱ部「「第二付録」の成立について」を参照。

（二）　一七八七年九月七日付ヘムステルホイスからガリツィン侯爵夫人宛書簡のこと。

（三）　一七八五年四月二一日付ヤコービからメンデルゾーン宛書簡で展開されるスピノザの学説に関する四四のテーゼを指す（本書一五五頁以降）。

人間の拘束性と自由についての予備的命題（一）

『スピノザの学説についての書簡』の第二版の序文にはじめて出てくる以下の文は、後に二、三の修正を施されフィヒテ宛ての書簡に添えられた。それらはほとんど変えられることなく第二版のままにここに掲載されている。訂正や補充、そしてより明確な規定のためには、「自由と神の摂理の概念の理性の概念からの不可分離性について」の論文が役に立つ。これは著作集の第二巻の三一一頁にある。

第一章　人間は自由ではない

1　私たちに知られているすべての個々の事物の存在の可能性は、他の事物との共存に支えられ、関係している。したがって私たちはそれ自体で存立している有限な存在者を思い描くことはできない。

2　存在が共存と結ぶ様々な関係の結果は、生きものにおいては諸々の感覚を通じて表現される。

3　生きものの内面における、彼らの感覚を基準とした機械論的な振る舞いを、私たちは欲望と嫌悪と呼ぶ。あるいは、生きものの存在と存立の内的条件の、まさしくこの存在の外部の条件に対して感じとられた関係は、あるいは内的な相互の条件の感じとられた関係は、私たちが欲望あるいは嫌悪と呼ぶ心の動きと機械論的に結びついている。

4　生きもの（die lebendige Natur）のすべての多様な欲望の根底にあるものを、私たちは自然な、根源的な衝動と名づける。そしてこの衝動がこの生きものの本質そのものをつくる。その仕事は、この特殊な本性――これが衝動に他ならないが――を持つ存在の能力を維持し、増大させることである。

5　この根源的な、自然でもある衝動をアプリオリな欲望、個々の存在者の絶対的な欲望と呼ぶことができるだろう。個々の欲望の量は、この変わることのない、普遍的な欲望の中での時おりなされる多くの適用であり、変容にすぎない。

6　欲望というものがすべての個々の生きものに、属にも種にもまた性にも関係なく与えられているならば、この欲望を、全くアプリオリな、あるいは絶対的に普遍的なものと呼ぶことができる。それらが同じように自分自身を存在において維持しようと努める限りは。

7　全く規定されない能力というのは矛盾している。すべての規定は何らかの規定されたものを前提にしている。またそれはある法則の結果でもあり実現でもある。それゆえ主要なものであれ、副次的なものであれ、アプリオリな欲望は、またアプリオリな法則を前提にしている。

8　理性的存在者の根源的な衝動の本質は、他のすべての生きものの衝動と同様に、この衝動に規定された個々の生きものの存在の能力を維持し、増大させるという絶え間ない努力にある。

9　理性的な生きものの存在は、他の生きものと違って、人格的存在（ein persönliches Daseyn）と呼ばれる。この存在は意識に本質がある。というのも、この個別な存在が自己同一性を保つのはこの意識であり、またこの存在はそもそも意識、つまり思慮（Besonnenheit）と結びついたより高度な意識の帰結でもあるからである。

10　理性的存在者の自然な衝動は、あるいは理性的な欲望は、それゆえ必然的に人格の程度を高めることへと、すなわち、生きている現存在そのものの程度を高めることへと向かうのである。

11　理性的な欲望一般、あるいは理性的存在者の衝動そのものを私たちは意志と呼ぶ。

12　有限なそれぞれの存在は継起的〔時間的〕存在である。*

13　意志の法則とは、一致と関係性の概念に従って、すなわち根本原理に従って行為することである。つまり意志とは、実践的な諸原理の能力のことである。

14　理性的存在者がおのれの根本原則と一致することなく行動するときはいつでも、自分の意志に従って行動してはいない。すなわち理性的な欲望に従うのではなく、非理性的な欲望に従っているのである。

15　それぞれの愚かな欲望を満足させることによって理性的存在者の同一性は破られ、したがって、理性的存在者においてのみ基礎づけられている人格的なるものは傷つけられる。それゆえ、生きものの存在の量はそれと同じ程度に減少する。

16　人格を生み出す生きものの存在の程度は、生きもの一般のある様式にすぎないのであり、特別な存在あるいは本質ではない。それゆえ人格は、根本原理に従って自分の内部に生じる行為だけでなく、愚かな欲望と盲目的な性癖の結果である行為をもおのれの責任とする。

17　愚かな欲望に捕えられ、おのれの根本原理を踏み越えた時、その行為の悪い結果を感じて、後で次のように言うのが人間の常である。すなわち「そういう目にあうのは当然だ」と。人間は自らの本質の同一性を意識しているので、自分自身を不快な状態の張本人と見なさざるをえず、また彼の内面においても、やり切れない不一致を経験しなければならない。

18　実践理性の全体系はこの経験に基づいている、それがただ一つの根本衝動の上に建てられている限りでは。

19　人間がたったひとつの欲望だけを持っているとしたら、彼は正しいことや、正しくないことついての概念を持つことは全くないだろう。しかし、彼はいくつかの欲望を持っていて、そして、そのすべてを同じように満足させることはできないのであり、ある欲望の満足の可能性が、他の欲望の満足の可能性を廃棄してしまう場合は無数にある。これらすべての異なった欲望が、ひとつの根源的な欲望の変容したものにすぎないとすれば、この欲望が、それに従って様々な欲望が比較考量される原理を提供する。またこのことによって、人間が自分自身と矛盾したり敵対したりすることなく、様々な欲望が満足させられる関係が規定されるのである。

20　このような内面の法は、どの人間においても、意識の同一性によって機械論的なやり方で不完全に形づくられる。人間が市民的な社会に入る時、人間が相互の間で自由に取り決め、強いられることなく確定する外部の法は、いつも個々の成員の間で成立した内面の法の写しである。これに関しては、私たちが、それについていくらかの詳しい消息を得ているあらゆる民族の歴史を参照してほしい。

21　内面の法が状況に応じて到達する比較的大きな完全性は、完全でない法を生み出したその機制の継続と仕上げとしてのみ生じる。あらゆる原則は欲望と経験に基づき、またそれらが現実に守られる限り、どこかですでに規定された活動を前提としている。この原則は、ある行為のはじまり、あるいは第一原因には決してなり得ない。有効な原則を形成したり、それらを実際に引き受けたりする能力と熟練さは、諸々の表象を受け取る能力、これらの表象を概念に変容させる力、思考の活発さとエネルギー、理性的存在者の程度に比例しているのである。

22　原則一般（あるいはアプリオリな原則）の原理は理性的存在者の根源的な欲望であり、その特殊であり、固有な存在を、すなわちその人間的存在を維持し、その同一性を傷つけようとするものを自分に従属させようとする欲望である。

23　まさしくこの衝動から、他者に対する正義への自然な愛と義務が流れでるのである。理性的存在者は、理性的存在者として（抽象的には）他の理性的存在者から区別できない。私と人間はひとつである。彼と人間はひとつである。それゆえ彼と私はひとつである。人格としての人間の愛はそれゆえ個々人の愛を制限し、また個々人に注意を払わないように強いる。しかし、この個人を無視するということが、理論上、個人の抹殺の可能性にまで拡がらないようにするためには、また人格という存在において単なる無が残らないためには、より厳密な規定が必要である。この規定は、先行した所においてすでに暗示されており、それをここで細かく述べることは私たちの目的ではない。こうして、私たちが、実践理性の必然的な法則と呼ぶ道徳法則の起源への明確な洞察へ至ったことで、私たちにとっては十分であり、また単純な、理性と結びついた根本衝動は最高度に発揮されたときでも、純然たる機制であり、いかなる自由も提示することもないと結論づけることができるので十分である。自由の外観は、個々人と人格としての人間とのしばしば対立する利害から、あるいは、判明な意識と結びついた時にのみ人格としての人間が権利を主張するところの支配権の移り行く運命から生じているのであるが。

第二章　人間は自由である

24　あらゆる有限な事物の存在は共存（Mitdasein）に基づいていること、私たちは完全にそれ自体で存立している存在について表象することはできないということは否定できない。同様に、絶対的に依存している存在について表象することはさらに難しいことも論をまたない。そのような存在は、完全に受動的であるに違いない。だが、やはり受動的であることはできないだろう。というのも、すでに何かでないものは何かへと規定されることはできないからである。いかなる特性も持っていないものは、他との関係によって何らかの特性を生み出すことはない。それどころか、そのような存在にはいかなる関係さえも不可能である。

25　完全に媒介された存在あるいは生きものは、想像上ではなく、現実に可能でないとすれば、単に媒介された、完全に機械論的な行為も同様に不可能である。それゆえ機制それ自体は偶然的なものである。そして純粋な自己活動なるものが、至る所でこの機制の根底に存しなければならないことは必然的なことである。

26　私たちは、どの有限な事物もその存在において、それゆえ行為と苦悩において必然的に他の有限な事物に依拠し、関係していることを認識することにより、すべての、またひとつひとつの個体の機械論的な法則への従属をも認識する。すなわち、その存在と働きが媒介されている限りでは、それは絶対的に機制の法則に基づかなければならないからである。どの行為も部分的に何か他のものの行為である。

27　事物の存在を媒介するものを認識することは、判明な認識と呼ばれる。そしてどのような媒介も許さないものは、私たちにははっきりと認識できない。

28　絶対的な自己活動は媒介を排除する。私たちが媒介の内部を何らかの方法ではっきり認識することは不可能である。

29　したがって絶対的な自己活動の可能性は認識できない。しかしその活動の現実性は認識できる。なぜなら、それは意識に直接的に現れて、行為によって証明されるからである。

30　この自己活動は、個々の存在者の感性的現存をなしている機制に対抗し、それに打ち勝つことができる限りにおいて自由と呼ばれる。

31　私たちは、生きているもののなかで、自己活動の意識の度合いを与えられたものとして人間だけを知っている。そして人間は自由な行動への使命と衝動をそなえている。

32　したがって自由は、理由もないままに決心するという不合理な能力にあるのではない。同様に有用なもののうちでのよりよいものの選択にあるわけでもないし、合理的な欲望の選択にあるのでもない。というのも、そのような選択は、それがきわめて抽象的な概念に従って生じるにせよ、やはりつねに機械論的にだけ行われるからである。この自由はその本質上、欲望から意志が独立しているということである。

33　意志は純粋な自己活動であり、意識の段階にまで高められたときには、私たちはそれを理性と呼ぶ。

34　意志の独立性と内面的全能さ、あるいは感性的存在者への知性的存在者の優位の可能性は、事実上すべての人によって認められている。

35　古代の賢者の内で、特にストア派の人々について次のことが知られている。彼らは欲望の事柄と名誉の事柄においていかなる比較も許さなかったことが。彼らは言っている。欲望の対象は快いものを受け入れることに、また役立つかどうかの観点に則り比較されるだろう、そしてある欲望は別の欲望のために犠牲にされるだろうと。また欲望の原理は名誉の原理とはいかなる関係もなく、名誉の原理はただひとつだけの対象を持っているのである、と。すなわち、人間的本性それ自体の完全性、自己活動、自由である。それゆえ、すべての罪は彼らにおいては同じであった。問題はいつも次のことだけである。互いに現実には衝突することもない、比較できない二つの原理のどちらから行為が生じたかという問題である。彼らが、魂の生だけを営み、固有な本性の掟に従っておのれを律し、すなわち自分自身にのみ従い、いつも自ら行動する人だけを、自由な人と呼ぼうとしたのは正しいことであった。逆に彼らは、次の人々を単なる奴隷とみた。欲望の事柄に縛られ、欲望の命ずるところに従って生活し、それに従属する人々である。彼らは欲望に振り回され、欲望によって間断なく変化させられ、行動へと駆り立てられることを好んだ。

36　私たちの啓蒙された時代が、宗教的熱狂、あるいはエピクテトスとアントニヌスの神秘主義をどれほど越えていようとも、私たちは、やはり明確さと深みにおいて名誉のあらゆる感情と関係を断つまでには至ってはいない。この感情の火花が人間のもとにまだ有る限り、自由の異論のない証《あかし》、意志の内面的全能さへの抑えがたい信が人間にはあるのである。言葉では彼はこの信を否定できる、しかしこの信は、良心のなかにあり、詩人のマホメットにおけるように、彼が自分に立ち返り、はっとして「最後に残るのは良心の呵責のみ」という恐ろしい言葉を発する時に、思いもかけず現れでるのである。

37　しかしながら、この信は言葉では完全には否定することはできない。というのも、誰が恥ずべき行為へのあらゆる誘惑に抵抗できないなどと、あるいは誰がこの事でわざわざ熟慮し、損得を勘定し、程度あるいは重要性、あるいは定言命法、さらに、何らかの法についてまで考えなければならないと言われたいだろうか。そして、この同じやり方で、私たちもまた他人を判断している。私たちは、誰かが有益なものより快いものを選び、彼の目的とは反した手段を選び、願いと努力において自己矛盾に陥るのを見ると、その人は非理性的に、愚かに行動していると思うだけである。彼が義務の履行を怠り、悪習で自分を汚し、不正を働き、暴力を行使すれば、私たちは彼を憎むことができ、忌み嫌うことができる。しかし彼を完全に排斥することはできない。彼が、ある決定的な仕方で名誉の感情を否認し、内面の恥を耐え、もはや自己軽蔑を感じることができないことを示すとき、私たちは彼を無慈悲にも排斥する。彼は私たちの足元の汚物である。

38　どこからこれらの絶対的な判断は生ずるのだろうか。どこからそのような測り知れぬ不遜さと要求は生ずるのか。これらは、根本原則*とその遵守に自己限定することなく、感情を要求し、その存在を反論できないほどに要求しているのであるが。

39　これらの不遜さと諸々の主張の正当性は、ある公式に、たとえば正しい結びつきへの洞察に、次の定理の結果の確かな真理に、基づくと言うのだろうか。すなわち、AがBであり、CがAであるとき、BはCであるという定理。スピノザはこうした方法で、人間が理性的存在者である限り、たとえ彼が魂の不死性を信じないとしても、嘘によって自分を死から救うよりも、むしろおのれの生を犠牲にするということを証明したのである(1)。そして抽象的にはスピノザは正しかった。純粋理性をもった人間が嘘をついたり、欺いたりすることは、三角形の三つの角は二直角ではないと言明すると同様に不可能である。しかし理性を与えられた現実存在が、彼の理性の抽象的なものによって自分を窮地に追い込むだろうか、また言葉の戯れによる空虚な思念に完全に捕えられてしまうだろうか。そんなことは決してない。名誉に信用がおけるならば、人間が約束を守るならば、単なる三段論法の精神とは違った精神が人間に宿るに違いない。

40　私は、このもう一つの精神を地上の被造物における神の息吹であると考える*。

41　この精神は、第一にその存在を知性において証明する。この知性は、実際にこの精神なしでは、見者の盲人による導きを可能にしただけでなく、合理的推論の三段論法によってそのような装置の必然性を論証したかの驚くべき機制であるだろう。三段論法がその前提を生み出すのに、誰がこの三段論法を統制するのだろうか。この精神のみである、自由の行為と消し去ることのできない意識においてこの精神が現前することによって。

42　この意識は、次のような確信そのものである。すなわち、叡智はおのれの力によってのみ有効であり、最高の、それどころか私たちに本当に知られている唯一の力である、と。またこの意識は、直接的に第一の、至高の叡智への信を教えてくれるのである。もっと言えば、自然の思慮深い創立者と法を与える人への信、さらに精神である神への信を。

43　しかしこの信は、純粋な愛の能力が人間の心に生じてはじめて十全な力を獲得し、宗教となるのである。

44　純粋な愛？　そのような愛が存在するのだろうか。それはどのように証明されるのか。そしてどこにその対象を見つけるのか。

45　愛の原理は、その存在について名誉の原理として私たちがすでに確信していたものと同じです、と私が答えるとすれば、読者は、私が説明する対象に関してもっと知りたがるようになって当然であろう。

46　したがって、私は次のように答える。純粋な愛の対象はソクラテスのような人が眼前に見ていたものと同じである。それは人間における神聖なものである。この神的なものに対する畏敬の念がすべての徳、すべての名誉感情の根底にあるものなのである。

47　私は、この衝動もその対象も構成することはできない。このことが可能になるためには、私は実体がどのようにつくられるのか、どのように、ある必然的存在が可能であるのかを知らねばならないだろう。だが、次に述べることが、それらの存在について私が確信することを多少とも説明してくれるだろう。

48　宇宙が神でなく被造物だとすれば、宇宙が自由な叡智の結果だとすれば、それぞれの存在の根源的な趨勢は神的な意志の表現であるに違いない。被造物におけるこの表現はその根源的な法則である。そしてこの法則において、法則を遂行する力が必然的に与えられていなければならない。生きもの自身の存在の条件、その根源的な衝動であり、その固有な意志であるこの法則は、諸関係の結果であり、また徹底した媒介に基づく自然法則とは比較することはできない。個々の存在者はしかしながら自然に属している。それゆえ、また自然の法則に従属し、二重の方向性を持っているのである。

49　有限のものへ向かうことは感性的衝動ないし欲望の原理である。永遠なものへ向かうことは叡知的衝動であり、純粋な愛の原理である。

50　この二重の方向自体について語れと言われれば、そしてそのような関係の可能性とその装置の理論について聞きただすのであれば、私はそのような質問を退けることが正しいと思う。なぜなら、この問いが対象としているのは、創造の可能性と理論であり、無制約者の制約であるから。この二重の方向性の存在とその関係は行為によって証明され、理性によって認識されていると言えば十分だろう。すべての人が自分たちに自由があると考え、彼らの名誉を自由の所有のみに置くように、すべての人は、純粋な愛の能力が、また自由の可能性が基づいている愛の能力の圧倒的なエネルギーの感情も、自分たちにそなわっていると考える。すべての人は徳そのものを愛する人でありたいのであり、徳とむすびついた利益を愛する人ではありたくない。すべての人は単に快適というだけではない美しいものについて知りたいのであり、単なる肉体の満足ではないよろこびを知りたいのである。

51　この能力から現実に出てくる行為を私たちは神聖な行為と呼ぶ。そしてそれらの行為の源泉、それらの行為への心的態度そのものを私たちは神聖な態度と呼ぶ。どんな他のよろこびとも比較され得ないあるよろこびが、これらの行為には伴っている。すなわちそれは神自身が自分の存在において持っているよろこびなのである。

52　存在を享受することとすべてが、よろこびである。ちょうど存在するものを攻撃するすべてのものが苦しみと悲しみをもたらすように。よろこびの源泉は生とあらゆる行為の源泉である。よろこびの感情〔情動〕が、ただはかない存在に関係するだけならば、この感情自体が儚いものとなる。それは動物の心である。感情の対象がはかないものではなく、永遠なものであるとすれば、感情は神性そのものの力であり、手にいれるものは不死性である。

原註

(1) 『エチカ』第四部、定理七二。

訳註

(一) ヤコービはこの「人間の拘束性と自由についての予備的命題」と題された論考を、複数の著作に繰り返し用いている。それが初めて登場するのは『スピノザ書簡』第二版(一七八九年)の序文の中である。一七九九年の『フィヒテ宛公開書簡』にも少しの修正がなされてはいるが、ほぼそのまま付録として再録され、本書『スピノザ書簡』第三版においても序文のあとに掲載されているのである。この論文の執筆動機となったものは、一七八八年に公刊された作家ヨーゼフ・ニコラウス・グラーフ・ヴィンディッシュ＝グレーツ(Joseph Nicolaus Graf Windisch-Grätz 1744-1802)の『秘密の社会について』等の著作にあったようである。

スピノザの学説に関して

一　エリーゼ・ライマールスとヤコービの書簡

レッシングの親しい女友達が[1]——このひとは彼を通して私の友にもなったのですが——一七八三年の二月に次のような手紙をくれました。自分はベルリンへの旅行を計画していますので、そちらへの伝言はありませんか、と。

ベルリンから私の女友達が再び手紙をくれました。彼女の手紙は主としてメンデルスゾーン、すなわち私たちのレッシングの心からの崇拝者であり、友人である人について書いてありました。彼女はこう報告してきました。彼女は、今はなきレッシングについて、また私についても多くの議論をしましたし、メンデルスゾーンはレッシングの人柄と著作に関するずっと以前から約束していた仕事にようやく取りかかろうとしています[2]、と。

様々な障害があったので、すぐにこの手紙に答えることもできず、また女友達のベルリン滞在もわずか数週間だけでした。

彼女が再び家に着くと、私は手紙を書き、どれほどメンデルスゾーンはレッシングの宗教上の考えを知っていたのか、と尋ねました——レッシングはスピノザ主義者だったと私[一]は記しました[3]。

この問題に関し、かつてレッシングは腹蔵なく私に自分の意見を述べました。彼は自分の意見を隠そうとする気は全くなかったので、私が彼について知っていることが幾人かの人々に知られるようになったと推測したのは当然でした。ところが彼自身この点について一度も明確にメンデルスゾーンに意見を表明したことはなかったということが、以下のようにして分かったのです。

一七七九年に、翌年の夏に訪問しますよ、とレッシングに約束してから、私は一七八〇年六月の初めの手紙で彼のところに間もなく行くと告げ、同時に、次に私たちをベルリンへ連れて行ってくれる旅に同行してくれるように頼みました。レッシングは、一緒に行くか行かないか、ヴォルフェンビュッテルで一緒に考えましょう、と答えました(4)。私がヴォルフェンビュッテルに行った時、厄介なことになりました。レッシングは私に、自分と一緒ではなく、ベルリンに行きなさいと言ってきたのです。そして彼の説得は日ごとに執拗になりました。そう彼が言いだしたのは、彼が友人たちの中でも最も高く評価していたメンデルスゾーンのせいでした。彼は、私がメンデルスゾーンと個人的に知り合いになることを切に願っていたのです。こうして彼と話し合っているとき、私は明晰で正しい悟性をもつメンデルスゾーンのような人が『明証性についての論文』と同様に、神の理念から神の存在を証明しようと躍起になっているのは奇異なことだ、と述べました。それに対するレッシングの弁明は、私をすぐさまこう質問させることになりました。あなたは、あなたご自身の体系を一度たりともメンデルスゾーンにお話しなさったことはなかったのですか、と。「一度もありません」とレッシングは答えるとともに、一度だけ『人類の教育』七三節であなたがお気づきの点をいくらか彼に語ったことがあります、しかし私たちの意見は一致しなかったので、この件はそのままにしておきました、と言いました。

したがって、一方で何人かの人はレッシングのスピノザ主義のことを知っていると思われるのに、他方でメンデルスゾーンはこの点について明らかに何も信頼すべきことも知らされていないということが分かったので、私はメンデルスゾーンにこのことをそっと知らせてやろうという気になりました[5]。

私の女友達は、私の考えを完全に理解してくれました。話の内容が彼女にはきわめて重要に思えたので、私が彼女に打ち明けたことを、彼女はすぐにメンデルスゾーンに伝えました。

*その後、エミーリエから受け取った返事を私はここに差し挟みます。

〔一七八三年九月一日付エミーリエからメンデルソーン宛〕

ハンブルク　一七八三年九月一日

「親愛なるヤコービ、私は再びあなたにお手紙を書くのは、メンデルスゾーンの返事が来てからだと思っておりました。そしてこれが彼から来た返事の内容です。

メンデルスゾーンはどのようにレッシングが上述の考えを述べたか、正確に知りたがっていました。レッシングは淡々と、私はスピノザの体系を真実で、根拠あるものと見なします、と言ったのでしょうか。スピノザの体系といっても、どの体系のことを言っているのか。『神学・政治論』のものか、『デカルトの哲学原理』のものか、ローデウェイク・マイエル[二]がスピノザの死後、スピノザの名において広めた体系なのか、と。そして一般に広く知られているスピノザの無神論の体系の話になると、レッシングがこの体系を受け入れたのは、ピエール・ベール[三]が誤解したような遺り方だったのか、それとも他の人々が、より上手に説明したような遺り方で受け入れたのか、と尋ねてきました。さらに彼はこう付け加えました。レッシングが、何ら詳細に規定されてもいないのに、ある人物の体系に同意できると言ったとしたら、彼はその時我を忘れていたか、それとも奇妙な気分に陥っていて、真面目な時なら言いだすはずもなかったようなおかしなことを主張したのです。

もしかしたらレッシングは次のようなことを言ったのかもしれません、とメンデルスゾーンは続けて言いました。すなわち、親愛なる兄弟よ、悪名高きスピノザは、彼を誹謗し、そのおかげで英雄になった人々よりも、多くの点ではるかに先を見ていたかもしれません、と。彼の『エチカ』はとりわけすぐれた事柄が含まれています。多くの正統派の道徳や、多くの哲学の概説書よりも良い事柄が。彼の体系は人が思うほど筋が通っていないものではありません、と。こうしてメンデルスゾーンは納得したのです。

最後にメンデルスゾーンは、あなたがこの点をはっきりと詳細に報告していただきたいと言っていました。レッシングはこの件について何を、いかに、どんな機会に述べたのか教えてほしいというのです。というのもメンデルスゾーンは、あなたがレッシングを深く理解し、またあの重要な話し合いのひとつひとつを記憶にとどめているだろうと固く確信しているからです。

この件についてあなたが報告して下さったら、メンデルスゾーンはレッシングの人柄について書こうと思っている本の中でこの件に言及することでしょう。メンデルスゾーンによれば、私たちの最上の友人の名前も、後世においてはそれに値するだけ輝くべきであって、それ以上でもそれ以下でもあるべきではないからなのです。真*理はここでも勝利を手にします。レッシングの根拠が薄弱であれば、それは真理の勝利に役立つでしょうし、それが危険なものであれば、すぐれた女性が真理の弁護をするでしょう、と。さらにメンデルスゾーンは、こう言いました。とにかく私がレッシングの人柄について書く時には、すべての党派性が終りを告げ、今日の誹謗中傷も忘れ去られた五十年先を見据えて書くことでしょう、と。

ごらん下さい、親愛なるヤコービ、これがあなたに伝えようとした報告の結果なのです。それを私はメンデルスゾーンに黙っておくことはできませんでしたし、この件について今後さらにこれ以上のことを報告なさっても、あなたは後悔してはいけないのです。というのも、もしもメンデルスゾーンがレッシングの人柄について考えていたものが出版され、その中にこれに似た重要なものが何もなかったならば、あなたは何と言えたでしょうか。あなたは真理に関わる事柄を——というのも今回の件は結局のところ、私たち友達の問題というよりも真理の問題なのですから——歪めてしまったという非難をご自分に対してなさったに違いありません。あなたのご発言がどのような結果になるにせよ、個人的な感情はここでは問題ではありません。

さらにこれ以上のことを報告なさいという彼女の勧めを受け入れるのに私は少しも躊躇しませんでした。そして一一月四日に私の女友達宛ての封筒の中に、次のようなメンデルスゾーン宛の手紙を封もせずに同封しました(6)。この手紙は記録文書的な性格をもっていますので、私は一字一句変更することなく印刷させることにします。

〔一七八三年一一月四日付
ヤコービからエミーリエを介しメンデルスゾーン宛〕

デュッセルドルフ近傍ペムペルフォルト　一七八三年一一月四日

私が*エリーゼ・ライマールス宛の手紙のなかで、今はなきレッシングのものだと述べた幾つかの見解に関し、あなたは私からより詳しいことを知りたいと望んでおられます。ですから私がお伝えできることを直接にあなた宛てに書くのが最もよいのではないだろうか、と思われます。

私自身のことをあらかじめお話しておくのが、この件のためには、そして少なくとも大兄のご計画のためには必要かと思われます。そして、もしも私たちがこの件を通して、より親しい関係になれたとしたら、私はもっとあけすけに言う勇気を得られるでしょうし、また私を慎重に、あるいは臆病にしているものを忘れることができるかもしれません。

私が別の世界のことについて不安を感じ始めたのは、まだポーランド風のフロックコートを着ていたときのことでした。八歳か九歳の頃、私の子供じみた考えは私にある奇妙な見方——こうとしか言い表せません——をとらせることになりましたし、この見方は今でも私から離れません。(7) 人間に寄せられる、より高い期待を確信したいという気持ちは時とともに増し、私の他の運命もそれに従わざるを得ないような主要課題となりました。生まれつきの性格、私が受けた教育は一つになり、自分について自信がないという気持ちを抱かせると同時に、それだけ一層他の人々が何かを私にしてくれるのではないか、という期待をあまりにも長いこと抱かせることになりました。私はジュネーブに行きました、そこですばらしい人々に会いました。(四) 彼らは大らかな愛情で、また本当の父親のような忠実さで私の世話をしてくれました。(8) 後に私が知り合った人々は、彼らと同じような名声か、あるいはもっと大きな名声をもっていましたが、その人たちの多くは、私が先の人々から享受したほどの利益を与えてくれませんでした。これらの人たちの何人かとはその後付き合わないことにしましたが、その時には失われた時と浪費された活力への腹立ちと後悔が残るばかりでした。様々な経験が次第に私をありのままの自分自身に連れ戻し、私は自分自身の力を集中し、節約する術を学びました。

いつの時代でも本当に真剣に真理を獲得しようとした人[*]はわずかしかいませんが、しかし真理はこれら少数のひとりひとりに何らかの仕方で伝わっていました。私はこの足跡を見つけました。生きている人々、死んでしまった人々の中にもこの足跡を追求しました。そして探求すればするほど、よりはっきりと物体における重力のように、真正な「思慮深さ」は共通の方向をもっていることに気づきました。重力の方向は円周の様々な点から出てきているために、交差する線も、平行な線も生じさせることができません。「明敏さ」に関しては事情が違います。それを円の弦と比較したいと思いますし、その割合と形については深い内容が込められていますので、しばしば「思慮深さ」と見なされます。ここで〔明敏さにおいて〕は線は意のままに交差し、そして時には平行になるのです。どんな弦でも直径に近接して引かれると直径と見なされてしまいます。*しかし弦は弦であることをやめることなく、よりたくさんの半径と交差するのです。

大兄にはこのつまらぬ比喩[五]をお許し下さい。ではいよいよレッシングの問題にまいりましょう。

私はいつもこの偉大な人物を尊敬してきました。彼と親しくなりたいという欲求は、はじめは「神学論争[六]」のときに、ついで『寓話[七]』を読んだ後、より一層活発に私の中に湧き上がってきました。彼が『アルヴィル[八]』に興味をもってくれたこと、はじめは旅行者を通じて多くの親切な知らせを送ってくれたこと、そしてついに七九年に私に手紙をくれたこと、これらは私にとって幸運なことでした。私は彼に返事を書きました。翌年の春にはヴォルフェンビュッテル経由の旅を計画しているので、その地であなたにお会いし、いくつかの点で不明なところのある賢者たちのことを教えてもらえないだろうか、と[9]。

私の旅が実現しました。そして七月五日の午後、私はレッシングを私の腕に初めて抱きしめました。

原註

(1) 私は彼女の前でメンデルスゾーンに対する私の立場を弁明するとき、彼女にエミーリエという名前を与えた。そのためこの名前をこの著作においても実名の代わりに使うつもりである。〔エリーゼ・ライマールスは「ヴォルフェンビュッテル断片」の作者の娘、彼女は一八〇五年没〔本書七〇頁訳注六を参照〕〕。

（2）同年〔一七八三年〕一月、「ドイツ・ムゼーウム」誌に、「ある注目すべき著作に関するさまざまな人々の考え」というタイトルのもとに、『レッシングが語ったあること』に関する私の批評（ベルリン、G. J. Decker 社、一七八二年）に対する反論が出された。この「さまざまな人々の考え」にはメンデルスゾーンが大きく関与していた。「私たちの著者はこれらすべてを簡単に片づけてしまっている」から始まる文章は、最後まで全部メンデルスゾーン一人のものである。この考えに反対して私は、「ドイツ・ムゼーウム」誌二月号に反論を発表した、ちょうど私の女友達がベルリンへ行ったときである。私はエミーリエ自身の言葉をここで伝える。精神と魂においてじつに優れた女性の振る舞いには最初から非難すべきところが全くなかった、と理解してもらうために。

〔一七八三年三月二五日付エミーリエからヤコービ宛〕

一七八三年三月二五日　ベルリン

……私は、年老いたフリッツ(九)にあなたの名で挨拶することができませんでした、彼は今ポツダムにいて、私はまだそこへ行ってないからです。……しかしメンデルスゾーン、私の親愛なるメンデルスゾーンには昨日会いました。彼は、私が思っていたように、彼の至る所から発せられる抗いがたいほどの心の善良さと、精神の輝く明朗さにあふれ、まことに魅力的です。私たちは、レッシングとあなたについて多くのことを話しあいました。入っていったとき、最初に私の目に飛び込んできたものは、レッシングに似ていないこともない胸像でした。

彼の弟が書いています。次はヴァルヒ(一〇)についての書簡が、さらにその次に福音書の歴史が出されるだろう、と。これに、いまは亡き私たちの友はいくばくかの価値をおいていました。メンデルスゾーンはレッシングとの往復書簡をこのときにはまだ手に入れることはできていませんでした。しかしレッシングの弟が彼に近いうちに一包みの手紙を送ることを約束しました。その中にこの往復書簡も含まれているでしょう。そしてメンデルスゾーンはレッシングの人柄についての仕事の約束は守ると言っています。天がどうかそのために彼に健康と晴朗さを与えて下さい。そうすれば私たちは私たちの友について、彼にふさわしいものをいつか読むことができるでしょう。

親愛なるヤコービ、あなた自身に対してメンデルスゾーンは実際好意を持っていて、「さまざまな人々の考え」に対するあなたの反論にも満足しています。そして……と私はあなたが彼ともっと親密になるように、と考えました。というのもあなたたちが二人ともありのままに互いに知り合うに値するのは確かなことですから。あなたが今ここにいてくれればと思います。急いでペンを置かなければなりません。旅がどのようなものであるかはご存じのはずですから。

（3）　ここに私のエミーリエ宛の問題の文面を、そのまま何の変更も加えずに掲げる。

〔一七八三年七月二日付ヤコービからエミーリエ宛〕

一七八三年七月二一日　ペンペルフォルト

……ベルリンからのあなたの手紙にご返事できなかったのは、私にとってとてもつらいことでした。私は手紙を思っていたよりも遅く受けとりました、なぜなら手紙はヴェーゼル経由の代わりにシュヴェルム経由で出されていたからです。そして心配せざるを得ませんでした、折り返し便で私の返事が差し出されなければ、あなたがもはや返事を受けとることができないのではないか、と。折り返し便で私はあなたに手紙を書くことができませんでした。なぜなら私はあなたにとても重要なこと、すなわち私たちのレッシングの究極の見解をお話し、そしてあなたがそれをよいとお思いになれば、その内容をメンデルスゾーンに伝えていただけたら、と思ったからです。あなたはおそらくご存じでしょうし、もしもご存じでないなら、私は友情の名のもとに、レッシングは晩年には断固としたスピノザ主義者であったと打ち明けます。レッシングがこの見解を少数の人々にしか述べなかったのは不思議なことではありません。そしてまたメンデルスゾーンがレッシングのために書こうと考えている名誉の追憶では、ある種の題材には全く触れないか、あるいは少なくともきわめて慎重に取り扱うことが必要でしょう。レッシングは私に対してと同じくらいはっきりと、親しいメンデルスゾーンに心を打ち明けていたか、それともレッシングは彼と長いこと会っていなかったため、また手紙を書くのが好きではなかったため、打ち明けていなかったのかもしれません。親愛なる人よ、あなたがこのことに関してメンデルスゾーンに何を言うかはあなたにお任せします。私はこのことに関してこれ以上詳しくは今回書くことはできません。

（4）　この手紙もまたお見せする。

〔一七八〇年六月一三日付レッシングからヤコービ宛〕

一七八〇年六月一三日　ヴォルフェンビュッテル

私は一二日になってようやく受け取ったあなたの今月の一日付の喜ばしい手紙（一一）に対して次のようにお知らせすることをためらうものではありません、私は六月中か七月の半ばまでには間違いなくあなたとヴォルフェンビュッテルで会うことになるでしょうし、私はあなたを私の家で大きな期待を持って待っているでしょう。そしてこの家で二、三日休息をとっていかれるのがよいと思います。

　私達の対話は自ずから共通の話題を見つけるでしょう。しかし出発点をどこにすれば最もいいのかという暗示が私に与えられたことは実際よいことでした。あなたと一緒に長い旅を続けることが可能かどうか、私はいま決めることはできません。私の願いは言うまでもなくあなたと一緒に旅をすることですが。私はひとたび願ったことはあらかじめとても大きな喜びだと感じてしまいますので、たいていの場合には、幸運にも、願いを実現するという苦労を免れていると思っています。

（5）　この確信にもかかわらず、私が、メンデルスゾーンがすでに私自身と同じように知らされているのではないかという問題を、七月二一日付のエミーリエ宛の手紙においてそれでもなおそのままにしておいたことはおそらく釈明の必要もないだろう。

（6）　次のものを手紙の送付に際し、エミーリエに書いた。

〔一七八三年一一月四日付ヤコービからエミーリエ宛〕

一七八三年一一月四日

……遺憾なことですが、かなりの長い間書かずにおいたものを同封致します。あなたは私の手紙がメンデルスゾーンに宛てられていることに反対はされないでしょう。そしてメンデルスゾーンは、私が私自身の手でこの手紙のすべてを書かなかったことを悪くは取らないでしょう。それゆえ私は彼に対しての弁明をあなたにお任せいたします。

　あなたが小包みを受けとり、発送したことについて、またその内容についてもあなたの考えを可能ならば月曜日の便でお知らせ下さい。その他、メンデルスゾーンが言っていることで私が知ってさしつかえないものがあれば、どうか私にお知らせください。私の骨折りへの感謝を別に彼から期待はしていません。なぜなら私のものの見方は彼のとは少しばかり違っているからです。……私は私の存在の輝きから生じるものを担い、そしてこの存在をありのままに示すという運命にいつでも従順なのです。そのためには少しばかりの勇気と拒絶が必要とされます。しかしその代わりに、他では決して手に入れることのできない内面の平静さが手に入るのです。

（7）「第三付録」を参照。

（8）この『著作集』第二巻、一一八頁以下における『信をめぐるデイヴィッド・ヒューム』を参照。

（9）私が再び手にいれることができた手紙の言葉は――この手紙の写しはなかったのであるが――次のようなものであった。「私は言葉では言い表せないほど、あなたとお会いできる日を待ち望んでいます。その理由は、いくつかの点で不明なところのある賢者たちのことをあなたに教えていただきたいからです」。

訳注

（一）本書七二―七三頁のレッシングとヤコービの対話のことを指している。

（二）ローデヴェイク・マイエル（Lodewijk Meijer, 1629-1681）。オランダの哲学者、医者、作家。スピノザのまわりに集まったアムステルダムサークルに属していた。スピノザに『デカルトの哲学原理』の出版を勧め、その序文を書いた。

（三）ピエール・ベール（Pierre Bayle, 1647-1706）。『歴史批評辞典』によって一八世紀の精神世界に大きな影響を与えたフランスの哲学者。スピノザの項にはこう書かれている。「生れはユダヤ人、ついでユダヤ教からの脱走者、最後は無神論者になったアムステルダムの人。全く新しい方法にもとづく体系的な無神論者だったが、学説の内容は古今東西のいくたの哲学者と共通していた」（ピエール・ベール『歴史批評辞典 Ⅲ』（野沢協訳）〈ピエール・ベール著作集 第五巻〉法政大学出版局、一九八七年、六三八頁）。

（四）数学の教師デュランと物理学者ル・サージュのこと。

（五）この「つまらぬ比喩」に関し、ヤコービは一七八三年六月三〇日付マティアス・クラウディウス宛書簡において次のように書いている。「熱心に真理を求め、苦しむすべての人々の思考の内面的な類似にはそもそも全く特別なものがあります。このような人々はみなある種の思慮深さ（Tiefsinn）を持っています――これが彼らを思慮深くし、彼らにほぼ同じものを発見させるのです。明敏さ（Scharfsinn）は少しばかり違ったものです。これはしばしば「思慮深さ」と見なされます。なぜならこれは言わば形について深い理解をするからです。ピュタゴラス、プラトンそしてスピノザはアリストテレス、ホッブスとは全く違った人々です。私たちが「明敏さ」に甘んじている限り、私たちは皆摑み合いをします。しかし「思慮深さ」は私たちを温和にします。同一の円の半径はお互い邪魔をすることができません、たとえそれらが中心点から円周に引かれようとも、また円周から中心点に引かれようとも」。本文の比喩の要点は、「思慮深さ」はどこから出発しようとも、いつも問題の中心へと参入していき、他方「明敏さ」は問題の中心へ到達せずに、違った観点の提示に終始するというのであるが、この考えには異論が出される。異論については一七八四年一二月一日付ハーマンからヤコービ宛書簡を参照。

（六）レッシングはヘルマン・ザムエル・ライマールスの娘エリーゼから預かっていた『神の理性的崇拝者のための弁明あるいは弁護の書』――内容が聖書の物語の歴史的真実性を批判したものであったため、ライマールスは生前の発表を控えていた――一七七四年から一七七八年まで『匿名氏の断片』として一部を出版した。神学の学問的根拠を問うこの断片は正統ルター派の容認できるものではなく、プロテスタント神学者からの激しい攻撃を受けた。レッシングの意図はこの断片をできるだけ多くの人に検討してもらい、失われた宗教心情を掬い上げることであった。やがてハンブルクの牧師長ゲーツェの登場で論争は激しさを増し、レッシングも『反ゲーツェ』の反駁文で応酬した。「神学論争」とは、これら一連の論争のこと。

（七）この寓話の内容は次のようなものである。「賢い王によってすばらしい王宮が建てられた。窓とドアの型と大きさの違いにもかかわらず、すべての部屋は上から輝くライトに照らされた。たくさんのドアがあり、どの訪問者も可能な限り、最も短い方法で王宮の中心へと連れていくように造られていた。宮殿に住む人々はその中で十分満足だった。そうこうするうちに王の家来たちは仲間内で喧嘩をはじめた。この建物のオリジナルな設計図を持っているのは自分だと主張するようになった。少数の人だけが設計図など気にかけず、ライトと王宮にいきわたる美を楽しむことで満足した。ある日見張り役が火事の警報を鳴らした。彼らは最も貴重なものを救うために王宮ではなく、設計図のある場所に突進していった。そして設計図を使いながら火事の正確な位置について議論を始めた。幸いにも見張り役がオーロラを火事と間違えたのだった」。本来の宗教心を失ってしまったキリスト教会が教義の解釈にだけ熱中している様子がこの寓話に描かれている。

（八）この書簡体の小説とレッシングの関わりは一七八一年八月一七日付ヤコービからゾフィー・フォン・ラロッシュ宛書簡に述べられている。「私はこの『アルヴィル』を特別な愛情でもって推敲しました、なぜなら私はこの作品でレッシングと初めて知りあうことになりましたから、レッシングはこの作品の作者は誰かと探していたのです。彼は死の数週間前にも、手紙を書くことができなかったので、友を通じて切にこの作品をやりかけのままにしないように忠告してくれました」。

（九）フリードリヒ二世（大王）（一七一二―八六年）のこと。彼は「偉大なフリードリヒ」とも「老フリッツ」とも呼ばれた。

（一〇）　クリスティアン・ヴィルヘルム・フランツ・ヴァルヒ（Christian Wilhelm Franz Walch, 1726-1784）。ゲッティンゲン大学教授。ルター派の教会史家としてレッシングと対立した。

（一一）　六月一日の手紙でヤコービは、自分はベルリン、ドレスデン、ライプツィヒへ行くので、一緒に行かれませんか、とレッシングに同行を勧めた。この手紙の返事が六月一三日の私たちが目にしているヴォルフェンビュッテルからの手紙である。五年前の旅のためか、あるいは健康のためか、「長い旅」を婉曲に断っているのである。

二　レッシングとヤコービ

私たちはその日のうちに多くの重要な事柄について話しました。様々な人々、すなわち道徳的な人々、非道徳的な人々、無神論者、有神論者*、キリスト教徒について話しました。

翌朝レッシングが私の部屋にやってきました。そのとき私は書かなければならない手紙をまだ書き終っていませんでした。私が手紙を書く間、彼が退屈しのぎをするために、紙入れからいろいろなものを出し、彼に差し出しました。返すときにレッシングはまだ他に読んでいいようなものを持っていませんかと私に尋ねました。私は封をしようとしていましたが、持っています、ここに一篇の詩があります——あなたはたくさんの人々を憤慨させてきましたので、あなたもまた一度は憤慨させられてもいいでしょう(1)、と言いました*。

レッシング　（彼はその詩を読み終えて、私に詩を返しながら）私は何も憤慨するものはありませんでした。私はそれをずっと以前から直接に知っていましたから(二)。

私　あなたはこの詩をじかに知っていたのですか。

レッシング　読んだことは一度もなかったのですが、いいものだと思います。

私　私もそれなりにいいものだと思います。そうでなければあなたにお見せしなかったでしょう。

レッシング　私は違ったふうに思っています。……この詩が出てきた視点は、私自身の視点でもあります。神性についての正統的な概念はもはや私には合いません。私はそれを享受することができません。

〈一にして全〉《ヘン・カイ・パーン》（Ἓν καὶ πᾶν!）[一一]。私はこれ以外のものを知りません。この詩もまたこのことをめざしています。そしてこの詩がたいへん気に入っていることを認めざるを得ません。

私　そうであればあなたはスピノザの見解にかなり賛成ですね。

レッシング　私を誰かに因んで名付けよと言われれば、私は彼以外の人を知りません。

私　スピノザは私も十分気に入ってますが、しかし彼の名前に見出すのは悪しき救済です。

レッシング　いいでしょう、あなたがそう思うならば……けれども……何かより良いものを知っていますか。

そうこうするうちにデッサウの校長ヴォが来て、一緒に図書館に行きました。

翌朝、朝食後身支度のために部屋に戻った時、レッシングが少し遅れてやって来ました。私たちだけになるとすぐに彼は始めました。

レッシング　私はあなたと私の〈一にして全〉について語るために来ました。あなたは昨日はひどく驚きましたね。

私　あのようなことを言われるとは驚きでした。私は当惑を感じました。狼狽したのではありません。もちろんあなたがスピノザ主義者あるいは汎神論者だとは思いもよりませんでした。いわんやあなたがそのことを私に直接に、率直に、はっきりと言われるとは。私がやって来たのは主としてスピノザに反対するための助力を得るためなのです。

レッシング　ではあなたは本当に彼を知っているのですね。

私　私ほど彼をよく知ったであろう人々はごく少ないと思います。

レッシング　それではあなたを助ける必要はありません。むしろすっかり彼の友人になりなさい。スピノザの哲学以外の哲学は存在しません。

私　それは本当でしょう。というのも決定論者が首尾一貫性を持とうとするならば、宿命論者にならざるを得ませんから。それから残りのすべては自ずから明らかになるでしょう。

レッシング　お互い理解していることはわかります。ますます私はあなたから、あなたがスピノザの精神をどのように思っているか知りたいと思います。私はスピノザ自身のうちにいきわたった精神のことを言っているのです。

私　それはまさしく古代的なものでした。すなわち〈無からは何物も生じない〉[四] (a nihilo nihil fit) ということです。このことをスピノザは、哲学するカバラ主義者[五]よりも、彼以前のだれよりも抽象的な概念により考察しました。これらのより抽象的な概念を使って彼は次のことに気づいたのです。すなわち、無限におけるいずれの発生によろうと、無限におけるいずれの変化によろうとも、たとえそれがどのような形象のもとに姿を変えようとも、無から或るもの (ein Etwas aus dem Nichts) が措定されるということを。スピノザはそれゆえ無限から有限への移行を斥けます。彼は推移的な原因をことごとく斥けました、それが二次的なものであれ、遠く離れたものであれ。そして流出する原因《エンソフ》[六]の代わりに内在するだけの原因《エンソフ》を措定しました。すなわちそれ自身において永遠に変わることのない、世界の固有な原因を。これはそれから生じる結果と一体になって同一であることでしょう[2]。

この内在的な無限の原因はそれ自体として明らかに知性も意志ももっていません。なぜならそれは、その先験的〔超越論的〕な統一と例外のない、絶対的な無限性のゆえに思考や意志の対象をもつことはできないからです。概念に先立つある概念を産み出す能力、おのれの対象より先んじ、対象自体の完全なる原因である概念を産み出す能力は、欲望を生み出し、完全に自分自身を規定する意志と同様に全く不合理なものです。

結果が無限に続くことは不可能であるという異議は（これらは単なる結果ではありません、なぜなら内在的な原因は常にあり、至る所にあるからです）不可能です、なぜなら無から生ずるはずもないどの系列も絶対的に無限でなければならないからです。そこから新たに次のことが生じます（すべての個々の概念は他の個々の概念に源を持ち、また現実に存在する対象に直接に関係しなければならないがゆえに）すなわち無限の性質をもった第一の原因が見出すものは、個々の思考でもなく、意志の個々の規定でもなく、単に内的で、第一の、普遍的なそれらの原材料だけです。……この第一の原因は、それ自身ある種の意図あるいは究極原因のために存在しているわけではないように、いろいろな意図や究極原因に従って行動することはできません。またこの第一の原因はそれ自体において始まりも終わりもないように、何かを行うための最初の動機あるいは究極目的をもつことはできないのです。

要するに私たちが連続、持続と言っているものは妄想にすぎません。というのも現実の結果はいつも現実の完全なる原因とともにあり、結果をその原因と区別するのはただ観念だけなので、連続と持続は真実に従えば無限において多様なものを観るというある種の仕方に違いありませんから。(3)

レッシング　我々の信条（Credo）についてお互い不和になることはないでしょう。

私　そういうことはどんな場合も望んでいません。しかしスピノザのなかには私の信条はありません。* ——私は知性的な、人格的な世界の原因を信じています。

レッシング　それではますますけっこうです。私は何か新しいことを聞けるに違いありません(4)。

私　そんなに喜んでもらっては困ります。私は死の跳躍（Salto mortale）でこの事態から自分を救い出したいのです。あなたは普段から宙返りなど*に格別の喜びを持っておられません。

レッシング　そういうことは言わないで下さい。私はあなたのまねをしなくてもけっこうですから。そしてあなたは必ず再び一人立ちすることができるでしょう。もしそれが秘密でないならば、お話を是非お聞かせ下さい。

私　私を見ればその方策をいつでも察知されるでしょう。すべての問題は次のことにあります、つまり私は宿命論から出発しながら、宿命論に、それと結びついているすべてのものに反対しているということに。結果を引き起こす原因ばかりで、どんな目的因も存在しないならば、思考する能力は全自然においてはただ傍観するだけになります。その唯一の仕事は結果をもたらす諸力の機制に付き添うことです。私たちが現在している話し合いはわたしたちの身体の関心事にすぎません。そしてこの会話のすべての内容はその要素へと分解されます。すなわち延長、運動、速さの度合い、そのほかにそれらについての私たちの概念、そしてそれらの概念についての概念に。時計の発明者は厳密にいえば時計を発明しませんでした。彼は盲目的に発展する諸力から形成されるものを眺めていただけです。ラファエロも『アテネの学堂』の下絵を画いた時がまさしくこのようでした。そしてあなたも『ナータン』を創作していた時も同様でした。同じ事はすべての哲学、諸芸術、政体、水上、陸上での戦争にもあてはまります。簡単に言えば、すべての可能性にあてはまります。というのも情動、情熱さえも、それらが感覚そして思考である限り何ももたらしません。より正しく言えば、感覚と思考を伴う限り。私たちはただ怒り、愛、寛大さあるいは理性的な決心から行動していると信じています。これは全くの幻想です。これらすべてにおいて私たちを動かしているものは、結局、ある何かです。この何かはすべてこういったものについては何も知りません、そしてその限り感覚と思考を全く欠いているのです。ところでこの感覚と思考は延長、運動、速さの度合い等々の概念にすぎません。――誰かがこのような見方を受け入れるならば、私はその人に反論する事はできません。それを受け入れることの出来ない人はスピノザの対蹠者にならざるを得ません。[5]

レッシング　あなたがあなたの意志を自由にしておきたいのはよくわかります。私はどんな自由意志も欲しません。そもそも今あなたが言ったことには少しも驚きません。私たちが思考を第一の、最も至高なものとみなし、そこからすべてを導きだそうとするのは人間の偏見です。すべてのものは、観念を含めてより高い原理に依存しているのです。延長、運動、思考は明らかにそれでは決して尽くされない、あるより高い力に基づいています。この力はこれやあれやの作用より限りなく優っていなければなりません。ですからあらゆる概念を超えるだけでなく、完全に概念なるものの外部に存するその力にはある種のよろこびもまた存在し得るのです。私たちがこのことについて想像することはできなくても、その可能性は消すことはできません。[6]

私　あなたはスピノザよりもはるか先を行っています。スピノザにとっては認識（Einsicht）が何よりも重要であったのです。

レッシング　人間にとってはですね。人間は意図に従って行動する我々の哀れなやり方を最高の方法と称したり、

私　思考をなによりも高く評価することには無縁な人でした。

スピノザにおいては知性的な認識があらゆる有限な性質のなかで最良のものです、なぜならこの認識こそが、それによってすべての有限な生き物がその有限さを乗り越えて行く当のものですから。ある意味で次のように言うことができるでしょう、彼もまたどの生き物にも二つの魂を与えたと。すなわちひとつは現在の個々のものにだけ関係する魂であり、もうひとつは全体に関係する魂です(7)。この二つ目の魂に彼は不死性さえ与えています。スピノザの唯一、無限な実体に関して言えば、これはそれ自体では、そして個々の事物の外部においてはいかなる固有なあるいは特別な存在ももっていません。実体が――こう言って良ければ――その単一性のために固有な、特別な、個性的な現実性を持つならば、すなわち人格性と生命を持つならば、認識は実体においても最良のものでしょう。

レッシング　わかりました。ところであなたはいったいどのような観念でもってあなたの個人的なこの世のものでない神性を想定するのですか。たとえばライプニッツの観念によってですか。ライプニッツ自身、心の中ではたいへんなスピノザ主義者だったのではと思います。

私　本気でおっしゃるんですか。

レッシング　あなたは本気で疑うのですか――ライプニッツの真理についての概念は、真理があまりにも狭く限定されるのであれば、彼としては耐えがたいような性質のものでした。この思考方法から彼の主張の多くが流れ出てきています。きわめて鋭い洞察力をもってしても彼本来の意見を見つけるのはしばしばとても困難です。まさしくこのために私は彼を高く評価するのです。私が評価するのは彼の偉大な思考方法のためであり、彼が持っているように見えたり、あるいは本当に持っていたかもしれないあれや、これやの意見ではないのです。

私　全くそのとおりです。ライプニッツは「どの小石からでも火を打ち出し」たかったのです。[8][七] しかしあなたはある種の見解、すなわちスピノザ主義について、ライプニッツは心の中ではこれを好ましく感じていたと言われました。

レッシング　神について述べられているライプニッツのある箇所を覚えていますか。神は永遠の膨張と収縮の状態にあると言っています。[八] このことが世界の創造と存続でしょう。

私　彼の電光放射（Fulgurationen）[九] については知っていますが、この箇所は知りません。

レッシング　私はその箇所を捜し出します、そのときには、あなたからライプニッツのような人物がそこにおいて考えつき、考えざるをえなかったことをお聞きしたいと思います。[9]

私　その箇所を私に教えて下さい。

しかし、次のことを、あらかじめあなたに言っておかねばなりません。このライプニッツの他の多くの箇所を思い出すと、すなわち多くの手紙、論文、『弁神論』、『人間知性新論』、彼の哲学的歩み全般を考えると、この人は世界の原因として超越的ではなく内世界的なものだけを信じていたのではという推測でめまいがしてしまうのです。

レッシング　この点ではあなたに従わねばなりませんし、この点での優位は変わらないでしょう。そして私は自分がいささか言い過ぎたことを認めます。しかしながら、私が言おうとしている箇所は、多くの他の箇所と同様に奇妙なものがあります。しかし忘れてはならないことがあります！　いったいどんな観念によってアンチ・スピノザ主義を信じているのですか。あなたはライプニッツの『原理』[一〇] がスピノ

私

ザ主義に終止符を打ったと思うのですか。

私は首尾一貫した決定論者は宿命論者と区別されないということを確信していますので、とてもそのようには考えません。モナドはその連結するもの[一一](Vinculum)を含めて延長と思考、実在一般を以前と同様にわかりにくくしています。そこでは右も左もわかりません。*……ところで私はライプニッツの体系のようにスピノザ主義ととてもうまく合致する学問の体系を知りません。二人の創立者のどちらが我々をそして自分自身を最も愚弄したのかいうのはむずかしいことです。もちろん敬意を込めて言っているのですが!……メンデルスゾーンは、予定調和(die Harmonia praestabilita)はスピノザにも見出されるとはっきりと言明しました。このことからだけでもスピノザはライプニッツの原理をはるかに多く含んでいるに違いないということが判明します。というのも、そうでなければライプニッツとスピノザ——スピノザにはヴォルフの講義はほとんど影響を及ぼさなかったでしょう[10]*——は明らかに彼らがそうであった論理的な頭脳の持ち主ではなかったでしょう。私はスピノザから出発しライプニッツによる魂の学説をすべて説明してみたいのです。……根本的に二人は自由についても同じ学説を持っています。そしてまやかしの説のみが彼らの理論を区別しているのです。スピノザは『遺稿集』の「書簡六二」の五八四頁と五八五頁で自由についての我々の感情を、できる限り自分の動きを続けようと努力していると思い込み、そう意識しているような石の例で説明しています。ライプニッツは同じことを(『弁神論』五〇節)磁石の針の例で説明しています。その針は、磁気を帯びている物質の知覚できない動きを知らないので、他の原因と関わりなく、自分自身で動くことが出来ると信じながら北をさしているのです。[11]——ライプニッツは目的因を欲求(Appetitum)によって、すなわち自己意識を伴った（conscientia sui praeditum）内在的なコナトゥスによって説明しています。スピノザも同様でした。そして彼も同じ意味において目的因を完全に承認することができました。彼にとっては外部世界の観念と欲望はライプニッツと同じように魂の本質をなすものでした。——簡単に言えば、この問題の内奥に突き進んで行くと、ライプニッツにおいてもスピノザにおいても、どの目的因も作用因を前提にしていることがわかります。……思惟は実体の源泉ではなく、実体が思惟の源泉です。それゆえ思惟の前に何か思考しないものが第一のものとして措定されねばなりません、すなわち全き現実性のなかにと言わないまでも観念のなかに、本質のなかに、その内的性質に従い第一のものとして何かが考えられねばなりません。それゆえライプニッツは誠実さを持って魂を自動機械の精神と呼びました。[12][一二] しかしどのように——私は、ライプニッツを理解する限りでの彼のきわめて深い、完全な意味において話していますが——すべての魂の原理はそれ自体で存在し、作用することができるのでしょうか……どのように精神は物質を前にして、思考は対象を前にして存在することができるでしょうか。私たちを現実の苦境から助け出すために、彼がほどくはずであったこのゴルディオスの結び目を彼は以前と同じようにもつれたままにしておいたのです……

レッシング　……続けて下さい。あなたはこの二人の類似の関係について説明しなければならないのです[13][一三]……

私　人々はスピノザについて死せる犬のごとく言っているのですから。

彼らは変わることなくそう言うでしょう。スピノザを理解するためには精神の長きにわたる不撓不屈の努力が必要です。『エチカ』の一行たりとも曖昧であれば、その人は彼を本当に理解する事はなかったのです。またいかにしてこの偉大な人物が、彼の哲学についてしばしばそして強く表明している確固とした内的な確信をもち得たかを把握出来ない人も彼を理解できませんでした。生涯の終わりにおいてさえも彼は書いています……私は最上の哲学を発見したと言うつもりはありません、しかし真の哲学を認識していることは知っています（non praesmo, me optimam invenisse philosophiam; sed veram me intelligere scio）[14]。——彼が水晶のような頭脳の明晰さで到達した精神のこうした静けさ、知性におけるこうした神々しさを享受できたのはほんのわずかな人たちだけでしょう。

レッシング　そうするとあなたはスピノザ主義者ではないのです、ヤコービさん。

私　そうです、誓ってです。

レッシング　それでは言いますが、あなたは、あなたの哲学においてすべての哲学に背を向けざるを得ないでしょう。

私　なぜすべての哲学に背を向けなければならないのですか。

レッシング　あなたは完璧な懐疑論者です。

私　逆に私は完全なる懐疑論を不可欠とするある哲学から身を引こうとしています。

レッシング　しかし、そこからどこへ行こうとするのですか。

私　スピノザが言っているのですが、それ自体と暗闇を照らす光の方へです。私はスピノザを愛しています、なぜなら、彼は他のどんな哲学者以上に、ある種の事柄は説明を許さないという完全なる確信に私を導いてくれたからです、すなわちそれらの事柄に目を閉じてはならず、それらを見いだすままに受け取らなければならないと。私は目的因の概念よりも親密な概念を持っていません。私がなす事だけを考えるべきとする代わりに、私が考えることをなすのであると言う以上に生き生きとした確信を持っていません。もちろんその際、私は、私にとって全く説明できないままである思考と行為の源泉を措定しなければなりません。しかし、どうしても説明しようとすると、上に述べた第二の命題に舞い戻らなければなりません、そしてどんな人間の知性もその全体を考察したとき、また個々の場合へ適用したとき、それにほとんど耐えることは出来ません。

レッシング　あなたはほとんどアウクスブルクの帝国議会の決議(一四)のように大胆に自分の意見を述べるのですね。しかし私は誠実なルター派の信者でいたいのです、そして「自由意志はない」という、人間的というものより、動物的な誤謬と冒瀆を保持します。そこではあなたのスピノザの澄んだ、明晰な頭脳が居場所を見つけることが出来たのです。

私　スピノザもまた人間の行動への適用が問題になった際の彼の宿命論を隠すには、無理せざるを得ませんでした、特に『エチカ』の第四部と第五部ではそうです。そこでは彼は時折ソフィストにまで身を貶めていると言いたいほどです。――私の主張したかったのは次のことです、すなわち最高の頭脳さえも、彼がすべてを絶対的に説明し、明確な概念によって矛盾なく合致させようとし、そしてその他には何も認めようとしないならばつじつまの合わないことへと至らざるを得ないということです。

レッシング　説明しようとしない人はどうなるのですか。

私　理解しがたいことを説明しようとする人ではなく、それがどこで始まり、それがそこにあることだけを認識しようとする人です。その人であれば、自分自身のなかに真の人間的真実のためのきわめて大きな空間を手に入れていると私は信じています。

レッシング　言葉、言葉です！　親愛なるヤコービさん。あなたが設定しようとする境界線は決めることが出来

私　ません。そして他方であなたは夢想、無意味、盲目を自由に活動させています。私はその境界線は決められるだろうと思っています。境界線を設定しようとするのではなく、すでに設定されてあるものだけを見いだし、それをそのままにしておきたいのです。そして無意味、夢想と盲目に関しては……。

レッシング　それらのことは混乱した概念が支配するところであれば至る所で見出されます。偽りの概念が支配しているところではなおさらです。そこでは最も愚かとは言わないまでも、最も盲目であり無意味な信念が王位を保っています。なぜならある種の説明に夢中になってしまう人は、自分が無効にできない推論から引き出されるいずれの結果も盲目に受け入れてしまいます、たとえかれが逆立ちして歩こうとも(15)。

私　……私の判断では研究者の最大の功績は現存在を露わにし、明らかにすることです……。説明することはかれにとって手段であり、目標への道であり、最も近い目的ですが最終目的ではありません。彼の最終目的は、説明され得ないもの、すなわち解決できないもの、直接的なもの、単純なものです。……際限のない説明への強迫観念が私たちをして一般的なものばかりを激しく追求させるので、私たちはそのために異なったものへの注意をしていないのです。分離すれば比較にならぬほどの利点があるのに、私たちはいつもただ結びつけることばかり望んでいます。……また私たちが事物における説明し得るものだけをまとめ、関連づけることにより、魂のなかに、それを照らすというよりも幻惑するある種の閃光が生じるのです。そうであれば私たちは、思慮深く、気高いスピノザが最上の種の認識と呼んでいるものを下位の種の認識のために犠牲にしてしまっています。私たちは、それでもって魂が、神と自分自身を認める魂の目を閉じるのです。そうすればいっそう注意深く身体の目だけで観察することができるのです[16]。

レッシング　結構です、とても結構です！　私はそのすべてを利用することができます。しかし私は同じことをそれでもってすることはできません。全体としてはあなたの「死の跳躍」(Salto mortale) を嫌いではありません。そして私は、頭を持っている人間が前に進むためには、こうして頭で宙返りをすることができるということもわかります。可能であれば私をあなたと一緒につれて行って下さい。

私　あなたが私を進ませる弾力のある場所を踏みさえすれば、それは自ずから可能でしょう。

レッシング　そのためには跳躍が必要ですが、私の年老いた足と重たい頭ではもはやそのことは許されていないのです。

原註

（1）「プロメテウス」（ゲーテ『詩と真実』第三巻、四七七頁）

おまえの空をおおえ
雲霧でもって、ゼウスよ
あざみの花をとる少年のように
樫の木に、山の頂きに
おまえの力をふるえ
しかしわが大地には
手をふれてはならぬ
おまえが作ったのではない

わが小屋、
またその燃える火を
おまえがうらやむ
わがかまどには

太陽のもとに　神々よ
おまえたちより憐れなものを知らない
ささげものと
祈りの息吹によって
おまえたちの威厳をやしなう
幼な児や乞食たちが
はかない望みをいだく
愚かな者でなかったなら
おまえたちは飢え死にするだろう

幼かったころ　わたしは
途方にくれて
迷えるまなざしを太陽に向けた
あたかも　そこに
わが嘆きを聞く耳、
悩めるものを憐れむ
わが心のごとき心があるかのように

だれがわたしを
巨人族の傲慢にたいして助けてくれたか
だれがわたしを
死から　隷属から救ってくれたのか
すべては　おまえがみずから
なしとげたのではなかったか
聖く燃える心よ
しかも　おまえは若く　善良で
欺かれつつも　天上の眠れるものに
救いの感謝にもえていたのか

おまえをあがめよというのか　なんのために
おまえはかって　苦しみを和らげたことがあるのか
重荷を負えるものの苦しみを
おまえはかって　涙をしずめたことがあるのか
悩めるものの涙を
わたしを男にきたえたのは
全能の時と永遠の運命ではなかったか
わたしとおまえの支配者である

おまえは思うのか
わたしが生を憎み
砂漠にのがれるとでも

花の夢がすべて
実を結ばぬからとて

ここに私は座り
わが姿に似せて
人間をつくる
私に似た種族を
くるしみ　なき
たのしみ　よろこび
私のような
おまえたちをかえりみぬものたちを*

（2）　私はこの説明を続ける、そしてあまりに長たらしくならないために、本筋を離れたものは書き留めずに、できる限り要約する。このことで続いて起こることは、レッシングが、ライプニッツも気づきはしたが、完全には理解しなかったもの、すなわちスピノザにおける最も曖昧なものに言及したことにより引き起こされた（『弁神論』一七三節）。私はこの指摘をこれを最後とし、同様な機会があっても今後それは繰り返さない。

（3）「第七付録」を参照。

（4）「第四付録」を参照。

（5）この著作集の第二巻の三一一頁にある、「自由と神の摂理の概念の理性の概念からの不分離性について」（Über die Unzertrennlichkeit des Begriffes der Freiheit und Vosehung von dem Begriffe der Vernunft）の論文を参照のこと。

（6）「第五付録」を参照。

（7）　絶対的な個人として存在し得るのではなく（というのも絶対的な個体は個体的な絶対性と同様に不可能であるから。「規定は否定である（Determinatio est negatio）」（『遺稿集』五五八頁〔「書簡五〇」一六七四年六月二日付スピノザからイエレス宛書簡〕）、普遍的な、変わることのない固有性と特質、無限の性質と概念を含まねばならないこの身体を介してのみであるが。この区別でもって私たちはスピノザの体系へのひとつの主要な鍵を手に入れるのである、それがなければ私たちは体系の至る所でもつれと矛盾を見つけるだろう。

（8）Lessing. *Der 1. Beitrag Zur Geschichte und Literatur aus den Schäizen der Herzoglichen Bibliothek zu Wolfenbüttel*, I. S. 216〔レッシング『歴史と文学への寄与』第一巻〕.

（9）この謎の解明を読者は「第七付録」に見つけるだろう。

（10）メンデルスゾーン『哲学著作集』「第三対話」の終りを参照。

（11）「そしてこれは同時に、人間の自由でもあるのです。すべての人は自由を持つことを誇りますけれども、この自由は単に、人々が自分の欲求は意識しているが、自分をそれへ決定する諸原因は知らないという点にのみあるのです」とスピノザは「書簡六三」で言っています。

それでもって決定論者が宿命論者を避けることができると考えるあの表現法の概念はスピノザには全く欠けていたわけではなかった。*この表現法は彼にとって真に哲学的方法であるとは思えなかったので、彼にとっては無関心な意志あるいは妥当な意志（Das Arbitrium indifferentiae, oder die Voluntas aequilibrii）さえもがずっと好ましかったのであった。

『エチカ』第一部の定理三二の終りにある第二注解、さらに第三部における定理九の注解、そして特に第四部のための序文を参照。

（12）同じ名称はスピノザにも見つけられる。彼の『エチカ』ではなく、断片である『知性改善論』に。この箇所はここで引用するに値いする。「これに反して真の観念は単純であり、あるいは単純な諸観念から合成されていて、どのようにして又なぜ或る物が存在しあるいは生起したかを示すこと、並びに、想念的諸結果が精神の中で対象の形相性に相応して進展することを我々は説いた。これは古人が、真の知識は原因から結果へ進むと言ったのと同じ意味である。ただ彼らは、私の知るところでは、ここでの我々とは違って、精神が一定の法則に従って活動しいわば一種の霊的自動機械であるということを決して考えていなかっただけである」（『遺稿集』三八四頁）。私には automaton という言葉の語源とビルフィンガーがそれについて言っていることは知らないことではない。

（13）「第六付録」を参照。

（14）アルベルト・ブルフへの手紙で彼は付け加えている。「どうしてそれを知っているかとお尋ねなら、あなたが三角形の三つの角は二直角に等しいことを知っていると同じ仕方で知っているとお答えするでしょう。そしてこの答えで十分なことは、健全な頭脳の所有者なら、また一見真に見えて実は偽である諸々の観念を我々に吹き込む不純な霊の存在などを夢想することのない人なら、誰でも否定しないでしょう。実に真理は、真理自身と虚偽とを顕わすものだからです。」スピノザは確実であることと疑わしくないことをはっきり区別した。

(15)「第七付録」を参照。

(16) 私がこれらのページをよく読むと、すばらしい論文の中のある箇所を見つけることができた（ゲーテの文である、一七八九年一月の『ドイツ・メルクール』誌）。その箇所を上に述べたことを確証するためにここに差し挟みたいと思う。「私には思われるのですが、私たちは認識したい事物を、互いに似ているというよりも、どこにおいて区別されているのかをしっかりと観察すべきではないでしょうか。区別することは、似ているものを見つけるよりは困難な苦労の多いものです。そしてしっかりと区別ができるようになれば、そのときには諸対象は自ずから比較されるでしょう。事物を同一あるいは似ていると言うことから始める人の持つ仮説あるいは考え方のために、事物がお互いから区別されている諸規定を簡単に見逃してしまう場合があります」。

訳註

(一) ヤコービからゲーテの詩「プロメテウス」を読むよう勧められたレッシングは、読み終えた後、その時はじめて読んだにもかかわらず、「私はそれをずっと以前から直接に（aus der ersten Hand）知っていました」と語った。この「直接に」という言葉でレッシングは詩にある根本思想を以前からよく理解していたというのである。

(二) ヤコービは、〈一にして全〉《ヘン・カイ・パーン》は古代の神殿の碑文であったということをレッシングが言った、とハーマンに報告している。

(三) クリスティアン・ハインリッヒ・ヴォルケ（Christian Heinrich Wolke, 1741–1825）。デッサウにおける博愛主義の教育者、バーゼドウの協力者。

(四) この命題はエレア学派に遡ることができる。クセノファネス、パルメニデス、ゼノン等の哲学者がこの派に属した。生成を否定し、有の唯一不変を主張した。

(五) 一四九二年のスペインからのユダヤ人の追放後成立した哲学的な、特に新プラトン主義の立場に立つカバラである。創設者イサーク・ルリア（一五三四―七二年）にちなんでルリア的カバラとも呼ばれた。

（六）エンソフ（Ensoph）。哲学的カバラの中心概念の一つであり、無限、神的唯一性、形もなく、名もない一者、神的な光を表している。そしてその収縮から世界は成立したのであった。

（七）この箇所の出典はレッシング『ライプニッツ、永遠の罰について』（*Leibniz, Von den ewigen Strafen*, 1773）である。ライプニッツの特性描写にもなっているので訳出する。「ライプニッツは真理を探究する際に、（すでに）認められている見解にはいかなる顧慮も払わなかった。そして一定の側面から、一定の意味において、真ではないいかなる見解も受け入れられているはずはないと固く信じていたので、彼はこの一定の側面を明らかにし、この一定の意味を理解させるのに成功するまで、とても長い間この見解を様々な角度から検討するのをしばしば喜んだ。彼はどんな小石からでも火を打ちだした、しかし、その火を小石の中に隠すことはしなかった」。

（八）ライプニッツが暗示しているのはツィム・ツムの学説。

（九）『モナドロジー』四七節にでてくる重要な用語。その意味はラテン語では「電光、稲妻」である。この用語については、岩波文庫の河野与一訳『単子論』の解説を参照のこと。

（一〇）『理性に基づく自然および恩恵の原理』（*Principes de la nature et de la grâce fondés en raison*, 1774）を指す。

（一一）実体的紐帯（vinculum substantiale）のこと。複数のモナドが何らかの原理に従って結びつき、ひとつの個体（複合的実体）をなしている場合、ライプニッツはその原理のことを「実体的紐帯」と呼ぶ。

（一二）『弁神論』五二節を参照。マイナー版では「die menschliche Seele ist eine Art geistiger Automat」である。

（一三）「第六付録」でヤコービは次のように書いている。「ライプニッツ以前にすでにスピノザがそもそも唯一の実体だけを認めることによって、仮説の必要性を、しかも完全な仕方で取り除いてしまっていたのである。それゆえここに〔二人の哲学者の〕真の類似性がある。二人の哲学者は、精神と身体を、観念においては分けることができるが、しかし現実においては分けることができない、それ自体ひとつのもの（ein unum per se）と見なしたのである」（本書二八三頁）。つまりここで言われていることは二人の賢者のデカルト的な二元論を、すなわち精神界と物質界に分かれた世界を一元的に包摂しようとする試みと言えるかも知れない。

（一四）一五三〇年のアウクスブルクの帝国議会において、カトリック派との和解を図るためルター派教会のマグナ-カルタと言われる「アウクスブルクの信仰告白書」が提出された。

三　メンデルスゾーンとヤコービ

私が本質的なことだけを伝えたこの対話のあとにも、同じ話題へと様々な方法で私たちを引き戻したいくつかの対話が行われました。

レッシングはあるとき半ば笑いながら、自分はおそらく最高の存在者であるだろう、そして現在は極度の収縮状態にあるのです、と言いました。私は、私にも存在を与えてくれるように頼みました。彼は答えました、もちろんそういうつもりではなかったのです、と。そして彼は私にヘンリー・モア(一)とF・メルクリウス・ヴァン・ヘルモント(二)（*「哲学者はひとつのものによりすべてとなる」）を思い起こさせるやり方で自分を説明しました。レッシングはさらにはっきりと自分の考えを述べました。けれども、それは私が、彼をカバリストではないかとさらに疑いかねないほどでした。このことはレッシングを喜ばせないわけではありませんでした。そして私はそれゆえキッベル(三)とカバラを弁護する機会を捉え、もっとも厳密な意味において次のような視点から意見を述べました、すなわち我々*に現れて来る有限なものから無限なものを考案すること、次にお互いのそれらの関係を把握すること、そしてそれらの関係を何らかの公式によって表現することはそれ自体不可能である、と。それゆえそれについて何か言おうとすれば、啓示に基づいて語らなければならないでしょう。彼は主張しました、すべてを自然的にみていきたい、と(四)。そして私は、超自然的なものに関してはいかなる自然的な哲学も存在し得ないだろう、しかしながら二つ（自然的なものと超自然的なもの）は明らかに存在するだろうと主張しました(1)。

レッシングは人格的な神性を思い描こうとする時、それを世界霊魂（Die Seele des Alls）として考えました。また全体を有機体の類似により考えました。それゆえ全体のこの魂は、他のすべての魂がそうであるように、可能な限りのすべての体系において、魂としては作用にすぎないでしょう。[2] しかし魂のこの有機的なひろがりは、ひろがりの外部に関係を結ぶものが何もなく、ひろがりの内部において何かを選び取ったり与えたりするものが何もない限り、このひろがりの有機的な諸部分の類似に基づいているとは考えられないでしょう。それゆえ、それが生き続けて行くためには、時折ある意味において自分自身へと退かねばならず、またみずからにおいて、死と復活を生と一つにしなければならないのです。そして私たちはそのような存在の内部の営みを様々に想像することができるでしょう。

レッシングはこの考えにとても愛着を感じ、ある時は冗談半分に、ある時はまじめにあらゆる場合にそれを適用しました。――ハルバーシュタットのグライム邸で[五]（そこへ、私の二度目のレッシングの訪問の後に、彼が私を連れて行ってくれたのですが）私たちが食事中に思いがけずひどい雨が降り、食後、彼の庭に行くことになっていたのでグライムが残念がっていると、私の隣に座っていたレッシングが言いました。「ねえヤコービさん、雨を降らせているのはおそらく私です[3]」。私は答えました、「あるいは私かもしれません」（*グライムは私たちをいささかびっくりして見つめましたが、何も尋ねませんでした）。レッシングは、その最高の完全性を変わることなく享受し

ている、人格的な、絶対的に無限の存在者という理念とうまく折り合うことができませんでした。彼は、この理念にそれを考えるだけで、不安と苦しみを彼に引き起こしてしまう無限の退屈というイメージを結びつけたのでした。

　人格と結びついた、死後における人間の永続を彼はあり得ないものとは考えませんでした。彼は私に言いました、彼は、ちょうど読み返していたボネにこのテーマについて彼のものと、またそもそも彼の体系と一致する理念を見つけ出した、と。対話の成り行きと私がボネ（六）をよく知っていることが（彼の全作品を私はかつてほとんど暗記していました）このことについてさらに追求することをやめた理由でした。そしてレッシングの体系はわたしにとって曖昧でも、不確かでもなかったので、このたびのことがあるまで、私はそれ以来確認のためにボネを参照したことは一度もありませんでした。当時レッシングが読み返していたボネの作品はおそらくあなたがよく知っている『哲学的輪廻』以外のなにものでもありませんでした。第一部の第七節とさらに加えてボネがそこで言及している『自然についての瞑想』の第四章の第一三節はレッシングが考えていた理念をおそらく含んでいるでしょう。ある箇所（フランス語版の二四六頁）は私に強い印象を与えました。そこでボネは言っています。「人間は、宇宙を動物よりも調和しておらず、あえて言えば有機的でないと想像することができるだろうか（4）」。

　ハンブルクへの旅を続けるため（七）、私がレッシングと別れるその日に、私たちはこれらすべての話題についてさらに多くのことを真剣に話し合いました。私たちは、私たちの哲学においては隔たりはほとんどありませんでしたが、信仰においてだけ異なった見解を持っていました。私はレッシングに哲学者ヘムステルホイス（八）の三つの作品を渡しました。ヘムステルホイスについて彼は『彫刻についての書簡』以外何も知りませんでした。すなわち『人間とその関係についての書簡』、『ソフィール』そして『アリステ』等は。私は旅の途中のミュンスターでようやく手に入れ、まだ読んでなかった『アリステ』をしぶしぶ彼に渡しました。しかしレッシングの要求は大きすぎました。(5)

帰って来るとまさしくこの『アリステ』にレッシングが全く魅せられてしまっているのに気づきました。その結果、彼はそれを自分で翻訳しようと決心しました。レッシングは言いました、この作品は明らかなスピノザ主義です、そしてこの作品はとても美しいヴェールに包まれているので、このヴェール自体が内部にある教えを発展させたり、解明したりするのに役立っているのです、と。私は自信を持って、ヘムステルホイスはスピノザ主義者などではありません（私は当時個人的には彼をまだ知りませんでしたが）と言いました。ディドロ自身(九)このことをわたしにはっきり言いました。レッシングは答えました、「この本を読んで下さい、そうすればあなたは疑わないでしょう。『人間とその関係についての書簡』においてはまだ少しばかりためらいがちです。ヘムステルホイスが彼のスピノザ主義を当時十分に認識していなかったことはあり得ます。しかし今では彼はそれについて間違いなくはっきりと知っています」と。

この判断を逆説とみなさないためには、私たちはレッシングと同じくらいスピノザ主義に精通している必要があります。彼が『アリステ』の公教的なヴェールと呼んだものは、間違いなくある教説を単に発展させたものと見なすことができます。それは無限なものと有限なものとの切り離しえない内的かつ永遠の結びつきについての教説です。つまり一般的で（そしてその限りで）無規定な力と、規定された力との結びつきの教説であり、これらの力の様々な方向において必然的に対置されたものの結びつきについての教説なのです。『アリステ』の残りの部分を誰かがスピノザ主義者に背くものとして利用しようとするのは難しいでしょう。――しかしながらここにおいて私は、ヘムステルホイスが、確かにいかなるスピノザ主義者でもなく、その本質的な点においてこの教説に完全に反対していることを公式に証言しなければなりません[6]。

ヘムステルホイスの『欲望についての書簡』の論文をレッシングは当時読んでいませんでした。私がちょうど出発しようとした時、その論文は小包で私のところに届きました[7]。レッシングは私に書いてきました、彼の我慢出来ない好奇心が全く安らぎを与えてくれなかったので、終いには封を切ってしまった、と。そして残りの内容をカッセルの私のところに転送してくれました。「私に法外な満足を与えてくれるこの作品自体については近いうちにもう少し詳しく述べます」と（彼は付け加えました）。

彼の死の少し前の一二月四日に彼は私に手紙をくれました。「『*ヴォルデマール』[一〇]を読んで私はあなたに愛についてのヘムステルホイスの体系について私の考えを報告しなければならないということを思いつきました。そしてあなたは、いかに厳密にこの考えがこの体系と関係しているかを信じようとしません。そしてこの体系は、私の見解によれば実は何も説明しておらず、私には分析家の言葉を借りて言えば、ある公式の他の公式のための置き換えにすぎないようにみえるのです。このことにより私は解明に近づいたというより、むしろ新しい迷路に入り込んでしまいました。しかし今、私は私が望むことを書くことができるでしょうか。――書かねばならないこと……すら書けないのです[8]」。

右に述べられたようなレッシングの見解をわたしが知る前に、そしてレッシングは敬虔な*有神論者であるとい

う証言に基づいた確固たる確信があったので、彼の『人類の教育』においてはいくつか私には不可解なところがありました。特に七三節です。私は誰かがこの箇所をスピノザ主義の理念とは違うやり方で明確にすることができるかどうか知りたいのです。しかしこの理念をもってすればその注釈はとても容易になります。スピノザの神はすべての現実的なものにおける現実性の純粋な原理、すべての現存在における存在の原理であり、個体性を持つことは全くなく、絶対的に無限です。この神の統一は区別され得ないものの同一性に基づいており、それゆえに一種の数多性を排除しません(9)。単にこの先験的〔超越論的〕な統一においてみれば、神性は現実性を絶対に欠いているに違いありません。この現実性はただはっきりした個人においてのみはっきりと表現され得るものです。後者、現実性はその概念と共に所産的自然（永遠の子）に基づいています。ちょうど前者が、可能性、本質、無限のものという実体的なものがその概念と共に能産的自然（父）に基づいているように(10)。

私はすでにスピノザ主義の精神について呈示しようと骨折ってきたので、ここでさらに説明を加えることは余分なことでしょう。

どれほど多くの比喩的な形象においてこれらの少なからず混乱した上述の観念が、きわめて遠い昔の古代以来人間のもとに住みついてきたかを、私と同様にあなたもご存じです。――言語はここでは概念を確かに下回っています(11)。ちょうどある概念が別の概念を下回るように。

レッシングが〈一にして全《ヘン・カイ・パーン》〉を彼の神学と哲学の精髄としてしばしば力を込めて言及したことは多くの人が証言するところです。彼はそれを確かな銘として、様々な機会において口頭でまた書きものにおいて使いました。

この言葉は私自身の銘としてグライムの園亭《あずまや》の壁に書かれています*。

私が語ってきたことは、私の記憶が言語化したり、表現したりすることにおいて十分に私を助けようとしたならば、私が語り得ただろうことの十分の一にも満たないのです。まさしくこの理由から　私が報告したことにおいてレッシングの実際の言葉は最小限にしか用いませんでした。人々がお互い何日間も異なった多くの事柄について話し合うと、細部の記憶は失われるに違いありません。このことに次のことが加わります。私はじつにはっきりと「レッシングは世界とは異なった、いかなる事物の原因も信じていない。あるいはレッシングはスピノザ主義者である」と知ってしまったので、彼が後に、あれやこれやのやり方で語ったことは、他のものより強い印象を与えるものとはなりませんでした。彼の言葉を正確に記憶することは思いつきませんでした。そしてレッシングがスピノザ主義者であったということは私にはとても理解できるように思えました。私の知識欲が待ちかまえていたものと反対のことを彼が主張したとすれば、私は、たぶんひとつひとつの重要な言葉についてさらに説明できるでしょう。

これでもって貴殿が私に要求したことの大部分が果たされました。そして手短に二，三の特別な問題について言及しなければならないでしょう。

これらの特別な問題は――私はそれをあなたに告白しなければなりませんが――私に少しばかり意外の念を引

き起こしました。なぜならそれらは、より強い表現を使わないとすれば、私におけるある種の無知を前提としているからです。――ひょっとして私はその状態であったかもしれません――しかしあなたがそのような疑いをいだくこと、そしてそれを平気で打ち明けるような外的なきっかけはありませんでした。

あなたは尋ねます、レッシングはそっけない言葉で「私はスピノザの体系を真なるもの、根拠づけられたものとみなします」と言ったかどうか、そしてどの体系のことか、『神学・政治論』あるいは『デカルトの哲学原理』で述べられていることか、ローデウェイク・マイエルがスピノザの名において彼の死後、公にしたものなのか、と。スピノザについて少しでも知っている人は、幾何学原理で証明された彼の『デカルトの哲学原理』の歴史も知っていて、それがスピノザ主義とは何も関係がないことも知っています(12)。

ローデウェイク・マイエルがスピノザの死後、公にしたと言われるスピノザ主義の体系については私は何も知りません。それが言おうとしているのは『遺稿集』自体に違いありません。あるいはひょっとして序文だけかもしれません。そしてレッシングは、彼がそこに含まれているスピノザ主義の解釈を彼の信念として私に信じ込ませるといったかたちで私をからかったのでしょうか。しかしこれではひどすぎるでしょう。――それゆえ『遺稿集』自体かもしれません。それが『遺稿集』だとすれば、私は、あなたがなぜ『遺稿集』に対抗するため『神学・政治論』を何としても持ち出そうとするのかが理解できません。『神学・政治論』がスピノザの学問体系に関して含んでいるものと彼の遺された作品は完全に一致します。彼は死ぬまで様々な文脈で、明らかに『神学・政治論』に言及しています。

あなたは尋ねます、「レッシングはスピノザの体系をベールが誤解したように、あるいは他の人々のより良い説明に従って理解したのか」と。

理解することと誤解しないこととの間には大きな違いがあります。ベールはスピノザの体系をその帰結に関する限り誤解はしませんでした。ただ彼がスピノザの体系を根源に遡って十分に（weit genug zurück）理解していないということ、また作者の意図に従いつつ、帰結の土台となっているものを認識していなかったということだけは言えるでしょう。ベールはあなたが非難する意味においてスピノザを誤解したとすれば、ライプニッツも同様にスピノザを少しばかり悪意をもって誤解しました。どうか注Nの最初の一行にあるベールの説明（一一）を、ライプニッツが『弁神論』の序文の三一節と『弁神論』の一七三、三七四、三九三節（一二）でスピノザの学説について言っていることを比較して下さい。――しかしライプニッツとベールはスピノザの体系を誤解しませんでしたが、それをより良く説明しようとした他の人々が実は誤解したのです。あるいは彼らはスピノザの体系を歪めたのです。今述べた人々は私の同志ではありません。そして私は彼らがレッシングの同志でもないことを保証します。「親愛なる兄弟よ、あの悪評高きスピノザが……するのはもっともです」という語りかけがレッシングから私になされたことはありませんでした。

敬愛するメンデルスゾーン様、私が私の不平をたいへん率直に、そしてありのままに、それどころかおそらく少しばかり辛辣に述べたことに気を悪くなさらないで下さい。

あなたのような私が尊敬するどんな人に対してもこの調子が私にふさわしい唯一のものでした。

敬具

---

* この手紙を受け取ったことについてエミーリエから次のような報告を受け取りました。

〔一七八三年一一月五日付エミーリエからヤコービ宛書簡〕

一七八三年一一月五日(13)

愛するヤコービ、この前かその前かの郵便集配日に私は、私たちのメンデルスゾーンから暫定的な手紙を受け取りました。私があなたにそれについてすぐお伝えしなかった理由は小さな不快なできごとが起きたからです。私があなたに手紙そのものを送らなかったことは私の兄のせいです。彼はこの手紙の大部分に関係しており、それゆえこの手紙を手放そうとしなかったのです(14)。

メンデルスゾーンははじめに素直に告白しています、彼はあなた〔ヤコービ〕を誤解していたと、というのも彼は〔あなたを〕哲学の愛好者の代わりに、思想を己の重要な仕事とみなし、手引き紐から身を離し、自分自身の道を行くことができる十分な力を持った一人の人間として認めたからです。あなたが全く自分の力でつくった建物からはたくさんの知性的認識が輝きでているので、彼〔メンデルスゾーン〕はなぜレッシングがその建物に心を奪われ、この建物を造った人に絶対の信頼を置き得たかをよく理解しています。――さしあたりあなたは彼の質問に完全な満足を与えたでしょう。そして彼について怒っていることは正当化されるでしょう、そして彼はあなたに許しを乞う覚悟ができています。しかしながらあなたの論文は、彼が時間が十分ある時にもう一度苦労して通読することを要求しているので、彼は私に、あなたの手紙にはゆっくり答えるので、あなたにお詫びをして下さいと頼んできています。しかし彼はレッシングの特性について書く前に、あなたの論文のあれこれの箇所についてもっと詳しい説明を求めるでしょう。今のところレッシングについてもスピノザについても考えることは彼には全く不可能でしょう。彼は上手に書けないならば延期する事を望んでいます。しかしながら、今後このレッシングとの対話をどのように使うべきかについては主としてあなたと私たちとの共通の考えによることになります。

彼としては――メンデルスゾーンは続けます――依然として思弁の愛好家たちに正直に警告すること、そして彼らに、彼らが手引きなしで危険に身を委ねるならば、どんな危険に身をさらしているかをはっきりした例によって示すことが必要であり、有益だという立場に賛成です。それから外部にいる人はそれについて喜んだり、悲しんだりできるでしょうが、私たちはそういうことは気にかけません[15]。私たちは、本当にどんな党派もつくりたくもなければ、新兵を募集したり、陣営に引き寄せたりしたくありません。そして私たちは、新兵を募集し、党派をつくろうとするやいなや、私たちが誓った旗そのものへの裏切り者となるでしょう。

以上が、愛するヤコービ様、レッシングとスピノザに関する限りでのメンデルスゾーンの手紙からの抜粋のすべてです。

メンデルスゾーンに関して何一つ聞くこともなく七ヵ月が過ぎました[16]。この時期にひどくつらい運命が私を襲ったので、この件についてはほとんど考えませんでした。そして活発に行われていたわけではない私の文通は完全に停滞しました。その間に私が友人ヘムステルホイスのスピノザについての判断に刺激されて、スピノザを『アリステ』の敵対者として論争の場に送り込むという事態が生じました。一七八四年六月に私はこの対話の草案をつくりましたがそれを手紙の中へとはめ込み、ヘムステルホイスに送付することを一週間、一週間と延ばしてしまいました。

まさしくこの時期に私の女友達からの手紙が届きました。内容は次のようでした。すなわちこの夏メンデルスゾーンが健康であり、時間があれば、はじめにスピノザ主義者たちと、あるいは彼が好んで呼んでいたように「一にして全」の熱心な信奉者たちと勝負するために、彼はレッシングの特性についての仕事をさしあたり脇に置いておく決心した、と。私の女友達は、私が論文によって非常に有益な仕事を引き起こしたことのお祝いを述べてくれました。私たちの時代の幻惑する誤りがそのようなしっかりした手に握られた純粋理性の抵抗しがたい光によって、非難され、追い散らされることが確かにきわめて必要であるのですと(17)。

私はメンデルスゾーンの決心をとても喜び、折り返し便で返事をしました。その後で私はヘムステルホイスへの手紙を書き上げました。そして私はこの事柄すべてに完全に決着をつけ、自由になりました。

八月の終りに私のひどく弱った健康を取り戻すために、そしてガリツィン侯爵夫人と大臣フュルステンベルクという最も偉大で親切な人々に属する二人との交際において新たに生を享受するためにホーフガイスマールへと旅立ちました。そのとき私は、メンデルスゾーンからの一通の手紙によって驚かされました。その手紙には、私の手紙に含まれている哲学に対する「異論」が添えられていたからです。この小包は封をされずに私たちの共通の女友達の家に届きました、それから彼女はそれに封をしました。*それは私の出発のあとすぐにデュッセルドルフに送られてきました。

〔一七八四年八月一日付メンデルスゾーンからヤコービ宛〕

デュッセルドルフのヤコービ氏へ

一七八四年八月一日　ベルリン

エミーリエは、あなたに、すでに私の名において、私がどれほどあなたの哲学の書簡によって恥ずかしめを受けたかを打ち明けてくれたことと思います。そしてあなたはこの尊敬すべき女友達が私のためを思い、添えてくれた前置きのおかげで、あなたの最初の申し出に襲いかかったあの性急さを親切にも許してくれました。私たちは、哲学的仮面が、仮面をつけた顔が登場するのを見ることにたいへん慣れているので、シャフツベリーのあのエチオピア人（二三）のように、最後はあらゆる誠実な顔を仮面とみなす危険の中にいるのです。

それ以来私は、あなたの理念の固有の歩みに精通するために繰り返しあなたの論文を読み直しました。五〇歳も過ぎれば私たちの精神は新しい道を案内してもらうのは簡単ではないでしょう。たとえ精神が少しばかりの道のりを先導する人に従おうとも、精神にとってはやはり慣れ親しんだ軌道に戻る機会こそが好ましいのです。そして知らないうちに精神は案内する人を見失ってしまいます。このことがおそらく、なぜあなたの手紙の中の多くの箇所が全く理解できないか、なぜいくつかの箇所において様々な思考があなたの体系へと適合してゆく首尾一貫性をみつけることができないかの理由です。

私は、さしあたりレッシングについて書くという意図を放棄し、スピノザ主義について先に少しばかりの輪郭を描くつもりですので、今の私にとっては、あなたの思想を正しく把握することが、またあなたがそれでもってこの哲学者の体系を支えようと尽力している根拠をしかるべく認識することが、どれほど重要であるかをあなたにはおわかりだと思います。私はそれゆえ勝手ながら私の理念と異論を同封の論文において申し述べます。あなたは決闘を挑みました。私は挑戦を受けます。そして私たちの形而上学的な名誉の戦いを、騎士の習わしに従って、私たちに高く評価されている女性の眼の前で決着をつけさせて下さい*。勝利の栄誉を彼女の手から受け取ることは羨望に値します。敗者として彼女の同情を受けるに値することは不名誉ではありません。エミーリエはそれゆえ、あなたにこの手紙を送り届け、そして親切な返事を下さるようお願いするでしょう。

モーゼス・メンデルスゾーン

原註

（1）「第七付録」を参照。

（2）ライプニッツの体系に従っても同様である。——エンテレケイアは身体によって（あるいは身体という観念によって）はじめて精神になる。*——このいささか乱暴に述べられた命題の正しさは一七八五年四月二一日付〔ヤコービから〕メンデルスゾーン宛書簡において証明されている、また『実在論と観念論についての対話』[一四]においてより詳しく説明されている。ハンシュ（Hansch）はライプニッツについて語っている、彼〔ライプニッツ〕はかってコーヒーを飲んでいる時、彼〔ハンシュ〕にこう言ったそうである、彼が現在飲んでいる熱いコーヒーの中には、いつの日か人間の理性的な魂として生きるだろうモナドが存在しているかもしれない、と（ハンシュ『ライプニッツの哲学原理の証明』（Michael Gottlieb Hansch, *Godefridi Guilielmi Leibnitii Principia Philosophiae More Geometrico Demonstrata*, 1728）一六節、注解三）。ライプニッツ自身、デ・ボスに書いている（『全集版』第一部二八三頁）、「たとえ素材となるもののいかなる新しい部分も創造されないとしても、新しいエンテレケイアは創造され得ます。なぜなら、たとえ素材となるものが既にさまざまなまとまりを持っているにしても、それは別の多くのまとまり〔の可能性〕に優越するようなさまざまなまとまりを、常に新たに獲得するからです。神はたとえばゴツゴツした石材のような全く有機的でない素材から有機体を作り出し、これに魂を置き入れるのです」。そしてまさしくこのデ・ボスに別の手紙で書いている（同書二六九頁）。「私は魂も動物も滅びないと断定しましたが、このことを比喩でもって少し説明しましょう。動物を油滴と考え、魂はその油滴の中の一点だと考えて下さい。さてこの油滴が諸部分に分かれてそれぞれの部分がさらに球形の油滴になって分散したとすると（魂としての）一点は新たにできた油滴のどれかに一つの内に存在することになります。こうして動物はその魂が存続している部分において維持されることになります。そこは魂そのものにとって最も相応しいところであるのです。また、液体（油）が他の流体（水）の中にあっては本性上球形になろうとするのと同様に、全知の作者によって構成された物質の本性は常に秩序ないし組織へ向かいます。こうして、魂や動物は、縮減し包蔵されてその生命活動がわれわれに見えなくなることはあっても、それらは破壊され得ないということになります。また、誕生においても死においても自然が一定の法則を保持しているということは疑う余地が在りません。というのも、神の作品の中には秩序を外れたものなど一つもないからです。さらに、動物の保存についての見解を考察するなら、私が明らかにした点をも考察すべきです。それは、動物の身体の内には相互に含みあっている器官が無数にあり、そのため動物の機械、あるいはもっと一般的に自然の機械は決して破壊され得ない、ということです」〔「デ・ボス宛書簡抄」（佐々木能章訳）〈ライプニッツ著作集9〉工作舎、一九八九年、一三六―三七頁〕。――ハンシュの語っていることも、ライプニッツ自身のこの文章もここでは証明となっていない。というのも私はすでにしかるべき場所で完全な証明を行ったので、ハンシュやライプニッツの言っていることはそこですでに言われ、決定的な箇所で証明されているものだけを想い起こさせるものとなっている。

ヘルダーはこの注に関係するテキストについて彼の『神についての対話』(一五)のなかで、あるやり方で意見を述べたが、このやり方についてさらに少しばかり触れねばならない。テオフロンは言う（初版一七五頁）。「人を欺くイメージの恐ろしい結果を考えて下さい。神、全体の魂は作用です。世界の作用以外の何者でもありません。他のすべての魂も、可能なすべての体系によれば、魂としては作用にすぎないのです。恐らく合成するものなき合成の作用にすぎないのです」。

神、全体の魂――神の意（RJCHTS）は世界の作用以外の何者でもないのだろうか。魂――恐らく合成するものなき合成の作用にすぎないのだろうか。どこでヘルダーはこれを読んだのだろうか。――一七八五年四月二一日の私のメンデルスゾーン宛の手紙を参照してほしい。そこでは事態が十分に分析されている。メンデルスゾーンもまた、レッシングはライプニッツのエンテレケイアを単なる身体の作用と考えている、ということを読んだことがあると思った。私は彼に自身の誤りを示し、次のことを付け加えた、「後者（すなわちライプニッツのエンテレケイアは身体の作用にすぎないということ――このことはメンデルスゾーンが本文の中に入れた注において私が言ったということになっていますが）を私は夢の中でも、熱にうかされた熱さの中でも言ったとは考えられません。いわんや私がそれを健康で、目覚めながら自ら手紙にして書いたことなど」。私が私の論文の写しを送ったある有名な学者は、メンデルスゾーンにとっては少しばかり傷つくものを含んでいるこの最後の数行を削除するよう私に忠告してくれた。そして私は公表にあたりそのようにした。ヘルダーはこの良き助言を知っていた、そして一七八五年四月二一日付〔ヤコービから〕メンデルスゾーン宛書簡をたぶん繰り返し読んでいた。彼が、私が断固として反対を表明したばかげた意見をレッシングや私に新たに押しつけようとすることはいったい可能であったのだろうか。

私は知りたいのである、なぜヘルダーが、魂を実体としてではなく、思考する力一般としてではなく、その表象がその限りではその本質のみを形作る一定の、はっきりした、排他的な形式の作用とは言わないまでも、単にある一定の、はっきりした身体の魂として、ひたすら単に身体の観念として思い描きたかったのかを。もちろんレッシングのこの考えはきわめて抽象的なものである。しかし、私たちがそれに出会う連関において、思想が意味と適用を持つべきだとするならば、思想はもっと明確に把握される必要があった。

ヘルダーはそもそも世界霊魂（Weltseele）の形象を疑わしいものと考えている。このことはいくぶん私たちを驚かせる、というのも、彼のスピノザ主義の改良が、この体系の神を世界霊魂へと変容させる結果だけに終ってしまっているからである。しかしヘルダーは、このイメージあるいはこの言葉によって、人々が人格的な神性を夢見るように誘惑されるのではないかと恐れているように見える（ヘルダー『神についての対話』一七四―一七七頁を参照）。

（3）「私は、良いあるいは悪い体質（体液）を消化したり、分泌したりする」等々の意味において。

（4）「第一付録」のブルーノの抜粋と「第四付録」を参照。

（5）レッシングは私をブラウンシュヴァイクへと同行してくれた、そして私たちはその晩別れを告げることなく別れた。レッシングは私に小紙片の手紙を書いたが、私には届かなかった。そして彼自身が私が帰って来た時に渡してくれた。この手紙は私の物語の糸に関して全く重要でないことはなく、文書上の効力もないわけではないので、それが、そのほかの点では重要ではないが、ここにふさわしい場所を見出すことはかまわないだろう。

〔一七八〇年七月一一日付レッシングからヤコービ宛〕

親愛なるヤコービ

私は口頭であなたにお別れを告げるべきではありませんでした。手紙でもそれをしたくありません。あるいは同じことになりますが、この子供っぽい反対命題のことを省いてくれること、すなわちお別れを私はしたくありません。

私はしばしば、あなたのことを思うことにおいて十分あなたのそばにいられるでしょう。そして思うこと以外の他の仕方でいったいどのようにして一緒にいられるでしょうか。
道中ご無事で、そして健康で満足して戻って来て下さい。
今度はあなたと一緒に旅ができるように、できるだけのことをしておくつもりです。
あなたの妹さんにくれぐれもよろしく
一七八〇年七月一一日　ヴォルフェンビュッテルにて
あなたの　レッシング

(6)「第二付録」と「第一付録」も参照。
(7)私は、私の最初のヴォルフェンビュッテルでの滞在の間に、この作品へのレッシングの大きな要求に答えるために手紙を書かなければならなかった。
(8)ここに手紙の全文がある。おそらくレッシングが書いた最後のもののひとつだろう。

〔一七八〇年一二月四日付レッシングからヤコービ宛〕

一七八〇年一二月四日　ヴォルフェンビュッテルにて
親愛なるヤコービ
私がちょうどアムステルダムから手紙を受け取ったランガー(一六)はあなたに言ったかもしれません、彼が私と別れたとき、わたしはハンブルクへの旅をしようとしていた、と。私は、失われた健康と気分を私の古い友人たちの間で再び見つけるという希望がある限り、ハンブルクに滞在しました。それがどのくらいの期間であったか、もはや自分でもわかりません。もちろん私はもっと早くこの希望を断念すべきだったでしょう。しかし誰が強制されるのでなければこの希望を喜んで断念するでしょうか。とうとう少し前に私は戻って来ました。肉体的には眼を除けば確かに少しばかり良くなりました。しかし精神に関しては以前よりずっと脱力状態です。きわめてわずかな努力を要することすべてに対して脱力状態です。
そうでなかったなら、ずっと前にお手紙を書いていたでしょう。——
どうか私があなたの魂をあえて読むのと同じくらい上手に私の魂を読んで下さい。私はよくわかります、あなたがそれ……をすでに一度書いてしまった後で、もう一度私に書くことはとても嫌なことに違いないことを……

（省略箇所は私の当時の政治的状況に関係しています）……私はあなた自身の正当化以上に喜んで読みたいものがありません。あなたのような人は、関わるべきではなかった世界に対しては正しくないことがあったとしても、私のところでは正しくないことはありません。

親愛なるヤコービよ、あなたのひどく几帳面な精神を捨てて下さい、そしてゆっくりお座りになってあなたの『ヴォルデマール』を完成させて下さい。

『ヴォルデマール』を読んで、私は、あなたに愛についてのヘムステルホイスの体系について私の考えを報告しなければならないということを思いつきました。そしてあなたは、いかに厳密にこの考えがこの体系と関係しているかを信じようとしません。そしてこの体系は、私の見解によれば実は何も説明しておらず、私には分析家の言葉を借りて言えば、ある公式の他の公式のための置き換えにすぎないようにみえるのです。このことにより私は、解明に近づいたというよりむしろ新しい迷路に入り込んでしまいました。しかし今、私は、私が望むことを書くことができるでしょうか。――書かねばならないことすら全く書けないのです。――というのも、どうしても書かなければならないことが一つあるのです。私はあなたにどうしても尋ねなければなりません、悪魔がユーリヒ・ベルク公国の聖職者達に完全にとりついていたのかどうか、を。私は、この恥ずべきものが他に何と呼ばれようとも、この教会会議の声明（一七）（一八）を私に送ってくれたのはあなた自身だと思います。神よ！　何と卑しい人々でしょう。彼らはもう一度教皇によって抑圧され、宗教裁判の奴隷になるに値します。このルター派的でないやり方についてあなたが知っている詳しい事をわたしに知らせて下さい。

あなたのご家族に、特に私が知っている人々によろしくお伝え下さい。私たちの愛着は、会ったことのある人と会ったことのない人とでは大きな違いがあるということは、あなたがご存じのように、私が考えたことではありません。（この最後の言葉はヘムステルホイスの『欲望について』の中のある箇所と関係しています）。

まもなくここを再び通過するあなたのお兄さんに、Dは家にいないと、そしてわたしの旅館を除いてすべての旅館はペストのために閉められていると伝えて下さい。

（9）「第七付録」を参照。

（10）私は読者に、このあまりにも要約された、またきわめて曖昧となった注釈にこだわらないように願いたい。次の手紙では事態は十分明瞭に現れてくるだろう。

（11）　Gotthold Ephraim Lessing. *Die Erziehung des Menschengeschlechts*, 1780, §73. am Ende〔レッシング『人類の教育』七三節の終り〕.（テンネマン『哲学の歴史』第九巻（Wilhelm Gottlieb Tennemann, *Geschichte der Philosophie*, Bd. IX）一三三頁とニコラウス・クザーヌスの意見について、特に『学識ある無知について』という彼の著作の次の箇所を参照――「われわれは、いまや「一」から「一の等」が生ずること、それに対し「一」と「一の等」から「結合」が現成することについて、ごく簡単に述べてみる。――「一」から「一」の生成が「一」から「一」の一回の反復であるように、この両者（「一」と生成された「一」からの現成（processio 進行））は、「一」のこのような反復の、そのまた反復、あるいはむしろ、「一」と「一の等」より成る「一」と言ってもよい」〔『学識ある無知について』山田桂三訳、平凡社ライブラリー、一九九四年、三七―三八頁〕。）

（12）　すなわちこの『デカルトの哲学原理』が、『神学・政治論』と『エチカ』において提示されている学説と一致しない限りにおいて、そしてこの学説においては意味だけが次々と対立させられている。次のものを参照。『デカルトの哲学原理』の序文、〔一六六五年九月（または一〇月）付〕スピノザからハインリヒ・オルデンブルク宛書簡〔「書簡三〇」〕（*Opera posthuma*. 423. Ep. 9）そしてW・ブレイエンベルク宛の書簡、同書五一八頁。

（13）　この手紙については第一版ではたった一つの引用しかしていない。手紙を一語一句印刷させることが後に必要になったので、それがまさしくありのままにすべてここに出されることは最も自然なことである。

（14）　エミーリエはメンデルスゾーン宛の私の手紙を投函する前に、彼女の兄（J・H・ライマールス）に知らせた。この人はレッシングのスピノザ主義を公にしてはならないという意見であり、このことに関してメンデルスゾーンに手紙を書いた。彼の手紙は私の手紙の中に同封してある。

（15）「このことは私の兄の手紙と関連があります」とエミーリエは余白に書いている。

（16）　このことは厳密に言えば全く正しいわけではない。というのも一七八四年の四月の初めにエミーリエは、私に次のように書いてきたから。すなわち、彼女の兄が、私の論文をもう一度ゆっくりと読みたがっていると、そしてメンデルスゾーンに論文の原本か写しを送ってくれるように頼んだと。メンデルスゾーンは原本を送り、まだそれを返してもらっていない。なぜならライマールスは写しを手元に置いておきたかったからである。しかしこのことで無駄になったことは何もない。なぜなら、メンデルスゾーンが病気だったからである。原本はすぐにベルリンに戻った。（エミーリエは続ける）「ディーツによる『スピノザの生涯』(一八)はどう思いますか。あなたは、私たちと同じように怒りましたね。結末は何という厚かましいばかばかしさでしょう。親愛なるヤコービ、すべての思想、すべての真理はどうなるのでしょうか、そのような奇異な考え方（ドイツ語では無意味という言葉ですが）がさらに活動を始めるならば。というのも、考えない人はだれか偉大な人によって立派に述べられた奇異な考え方や立派な誤りのほかに手に入れるものはありませんから。私は、あなたに次のことを告白しなければなりません、私の兄は、このディーツの本により、メンデルスゾーンがレッシングのスピノザ主義を、真理の神聖さがいつも許すと同じほどに、世界に対して隠してくれることを願うようにし向けられてしまいました。なぜなら、レッシングのような範となる人は（思想という）秤にどんな決定的な影響を与えるか分からないからです。私は結果を考えると震えます。人間はおのれの考えにおいて何と大きく、何と小さいことでしょう。」

(17) ここに該当の箇所すべてあります。

〔一七八四年七月五日付エミーリエからヤコービ宛〕

一七八四年七月五日

最近（エミーリエは私に手紙を書くことを妨げられていたのですが）――メンデルスゾーンから一通の手紙が来ました。その中で彼はあなたの草稿を受け取ったことを知らせ、そして同時に次のことを知らせています、この夏メンデルスゾーンが健康であり、時間があれば、まずスピノザ主義者たちと、あるいは彼が好んで呼んでいたように「一にして全」の熱心な信奉者たちと勝負するために彼はレッシングの特性の仕事を脇に置いておく、と。次に彼はライマールスと攻撃の仕方について相談しています、すなわち、ある特定な人物を選んで、ある確かな一から始めるのがいいか、それともすべての敵を寄せつけないために、あちこちでダメージを与えることがいいのかどうかを。彼は言っています、前者が自分の趣味にかなっているでしょう、しかしながらこの時代とこの世紀が必要としているものは後者でしょう、と。――私の兄はこの点に関して、この前かその前かの郵便集配日に彼に手紙で自分の考えを知らせました。そして私たちは、メンデルスゾーンがまもなく本当に仕事に着手することを希望せずにはいられません。しかし親愛なるヤコービ、あなたは、あなたの論文によって非常に有益な仕事のきっかけをつくったことを喜ぶべきです、もっともこの仕事は別の目的に役立つはずであり、時とともにその目的に役にたっていくでしょうが。――というのも我々の時代の幻惑する誤謬が、しっかりした手に握られた、抵抗しがたい純粋理性の光によって追い散らされることが確かにきわめて必要だからです。他方で、私がこれほど待ち望まれた私、たちのレッシングの特性についての本の出版を心から熱望していないかどうかはあなたも想像できるでしょう……。

訳注

（一）ヘンリー・モア（Henry More, 1614-1687）。無神論、唯物論に反対し、神秘主義、カバラ、神智学に傾倒したケンブリッジ・プラトン学派の一人。

（二）ファン・ヘルモント（Franciscus Mercurius van Helmont, 1577–1644）。オランダの自然哲学者。ネオプラトニズムと錬金術の伝統に影響された化学者であり物理学者。パラケルススの思想をさらに発展させた。

（三）ヘブライ語系のカバラ（伝承）という言葉の語源であり、「向かい合って立つ」、「受け入れる」、「受け取る」といった意味を持っている。

（四）神の助力によらず、自然と理性が教えるままに世界を理解していく立場。

（五）グライム（Johann Wilhelm Ludwig Gleim, 1719–1803）。アナクレオン派の詩人、ヘルダーの親友であった。ヤコービの兄とも書簡の交換をした。

アナクレオン派について少し述べておきたい。

　アナクレオン派は酒と恋を歌ったギリシャ古典期の叙情詩人アナクレオンを祖とする。やがて紀元前一世紀から紀元後五、六世紀までのアナクレオン派の作品がギリシャ語詩集『アナクレオンテア』としてまとめられる。これが一五五四年フランス人のエスティエンヌ（ラテン名ステファヌス）によって公に出版され、各国語に翻訳されていく。この詩集を最初にドイツ語に訳し、『アナクレオン頌歌』（Die Oden Anakreons）と題して刊行した人物がグライムである（ウーツ（Johann Peter Uz）との共訳）。したがってグライムはドイツではアナクレオン派の創始者である。この派の最盛期は一七四〇年頃から一七六〇年頃のロココ時代である。彼は、クライスト（Ewald Christian von Kleist）、ラムラー、女流詩人のカルシンらとともにアナクレオン風の叙情詩をつくった。そこで主として歌われたテーマは恋、酒、享楽的な生の歓びである。

（六）　ボネ（Charles de Bonnet, 1720–1793）。スイスの生物学者にして哲学者。自然科学と宗教的信仰が矛盾しないことを説いた。ヤコービはジュネーブで彼の先生であったル・サージュの紹介でボネと個人的に知り合いとなった。ヤコービは彼の作品を暗気するほど読んだと言っている。

（七）　ヤコービは一七八〇年、夏に一一週間の北ドイツへの旅に出る。その間に二度レッシングを訪問する。七月五日から一〇日まで（ヴォルフェンビュッテル）。ハンブルクからの帰り道八月一〇—一五日（一〇—一二日はブラウンシュヴァイク、一二—一五日はグライム亭）。なおハンブルクではレッシングの仲介によりエリーゼ・ライマールスとその兄とも知り合う。

（八）　ハーグの哲学者ヘムステルホイスは一七八一年の初めミュンスターのガリツィン侯爵夫人のところに滞在し、彼女と共にペンペルフォルトのヤコービを訪問する。

（九）　ディドロはハーグからベルリンへ行く途中一七七三年八月二四日にペンペルフォルトを訪れる。この時の模様をヤコービはゾフィー・フォン・ラロッシュに宛てて（同年八月三〇日）書いている。「先週ずっとディドロはここにいました。私は彼をよく知りました。この有名な人物は燃えるような精神と鋭い、生き生きしたウィットを持っていました。しかし彼の美と真理を支配している感情は天才のものとは思えません、彼が天才であればですが」。

（一〇）　一七九六年完成のヤコービの小説。初稿は『友情と愛』（*Freundschaft und Liebe*）というタイトルそのまま、相手への魂の全的没入、他者において生きることといった感情の時代の友情関係の理想の危機と動揺がヴォルデマールとヘンリエッテの関係を通して描かれている。

（一一）　「というのも、この体系は考えられる限り奇怪で不合理な、われわれの精神のこの上なく判明な観点ともっとも正反対な仮説だからである」（ピエール・ベール『歴史批評辞典 Ⅲ』（野沢協訳）〈ピエール・ベール著作集　第五巻〉法政大学出版局、一九八七年）。

（一二）　ここではコンパクトな内容の一七三節を挙げておく。「スピノザはずっと先まで行ってしまいました。彼は盲目な必然性を強調して教えたように思えますが、その際、諸事物の創造者に知性と意志を認めず、善と完全性は我々人間に関するものであり、神に関することではないと想像してしまいました」（Leibniz Philosophische Werke in vier Bänden, Bd. 4, S. 221, Felix MeinerVerlag）。

（一三）　このエチオピア人は、彼のヨーロッパでの初めての興行であったパリあるいはヴェニスのカーニヴァルの後で、すべての本当の人間の顔を仮面と思ってしまった。シャフツベリー『ウィットとユーモアの自由についてのエッセイ』（*An Essay on the Freedom of Wit and Humor*, 1709）第二部にでてくる。

（一四）ここで予告される書物は、ヤコービ『信をめぐるデイヴィッド・ヒューム、あるいは観念論と実在論』（*David Hume über den Glauben, oder Idealismus und Realismus*, 1787）のこと。この著作では『スピノザ書簡』を受け、直接知の原理である「信じること」の問題が、トマス・リード、デイヴィッド・ヒュームを援用しながらさらに詳しく論じられている。

（一五）テオフロンは、ヘルダー『神についての対話』（*Gott. Einige Gespräche*, 1787）の主たる人物。彼は、好学の友人フィロラウスをソクラテス的問答法によりスピノザあるいはスピノザ主義の核心へと導いていく。第一の会話の冒頭はスピノザが一般にどのように受け入れられていたかを示している。テオフロンが「あなたはスピノザを読んだことがありますか」とたずねるとフィロラウスは答える、「私は読んだことがありません。しかし私は読んだ人から聞きました、スピノザは無神論者であり、盲目の必然性の教師、啓示の敵であり、宗教の侮蔑者であり、それゆえ国家と市民社会の転覆者、簡単に言えば人類の敵であり、そしてそのようにして死んでいった、と」（Herder Werke Bd.4, Deutscher Klassiker Verlag, Frankfurt 1998, S.682.）。

（一六）エルンスト・テオドール・ランガー（Ernst Theodor Langer, 1743-1820）。ヴォルフェンビュッテルの図書館長職のレッシングの後継者。

（一七）礼拝の義務を無視した際には、国家権力の後だてのもとに教会信者を取り締まるという決議。

（一八）H・F・ディーツ『生涯と学説からみたベネディクト・フォン・スピノザ』（*Benedikt von Spinoza nach Leben und Lehren*, 1783）を著す。この書はスピノザを擁護し、彼の思想を広めようとするものであった。

四　メンデルスゾーンの異論（一）

同封書　ヤコービへの異論

〔一七八四年八月一日付メンデルスゾーンから
エミーリエを介しヤコービ宛書簡に同封した異論〕

あなた〔ヤコービ〕は言います。「無限におけるいずれの生成によろうと、無限におけるいずれの変化によろうと、たとえそれがどのような形象のもとに変装されようとも、無からあるものが措定される」と。そしてあなたは信じています、「それゆえスピノザは無限から有限への移行を斥けます。彼は一時〔推移〕的な原因をことごとく退けました。それが二次的なものであれ、遠く離れたものであれ。そして流出する原因《エンソフ》の代わりに内在する原因《エンソフ》を措定しました。すなわちそれ自身において永遠に変わることがない、世界の固有の原因を。これはそれから生じる結果と一体になって同一であることでしょう」〔本書七四頁〕と。ここで私はどうしても取り除くことのできないいくつかの困難につきあたるのです。一、始まりのない連続がスピノザには全く不可能とは思えないとすれば、事物の流出による生成は無からの生成を必然的に伴うことはない。二、これらの事物がスピノザにとって有限なものであるとすれば、それらの無限における内在は、それらの無限からの流出同様理解できない（前者が私にはより理解しがたいのですが）。無限が有限に作用を及ぼすことが全くないとすれば、無限はまた有限を全く考えることができない。

そもそもスピノザの体系は、この種の困難さを取り除くことは上手ではないように思えます。この困難さは思考に関しても、その現実的な対象に関しても生じるに違いありません。客観的に現実となり得ないものは主観的にも考えることはできません。スピノザが有限なものを神的な本質の中に置き入れ、それを神性の考えとみなすならば、彼は、神の外で有限なものに現実性を認めることで彼が出会うと同じ困難さを再び見出すに違いありません。

つづいてあなたはスピノザのある箇所を説明しています。その箇所をレッシングはスピノザにおける最も曖昧なものと述べており、ライプニッツ(1)(一)もまたそのように思い、完全には理解できませんでした。すなわち無限の原因は、その先験的〔超越論的〕な統一と例外のない絶対的な無限性によっていかなる思惟や意志の対象も持ち得ないがゆえに、あなたが仰るように明らかに知性も意志も持っていないという箇所です。あなたはさらに説明します、その性質からして無限である第一原因には個々の思考、個々の意志の規定は認めることができない、というのがあなたの趣旨であると、そしてあなたは、なぜすべての個々の概念は他の個々の概念から生じなければならないか、そして現実に存在する対象に直接に関係しなければならないかの根拠を与えています。それゆえあなたは第一原因に、知性と意志の内的な第一の普遍的な原材料を認めたいのです。私は告白しなければなりません、私はこの説明をスピノザ自身の言葉と同じように理解できない、と。第一原因は思惟をもっていますが、知性はもっていません。それは思惟をもっているのです。なぜなら思惟はスピノザによれば、唯一の実体の主たる属性のひとつですから。にもかかわらずそれ〔第一原因〕はいかなる個々の思惟ももっておらず、ただそれらの普遍的な原材料だけをもっているのです。どんな普遍的なものが個々のものなしで理解されるのでしょうか。このことは形のない物質、アモルフな原材料、またいかなる特別な特徴もなく、ただ一般的な特徴しかもたない存在よりも不可解ではないでしょうか。あなたは言います、絶対的な無限性は思惟のいかなる対象ももたない、と。しかし、この無限性は思惟それ自身の対象ではないでしょうか。その属性と様態はそれ〔無限性〕にとっては思惟の対象ではないのでしょうか。そしてこの無限性が思惟のいかなる対象も、いかなる知性ももたないとき、どのように思惟は、それにもかかわらずその属性であるのでしょうか、どのようにそれはしかしながら唯一の思惟する実体なのでしょうか。その上、その様態あるいは偶然の事物は現実に意志の個々の規定をもっています。絶対的な無限性だけがこれら規定の原材料をもっているのでしょうか。スピノザにおいて私はこのことを少なくとも半分は理解しています。彼はこの自由意志を単に全くどうでもよいものの、不確かな、意図のない選択とみなします。神性が有限な存在を表す限り、彼には、この選択を神性の様態に帰すことができるように思えたのでした。神性が無限の存在である以上、彼が、神性自体にそのような意図のない恣意を認めなかったことは正しいことでした。そのことにより、ある自由な選択がもたらされる善の認識は、彼の見解によれば知性の特性の一部分をなすのです。そしてそれはその限りにおいて最も確実な必然性をもっています。それゆえすべての結果は、それが真偽の認識から来ようと、善悪の認識から来ようと、彼の理論によれば同じ必然性をもたざるを得ないのです。しかしヤコービさん、あなたが決定論者たちの体系を受け入れ、人間自身においても、あらゆる行為の根拠と動機の究極的な、実践的な熟慮から発する以外の選択をゆるさないので言うのですが、私は、なぜあなたがそのような永遠に前もって決定された選択を無限の原因に認めないかの理由がわかりません。あなたは無限性に真の個人性を認めないので、その限りにおいては、もちろんこの無限性にはどんな意志も自由もふさわしくないのです。しかしながらあなたはこのことの理由を述べてはいません。これは、私がのちにさらに詳しく論ずる機会をもつのですが、私にはスピノザの体系にさえも対立しているように思えるのです。

スピノザの概念によれば、目に見える世界に生じるすべてのことはとても強い必然性をもっています。なぜなら、すべては神的な存在のうちに、そしてその諸属性の可能な様態のうちに根拠づけられているからです。現実に生じて来ないものは神的な存在にとって可能でもなく、考えることもできないものです。それゆえ、もしスピノザが、ベールやライプニッツそして他の人々が考えたように、矛盾律(二)だけが事物の内的可能性に制限を置くということを認めたとすれば、もちろんライプニッツが上で引用された箇所について正しく私たちに思い出させるように、彼はスキュデリー(三)のすべてのロマンとアリオスト(四)のすべての詩作品を現実の出来事とみなしてしまったに違いありません。しかしスピノザは、矛盾は含んでいなくとも、万物の必然的な原因としての神的な様態に根拠づけられていないものは不可能だと考えました。あなたはここで、スピノザもまた決定論者達と自由の概念についてうまく折り合うことができたならば、彼がその上を歩み、最も完全なもの（perfectissimo）に到達しただろう道をみているのです。最も完全なものの体系に従ってのみ、なぜ神的な存在の内部において、他でもないこの一連の規定が現実化され、あるいはスピノザの表現を借りれば、他のいかなる規定も可能となることはなかったかが理解されるのです。

あなたがこれに関して継起と持続について述べていることは私も大いに賛成です。ただし私はそれらが単なる幻想だとは言わないでしょう。それらは制約された思惟の必然的な規定です。すなわち単なる幻想と区別されねばならない事柄です。

あなたの「死の跳躍」は自然の治癒力ある道です。私は少しの間ですが、いばらと藪を通って、思弁の道をよじ登って行くたびに、私は良識（bon sens）でもって方向を定めようとし、少なくとも再び良識に出会うことができる道を探すのです。私は意図が存在することを否定できません。ですから意図をもつことは精神の可能な特性のひとつです。意図をもつことが精神の無力でない限り、このことは、何らかの最高度の精神に属しているに違いありません。それゆえ思惟の外部にはまだ無限の特性であり得るし、あるに違いない意欲と行為があります。

　レッシングがこのことに関して述べた思いつきは全くの彼の気まぐれです。それは、それでもって彼が言わば自分自身を飛び越えるそぶりをした宙返りのひとつです。ですから彼はその場から一歩も動いてはいません。すべての概念を超えるだけでなく、概念の全くの外部に、ある何かが存在しないかどうか疑うこと、このことを私は自分自身を超える跳躍と名づけます。わたしの信条は次のことです、すなわち私が真なるものとして考えることのできないものは疑念として私を不安にはしません。私が理解できない問いには私もまた答えることができません。このことは私にとって疑う余地が全くありません。より自由な眺望を得るために、私自身の肩にのろうなどと私は一度も考えたことはありません。

　レッシングは彼の喜劇のひとつで、魔法を見ていると思っている人に、燃えている火について語らせています。すなわち「この火は現実には燃えてはいない、それはただ燃えているように見えるだけである。それは現実には光ってはいない、それはただ光っているように見えるだけである」[五]と。第一の疑念はいくつかの根拠があります。第二の疑念はしかし矛盾しています。光っているものは光っていなければなりません。それぞれの現象は、現象として最高度の明白さをもっています。主観的に考えれば、すべての思考は最も確実な真理をもっています。それゆえ考えるという力は、もとのより高い力に根拠づけることができない真に原初的な力です。あなたご自身も私たちのレッシングのこの奇妙な思いつきを特に重要視しているようには少しも思えません。

　しかし、あなたが「スピノザの唯一、無限な実体に関して言えば、これはそれ自体では、そして個々の事物の外部においてはいかなる固有なあるいは特別な存在ももっていません」という時、あなたは私を突然、私がスピノザ主義について作り上げたまとまった構想から追い出してしまうのです。したがって個々の事物はこの体系によればその現実的な、確固とした存在をもっているのでしょうか、そしてそれらの共存はいかなる確固とした、完全な存在ももたない一者にすぎないのでしょうか。どのようにこのことを理解すべきでしょうか、あるいはどのようにあなたの残りの発言と関連づけるべきでしょうか。

あなたが続けて述べているように、スピノザが自由についてライプニッツのように考えたのであれば、彼もまた次のことを認めざるを得なかったでしょう。善悪の認識は真偽の認識と同じように、最も完全なる原因に関して無関係でなどあり得ない、と。またそれゆえ最も完全なる原因は、善においては喜びをもち、悪においては不満を、すなわち意図をもつ、と。つまり、それが作用する時は、意図に従って作用するはずである、と。

ここがもう一度スコラ哲学者がスピノザ主義者に会う場所であり、彼らがお互い兄弟のように抱き合う場所であります。

手稿の二六頁で私には全く理解できない箇所にぶつかります。あなたは言います。「思惟は実体の源泉ではなく、実体が思惟の源泉である。それゆえ思惟の前に何か思惟しないものが第一のものとして想定されねばなりません。すなわち全き可能性(2)のなかにと言わないまでも、観念のなかに、本質のなかに、その内的性質に従い、第一のものとして何かが考えられねばなりません」と。あなたは、ここで私たちの友と、思考の営みとは全く言えない何かを考えたがっているように私には思えます。すなわち、空虚への跳躍をしようとしているのです。そういう場へと理性は私たちの後を追うことはできません。あなたは何かを思い描きたいのです、すなわち、あらゆる思惟の前に先行するものを、そして、それゆえ最も申し分のない完璧な知性にとってさえも考えられ得ないものを。

私には思えます、これらすべての偽りの概念の根源は次のことにあると、すなわち、あなたが延長と運動を思惟の唯一の質料であり、唯一の対象とみなし、その上、それらが現実に存在する限りであると考えることに。私は、このことをあなたがどのような理由で確定されたものとして前提にしているのかわかりません。思惟する存在とはそれ自体、材料と対象ではあり得ないのでしょうか。私たちは知っています、私たちが苦痛、飢え、渇き、寒け、熱などの苦しみを経験する時、どのような気分になるかを、また恐れたり、希望したり、愛したり、憎んだりするときのことも。あなたは、これらのものを思考、概念あるいは魂の感情、魂の情動と呼びます。魂は、これらすべての情動において対象と延長と運動をもたないということで十分です。それどころか、このことは感覚的な感情自体においてもそうです。音響、嗅覚、色彩あるいは身体的な好みは何を延長と運動とで共有しているのですか。私はよく知っています、ロックが哲学者たちを、延長と不可入性[六]と運動を第一性質（Qualitates primitivas）とみなすことに、また残りの感覚の現れを第二性質[七]（Qualitates secundarias）としてそれらの感覚に還元することに慣れさせていったことを。しかしながらスピノザ主義者はロックの見解を認めるためのどのような理由をもっているのでしょうか。つまり、たとえそれらが存在しなくても、延長と運動をなお可能であるとみなす精神はやはり一人も存在し得ないでしょうか。延長を唯一、無限の実体の属性とみなすスピノザにとってはこのことはなおさら可能であるに違いないのです。

私は、我々のレッシングが引き続きあなたを楽しませ、それについては、からかいあるいは哲学と呼ぶべきかどうか見分けるのが難しい多くの機知に富んだ思いつきを省きます。彼は、自分の気分の中でどんなものが生まれるのかを見るために、最も異なった考えを結び合わせることに慣れていました。この、計画もない、あてどない観念のさいころ遊びにより、時折り全く不思議な考察が生じました。のちに、彼はそれらをうまく使うことができました。それらの大部分はもちろん単なる奇妙な気まぐれでしたが、コーヒーを飲む時などではともかくも十分楽しませてくれました。あなたが手稿の三三頁（八）で彼に言わせたすべてがその種のものです。すなわち世界霊魂の〔内部の〕営みについての、また単に身体の作用にすぎないと言われているライプニッツのエンテレケイアについての彼の概念、彼の天気を操作できるといううぬぼれ、彼の限りない退屈がそうです。これらは一瞬輝き、ぱちぱち燃え上がり、そしてそれから消えていく観念の爆竹なのです。ですから私は、あなたの側であなたが提案する信仰の旗のもとへの撤退も無視します。それは、迷いを信仰によってなくそうとする義務をあなたに課するあなたの宗教の精神の中に完全にあるのです。キリスト教の哲学者は、自然主義者をからかうというひまつぶしをしてかまわないのです、すなわち幻惑する光のように彼を一方から他方の隅へとおびき寄せ、彼の最も確かな知性からいつもすり抜けていってしまうやっかいな難問を彼に課すというものです。私の宗教は、そのような迷いをとりのぞくのに理性以外の根拠を知りません。ただ、私の宗教は永遠の真理へのいかなる信仰も命令しません。私はそれゆえ確信をさがすというもうひとつの根拠をもっています。

　私はその箇所に参ります、あなたがもう一度、現実性の原理（das Principium der Wirklichkeit）をスピノザによって明らかにしようとしている箇所にまいりましょう。あなたは言います、すなわち、スピノザの神はあらゆる現実的なものにおける現実性の純粋な原理であり、すべての現存在における存在の純粋な原理であり、決して個体性をもたず、絶対的に無限です。この神の単一性は区別され得ないものの同一性に基づいており、そしてそれゆえ、ある種の数多性を排除しません。単にこの先験的〔超越論的〕な統一から見れば、この神性はしかしながら、ただ確固とした個々のものにおいてのみ表現されている現実性を欠いているに違いない、と。私がこのことを正しく理解しているとするなら、確固とした個々の生けるものだけが真に存在するものです。しかし、他方、無限なものあるいは現実性の原理は、ただ共存（zusammen）ということに、これらすべてのものの総計ということにだけ基づいているのです。それゆえ、それは単に何か集合的なものであり、それを構成する成員の実質性以外の実質性は知らないのです。すべての集合体は、多様なものをまとめるという考えに基づいています。というのも思考の外では、あるいは客観的に見れば、すべての個々のものは孤立しており、それ自体ひとつのものです。ただ関係だけがそれを全体の部分となし、共存の一員とするのです。ところで、関連づけることは思考することの仕事です。どうかスピノザ主義に関して私が陥っている困惑から私を助け出して下さい。私は最初に尋ねます。どこに、この思推、この集合体、個々のものの全体への関係はあるのですか、と。個々のものの中にはありません。なぜなら個々のものはそれ自体で存在しているからです。もし私たちがこのことを認めようとしないならば、私たちは、神性においてある種の複数性をもつだけでなく、真に数えきれないほどの多さをもつでしょう。この考えはまた集合的なものの中にもありません。なぜならこの集合的なものは明らかに不合理へと行き着くからです。したがってこの「全なるもの」(Pan)、この共存が真理をもつとするならば、それは複数性を排除した現実的な、先験的〔超越論的〕な統一において存在しなければなりません。こうして私たちは全く思いもかけずスコラ哲学のいつもの軌道の上にいるでしょう。

さらに私はこれまでいつも信じていました。スピノザによれば、唯一、無限なものだけが真の実体性をもち、多様な有限なものはしかしながら無限なものの様態あるいは観念である、と。あなたはこのことをあべこべにしようとしているように思えます。あなたは個々のものに真の実体性を与えます、ですから、全体は個々のものの単なる観念とならざるを得ないでしょう。それゆえ、あなたは私がそこから逃れることのできない円の中で私を追い回しています。なぜなら他の機会であれば、あなたもまた次のことを認めているように私には思えます、すなわち、スピノザによれば、その属性が無限の延長と無限の思惟である、ただひとつの、先験的〔超越論的〕で、無限な実体だけが可能であるということを。

しかし、私がスピノザの体系において見出す最大の難点は、彼が制約されたものを寄せ集めることにより無制約的なものを成立せしめようとすることです。

しかし、いかにしてこの付加により、度合いは強化され得るのでしょうか。どのように外延的なものを増加させることによって内包的なものが強化され得るのでしょうか。〔スピノザ以外の〕残りのすべての体系では無限から有限への移行は理解しがたいと思われています。この〔スピノザの〕体系に従っても有限のものから内包的に無限なものへと戻っていくことは端的に不可能と思われます。単に増やすことで強化を獲得するなどということは、たとえ増やすことを限りなく続けようとも決してあり得ません。もし度合いに何らかの量を付与すれば、これは一種の内包的な量なのであって、この量は同じ種類のものをいくら付け加えていっても増すことはないのです。ここで明らかにスピノザ主義者はこれらの概念を混同し、内的強度の代わりに多数性を押し通してしまっているのではないでしょうか。

この反駁にすでにヴォルフは[九]（『自然神学』の第二部で）少しばかり触れています。しかし私の知るところではスピノザの擁護者の誰もまだそれに答えていません。

以上がメンデルスゾーンの異論です。続いて私の返事です。

〔一七八四年九月五日付ヤコービからメンデルスゾーン宛〕

一七八四年九月五日ホーフガイスマールにて

ベルリンのモーゼス・メンデルスゾーン様

数ヵ月以来一層悪くなった私の健康状態はこの温泉へと私を連れて来ました。そして私は多分もうしばらくここに滞在することになるでしょう。外からも、内からも私を圧迫する鉱泉の蒸気のもとで、私は八月一日の貴下の貴重な書状（デュッセルドルフに二六日にやっと着き、九月一日にここの私の所に届きました）にすぐに答えることはできません。しかし幸福な偶然から、私はあなたに、すぐに幾分かの満足をあたえることができます。同じようにここの泉と温泉を利用しているガリツィン公爵夫人が、私が少し前スピノザの哲学についてヘムステルホイス宛に書いた手紙の写しを持ち合わせているのです。私はこの写しから第二の写しを作らせて、それを同封します。私があなたの異論における最も重要なことに対し言わなければならないことが、ある文脈においてこの手紙の中に見出されるでしょう。そしてこの文脈は全体へとより多くの光を投げかけ、幾つかの誤解を正してくれるでしょう。私が、延長と運動を思惟の唯一の質料と対象であると見なしたというあなたの私への非難(3)で、私はある種の驚きで飛び上がるほどでした。このような見方は私のものどころか、むしろこの世において私の見方とは最も離れているものです。そして私は、どうしてそのような見方が私のものとなっているかの理由が全くわからないのです。

私が再び家に帰り、休息をとり次第、私はあなたにお渡ししたレッシングについての報告を再び通読し、私の発言をあなたの異論と比較し、そしてそれから同封した論文によっては果たされていないかもしれないものを補うでしょう。私が騎士道精神に則り、手袋を投げたなどということについては全く知りません。もし手袋が落ちれば、あなたはそれを挑戦と見なし、挑戦を受けて立ちたいと思うでしょう。仕方がありません。私は背を向けるのではなく、できる限り死力を尽くして抵抗するでしょう。私が支持してきたものはスピノザと彼の体系ではありません。それはパスカルのあの言葉です。「自然は懐疑論者を困惑させ、理性は独断論者を困惑させる」(一〇)。私が何であり、誰であるかを私ははっきりと言いました。あなたが私を誰か他の人と見なすことは、私がつくった何らかのごまかしに原因があるわけではありません。戦いと結末は次のことを示すでしょう、すなわち私は許されないどんな手管も使わないということ、そしてわたしが隠れるような心づもりなど毛頭ないということを。私は自分を神に、私たちの婦人に、そして私の敵対者の気高い心情に委ねます。

原註

(1) Gottfried Wilhelm Leibniz, *Essais de Théodicée*, 1710, § 173〔ライプニッツ『弁神論』(佐々木能章訳)〈ライプニッツ著作集6〉工作舎、一九九〇年、二七五—七九頁、二八二—八三頁〕.

(2) この言葉は書き間違いか誤植である。私の草稿にあるように、初版では「現実性」となっている。

(3) この箇所からこの段落の終りまでの行は第一版にはなかった。私はそれを当時、まだ異論が出版されていなかったので、また私は異論が決して出版されないだろうと信頼して信じていたので、当然省くことができた(異論は『レッシングの友へ』という著作の中で一七八六年になってようやく公になった)。

訳注

(一)「スピノザはずっと先まで行ってしまいました。彼は盲目な必然性を強調して教えたように思えますが、その際、万物の創造者に知性と意志を認めず、善と完全性は我々人間に関するものであり、神に関することではないと想像してしまいました。確かにスピノザのこのことについての見解には曖昧な所があります、というのも彼は神から知性を奪った後で、神に思惟を与えているからです(神に思惟は認められるが知性は認められない)。彼が必然性に関して穏やかに述べている箇所もあります。しかしながら彼は我々が彼を理解する限りでは、本来の意味において神の善に異論を唱え、万物は神的必然性によってのみ存在し、神は何らかの選択を行わないと説くのです」(Leibniz: Philosophische Werke.Hamburg, Felix Meiner, Bd.4, S. 221.)。

(二) 伝統的論理学の三原則、同一律、矛盾律、排中律(ただしライプニッツ以後は「充足理由律」をいれて四原則)のひとつであり、「同一物について、同一の事を肯定しながら同時にこれを否定することはできず、また否定しながら同時にこれを肯定することはできない」という形で表現される。

(三) マドゥレーヌ・ド・スキュデリー(Madeleine de Scudery, 1607–1701)。フランスの閨秀作家。理想に満ちた純粋な作風を示す。作品は『グラン・シリュス』、『クレソー』などがある。

(四) ロドヴィーコ・アリオスト(Lodovico Ariosto, 1474–1533)。ルネサンスに活躍したイタリアの詩人。最大の傑作は長編叙事詩である「狂気のオルランド」である。

(五) レッシングの断片的ドラマ『エペソスの寡婦』の一場面の言葉(Lessinngs Werke, Insel Verlag, Bd. 1, S. 380)。

(六) ある物体が、ある空間的なひろがりを占めるとき、その物体を押しのけることなしに、その空間に他の物体が侵入することはできないという性質。ロックは物体の自己同一性を成り立たせるこの性質を固体性(solidity)と呼び、物体の本質規定として第一性質に帰した。

(七) 第一性質はその性質を棄てれば物そのものも棄てられてしまうといった、人間に知覚されると否とにかかわらず、物体そのもののなかにあって、人間の心に像を生ぜしめる実在的性質。延長、運動、形態などである。第二性質は物体が我々の感覚的把握に及ぼす作用、色、音、香り、味、温度などである。

(八) 第三版には手稿とあるが、『汎神論論争のための様々な著作』を書いたハインリヒ・ショルツによれば、これは誤りで、実際には初版の三三頁を指す。ここは本当の手稿では二四、二五頁に該当する(本書九五—九六頁を参照)。

(九) クリスティアン・ヴォルフ(Christian Wolff, 1679–1754)。啓蒙主義時代の哲学者。一七四四年にヴェルトハイム聖書翻訳の監修者、ローレンツ・シュミット(Lorenz Schimidt)が『エチカ』の初めてのドイツ語版として『われわれの時代の有名な哲学者、クリスティアン・ヴォルフ氏によって反駁されたベネディクト・フォン・スピノザの倫理学、ラテン語からの翻訳』を出版した。この書の中でヴォルフは数節のスピノザ批判を展開する。

なお一八世紀前半におけるもう一つのスピノザ主義論争と呼ぶべき、ヨアヒム・ランゲとヴォルフの重要な論争があった。

これは、人間の意志の自由を否定し、ただ盲目の、機械論的な必然性だけが支配するヴォルフ的な自然世界を「忌まわしきスピノザ主義」とみなす神学者ランゲによる批判とそれへの反批判からなりたっていた。この論争の経緯はエンゲルハルト・ヴァイグル『啓蒙の都市周遊』（三島憲一・宮田敦子訳）岩波書店、一九九七年、第二章が的確な概要を与えている。

（一〇）　パスカル『パンセ』（前田陽一・由木康訳）〈世界の名著24〉中央公論社、一九六六年、二三七頁〔ブランシュヴィック版四三四〕。

五　スピノザの学説の第一の叙述(一)

ハーグのヘムステルホイス氏への書簡の写し(1)

上述書簡(二)へ同封

〔一七八四年八月七日付ヤコービからヘムステルホイス宛書簡の写し〕

私が、あなたからの四月二六日の手紙におけるスピノザについての論に対して返事を書きますよ、という強い態度を取ってから二ヵ月以上が過ぎました。私はこのことについて最終的に自分を満足させたいと思います。

あなたは言います、この有名な人物〔スピノザ〕に思いを致すとき、三十年遅く生まれていればと嘆かずにはいられない、と。というのも、その時であれば、彼は自分の眼でもって、物理学〔自然学〕自体の進歩によって幾何学は物質的なものにだけ適用されるということを見た、と。さらにまた彼が幾何学者の公式的方法（Formularmethode）を幾何学的精神と取り違えたことも見、さらに幾何学的精神の形而上学への適用によって、彼は、彼のすばらしい天才によりふさわしいものを成し遂げただろうことも見ただろうから、と。

私自身は全くと言っていい程幾何学的精神を持ち合わせていないので、このことでスピノザを弁護することは私にはふさわしくはないのです。しかし彼には幾何学的精神を、幾何学者の公式的な方法と混同するほど、幾何学的精神が欠けていたにしても、この精神はいずれにせよ彼には絶対的に必要なものではないのです。なぜなら、スピノザはこの精神を持つことなく、きわめて誠実な、きわめて繊細な、たやすく凌駕できない正しさ、強さ、そして知性の深さを所有していたからです。これらの長所は彼を誤謬から守ることはできませんでした。そして彼は確かに間違ってしまったのです、というのも、彼は形而上学において幾何学者の公式的な方法を用いるように誘惑されたからです。この方法に彼の体系が帰せられてはなりません。その体系の根元は非常に古く、伝統のはるかかなたの中に消えていっています。この根元からピュタゴラス、プラトンそして他の哲学者たちがすでに知を汲み取っていたのでした。スピノザの哲学をどの他の哲学から区別するものは、その哲学の魂を構成しているものは、この上ない厳格さにあります。この厳格さでもってあの知られた根本原理「無からは何も生み出されない。無の中には何も帰らない」(gigni de nihilo nihil, in nihilum nil potest reverti) がその哲学の中にしっかり捉えられ、詳論されています。[四] 彼が何らかの行動のすべての始まりを否定し、[三] 目的因の体系を人間の知性のもっとも大きな狂気とみなしたことはこの原理の結果に他ならず、直接に物質的ではない現実に適用された幾何学ゆえではないのです。

私はスピノザの思想内容の結びつきを次のようなやり方で思い描きます。――ここにおいて私たちと話しているのは彼であると仮定しましょう、しかも彼が『アリステ』[2] を読んだ後であるとします。これは私たちの議論においては何も気をくばる必要のない状況です。

スピノザ

存在はいかなる特性でもなく、何らかの力から派生したものでもありません。存在はすべての特性、性質、力の根底にあるものであり、実体という言葉で名付けられるところのものです。それ以前には何も措定されるものはなく、すべてのものの前提とならなければならないものです。[五]

存在を表す様々な言葉のうちで、いくつかの言葉がその本質から直接に流れてきます。そのようなものとして延長と思惟の絶対的な、そして現実的な連続があります。

実体の単なる属性、特性に過ぎない思惟はいかなる意味においても実体の原因ではあり得ないのです。思惟はそこにおいて思惟がその現実存在をもつものに依存しているのです。それ〔思惟〕は実体の表現であり、行為なのです。そして同時に思惟が実体を動かすものであることは不可能です。

諸々の概念（ある種の仕方で規定されている限りの思惟）はその内容によって特色づけられます。しかしこの内容があるいはこの内容に相当するものが思惟を生み出すのではありません

概念の内容、あるいはその内容と一致するものを私たちが概念の対象と呼ぶものです。

それゆえにそれぞれの概念には次のものがあります。

（一）その対象と関係なく、思惟を構成する何か絶対的なもの、根源的なもの。

（二）ある関係を明らかにする、そしてこの関係の結果でもある何か二次的なもの、一時的なもの。

これら二つは概念において必然的にお互い関連し合っています。思惟（ひたすらその本質から見れば）が概念あるいは対象の観念を生み出すことが不可能であると同じように、ある対象が、あるいはある中間原因が、あるいはある変化が思惟を生ぜしめることは不可能なのです。*

意欲は思惟より後のものです。というのは意欲は自己感情を前提とするからです。意欲は概念より後のものです。なぜなら、それはある関係の感情を前提とするからです。それゆえに意欲は直接には実体とも、また思惟とさえも結びついていません。意欲は諸関係の結果であり、行動の第一の源でも、純粋な原因でも決してあり得ないのです。

私たちはスピノザの攻撃を逆襲で阻止しましょう。そして私たちが彼の塹壕を埋め、彼の要塞を破壊し、それから彼の砲弾を彼自身に向けて爆発させることができないかどうかを見てみましょう。

一斉攻撃開始。哀れなスピノザよ！　あなたは妄想家です。簡単に済ませましょう、そして事実から始めましょう。

「あなたはどの行動もある方向を持たねばならないことを認めますか。」

スピノザ　いいえ。逆にどの根源的な行動もただ自分自身だけを対象とし、それゆえにいかなる方向もとることはできないということは確かであると私には思えます。というのも方向と呼ばれるものはある種の関係の作用が生み出す結果以外の何ものでもありません。

「なぜすべて存在するもの、あるいは存在するかに見えるすべて、すなわち本質、様態あるいはあなたのお好きなものすべてがほかでもなくそのように存在し、あるいはそのように存在するかに見えるという理由があるのですか。」

スピノザ　たしかにあります。

「ある方向はそれゆえにひとつの理由、ひとつの原因を持っています。ところでこの理由は方向の中にはありません、というのも、さもないと方向は存在する前に存在したでしょうから。」

スピノザ　もちろんですとも。

「それゆえにその理由は作用している事物の中にあります。そしてそこにその根拠を持っているのです。あなたは原因から原因へと無限に進んでいくことはできません。なぜなら作用するものが方向を与えるある決定的な瞬間が存在するからです。それゆえあなたは第一原因を作用しているものの変様において――活動性とは作用するものの能力を意志することですが――あるいは作用するものの変様においてみつけるでしょう。しかしこの変様はその理由を持っています。そして原因から原因へと進んでいくなかであなたは最後にある決定的な活動性へと、あるいは何か作用するものの意志へと至るのです。それゆえに方向はその第一原因として意志をもつのです。しかし私たちはいかなる明確な活動性も、いかなる方向を与える意志も、予見する知性なしでは、また自己感情なしでは思い描くことはできません。あらゆる作用の第一原因はそれゆえ無限に大きく、そして無限に力強い理性的意志の行動です。私は「無限に」と言います。なぜなら原因から原因へと歩みながら私たちは必然的にその点に至らざるを得ないからです[3]。」

スピノザ　私は、あなたに方向づけられた運動と同様に、意志は派生した関係から生じた存在にすぎないことを証明しました。ちょうど運動の方向の原因が方向自体にはあり得ないように――さもないとそれは存在する前に存在したことになりますから――まさしくその同じ理由から、意志の方向の原因も方向自体にはあり得ないのです。さもないとそれ〔方向〕が存在する前に存在したことになりますから。何かを欲しようという能力を規定するあなたの意志は完全に、その原因を生み出すある作用です。あなたは私に次のことを認めています（というのもあなたが自身でそういう発言をしていますから）。すなわち、意志は思惟に内在するだけでなく、概念にも内在すると。さて思惟はその本質においてみれば、自分自身を感じる存在以外の、あるいは意識以外のなにものでもありません。概念は、存在が規定され、個体的であり、他の個体との関係においてある限り、意識*です。意志は存在が規定され、個体として行動している限り意識*です。

「落ち着いて下さい、愛するスピノザさん。あなたは再びあなたの妄想の中に迷い込んでいます。あなたを迷わせているものは、あなたが全く異なっており、対立した性質さえもっている二つのものを区別してないことです。すなわち活動性と慣性とを。(4) 物質的な世界においては運動のほうが静止のほうより多いことはありません。運動しているある部分はその動きを静止している他の部分に伝えます。そして他の部分から代わりに静止を返してもらうのです。それらの源泉が何であれ、作用と反作用はお互い釣り合いを保っています。それゆえ世界におけるすべての作用の総計はあらゆる反作用の総計と同じです。一方が他方を止揚するのです。そしてこのことが私たちを完全なる静止と真の慣性へと導くのです。(5) ある事物における慣性（無為の力）は本来、それでもって事物が現にあるところのものである力にすぎません。そしてこの力によってのみ、この力の度合いに従って慣性は反応するのです。反作用と慣性はそれゆえ同じものです。この慣性を私たちに認識させてくれるものは、同時に私たちに、慣性を克服するか、あるいは慣性によって解消されるところのある運動を認識させてくれます。すなわち全く異なった性質をもつ力です。そしてそれは作用力と呼ばれています。(6) したがって世界は二つの部分に分かれます。一方の世界はあらゆる点で不活発であり、受動的であり、私たちに無為と静止の最も完全な像を与えます。他方の世界は生き生きしており、生気を与えており、自然の死せる部分をわがものにし、自然の死せる部分を結び合わせ、それらの固有の無為の力によってでも、それらが生きて、活動するように強制します。(7) ある存在におけるこの活動性、この努力、この最初の力はその領域にある事物たちに対し、作用することができる能力です。この活動性は可能なすべての方向をもっていて、そこにこそ活動性の自由をもっています。それは不確定な力であり、意志能力を、あるいは欲することができる能力を構成します。(8)」

スピノザ　私はあなたにお好きなように語ってもらいました。以下が私の答えです。まず私がわかる第一の力とは、あるものを現にそのものたらしめている力であり、それと少しでも異るどのような力も私は全くわかりません。またある能力について、すなわち、できるという能力が与えられているこの存在の領域にあるものに対して作用を及ぼしうる能力について、可能なすべての方向をもつ作用する力について、またスパイスがその香りを放つと見えるように、すべての方向にその力と作用を及ぼす不確定な力について私は全くわかりません。私の考えでは、このことは概念の代わりに*幻影を与えることになり、また明瞭なことを何も言っていないと同然です。受動性とは何ですか、あるいは受動の力しかもたない存在とは何ですか。自分自身をこの受動性に伝え、そしてそこにおいて全く異質な、その無活動により反応するこの受動的なものの本質にさえも矛盾する行動の原因となる活動性とは何ですか。ある力は自分をその根源から分かつことができるのですか。それは自分のある部分を自ら進んで譲り渡すことができるのですか。そしてこの部分は別々に存在し得るのですか。さらに強く言えば、この部分はある別の事物の性質に、もっと詳しく言えば全く異質な事物の性質になることができるのですか。――しかしあなたは言うでしょう。私たちはこのことが生じているのを見ていると。――そして私は答えます、私たちも太陽が地球の周りをまわっていることを見ています。現象は放っておきましょう、そして事物をありのままに認識するように努力しましょう(9)。真理は私たちに外から来ることはできないのです。それは私たちのなかにあるのです。しかしわずかな頭脳だけが、完全な抽象のために(10)、すなわち内部の存在にだけ向けられている注意深さのためにつくられているのです。私たちは今回頭にあまりにも重い負担をかけたくないのです。あなたの二つに分割された世界は無視しましょう、あなたのそれについての説明だけを考察するために。ここにあなたの推論の全体があります。作用原因は自ら事物の成り行きを規定します。それゆえ、この原因は知性的であり、またその活動の本質は意志にあります。私はあなたに尋ねます。この原因はそれが知性的であることを望んだがゆえに知性的であるのですか、あるいは原因はその意志とは無関係に知性的であるのですか、と。あなたはおそらく答えるに違いありません、原因はその意志とは無関係に知性的である、と。しかし規定されない思惟というものは空虚であり、観念なきいずれの思惟も不確定です。私はあなたに尋ねます、なにがあなたの創造者――それは唯一であり、いかなる外部性ももたず、あるいはそれが純粋の無でないとすれば、その外部性は彼自身の創造である――の思惟のなかに観念をもたらしたのですか。私はあなたに尋ねます、何がこの創造者の思惟のなかに観念を、すなわち個々の、規定された、はかない存在[*]についての観念をもたらしたのですか、と。創造者は、概念をもつことができるという彼の能力により、概念が存在していた以前に自らの概念を作り出し、規定したのですか。そして意志能力、この創造者の意志――それは創造者の知性の源泉でもなく結果でもなく、にもかかわらず知性的であるのですが――がやってくるのです。私はそれがどこから来るのか知りません。そして、それがどこへ行くのかも知りません。すなわち、創造者が何であるか、どのようなものであるか、何を望んでいるかを私は知りません。結局、すべてをひとつの問いにまとめれば次のようになります。あなたの創造者はその存在を思惟と意欲に負っているのですか、あるいは、創造者の思惟と意欲をその存在に負っているのですか。おそらくあなたは私に答えるでしょう。この問いは笑うべきものであり、神においては思惟、意志そして存在は同一のことにすぎない、と。私はあなたと全く同じ意見です。ただし次の唯一の違いを除いては。すなわち、あなたが意志と呼ぶものは、私においてはいつも作用している能力を意味し、それ以外の何ものでもない、と。それゆえ私たちは同じ意見です。しかし活動性を適切に導く意志についてはもはや私に聞かせないで下さい。またすべてを支配する知性について、すなわち、それに第一原因も従属していながら、やはり従属はしていないだろう知性についても。というのも、このことはあらゆる意味において不合理の最たるものですから。

「興奮しないで下さい、愛するスピノザさん。私たちが、これらすべてのことで迷い込むだろう場所をさっと見てみましょう。私は、あなたが私の主張に対して振る舞ったように、あなたの主張に対しても振る舞うつもりです、そして私はただ尋ねたいのです、すなわち、あなたの意志があなたの活動性の結果、それどころか、あなたが私に言うように、その遠*く離れた結果以外の何ものでもない時、あなたの意志に従って行動するためにはあなたは何をするのですか、と。私は、あなたがどんな証明もなしにその事実を私に認めるということを前提とします。というのも、意欲するという人間の能力の証明を要求することは、人間の存在の証明の要求を意味するからです。自分の外にある事物についての観念を受け取る時、自分の存在を感じない者は、行動し、熱望する時、意欲するという能力を感じない者は、人間とは違った何かなのです。そして人間は自分の本質について何も決定することができません[11]。」

スピノザ　私の本質については、あなたが望むように決定して結構です。しかし私は、意志するという能力を全くもっていないということだけは確かに知っています。私は、他の人と同様に、私の特殊な意志や私の個々の欲求を持ってはいますが。意志するというあなたの能力は観*念的な性質のものです。この観念的な存在の、これやあれやの特殊な意志に対する関係は、動物性があなたの犬や馬に対して持つ関係と同じです、あるいは人間のあなたや私への関係と同じです。この形而上学的な、想像上の存在によって、あなたたちは、あなたたちすべての誤謬を生み出しているのです。あなたたちは、私の知らないある種の全くの無に従って行動し、あるいは行動しないという能力があると錯覚しています。あなたたちが能力、できるというような表現を用いる能力と呼ぶこの才能によって、あなたたちは気づくこともなしに無から何かを生じさせているのです。そして、あなたたちは慎重に乱暴な言葉を避けることにより、詭弁家たちの驚嘆を引き起こし、真の研究者を怒らせるだけなのです。これらすべての能力、できるという能力のうちで存在することに反対しないものは一つもありません。規定された存在者は、同じ仕方でそのすべての作用において規定されています。活動せず、どの瞬間にも作用しないいかなる力も存在しません。これらの力は、その実在性の度合いに従って中断することなく絶えず作用するでしょう。

「スピノザさん、お願いですから私の質問に答えて下さい。」

スピノザ　私が質問を避けようとすると思うのですか。ここにその答えがあります。私の行動が私の意志と合致する度ごとに、私は単に私の意志に従って行動します。しかし、私を行動へと駆り立てるものは私の意志ではありません。全く対立する意見が生じるのは、私たちは意欲するものや要求するものはよく知ってはいますが、私たちを意欲や要求へと決定づけるものを知らないことからなのです。この無知ゆえに私たちは意志自身により意欲を生み出すと信じています、そして私たちの欲望さえをも意志に帰するまでになっています。

「私はあなたの言うことがよくわかりません。あなたは意志を規定するもの、三つの体系についてご存じですよね。すなわち無関心あるいは均衡の体系、これは自由の体系と呼ぶべきものでしょう。次に最善の体系、最善のものの選択の、あるいは道徳的必然の体系、そして物理的必然性の、あるいは宿命論の体系です[六]。これら三つのうちのどれにあなたは賛成ですか。」

スピノザ　どれにも賛成しません。しかし第二のものが最も悪いように思えます。
「私は第一の体系に賛成です。しかしなぜあなたは第二のものが最も悪いと思うのですか。」
スピノザ　それが目的因を前提としているからです。そこを立脚点とすることは全くのナンセンスです。
「より良いものの、あるいは道徳的必然性の選択はあなたに委ねます。なぜならそれは自由を排除するからです。しかし目的因に関しては、私としては、それを斥けることは全くのナンセンスだと主張します。」
スピノザ　あなたは他方なしで一方だけを私に委ねることはできません。あなたは、どの個物の本性もこの個物の維持を目的としていることを認めます、すなわち、どの個物もその本性を保持しようと努めることを、そしてまさしくこの努力こそが、私たちが個物の本質と呼ぶものである、と。さらにあなたは次のことを認めるでしょう。すなわち、個体は何らかの自分が知っている理由から、あるいはある一定の目的のために自分を維持しようと努めるのではなく、もっぱら自分自身を維持するためにだけそうするのです。なぜなら個物の本性あるいは個物を現にあるものにしている力がそのように要求するからです(七)。この努力を私たちは生まれ持った自然な衝動、それが感情によって伴われている限り欲望と呼びます。したがって欲望とは、この努力という感情に伴われながら、個物の存在の維持に役立ち得るものへの個体の努力以外の何ものでもないのです。個物の欲望に合致するものを個物は善と呼び、欲望に反するものを悪と呼びます。欲望から、あるいはそれゆえ意識と結びついた衝動から、善と悪についての私たちの知識は出てくるのです、そして逆のことを想像することは、また原因を結果から導き出すことは、誰にもわかる不合理なことです。意志に関しては、それもまた衝動あるいは欲望以外のなにものでもありません。* これらが単に観念として、あるいは思惟するものにおいてのみ存在する限りでは。意志はそれゆえ欲望に携わる知性以外のなにものでもありません。知性は（それは精神が明晰で判明な概念を持つ限り、精神以外のなにものでもありませんが）、個体の本質の構成に従って、また、他の個々の事物への個体の関係に即した個体の努力あるいは欲望の様々な変容を観察しながら、知性自身がこの特殊な性質を認め得る限りにおいて、今述べた様々な変容の個物の特殊な性質の調和あるいは不調和を決定します。しかし、肯定か否定かにおいてのみその本質をもつ知性の行動は個物の行為を規定しません。ちょうどそれが何であれ、知性の他の決定あるいは判断が事物の本性を規定しないように。

「あなたがここで言っていることは多少曖昧さがあります。しかしながら、あなたが自由をすべて否定していることだけは明らかです。そしてあなたは、今しがたこのことをあなたに関して認めなかったのですが、宿命論者です。」

スピノザ　私はすべての自由を否定しようとは思っていません、そして人間は自分のための自由を手に入れていることを知っています。しかし、この自由は、欲することができるという夢見られた能力にその本質があるわけではありません、なぜなら意欲は現実に存在している規定された意志においてのみ存在し得るからです。ある存在に、欲することができるという能力を付与することは、ある存在に、存在することができる能力を付与するようなものです。つまり、この能力のおかげで、現実存在を手に入れることは、その存在次第ということになるのです。人間の自由とは人間自身の本質です。すなわち、それでもって人間が現にそれであるところのものである人間の現実的な能力あるいは力の度合いです。人間は彼の本質の法則のみに従って行動する限り、全き自由をもって行動します。神、それは自分がそこに由来する根拠からのみ行動し、行動することができ、また己自身によってのみ存在していますが、それゆえに絶対的な自由をもっています。これは自由についての私の本当の考えです。宿命論に関しては、それが物質主義においてのみ基礎づけられていた点において、あるいは火や光などのように思惟を延長の変様にすぎないという愚かな考えに基づかせている点において私は宿命論を放棄します。思惟が延長から生ずることもまた延長が思惟から生ずることも同様に不可能なのですから。

　両者は全く異なった存在です。両者はひとつになって、それらがその属性となる一つの実体を形成してはいますが。思惟は、私がすでに言ったように、意識*です。それゆえ延長で生じるすべてのことは同じように思惟においても生じなければなりません。そして、どの現実の個物もその多様性と統一に準じて、あるいは個物がそれでもって存在している力の度合いに従い生気を吹き込まれています。個物においては思惟は必然的に観念と結びついています、なぜなら個物は他との関係をもたなければ、自分の存在の感情をもつことは不可能ですから。

「あなたが宿命論について受け入れているものは私にはもう十分です。というのも、ローマにある聖ペテロ寺院はそれ自体で築かれたということ、ニュートンの発見は彼の身体によってなされたということ、そしてこれらすべてにおいて精神はただ傍観するだけであるということを証明するためには、それ以上何も必要ではありません。さらにどの個物も個々*の有限な原因によって生み出されるということが結論として出てきます。そしてこの原因も同様に別の原因によって生み出され、この連鎖はただちに無限に続きます（八）。にもかかわらず、あなたは第一原因、それが作用するためのある特定の瞬間を必要としているのです。あなたは先ほどの私のいくつかの主張を覚えています。最後にはこれらの主張の主要点について答えてくれるでしょうか。」

スピノザ　私は、あなたの聖ペテロ寺院、あなたのニュートンの発見について意見を述べ次第、それに答えるでしょう。ローマの聖ペテロ寺院は寺院を自分で建てたわけではありません。物質的な延長と運動の全世界が含んでいるすべてがそれに貢献したのです。ニュートンの発見はといえば、ただ思惟の能力だけに関わっています。

「よろしい。しかしあなたが精神と呼ぶ変様した思惟は、直接的な理念、あるいは身体の概念、あるいは思惟の観点からすれば身体自体にすぎません。(九)ニュートンの精神は、それゆえニュートンの身体によって特色づけられているのです。それゆえ彼の身体は、身体は考えなかったけれども、彼の精神によって直観され、把握され、感じられ、考えられていた発見をなしたのです。」

スピノザ　あなたの見解はゆがんだ外見を呈しているにもかかわらず、私はあなたの推論を大目にみるつもりです、あなたが以下のことを心に留めてくれるならば。すなわち、ニュートンの身体にそのつど特質を与えるためには、まさしく全宇宙が必要であること、そして精神は、その身体の概念を、身体にその特質を与えるものについての概念によってのみ獲得するということを。この重要な考察は、想像力が私の主張する真理に対し反乱を起こすのを妨げはしないでしょう。幾何学者でない人に言って下さい。限定された四角形は、ある限定されない空間に等しいと。その証明の後で彼は狼狽してそこに立ちつくすでしょう、そして、それにもかかわらず深い考察により、彼は困惑から最後には自由になるでしょう。(12)誰でも正しい方法で仕事に取り組み、また保護してくれた木あるいは洞窟を再び捜す未開人の衝動から、聖ペテロ寺院の建立へと至る段階的な進歩を示すならば、想像力でさえも、ある程度まで私の学説と和解させることは不可能ではないでしょう。国家という身体の錯綜した構造をよく考えて下さい、そしてそれを全体へと作り上げたものを見つけ出して下さい。このことを深く考えれば考えるほど、それだけますます盲目の衝動だけを、そして一つの機械のすべての動き方に気づくでしょう。もちろん最良の手による機械です。そこでは力は固有の欲求と力のエネルギーの度合いによって構成されています。またそこではすべてのバネは作用の感情を持っており、その感情を必然的に無限である段階的な発展において、相互の努力によってお互いに伝えているのです。同じ事が様々な言語についても言えます。すなわち、言語の完全なる構造は一つの奇跡にも見えますが、しかし言語のどれ一つも文法の助けでは作られませんでした。私たちが注意深く見れば、次のことに気づきます、すなわち、すべての事柄において行為は熟慮より先行していること、またこの熟慮は進行中の行為にすぎないことを。簡単に言えば、私たちは自からが行うことを知っているのです。これがすべてです。

さてあなたの主張へと参りましょう。あなたは主張します、人間は原因から原因へと無限に進んでいくことができるのではなく、ある特定の瞬間が、純粋な第一の原因に基づく行為のはじまりが存在しなければならない、と。逆に私は主張します、人間は原因から原因へと無限に進んで行かざるを得ないと、すなわち人間は、行為のいかなる絶対的な、純粋なはじまりも想定することはできません、無が何かを生み出すということを想定せずには。この真理は、理解されるためには述べられるだけでいいのですが、同時に最も厳密な証明にも堪えるものです。この第一原因はそれゆえ、いわゆる中間原因を通って、昇っていく原因では全くありません。それは全く内在的なものであり、そして延長と持続のどの点においても同じように作用を及ぼしています。私たちが、神あるいは自然と呼ぶこの第一原因は、おのれの存在根拠と同じ根拠に基づいて作用しています。そして第一原因の存在の根拠や意図が存在すべきであるとするのは不可

能なので、同様に第一原因の行為の根拠や意図が存在すべきであるとするのは不可能です。[一〇]

ここで私はスピノザを離れます、そしてもう我慢できずに、次のように言った[13]気高い人の腕に身をゆだねます。すなわち精神において時折、よりよきもの、未来的なもの、そして完全なものに対しおのれを表明する精神の唯一つの願望は、いかなる数学的な証明よりも優れた神性の証明である、と。私の全注意力は少し前からこの視点に向けられています。そして、この視点を信仰の視点と呼ぶことができるでしょう。あなたは、プラトンがディオンの友に次のように書いたことを知っているでしょう。すなわち、神聖な事柄を考える際には、他の学び事のようにその事柄を言葉にする術がありません。その事柄を知ることは、その事柄自体における教えに長い間注意を払った後に、その事柄との親密なつきあいの後に、むしろやって来るはずです。その時突然、ひらめく閃光によって燃やされた炎のようにその事柄が魂のなかにもたらされ、すぐに自己成長をとげていくのです、と。あなたはほぼ同じことを『アリステ』で言っています[14]。すなわち「そこから他のすべての確信が由来している感情の確信は本質自体の内部において生まれ、他に伝えることはできない」と。しかしこの確信の根底にある感情はすべての人間に見出されてはいけないのでしょうか、そして感情の作用する力を妨げる障害を取り除こうとすることにより、感情を欠いているように思われる人々の中に多少ともその感情を解き放つことは可能ではないというべきなのでしょうか。このテーマについて熟慮する時、まだ十分には究明されていない確実性の問題が、私たちを新しい原理へと導き得るような仕方で取り扱うことができるかのように思えました。このテーマについての私の考察を詳しく述べることによってあなたの我慢強さを悪用するつもりはありません。あなたに教えるためにではなく、あなたからの教えを望んでいるために私はペンを取りました。私の願う教訓を与えて下さい。そして第一原因の知性と人格性に対しての、自由意志そして目的因に対してのスピノザの根拠に太刀打ちできる根拠を私に与えて下さい。私は純粋な形而上学でもってスピノザの根拠に有利さを勝ち得たことは一度もありません。にもかかわらず私たちがこの根拠の弱点を発見し、その弱点を証明できることが必要です。このことなくしては、私たちは何か肯定的なものを提起している点でスピノザの理論を打ち倒しても無駄でしょう。彼を支持する人々は、降伏するのではなく、崩壊した理論体系の最後の廃墟の背後にまで身を隠して立て籠もり、私たちに次のように言いました、すなわち私たちが単に把握しがたいものよりも、むしろ明らかに不合理なものを受け入れようとしている、と、そしてこうしたやり方は哲学する方法ではない、と。

手紙と同封の補遺を私は、私たちの婦人にさらに転送してもらうために封をせずに送りました。

異論においてメンデルスゾーンは次のような不満を述べていました、すなわち私が、あちこちで彼がスピノザ主義について作り上げた見解をひっくり返した、と、また私の手紙の多くの箇所は全く彼には理解できないものである、と。彼は、他の箇所では、それでもって私の体系に適合する論理的なつながりが見られない、と、彼は自分が円のなかで連れ回されている、と、――彼は、私が心の底では無神論を信奉しているのか、それともキリスト教を信奉しているのか同じく疑っているようでした。

私の判断では、最初の不満から他の残りのすべての不満が生じたのです。そして私たちが、スピノザ主義が何であるのかについて一致しない限り、私たちはこの件について反対も賛成もできませんでした。この問題を決定するにあたり私としては、私のヘムステルホイス宛の手紙を報告することで重要な貢献をしたと考えました。にもかかわらず、私は、なお一層メンデルスゾーンに反対の態度を表明していくことを固く決心しました。しかし様々な障害が一挙に起こり、私の決意を実行することは延期されました。

私は冬の間中、メンデルスゾーンの消息については全く聞くことはなかった後で、エミーリエが二月にまさしく彼から届いた手紙の写しを私に送ってくれました。その手紙は、彼女の言うところによれば「なるほど彼女に宛てられてはいるが、私のために書かれているでしょう」とのことでした。その手紙がここにあります。

〔一七八五年一月二八日付メンデルスゾーンからエミーリエ宛〕

一七八五年一月二八日 ベルリン*

親愛なるエミーリエに

私は実際にわかりません、ヤコービ氏が私に、あるいは私が彼に返答をしなければならないかどうかを。最近彼が私にヘムステルホイス宛の手紙を写しで送ってくれた時、彼は私に、温泉地を去り、そのために必要な暇ができ次第、私の先の手紙に対する特別な回答を約束しました。それ以来彼は私のことを忘れてしまったのでしょうか。私は彼のことを忘れてはおらず、依然として生き生きした追憶のなかに保持していることを、おそらく二〇頁あまりの原稿で、神がそう望めば私は彼に証明することを希望しています。

ご覧下さい。親愛なる友よ、あなたは私を、私の意図に反してこのような事態に追い込んだのです。長い間、私はあまり形而上学的なものについて書きたくはなかったし、おそらく今は、もはや何も書きたくないのです。そして今私が、人に相談もせず、先験的〔超越論的〕な詭弁に沈み込んでいるとき、私が責めるべきはあなたなのです。私はかたつむりのような緩慢さで仕事をしています。というのも、私の神経衰弱症が持続的な仕事を許さないのです。そして私も家庭での仕事が私の大部分の時と力を消費してしまうのです。それら〔家庭の仕事〕は異質であり、根本において私の性質とは全く異なっているので、精神を挫き、心を窮地に陥れ、休息の時間においてさえも、私が家事をより上手に果たそうとしても私を無能にしてしまいます。それゆえ、どれほどすみやかに私の原稿がヤコービ氏に提出され得るのかを言うことはできません。その間に私の出来る限りのことをします。そして、あなたもヤコービ氏も誠実な人間からは何もそれ以上のことを期待しないでしょう。

彼はいつか彼の哲学的書簡を公に使用することを許すでしょうか。さしあたり私の研究は、スピノザ主義に関するだけではなく、神一般の現存在の証明の一種の吟味です。私はこれからスピノザ主義的な体系的な学説の特別な論拠に関わっていき、そしてその際に、私がヤコービ氏の生き生きした説明を利用し、スピノザの代わりに彼に話しをさせることができれば、それは私にとって好都合なことであり、多くの読者にとってもまた大きな利益となるでしょう。私はこのことを、可能であればただちに知りたいのです。というのも私はそれに従い、私の講演を準備しなければなりませんから。

しかしながらこの書簡の一枚も公に刊行されることにはなっていません。なぜなら我々のライマールス（一二）がそれを読んでなくて、許可等していないからです。

原注

（1）私はこの本の第一版においてフランス語の原文を掲載した、なぜなら私がメンデルスゾーンに送ったのはこの原文であるから。そしてドイツ語の翻訳はこの本の出版の機会にはじめて作られた。私はその原文を現在も保持している、というのも、私は原文がフランス語からなる著作をドイツ語に訳した翻訳をドイツ語の原文に変えることはできないので、少なくとも原文からその文章の本来の価値を奪うことなく。その原文はここでも絶対に保持されるべきだろう。

（2）『アリステ、あるいは神性について』（*Aristée ou de la Divinité*, 1772, Paris）。これから挙げられるその他の作品も同じ著者、ヘムステルホイスのものである。『人間とその関係についての書簡』（*Lettre sur l'homme et ses rapports*, 1772, Paris）、『ソフィールあるいは哲学について』（*Sophyle ou de la philosophie*, 1778, Paris）。

（3）*Aristée*, S. 81-82.

（4）*Aristée*, S. 64.

（5）*Aristée*, S. 112.

（6）*Aristée*, S. 74, 115.

（7）*Aristée*, S. 81.

（8）*Aristée*, S. 123.

（9）*Aristée*, S. 52.

（10）*Lettre sur l'homme et ses rapports*, S. 51.

（11）*Lettre sur l'homme et ses rapports*, S. 61.

（12）*Sophyle ou de la philosophie*, S. 68.

（13）*Aristée*, S. 168.

（14）*Aristée*, S. 167-70.

訳註

（一）一七八四年八月七日付ヤコービからヘムステルホイス宛書簡。本書一四八頁、原注（1）が述べているように、この書簡はフランス語で書かれている。元のタイトルは「ハーグのヘムステルホイス氏への書簡の写し」となっている。

（二）「一七八七年八月一日付メンデルスゾーンからエミーリエを介しヤコービ宛書簡に同封した異論」（本書一一六頁以降）のこと。

（三）　人間は自由な原因からではなく、必然的原因から行動するのであるとスピノザは言っている（『エチカ』第一部定理三二系一参照）。また自己の本性の必然性から存在し、行動に決定されることをスピノザは自由とよんでいる。ただその原因を知らないだけである。意志的な行為も実際は因果の中で強制されているのであるが、人間は自分を規定している原因を知らないので、自分の行為を自由に決めているとおもっているのである。

（四）　目的観念の否定を言っている。「自然は何の目的も立てずまたすべての目的因は人間の想像物以外のなにものでもない」（『エチカ』第一部付録）と述べる。人間は自然の一部であり、自然の他の部分と同じく因果の法則に従属しているから、そうした因果の法則から離れて自由に目的を立てて行動していると考えることは偏見なのである。

（五）　実体は、エチカの定義によると「自らのうちに在り、自らをとおして考えられる」（いわゆる「自己原因」（causa sui））。スピノザはこの定義を厳密にとって、定義に当てはまるのは神しかいないと考えた。実体が神である。この神の世界は自然を超越したものではなく自然そのものである。すなわちこの神は超越神ではなく、内在神である。すなわち実体＝神＝能産的自然は一切を必然的に生じさせる生きた力となる。

（六）　第一の「無関心の体系」とは、人間が無計画かつ無差別に自分の欲求に従い、あれやこれやと選択を行っているという考え方である。第二の「最善の体系」は、人間が倫理的に最善と思われるものを選択しているという考え方である。第三の「物理的必然性または宿命論の体系」とは、人間が盲目的に自然必然性に従っているという考え方である。

（七）　自分自身を維持しようとすること、すなわち自己保存に努める力こそ、個体の本質であると言っている。

（八）　「あらゆる個物、すなわち有限で定まった存在を有するおのおのものは、同様に有限で定まった存在を有する他の原因から存在または作用に決定されるのではなくては存在することも作用に決定されることもできない。……このようにして無限に進む」（『エチカ』第二部定理二八）。

（九）　人間精神の現実存在を最初に構成するのは、現実に存在する個々の事物の観念でなければならない。つまり人間精神の本質はその人の身体の観念に他ならないのであると（『エチカ』第二部定理一一と一三を参照）。

（一〇）　神の存在根拠、あるいは神が存在することの理由を、神自身の外側に求めることはできない。それと同様に神の活動根拠、あるいは神がそう動くことの理由を、神自身の外側に求めることはできないのである（『エチカ』第四部序言を参照）。

（一一）　ディオン（Dion, B.C. 409-354）。プラトンの友人。シラクサで政争に巻き込まれ暗殺される。ここでの引用はプラトンがディオンの友人たちのために書いた「第七書簡」からである。

(一二) ヤコービとメンデルスゾーンのレッシングのスピノザ主義をめぐる書簡の仲介役を果たしたエミーリエすなわちエリーゼ・ライマールスの兄（Johann A. Heinrich Reimarus）のこと。彼は、ヤコービから送られてきたレッシングとの対話の報告をメンデルスゾーンから借りて読み、二人の論争にはじめから積極的に関わっていた。

ライマールス兄妹の父はヘルマン・ザムエル・ライマールスであった。彼の遺稿『神の理性的崇拝者のための弁明あるいは弁護の書』（この大作はドイツ啓蒙主義のメイン・ワークといわれている）をレッシングが図書館のコレクションの中から発見したと称し、『弁明』の一部を『匿名氏の断片』として発表したことによって例の「神学論争」が引き起されたのである。

六　スピノザの学説の第二の叙述

私はすぐに、手紙を自由に使用しても構わない旨の手紙を書き、翌月までには彼が待ち望んでいる特別な返事を間違いなくすることを約束しました。

その後すぐに私は病気になってしまいました。病気は三月の終りになってようやく治りはじめました。私は、私の女友達〔エミーリエ〕に私の返事が遅れてしまったことを知らせました。それというのも彼女がこの事をメンデルスゾーンに知らせ、と同時に私が、今や仕事に本当に取りかかっていることを彼に確信させてもらいたいからでした。

四月二一日*に私は論文を書き終え、それを次の手紙と共に翌日の便で送りました。

〔一七八五年四月二六日付ヤコービからメンデルスゾーン宛〕

一七八五年四月二六日　デュッセルドルフ

モーゼス・メンデルスゾーン様

エミーリエは私の願いに応じて、あなたの異論に対する私の返答を遅らせてしまった新たな障害についてすでに、あなたに報告してくれたことでしょう。返事が遅れただけに私はこの問題自体において、一層真剣に、あなたを満足させることを心がけました。始めの部分についてだけは、私があなたのことを本気で何か悪く取ったなどと思わないように重ねてお願いしなければなりません。――私は今晩、数日の予定でミュンスターに向けて旅に出ます。ですから今はとても忙しく、気持ちが散漫です。そうでなければ私は、スピノザの体系がその真の形において、またその体系の諸部分の必然的な関係に従って、公に説明されるのであれば、そのことの有益さについてまだあれこれと喜んであなたにお話したでしょう。スピノザに関する幽霊が様々な形をして、かなり以前からドイツを徘徊しています。そしてそれは迷信を信じる人々ばかりではなく、信仰のない人々によっても同様な敬意でもって注目されています。私が問題にしているのは、取るに足りない人々だけでなく、一流の人々もです。

……おそらく私たちは次のようなこともまだ経験するでしょう、すなわち、大天使とサタンの間におけるモーゼの死体をめぐる争いと同じように、スピノザの死体に関してもひとつの争いが生じるのを。(一)大天使の仲間の人々にヴァハターの『エルキダリウス・カバリスティクス』(*Elucidarius Cabalisticus*)(二)が先導の光になります。特にあのイギリスの婦人の小冊子はなおさらです。(三)このことについては最近『ベルリン月報』において問い合わせがありました。(1)私は、あなたから返事をいただき、あなたのスピノザの学説についての概念が私のそれと一致するかどうか分かれば、今まで述べたことについて更に書くでしょうが、この一致についての疑念はほとんど疑念とは呼べないものです。――どうかこの慌ただしく、粗雑に書かれた、無秩序な手紙をお許し下さい。さようなら、そしてこれからもどうぞよろしくお願いします。

〔一七八五年四月二日付ヤコービから
メンデルスゾーン宛書簡に同封された反論〕

私に送付された異論についてモーゼス・メンデルスゾーン様へ

すき*のある敵の弱点を捜すことが許される前に、まず敵の剣を見つけ、握っておかなければなりません。あなたは、私の弱点を探し、あなたの剣を抵抗されることなく、くるくると振り回しました。というのも私はそこで、あなたに向かい合っていたわけではありませんから。私が思っていることは、静かな、不動の防御の姿勢であなたに対して向かって行き、振り回される剣の中へ、正面のひと突きの攻撃を敢えてすることです。あなたのくるくる回る剣が、私の突きを受け止めれば、その時初めて私たちは戦いへと入るのです(2)。

比喩なしでお話しましょう。あなたの異論の根底には、初めから終りまで、詳しく説明されないままのある思い違いがあります。スピノザの学説についてのあなたの概念は、私のものと一致しませんでしたので、少なくとも私たちのうち一人はこの学説を間違って理解したはずでした。我々の二人のうちでどちらが間違っているのかということを調べる事は、それ自体骨折りがいがなかったにせよ、あるいは、むしろそういうことは全く問題になり得なかったにせよ、この問いは、あなたがスピノザのことで私と関わりをもったという名誉が私に与えられるためには、すぐにも提起されねばなりませんでした。あなたがこの論文を読みながら、スピノザの著作がどれほどあなたの記憶から失われてしまったかを、きっと思い出してくれるでしょうから。そしてこのことについては、すでにあの頃あなたはいくぶんか意識しておられたに違いありません。この問いを提起することはそれだけに正当で、悪意のないものであったでしょう。簡単に言えば、あなたは、原文を参照することより、スピノザ主義についてのあなたの概念と私の概念とを比較、吟味することを怠ったことで、事柄自体を避けてしまったのです。それゆえ、すべては不確定さの中で揺れざるをえませんでした。いかなる局面においても、あなたは攻撃らしい攻撃ができず、ましてや勝利することはできませんでした。しかるべき抵抗がないため、あなたの論には迫力がありません。そして何と様々なものとあなたは一度に争いをしたのではないでしょうか。すなわち、あなた自身の概念の内面的な偽りと、あるいはそうしたあなたの考え方から生じる事柄自体における誤りと、つまり内面的な偽りと、また私の概念の外面的な偽りと言われるものと、さらに後ではレッシングに関しての、特に私に関してのものと、あるいはそのように考えられても仕方のないものと。何と多くのことと、また何と様々なことと争いをしたのでしょうか。そしてこれらすべてのことは絶えずもつれ合わずにはいられないので、あなたの論を挑む文章はとても複雑なものと呼ぶほかないものとなってしまいました(3)。それゆえ私たちが何かを促進し、そして遠ざかるのではなく、少なくとも、お互いもっと近づいて行きたいと深く考えれば考えるほど、私たちは何よりも最も大切なこと、つまりスピノザの学説自体を明らかにしなければなりません。あなたの異論を一読した後で、このように考え、そしてそれゆえにヘムステルホイス宛の私の手紙の写しが、さしあたりあなたへの最良の答えとなると考えました。今もこのように考え、ここでスピノザの学説についての説明を改めて試みたいと考えています。そして私はこの説明に私の精神の力すべてを傾け、その際いかなる苦労も忍耐も厭わないと固く決心しています。* それでは始めます。

一　あらゆる生成の根底には生成しなかった存在がなければならない。あらゆる生起するものの根底には何か生起されなかったものが根底になければならない。あらゆる変化しやすいものの根底には変わることのない永遠なものがなければならない。

二　生成は、存在と同様に、完了した、あるいは始まったということはできない。あるいはそれ自身において存立しているもの、永遠に変わらないもの、変化しやすいものにおける持続するもの、こうしたものがかつて変化するものなしに、それ自体で存在したとすれば、いかなる生成もこうしたものの内部にも、外部にも生みだされはしなかっただろう。なぜならこれら二つのもの〔生成と存在〕は同じ仕方で無からの生起を前提とするから。

三　したがって永遠からこのかた、変化するものは変化することのないものに、はかないものは永遠なものに、有限なものは無限なものにおいて存在してきたのであり、有限なものの始まりをみとめるひとは、無からの生起をみとめることになる(4)。

四　有限なものが、永遠からこのかた無限なものにおいて存在したのであれば、それは無限なものの外部に存在することはできない。なぜなら有限なものが無限なものの外部に存在すれば、有限なものはそれ自体で存立する別のものとしてあるか、あるいは存立しているものによって無から生み出されただろうから。

五　有限なものが現存するものによって無から生み出されたとすれば、それによって有限なものが無から生み出されただろう力、あるいは規定は同様に無から成立したに違いないだろう。なぜなら無限であり、永遠であり、変わることのないものにおいて、すべてのものは無限であり、不変であり、確かに永遠であるから。無限な存在が初めて行ういかなる行為も他ならぬ永遠に従ってのみ行われるだろう、そしてこのことを決定づけるものは無以外のいかなる無からも生じないだろう(5)。

六　したがって有限なものは無限なものにおいて存在する。その結果すべての有限なものの全体は、どの瞬間においても全き永遠、過去のもの、未来のものを同様な仕方で自身のうちに含みつつ、無限なものと同一である。

七　この全体は、無限を形成する有限なものの不合理な合成物では全くなく、最も厳密な意味からして、ひとつの全体であり、その部分部分はこの全体においてのみ、この全体によってのみ考えられ得るものである[6]。

八　あるものにおいて本性上、先在しているものは、時間の秩序によってそうなっているわけではない。たとえば物質的延長は、本性上延長のさまざまな様態以前に存在している。延長はそれ自体では、様々な限定された仕方でなければ、すなわち時の秩序に従い、知性の外部では、様々な限定された仕方以前には決して存在することはできない。思惟についても同様であり、それは本来的に様々な観念以前に存在しているが、他ならぬ何らかの限定された仕方で、すなわち時の秩序によって、これこれの観念と同時に現実に存在し得るのである。

九　次の例が、今述べた事柄を更に説明し、また私たちをこのことについての明確な概念へと導いてくれるだろう。

延長のすべての様態は、余すところなく四つの質料、すなわち水、土、空気、火に還元され、またそれぞれの質料で尽きると仮定してみよう。物質的延長は従って、それが火でなくても、水のなかで考えられるだろう。延長はそれが土でなくても、火のなかで考えられるだろう。また延長が空気でなくても土のなかで考えられるだろう、等々。しかしこれら様態のどれひとつもそれ自体、物質的延長という前提条件なしでは考えることはできないだろう、そしてこの延長は、従ってこれらの質料のどれにおいても第一のものであり、本来的に実在的なものであり、実体的なものであり、能産的自然であるだろう。

一〇　第一のものは延長されているもの、思惟しているもののいずれかだけに存在しているのではなく、一方においても、また他方においても、そして同様にすべてのものにおいて存在している。——根源存在(Ursein)、すなわち遍在する、変わることのない現実的なものは、自身ではいかなる性質でもあり得ず、他のすべてのものは根源存在においてはそれのもつ属性にすぎないのである。あらゆる存在の中でこの唯一無限な存在をスピノザは神あるいは実体と呼ぶ。

一一　この神はそれゆえ何らかの種類のものに属しているのではなく、またこの神は、単独の、孤立した区別されたものではない。したがって神には個々のものを区別するいかなる規定もふさわしくない。同様に特殊な思惟と意識、特殊な延長、姿、色彩あるいは他に何と呼ぶにせよ、単なる原材料でもなく、純粋な物質でもなく、普遍的な実体でないものも神にはふさわしくはないのである[7]。

一二　限定は否定であるから、すなわち限定はものの存在については、ものに属さない[8]。個々のものはそれゆえ、ある一定の限定された仕方だけで存在する限り非存在である。そして限定されない無限の存在者は唯一の、真なる、現実の存在者である。それこそが一切の有（esse）であり、それ以外にはいかなる有も存在しないのである[9]。

一三　この問題をさらに判明にするために、そして神の知性について生じる困難な点が自ずから明らかにされ、すべての曖昧さがなくなるように、私たちはスピノザの学説の建物を取り巻いている専門用語の垂れ幕の一端を捉え、この垂れ幕を高く引き上げよう。

一四　スピノザによれば無限の延長と無限の思惟が神の属性である。両者は一体となってただ一つの分離不可能な本質をなしている[10]。その結果、この二つの属性のうちのどれにおいて神を見るかはどうでもいいことである。なぜなら観念の秩序と連結は、ものの秩序と連結と同一であるから。そして無限の神の本性から形相的に生じるものすべては、想念的に神の本性から生じなければならない。そして逆もまた同じ[11]。

一五　個々の変化する物質的なものは、無限の延長における運動と静止の様態である[12]。

一六　運動と静止は、無限の延長の直接的な様態そのものであり[13]、延長と同じく無限であり、変化せず、永遠である[14]。この二つの様態は一体となってあらゆる可能な物質的な形姿と諸力の本質的な形式をなしている。二つの様態は様々な形姿と諸力のアプリオリである。

一七　無限な延長の二つの直接的な様態には無限な絶対的な思惟の二つの様態が関係している。すなわち意志と知性である[15]。意志と知性は延長の様態が形相的に含んでいるものを想念的に含んでおり、そしてこれらはそれぞれの場合に応じて、あらゆる個々のものに先立ち、延長された自然および思惟する自然の秩序において存在している。

一八　無限の意志と知性には無限の絶対的な思惟が先立っている。そしてこの思惟だけが能産的自然に属している、これに対し、無限の意志と知性は所産的自然に属している[16]。

一九　能産的自然、すなわち自由原因と見なされる限りの神あるいは無限な実体は、そのさまざまな変容を取り去って、それ自身において、つまり真の意味で考えれば、無限、有限に関係なく意志も知性ももってはいない[17]。

二〇　これらの様々なものがどのように互いに入り交じり、そして同時に、にもかかわらず本性に従い、互いに対して、相前後して存在し得るかは、これについて少し前に述べられたことであり、新たに説明する必要は全くないだろう。

二一　個々の物体的なものの外部には特殊な、無限な延長と並んで、特殊な無限な運動と静止も存在できないと同様に、スピノザの根本原則によれば、思惟する有限なものの外部には特殊で、無限な思惟と並んで特殊な、無限な意志と知性も存在できないということが十分明確に証明されただろう。

二二　いささかの疑念も、いかなる異議も残らないようにするために、私たちはスピノザの有限な知性についての学説に今一度目をむけてみたい。私は至る所でそうしていたのだが、ここでも特にヘムステルホイス宛の私の手紙を前提とする、なぜなら、そこではスピノザの学説の内容のみを述べなければならなかったので、いくつかの問題点についてわかりやすくすることができたから。

二三　有限な知性、あるいは無限な絶対的思惟の他の様態によって制約された様態は、現に存在する個々の事物の概念から生じる(18)。

二四　個物は概念の原因ではないと同様に、概念は個物の原因ではあり得ない。あるいは思惟は、延長に由来しないと同様に延長も思惟に由来しない。これら二つのもの、すなわち延長と思惟は、二つの全く異なった存在であるが、しかしひとつのものの中においてのみ存在している。すなわち、これらは一にして同じもの（unum et idem）であり、単に異なった属性のもとでのみ考えられているのである。

二五　絶対的な思惟は、普遍的な存在における、卓越せる存在における、つまり実体における純粋で、直接的で、絶対的な意識である(19)。

二六　私たちは実体の属性のうちで、思惟の他には物体的な延長という表象しかもっていないので、このことだけを拠り所にし、次のように言う、すなわち意識は、延長と離れがたく結びついているので延長において生じることはすべて意識においても生じなければならない、と。

二七　あるものの意識を私たちはそれの概念と言う、そしてこの概念は直接的な概念でしかあり得ない。

二八　直接的な概念は、それ自体として見た場合は表象なきものであり、「感情（Gefühl）である」。

二九　表象は、間接的な概念から生じ、そして間接的な対象を必要とする、すなわち表象が存するところでは互いに関係し合っているいくつかの個物が存在しなければならない。内部のものと共に、外部のものも表現されなければならない。

三〇　現実に存在している個物の媒介なき直接的な概念は、その個物の精神、魂（mens）と呼ばれる。個物自体はそのような概念の媒介なき直接的な対象として身体と呼ばれる[20]。

三一　この身体において、精神はおのれの身体の外部に認めるすべての他のものを感じる。そして精神は、このすべてのものを身体が外部から受け取る様態の概念によってのみ気づくのである。それゆえ身体が、それについてのいかなる様態も受け取ることができないものは、精神もまた全く気づくことはできない[21]。

三二　他方では、精神もまたおのれの身体に気づくことができず、身体がそこにあることも分からず、自分自身を、身体が、身体の外部にある諸々のものから受け取る様態によってのみ、また諸々の事物の概念によってのみ認識するのである[22]。というのも、身体は一定の仕方で限定されている個物だからである。そしてこの個物は、他の個物の「後で」、「ともに」、「のもとで」のみ存在へと至ることができ、またそれらの他の個物の「後で」、「ともに」、「のもとで」のみ存在において自分を維持することができるのである。それゆえ個物の内部は外部なしでは存続することはできない。すなわち身体は他の外部の事物への多種多様な関係なしには、そしてこれらの事物の身体への多種多様な関係なしには考えることはできない――身体は様態の絶え間ない変化なしには存在することもできず、また現実に存在するものとしても考えることはできない。

三三　身体の直接的な概念についての直接的な概念は精神の意識を構成している。そしてこの意識は、精神が身体と結びつけられていると同様な仕方で精神と結びつけられている。すなわち精神の意識は概念のある限定された形式を表現している、概念自体が個物のある限定された形式を表現しているように[23]。しかし個物、その概念、その概念についての概念は全く一にして同一なものであり、ただ様々な属性と様態のもとでのみ見られているにすぎない[24]。

三四　精神は身体の直接的な概念に他ならず、また身体と同一のものであるので、精神の卓越性は精神の身体の卓越性以外の何ものでもない[25]。知性の諸能力は、表象的につまり想念的に見た限りでの身体の諸能力に他ならない。同様に意志の決意は身体の決定にすぎない[26]。精神の本質もまた、客観的に言えば精神の身体の本質に他ならない[27]。

三五　個物はどれも他の個物を前提としている、こうして無限に進んでいく。そしていかなる個物も無限なものから直接に生じることはできない[28]。概念〔観念〕の秩序と連結は事物の秩序と連結と同じであるので、個物についての概念もまた神から直接に生じることはできず[29]、〔それは〕すべての物質的な個物と同じ仕方で存在へと至らなければならない、そしてこの概念は、ある限定された物質的な個物と同時に一つになっているという仕方以外では存在できない。

三六　これらの個物は間接的に無限なものから生じる。つまり、それらは神の本質の直接的な変状、あるいは様態に基づいて、神によって産出される。しかしこれら〔無限様態〕は神と同様に永遠であり、無限であり、そして神は自分自身の原因であると同じ仕方でこれらの原因である。それゆえ、個物は神から〔直接に〕、一時的な、有限な、移ろいやすい仕方ではなく、永遠、無限な仕方でのみ生じる。というのも、これら個物は、互いを産み出し、破壊し合いつつ、次から次へと生じるのだが、そうであるからこそ自らの永遠の存続に変わることなく固執するのである。

三七　同じことが個物の概念についてもあてはまる。すなわちこの概念は、すべての物体が、無限の運動と静止という媒介により、すべては同時にそして常に、まさしく現実的に無限の延長において存在する以外のいかなる仕方でも神によって産出されないように、また無限の知性においても存在しない。[30]

三八　現実に存在し、あるいはあらゆる点で規定された個物についてのいかなる概念も、無限である限り、神の中に存在することはできない。そのような概念は、個物が現に神において生じ、その概念が個物とともに生じる時にのみ、神の中に存在し、神によって産出される。すなわち、この概念が個物とともに存在するのはたった一度だけであり、その他では神の中にも、個物と同時にも、個物より前にも、後にも存在しない。[31]

三九　すべての個物は互いを前提とし、また互いに関係しあっている。したがって、どの個物も残りすべての個物なしでは、またすべての他の個物もおのれ以外の個物なしでは存在することも、考えることもできない。すなわち、すべての個物は協力して一つの切り離すことのできない全体を形づくっている。あるいはもっと正しく、厳密に言えば、それらは絶対的に分けることのできない、無限のものの中に存在し、共存しており、それ以外の仕方では存在していない。[32]

四〇　そこにおいて身体が存在し、共存している絶対的に分けることのできない存在は無限で、絶対的な延長である。

四一　そこにおいてすべての概念〔観念〕が共存している絶対的に分けることのできない存在は無限で、絶対的な思惟である。

四二　この二つのものは神の本質に属し、また神に包含されている。それゆえ神を、判明に延長された物体的なものとも、思惟しているものとも呼ぶことはできない。むしろ同じ実体が延長されており、そして同時に思惟しているのである。あるいは他の言葉で言えば、神の属性のいかなる根底にも特殊な、区別された実在的なもの（Reale）があるわけではない、そうしたものがあれば神の属性は、互いの外にそれぞれがおのれ自身の存在をもつものとして考えられることになってしまうであろう。そうではなく、すべての属性は〔実体の〕実在性にすぎず、あるいは同じ一つの実在的なものの実体的な、本質的な表現である。すなわち絶対的に唯一のものとして存在し、そこではすべてが必然的に浸透し合い、絶対的に一つのものになっていかなければならないかの先験的〔超越論的〕な存在の表現である。

四三　それゆえ神の無限な概念は、すなわち神の本質についての、また神の本質から生じるすべてのことに関する無限な概念は、唯一の分けることのできない概念にすぎない(33)。

四四　この概念は唯一であり、分けることができないがゆえに、全体の中にも、またそれぞれの部分においても存在しなければならない。あるいはそれぞれの身体の、あるいは個物の——それが何であれ——概念は、それ自身のうちに完全に、完璧に神の無限の本質を含まねばならない(34)。

これでもって私の〔第二の〕叙述は終りです。この叙述とヘムステルホイス宛の手紙(四)のおかげで、私はあなたの異論のすべての本質的なものに答えたと思っています、そして私は他の多くの箇所と同様に、私自身に関係しており、黙って見過ごすことはできない二、三の箇所を取り上げるつもりです。

あなたは言います、「私〔メンデルスゾーン〕は、それでもって私たちのレッシングが引き続きあなた〔ヤコービ」を楽しませ、それについては、からかいと呼ぶべきかあるいは哲学と呼ぶべきか見分けるのが難しい多くの機知に富んだ思いつきを省きます。……あなたが手稿の二四、二五頁で彼に言わせているものすべてはこの種のものです。世界霊魂の〔内部の〕営みについての、また単に身体の作用にすぎないと言われているライプニッツのエンテレケイアについての彼の概念、天気をつくるという彼のうぬぼれ、彼の限りない退屈がそうです。これらは一瞬輝き、ぱちぱち燃え上がり、そしてそれから消えていく観念の爆竹なのです」。

私の手紙には次のように書かれています、レッシングは世界霊魂について語ったのだ、と。すなわちそれが存在するとすれば、それは他のすべての霊魂と同じように、可能なすべての体系に従い、霊魂として単に作用にすぎないのであると。私は、レッシングの言葉ではなく、私自身の意見を注で付け加えました。「ライプニッツの体系に従ってもまた同様です。エンテレケイアは身体によって（あるいは身体の概念によって）初めて精神となります」。このことは、ライプニッツのエンテレケイアが単に身体の結果だということとは全く違っています。

この注に私は下書きではライプニッツの次の言葉を加えました。「したがって一つのモナドは、それ自身において、しかもその瞬間において、その内的な特性および活動によってのみ、他のモナドと区別される。この特性と活動は、単子の知覚（すなわち単純なものにおける、合成体あるいは外にあるものの表現）とその欲求（すなわち一つの表象から他の表象へと移りゆくモナドの傾向）に他ならない。そしてこれらの欲求がモナドの変化の原理である。というのは、実体の単純性は、この同じ単純な実体の中に一緒に存在しなければならない様相の多様性を妨げはしないからである。これらの様相は、外にある事物への関係の多様性から生じているに違いない」、さらに、「それぞれのモナドはそれに固有な物体と一つになって活きた実体を作る。したがって、至る所に肢体もしくは器官と結合した生命があるばかりではなく、諸々のモナドの間には多くの無限の生命のレヴェルが存在し、あるモナドが他のモナドを多かれ少なかれ支配している。しかしモナドが合目的な器官を所有していて、そのおかげで受け取る印象と、そしてその印象を表現する知覚との間に、はっきりした、際だった違いがあるとき（例えば眼の液体の形によって光線が集中し、より強い力で働くようなとき）、これは感覚にまで、言い換えれば記憶を伴った知覚にまで、すなわちその反響が長く残っていて機会があると聞こえてくるような知覚にまで達することができる。このような生命体は動物と呼ばれ、そのモナドは魂（arme）と呼ばれるように。そしてこの魂が理性まで高められると一層崇高なものとなっていわゆる精神の中に数えられる。このことは後で説明しよう」（『理性に基づく自然および恩恵の原理』第二節、第四節[五]）。――これと並んで私は他に『弁神論』第一二四節と『物体の活動的な力、魂、そして理性を持たない動物の魂について』のヴァーグナー宛の書簡を引用しました。

これらすべての引用文を、私は後に余分なものとして削除しました。というのも私の主張は至る所であまりにもライプニッツに根拠づけられているとのことであり、その結果、私が主張に与えていた鋭い形式だけでは、少なくとも、後で少し考えてみれば、指摘されたことを免れることはできないだろうということに気づいたからです[35]。

あなたはある発言を続けています。「ですから私は、あなたの側であなたが提案する信仰の旗のもとへの撤退も無視します。それは、迷いを信仰によってなくそうとする義務をあなたに課するあなたの宗教の精神の中に完全にあるのです。キリスト教の哲学者は、自然主義者[六]をからかうというひまつぶしをしてかまわないのです。すなわち幻惑する光のように彼を一方から他方の隅へとおびき寄せ、彼の最も確かな知性からいつもすり抜けていってしまうやっかいな難問を彼に課すというものです。私の宗教は、そのような迷いを取り除くのに理性以外の根拠を知りません。ただ、私の宗教は永遠の真理へのいかなる信仰も命令しません。私はそれゆえ確信をさがすというもうひとつの根拠をもっています」〔本書一一三頁〕。

メンデルスゾーン様、私たちすべては信のなかで生まれ、信のうちに留まらねばなりません。ちょうど私たちすべてが社会に生まれ、社会に留まらねばならないように。*確実性（Gewißheit）がすでにあらかじめ私たちに知られていないとすれば、どのように私たちは確実性に向かって努力できるのでしょうか。そして私たちが確実性でもってすでに認識している何かによる以外、どのような方法で確実性は私たちに知られたものとなり得るのでしょうか。このことは直接的な確実性の概念へと通じています。そして、この確実性はどんな*証明も必要としないだけでなく、すべての証明を絶対的に排除してしまいます、そしてそれはもっぱら表象されたものと一致する表象そのものです（それゆえこの確実性は自分の根拠を自分自身の中にもっています）。*証明による確信（Überzeugung）は間接的な確信であり、比較に基づくものであり、確実で、完全であると言うことはできません。*理性的な根拠から生じないすべての信憑（Fürwahrhalten）が信であれば、理性の根拠に基づく確信自体は信から生じなければならず、またその力を信からのみ受け取らなければなりません[36](七)。

信により私たちは私たちが身体をもつことを、また私たちの外部に他の物体や他の思惟するものが存在することを知るのです。このことは実にすばらしい啓示です！　というのも、私たちはあれこれの性質を具えた身体だけを感じるのですから。私たちは、身体があれやこれやの性質を具えていることを感じることにより、私たちは身体の変化だけでなく、単なる感覚でもなく、思考でもない、身体とは全く違った何かに、すなわち他の現実的なものに気づくのです、しかも、それでもって私たちが私たち自身に気づくまさに同じ確実性でもって。というのも汝なしには我は不可能なのですから。[37]*

こうして私たちは自然の啓示をもちます。そしてこの自然の啓示は一人ひとりのすべての人間に信じることを、そして信により永遠の真理を受け取ることを命じるだけでなく、強制するのです。[38]

もうひとつの信をキリスト教徒の宗教は教えています。――それは信仰を命じてはいません。すなわち永遠の真理ではなく、人間の有限な、偶然的な本性を対象とする信仰です。この宗教はそれによって人間が自らの存在において向上する性質、すなわちより高い生へと、そしてこの生とともにより高い意識へと、そしてこの意識において、より高い認識へと上ってゆく性質をどのように受け入れるかを教えています。この約束を受け入れ、忠実にその成就へと歩むものは、幸福をもたらす信仰をもちます。信仰のすべての約束が実現されていたこの信仰の崇高な師はそれゆえ真実をもって次のように言うことができたのでした。すなわち、「私自身が道であり、真理であり、生であると、私を介することなしには誰も父へと至ることはない[八]」と、また「私の中にある意志を受け入れる者は、私の教えが真実であり、神に由来するものであることを知るだろう[九]」と。

それゆえ私の宗教の精神は次のようになります、すなわち人間は神的な生活によって神に気づき、そしてあらゆる理性よりも高い神の平和が存在し、この平和において理解しがたい愛の享受と直観が住まっているのである、と。[39]

愛が生です。それは生そのものです。愛の性質のみが、生きているものたちの性質を区別します。生きているものである神は、生きているものにおいてのみ姿を現すことができるのです。――神は、呼び起こされた愛によってのみ生きものに自分を認識させることができるのです。それゆえ荒野の説教者の声もまた次のように叫んでいます。「人間の神への限りない誤解を取り除くためには、人間が神々しい自然に与らねばならないか、あるいは神性が肉体と血を引き受けなければならない」[40]。この実践的な道を、貧困に陥り、あるいは思弁的になった理性は[41]——堕落した理性は賞賛することも許すこともできません。* この理性は土を掘るためには役に立たず、物乞いするにも恥じるのです。それゆえ、この理性はあちこちで、直観する知性とともに逃げ去った真理を、宗教をそしてその財産を足を引きずりながら追い求めなければなりません。——道徳が、消え去った徳のある気風を、法律が、堕落した公共心とより良い風習を追い求めるように。教育学もまた……。私が私に向かって来る大波に運び去られないようにするために、ここで中断させて下さい。

真理の精神があなたと私にありますように。

一七八五年四月二一日　デュッセルドルフ

私はすでに非常に長い間メンデルスゾーンを待たせてしまっていたので、今回は私の小包を直接ベルリンに送りました。同じ日の晩、私は旅路に就きました。そして、もともと私の二通の手紙に返事をくれなければならない女友達からは何も報告がありませんでした。

五月二六日に私は彼女からの手紙を受け取りました。その中で彼女は、私が三月の間中、床に就いていたという報告に対するメンデルスゾーンの返事から、次のような内容を私に知らせてきました。「私は、私の異論に対する返事を急がないようにと私たちの共通の友人にまさに頼んでもらうところでした。私は、小冊子[一〇]の第一部をライプツィヒの見本市の後に印刷してもらうことに決めました。その冊子では主として汎神論が論じられています、しかし私たちの往復書簡についての言及はまだしていません。この往復書簡をまだ時間がかかる第二部までとっておきます。ヤコービは私の異論に答える前に、冊子の第一部を前もって読まなければなりません。私の名前において、親切な敵に対して宜しくお伝え下さい」。

私が新しい論文を送ってからちょうど一ヵ月が経ちました——そして、この論文をすぐにメンデルスゾーンに渡すことを約束してから三ヵ月以上が経ちました。それゆえ私をこの苦労から解放させてくれるはずの知らせは、私自身それほど気が短いわけではないのですが、少し遅れて届きました。

私は依然としてメンデルスゾーンの返事を期待しています。私はメンデルスゾーンの返事を空しく三ヵ月待った後で、次第に自分自身だけで決心をしようという気にさせられました。そして私は、現時点ではスピノザ主義の叙述が有益だと考えたので、それを公表しようという考えに次第に傾いていきました。*

原註

（1）『哲学著作集』（*Opuscula philosophica*, Amsterdam, 1690）、おそらくジェイ・メルクリウス・ファン・ヘルモントが著者だっただろう。

（2）一七八四年七月五日付エミーリエからヤコービ宛書簡〔本書一一二頁、原注（17）〕を参照。

（3）同封した文書の序文において、このアステリクスまでは第一版にはない。私はそれを省略した、なぜならそれは少し手厳しいものに思え、また私はメンデルスゾーンのことを説明し、正当化していただろう彼の異論を自分の論文に載せることが許されるとは思っていなかったからである。この異論において私は実際ある種の苦しみの種をずっと抱えていると思っていた。メンデルスゾーンは異論に関して違ったふうに判断し、それを印刷させてしまったのである。同時に彼は、私の異論に関係する序文を公にした。そしてこの序文は何度かしかるべき場所で公にされた。この忌まわしき行為には終止符が打たれないかのように。序文は今や当然の場所にあり、自分自身を弁明できるだろう。

（4）「もし人がこれまで起こった物質のすべての運動を正確に規定しようとしてそれらすべての運動並びにそれら運動の持続を一定の数と時間に還元しようと思うなら、それは確かに、存在するものとしか考えられない物体的実体からその諸状態（つまり運動と静止、それらは無限の延長の観点から見れば等しく、永遠で本質的な様態であり、すべての個々の、物質的存在の観点からみればア・プリオリな存在である）を奪い去り、物体的実体をその本来の姿とは全く異なる性質のものにしようと企てるのに異ならないでしょう（「書簡二九」〔実際は「書簡一二」〕in *Opera posthuma*, p. 469）。

（5）『エチカ』第一部定理一八〔定理、証明、備考のすべてを引用〕。

（6）＊カントの次の箇所はこの概念をわかりやすくするのに役立つだろう。このことでカントの哲学がスピノザ主義の汚名をきせられることにはならないことは、思慮ある人に言う必要は全くないのである。

「第一に我々はただ一つの空間だけしか表象できないからである。我々が、多くの空間という場合には、かかる空間はいずれも、唯一の同一な空間の部分を意味する。そしてこれらの部分的空間は一切を包括するこの唯一の空間の構成要素（これらの構成要素が相集まってかかる唯一の空間を合成し得るのである）にほかならないから、この空間よりも前に存在することはできない、これらの部分的空間は、この唯一の空間においてしか考えられ得ないからである。空間は本来ただ一つしかない。空間における多様なものと、従ってまたこれらのものを含む個々の空間という一般的概念とは、かかる唯一の空間を制限することによって生じたものである」（『純粋理性批判』、A版二五頁そしてB版三九頁）(一一)。

「時間が無限であるというのは、ある一定の長さをもつ時間は、いずれもその根底に存する唯一の時間を制限することによってのみ可能である、という意味にほかならない。それだからこの根源的な時間表象は、もともと無限定なものとして与えられていなければならない。そして部分的時間そのものと、或る対象のもつそれぞれの時間的量とは、かかる制限によって規定せられたものとしてのみ、表象せられ得るのである。そうすると全体的な時間表象は、概念（概念は部分的な時間表象を含むだけであるから）によって与えられたものではなくて、直接的な直観としてこれらの部分的表象の根底に存しなければならないということになる」（『純粋理性批判』A版三二頁そしてB版四七頁）(一二)。

私はこれらの文章と共に歩むためにスピノザ自身の次の定理を与えたいと思う（『知性改善論』in *Opera Posthuma*, pp. 390-91）(一三)。

私はスピノザの『形而上学的思想』のもう一つの箇所を書き写したいという誘惑に負ける。そしてこの箇所は先行するもの、特に最後の二つの定理を解明するのに少なからず貢献し、また問題の全体に新たな光を投げかけるだろう。（『デカルトの哲学原理』付録 in *Opera Posthuma*, pp. 94-96）。

スピノザの無限な実体は、部分から合成されているのではなく、絶対的に分割不可能であり、最も厳密な意味において一なるものであるという彼の本来の証明をさらに後に引用するつもりである。

＊私はこの長い注をライプニッツのある説明的な箇所を引用することで更に長いものとするだろう。そして始めた時と同じような結論を出すつもりである。「マルブランシュが、神は一般的存在であると言っているので、人々はそれを曖昧な、観念的な存在と考えている、すなわち論理学の一つの部門のように。そうするとマルブランシュ師は無神論者と同然な位置に立つことになる。しかし私はこう思う、この師は、曖昧な不確定な存在ではなく、限られた特殊のものとは違う、限定されていない、また円あるいは正方形とも違う限界のない絶対空間のような絶対存在を理解していた、と」（『哲学等の文書集』第一巻（一四）、五四四頁）。

（7）『形而上学的思想』第一部第六章。「書簡五〇」in *Opera Posthuma*, p. 557.

（8）「書簡五〇」in *Opera Posthuma*, p. 558.

（9）『知性改善論』in *Opera Posthuma*, p. 381.

（10）『エチカ』第一部定理一〇の備考。

（11）『エチカ』第二部定理七。「観念の秩序および連結は物の秩序および連結と同一である」〔さらに備考の前半部分の引用〕。

（12）『エチカ』第二部補助定理一。「物体は運動および静止、迅速および遅緩に関して相互に区別され、実体に関しては区別されない」。

（13）「書簡六六」in *Opera Posthuma*, p. 593.

（14）『エチカ』第一部定理二一、二二、二三。「静止と運動はお互いに対立している、そして（静止と運動のそれぞれがもつ）規定は他方の規定を産み出すことはできなかったであろう。神はそれ故に静止と運動の直接な原因でなければならない、ちょうど神が延長と自分自身の原因であるように」（「書簡七〇」「書簡七三」in *Opera Posthuma*, p. 596, p. 598）。

（15）『エチカ』第一部定理三二系二、定理三〇。

（16）『エチカ』第一部定理二九備考。『遺稿集』二七頁。

（17）『エチカ』第一部定理三一。『遺稿集』二七、二八頁。〔定理・証明・備考のすべてを引用〕

（18）『エチカ』第二部定理一一と一三。

スピノザが人間の知性について証明しているものは、彼の学説に従って、他のすべての有限な知性にも妥当しなければならないということについては、いくつかの点において重要である『エチカ』第二部定理一三のまさしく引用された備考を参照してほしい。

明らかに、概念の対象の異なった性質は、知性自身に関してはいかなる本質的な変化をも引き起こすことはできないのである。そしてスピノザの無限な実体に帰せられる無限な属性のうちで、無限の思惟自体と、そしてその様態の他にはいかなるものも思惟する自然には属してはいない。無限な属性はそれゆえすべて、物体的延長が思惟する自然に対する関係と同様な関係を思惟する自然に対して持たなければならず、無限な属性はそれ自体において考えれば、純粋な理念（mera ideata）と見なされねばならない、そして属性の個々のものは諸々の概念の対象〔物〕となり得るだけである。——直接的な概念が話題になるとしても、対象は概念の身体となり得るだけである。それゆえ私は、そのような何かが存在するはずであるということ以外それについて何も知らない他の属性については気に懸けるつもりはない。

そしてただ人間精神の唯一の対象、すなわち身体を拠り所にしていくつもりである。この問題〔精神と身体〕はさらにある非常に重要な考察へと通じており、この考察においては、神の無限な属性についてのスピノザの学説は、私たちは、私たちの身体の外部では、身体の直接的な概念から導来されないものの外部では、全く何も認識することはないという事実と結びついて（「書簡六六」とそこに引用されている一節を参照）彼の学説の建物の真の意味を言い当てるすぐれた暗示がみてとれることだけを少し述べておく。

*私の意見は次のようになる、すなわちスピノザの神は、無限の延長と無限の思惟の他にはいかなる属性ももっていない。スピノザはある不確定な仕方で、神に数の観点から無限な属性を付与しているが、このことは、彼が、ある特定の属性の存在も、他の特定の属性の非存在も証明できないところで、神をアプリオリに定義し、説明したことから生じたのであった。そして彼が無限の延長を数の観点から認めることはなかったので、この二つのこと〔属性の存在と非存在〕をはたさなければならなかった。こうして人間の概念においては無限の本質をもった二つの属性だけが見出されることになった。すなわち延長と思惟である。スピノザによれば、思惟はそれ自体でみれば、延長に属さず、同様に延長は、それ自体でみれば、思惟に属さず、両者は結合され、唯一のもの〔実体〕となる、なぜなら両者は同一の分けることのできない存在の属性であるから。実体の何らかの属性が、他の属性よりも普遍的であること、つまり実体においてより遍在しているということも不可能

である。延長と思惟はそれゆえ一つとされ、そしてすべてのものにおいて唯一のものとなっているが、まさしくこのことは実体の残りのすべての属性についても言えなければならない。そしてこれらの属性の全体すべては個々のものの概念に含まれていなければならない。この正しい結論をスピノザもまた自身で導きだしたのであるが、それをここで説明されているようには展開させなかっただけである（『エチカ』第二部定理四五、四六、四七を参照）。しかしロンドンに洞察力のある人がいた。（残念ながら私たちにとっては面識のない人であったが）、この人はスピノザの存命中にこの結論を詳しく説明した。彼は私たちの哲学者に次のように尋ねた（「書簡六五」(一五)）、すなわち、あなたのアプリオリとアポステリオリの結合は、神の様々な属性とまさしく同じだけ多くの様々な世界が存在するという主張にとって必要ないものかどうか、と。――スピノザは逃げ口上を探し、ただ一なる万有だけが存在し得るという証明を行った『エチカ』第二部定理七の備考を参照するように指示した（「書簡六六」(一六)）。かの有名な、卓越した思想家はこの備考を拠り所とし、この備考から、すべての個々のものの概念に、すべての様々な属性の概念が含まれていなければならないという証明を行った。スピノザは一回目と同じようにできるだけ短く答えた。

私は確信している、かつて非常に大きな迫害を蒙り、そしてそれ以後も絶えず新たな迫害にさらされたスピノザはこの論点について手がかりを少しも与えようとしなかったことを。ですから私はパリの別の匿名氏への返事もそう解釈してる。この人は、スピノザがデカルトと比べてどのような仕方で個々のものの存在を説明したのか知りたかったのである。というのもデカルトは延長された存在を神によって作動させたからである（「書簡七一」(一七)）。すなわちスピノザは答えた（書簡七二）、私の言う延長された存在はデカルトのそれとは全く違っている。私はおそらくこの事について将来いつか、よりはっきりと見解を述べるだろう。なぜなら今のところこの事については完全にはわかっていない、と。――実際スピノザがこの事についてはっきりしていないと思ったのなら、彼は何事においてもはっきりしていないと思ったのである。「第六付録」と「第七付録」を参照。

(19) ヘムステルホイス宛ての書簡においてフランス語が私に与えてくれた「存在の感情」(le sentiment de l'être) という表現はもっと純粋であり、より良いものであった。というのも、意識という言葉はいくらかの表象と反省を含んでいるように思えるが、実はここではそうではないからである。カントの次の箇所がこの事態を少しはっきりさせてくれるかもしれない。

「ところで意識のかかる統一――即ち、直観における一切の所与よりも前にあり、また対象の一切の表象がそれに関係してのみ可能となるところの統一がなければ、我々のうちにはいかなる認識も生じ得ないし、また認識相互の結びつきも、認識の統一も不可能である。純粋で不変なかかる根源的意識を、私は先験的〔超越論的〕統覚と名づけたい。この統覚が先験的〔超越論的―訳者〕という名を帯びるに値することは、最も純粋な客観的統一――即ちアプリオリな概念（空間および時間）の統一すら、直観をこの先験的〔超越論的〕統覚（die transzendentale Apperzeption）に関係させることによってのみ可能であることをかんがみて、明白である。それだからかかる先験的〔超越論的〕統覚による数的統一が、一切の概念の根底にアプリオリに存することは、空間および時間における多様なものが、感性的直観の根底に存するのとまったく同様である」（『純粋理性批判』A版一〇七頁）[一八]。

(20)「人間精神を構成する観念の対象は身体である、あるいは現実に存在するある延長の様態である、そしてそれ以外の何ものでもない」（『エチカ』第二部定理一三）。直接的な、また間接的な概念、あるいは媒介された、また媒介されない概念の区別は『エチカ』第二部定理一七を参照のこと。

(21)「事物の表象像は、人間身体の変状そのもの、あるいは外部の原因によって人間身体にもたらされる様態そのものに他ならない」（『エチカ』第三部定理三二、備考）。これについてはたったいま引用された定理一七の備考と定理一六の系を参照のこと。

(22)「人間精神は身体が受ける刺激」〔変状〕の観念によってのみ人間身体を認識し、またそれの存在することを知る」（『エチカ』第二部定理一九）。「精神は身体の変状〔刺激状態〕の観念を知覚する限りにおいてのみ自分自身を認識する」（『エチカ』第二部定理二三[一九]）。

(23)『エチカ』第二部定理二一と備考。

(24)同じく第二部定理二一と備考。

(25)スピノザがこの箇所以上に様々な仕方で、余すところなく自分の考えを述べているところはない。私は『エチカ』第二部では定理一三の備考と定理一四だけを補足として挙げたいと思う。第三部では定理二の最も注目すべき備考と定理一一とその備考も挙げておきたい。さらに定理二八の証明では次の言葉に注目してほしい。「ところが精神の努力ないしその思惟能力は身体の努力ないしその行動能力と本性上相等しくかつ同時的である」。そしてそれから感情の一般的な定義の次のような言葉[二〇]も、『遺稿集』一六〇頁。

(26) すでに述べられた『エチカ』第三部の定理二の備考において言われている。（二一）『遺稿集』一〇〇頁。

(27) 「精神はその身体の本質を永遠の相のもとに考える限りにおいてのみ物を永遠の相のもとに考える」（『エチカ』第五部定理三一、証明）。

(28) 『エチカ』第一部定理二八。

(29) 概念において第一のものであり、いかなる表象も必要としない絶対的思惟の外部では、他のすべての思惟は、現実に存在する個物の、そして個物の性質の直接的な概念と関係していなければならないし、また個物においてのみ与えられ得るということがスピノザの体系においてはこのうえもなく重要であるので、このことを私はもう一度指摘しておかなければならない。その結果、個物が現実に存在する前に、それについてのある種の概念が存在するというのは絶対的に不可能である。個物は永遠このかた存在してきた、そして神は、個物に先在し、また永遠に先在するだろうとは違った仕方では決して存在することはなかったのである、すなわち単にその本性と本質に従って。

(30) 『エチカ』第二部定理七、『遺稿集』四七頁。（二二）

(31) 『エチカ』第二部定理九。（二三）

(32) 「もし物質の一部分が破壊されることになれば、延長のすべては同時に消えてしまうだろう」（『遺稿集』四〇四頁）。この重要な点については『エチカ』第一部の定理一二、定理一三を、特に定理一五の備考を参照。さらにL・マイエル宛の「無限について」の書簡、『遺稿集』四六五頁。これに劣らず注目すべき「全体と部分について」のオルデンブルク宛の書簡、『遺稿集』四三九頁。そしてまた匿名氏への三九、四〇、四一番目の書簡、『遺稿集』五一九—五二七頁を参照。「第一付録」*のブルーノからの抜粋も参照。

(33) 『エチカ』第二部定理三と定理四を、この第二部定理四五、四六、四七と、そして第一部の定理三〇、三一と比較のこと。

(34) 『エチカ』第二部定理四五、四六、四七とそれぞれの備考を、第二部定理三、四、また第一部定理三〇、三一と比較のこと。ここでスピノザによって幾度となく繰り返された証明、すなわち、ある事物の本質はいかなる数も含んでいないということ、そしていくつかの事物は、それらが互いに何かを共有している限り、いくつかの事物としてではなく、ある唯一な物の部分としてのみ考えられ得るという証明を思い起こすことは必要なことである。

彼はまさしくこの基礎の上に、真の表象についての、普遍的な、非のうちどころのない概念についての、確実性についての、そして人間の知性一般についての才気にみちた、真に崇高な理論を築いたのであった。

(35) F. H. Jacobi Werke Bd. 2., *David Hume über den Glauben, oder Idealismus und Realismus*, S. 219, 238〔『著作集』第二巻『信をめぐるデイヴィッド・ヒューム』〕.

(36)「理性がそれでもって原理をたてる単なる権威によって」。

(37) この『著作集』第二巻一四一頁を参照。

(38) Thomas Wizenmann, *Die Resultate der Jacobischen und Mendelssohnschen Philosophie kritisch untersucht von einem Freiwilligen*, 1786, S. 173-177[二四]〔ヴィツェンマン『結果』〕.

(39)「神がすべてにおいてあるように、他方ではすべてが神の中にある。なぜなら我々の内なる神的なものがすべてを動かしているから。理性の原理は理性自体ではなく、より高い何かである。神以外に認識を凌駕するものは何であるか。徳は魂の器官である。それゆえ古代の人々は幸福な人々という名前を、彼らの理性と意志に左右されることなく、正しく仕事に取りかかった人々につけたのであった。というのも彼らは自身のうちに理性や意志よりも高い原理を持っていたから」（アリストテレス『エウデモス倫理学』第七巻一四章[二五]、『全集版』第二巻、二六四頁）。

(40) Johann Georg Hamann, *Golgatha und Scheblimini*〔ハーマン『ゴルゴタとシェブリミニ[二六]』〕.

(41)「ただ知性となってしまった」と読んでほしい。

訳注

(一)「私はスピノザで鍛えています、幾度となく読み返しています、そして大きな期待をもってスピノザの死体に関して論争が始まるのを待っています」（一七八五年一月一二日付ゲーテからヤコービ宛書簡）。

(二) ヨーハン・ゲオルク・ヴァハター（Johann Georg Wachter, 1673-1757）。カバラ学者。『エルキダリウス・カバリスティクス』（*Elucidarius Cabalisticus*,1706）においてカバラとスピノザ主義を和解させようとした。他の著作として『ユダヤ教におけるスピノザ主義』（*Der Spinozismus Im Jüdenthumb*, 1699）。

(三) アン・フィンチ・コンウェイ（Anne Finch Conway, 1631-1679）。女性哲学者、秘教徒。モナド論を唱えたファン・ヘルモントやカバラ、神秘主義に傾倒したヘンリー・モア達と深い親交があった。唯一の著作『最も古代的な哲学の原理と近代哲学の原理』は死後、遺稿として匿名で印刷された。小冊子とはこの作品を指していると思われる。

(四)『スピノザ書簡』においては、スピノザ哲学を析出する作業が行われる。第一の析出が「ヘムステルホイス宛書簡写し」(本書一三〇頁以降)である。第二の哲学的作業が最も厳密であると言われる「四四のテーゼ」である。

(五)訳出には以下のテキストを使用した。Leibniz: Philosophische Werke, Felix Meiner 1966, Bd. 2, S. 423-425. および G.W. Leibniz: Philosophical Texts. New York, Oxford University Press 1998, pp. 259-260.

(六)キリスト教の啓示の教えを認めない人々を指す。すなわちユダヤの人々、自然宗教の、あるいは理性宗教の支持者たち。

(七)一七八五年四月二四日、ヤコービはヘルダーに出来上がったばかりの「スピノザの学説の第二の叙述」(本書一五二頁以下)を送る。これに対し同年六月六日、ヘルダーはヤコービに以下のような返事をする。

「戦士様! 戦士様! 恐れ入りますが、ここであなたは混乱しているのではありませんか。信ずること、すなわち内的確実性、確信、これらをメンデルスゾーンも認めています。何らかの信憑〔真とみなすこと〕が根拠ないものであるか、あり得るかどうか——それが明瞭に、あるいは曖昧に感じ取られたにせよ——あなたに釈明してもらいたいのです。しかしあなたが「理性根拠による確信さえも信から生じなければならない」と言うのであれば、おそらく信はここでは(メンデルスゾーンもこう言うだろうと思いますが)自分を納得させることができる魂の能力、それゆえ魂の神的力、すなわち〔神から〕植えつけられた能力、この場合では、魂のエネルギー以外の何物でもありません。すべてはその限りにおいて主観的にすぎないのです」〔一八五年六月六日付ヘルダーからヤコービ宛書簡〕。

ヘルダーはヤコービのいう信(Glauben)が主観的な考えではないかと疑問を呈する。ヤコービは九月二日の書簡で答える。

「あなたが一連の〔往復〕書簡を順序に従いもう一度読んでくれるなら、思考の歩みにおけるいささかの変更もないこと、そしてあなたが恐れているような非難など私に全くなされ得ないということを思うでしょう。信(Glauben)についての章は、取るに足りない二、三の変更をしただけで済んだのでした。私がこの段落〔スピノザの学説の第二の叙述〕で述べていることは、あるとすればですが、私にとって確定した真理であり、別の言葉で言えば、まさしく私が先の手紙ですでに報告し、私の最も固有な哲学として主張していたものに他なりません。そこで私が出発点としている原則についてのあなたの疑念をスピノザがあなたから取り去ってくれるかも知れません、というのもこの原則はスピノザの原則でもありますから。確実性（Gewißheit）の定義は文字どおり、また初めの段落もほとんど文字どおりにスピノザから翻訳されています。ただし、彼は信（Glauben）という言葉は使っていませんが。私が信という言葉を使うのは、私の明確な解釈に基づき、論理的根拠から生じるのではない信憑（Fürwahrhalten）を、信と呼ぼうとする場合に限られます」（一七八五年九月二日付ヤコービからヘルダー宛書簡）。

ヤコービはヘルダーへの返書において「私の原則はスピノザの原則でもあります」という。スピノザは『エチカ』第二部定理四三「真なる観念を有する者は、同時に、自分が真ある観念を有することを知り、かつそのことの真理を疑うことはできない」と述べているが、ヤコービによると、この「疑うことの不可能性」は、一種の「信」だというのである。

スピノザをめぐる二人の論争はさらに繰り広げられていく。ヘルダーが『神についての対話』（一七八七年）を刊行し、スピノザ哲学の基礎概念はデカルトに従属していると主張するのに対し、ヤコービは『スピノザ書簡』第二版（一七八九年）の「第五付録」でその主張への批判を公表していくのである。

この信（仰）という言葉にゲーテからも異論が出される。

「……これと同じようにあなたが終りのところで信仰という言葉を 取り扱っていることに同意できません。ぼくはまだこの流儀をあなたに許容することはできません。これは信仰の詭弁家のみにふさわしいものです。彼らにとっては知識のすべての確実性を曖昧にし、彼らの揺れ動く、安定しない王国の雲でもってそれを覆うことが関心事であるに違いありません。というのも彼らは真理の土台をいまだ揺さぶることができないからです」（一七八五年一〇月二一日付ゲーテからヤコービ宛書簡）。

（八）「ヨハネによる福音書」第一四章第六節。

（九）「ヨハネによる福音書」第七章第一七節。

（一〇）メンデルスゾーンの『朝の時間』を指す。

（一一）カント『純粋理性批判』上（篠田英雄訳）岩波文庫、一九六一年、九一頁。

（一二）カント『純粋理性批判』上（篠田英雄訳）岩波文庫、一九六一年、九八頁。

（一三）『知性改善論』からの引用は「知性の力とその諸特性について」に関する最終章から（『知性改善論』（畠中尚志訳）岩波文庫、一九六八年、八四、八五頁）。

（一四）　一七一五年一一月四日付ライプニッツからレモン宛書簡。
（一五）　チルンハウスのスピノザ宛書簡、『スピノザ往復書簡集』（畠中尚志訳）岩波文庫、一九七六年、二八六―二八七頁。
（一六）　スピノザのチルンハウス宛書簡、『スピノザ往復書簡集』（畠中尚志訳）岩波文庫、二八七頁。
（一七）　チルンハウスのスピノザ宛書簡、『スピノザ往復書簡集』（畠中尚志訳）岩波文庫、三四九、三五〇、三五一頁。
（一八）　カント『純粋理性批判』上（篠田英雄訳）岩波文庫、一九六一年、一五六頁。
（一九）　本文の脚注では第二部定理三三となっているが引用されているラテン語は第二部定理二三である。
（二〇）　邦訳『エチカ』上（畠中尚志訳）岩波文庫、一九八九年、二五四頁を参照。
（二一）　邦訳『エチカ』上、一七四頁を参照。
（二二）　本文の脚注では『エチカ』第二部定理七となっているが引用されているラテン語は第二部定理八、系、備考の全文である。ただし証明だけが『エチカ』第一部の公理四からとなっている。
（二三）　『エチカ』第二部定理九、証明、系のすべての文が引用されている。
（二四）　トーマス・ヴィツェンマン（Thomas Wizenmann, 1759-1787）。『結果』の正式な書名は『ヤコービ哲学とメンデルスゾーン哲学の結果』（一七八五年）。匿名で出版されたこの書においてヴィツェンマンは、メンデルスゾーンの立場の一貫性のなさ、理性と常識との間の関係の曖昧さを指摘している。一七八七年五月一四日付イエーニッシュからカント宛書簡もこの『結果』について触れている。
（二五）　『エウデモス倫理学』（茂手木元蔵訳）〈アリストテレス全集14〉岩波書店、一九六八年、三三四頁。旧岩波版を参考にし、脚注のドイツ語から訳出。
（二六）　ハーマンの著作（一七八四年）。メンデルスゾーンの『エルサレムあるいは宗教的力とユダヤ教について』に対して書かれた。

七　スピノザ主義に関する六つの命題

それゆえ、私は論文を再吟味することに着手し、そこからそれらを私の主張の最終的な総括として明確な言葉で提出するために、次の命題を抜き出しました。

Ⅰ

スピノザ主義は無神論である[1]。

Ⅱ

カバラ的な哲学は、哲学として、未発達な、あるいは新たな混乱したスピノザ主義にほかならない[2]。*

Ⅲ

ライプニッツ＝ヴォルフ的な哲学はスピノザ的哲学に劣らず宿命論的であり、たゆみない研究者をスピノザ主義的哲学の諸原理へと連れ戻す[3]。

Ⅳ

あらゆる証明の道は宿命論に帰着する[4]。

V

私たちは類似したもの（一致したもの、制約された必然的な真理）だけを同一な命題において前進しながら証明できるのである。* いかなる証明もすでに証明されたものを前提としている、そしてその根本原理は啓示である。*

VI

人間のあらゆる認識と活動の基本要素は信である。*

友人の一人が六月の初めにメンデルスゾーンが専心している論文についての手紙をくれ、次のような書名だと教えてくれました、「神と創造についての朝の思考。あるいは神の存在と特性について」。この友[5]はつぎのようなことも知らせてくれました、すなわち（彼は確信していたのですが）メンデルスゾーンの『朝の思考』は現在すでに印刷されてしまっている、と。*

*その後すぐに私はメンデルスゾーンからの次のような手紙を、私たちの共通の女友達からの何も書かれていない、封もされてない封筒で受け取りました。

〔一七八五年七月二一日付メンデルスゾーンからヤコービ宛〕

一七八五年七月二一日　ベルリン

親愛なるヤコービ様、あなたの二つの重要な論文、すなわちヘムステルホイス宛のフランス語の論文と私に下さったドイツ語の論文に答えないままにしていることをお許し下さい。エミーリエとライマールスが、私が現在の病気による衰弱のために、私たちの論争に怠けていたわけではないことの証人です。ライマールスほどの人が私の仕事を完全に否定しないならば、次の見本市のカタログが彼らの証言の正しさを裏書きするでしょう。私はこの論文であなたを私の意見へと納得させようとするつもりはありません。あなたの論文およびスピノザ自身の著作における多くの箇所が、私には十分理解できないということを自分自身告白せざるを得ないので、それだけに納得させようということで得意になることはできません。しかし私は、論争の状態を近々あなたの判断に委ねられることになっている次の論文において明確にすることを、またそのことにより論争をしかるべき形で始めることを望んでいます。少なくとも、なぜ多くのものが私にとって理解できないものに思われるのか、そしてなぜ多くのものが、あなたが私に説明しようと骨折れば折るほど、私の眼差しから遠ざかっていくかが明らかになるでしょう。

　そしてもう一つのお願いがあります。私は書類をきちんと保管できません。どこかにしまっておいたと確信していた私の異論（二）の写しを書類の山の中でなくしてしまいました。すでに二、三週間捜していますが見つかりません、そして、なくしてしまった書類を捜すことは総じて気の進まない仕事です。あなたがこの書類を手元に持っておられるなら、都合の良いときにそれの写しを送って下さい。そうしていただければ大変有り難いのですが。というのも私は、私たちの論争をもっと詳しく知り、このためにも、私に可能なあらゆる注意と努力で、あなたの二つの論文を通読しようと思っているからです。しかしそれにはあなたの返事に向けられている異論が必要です。さようなら、親愛なる人よ！　そしてどうか私を愛して下さい。

モーゼス・メンデルスゾーン

異論の持ち合わせの写しがあったので即座にメンデルスゾーンに返事をし、彼の要求に添うことができました。何をなすべきかというかなる考慮も、もはや全く必要ありませんでした。メンデルスゾーンは彼の論文〔『朝の時間』〕を原稿で私に知らせる計画を変更し、それを突然印刷させてしまったので、この論文のタイトルさえもただ噂によって知り、それについての確かなことは見本市のカタログでもってようやく知るところとなりました。——そして彼はまさしくこの論文において論争の状態（Statum Controversiae）を明確にしようとしていたので、たとえ敵の誠実さと気高い心映えへの私の信頼が無限であったにせよ、またあり続けるだろうとしても、やはり次のことは彼だけに全く、一方的に委ねることはできませんでした、すなわち、論争をしかるべく開始すること、なぜ、私の論文の多くのものが彼にとって全く理解できないか、そしてなぜ私が多くの説明をしようと努力すればするほど、多くのものは彼の眼差しから遠ざかって行ってしまうのかを公に示すことを。

開始されるべき論争にまつわるすべての出来事が同時に公にされないならば、そこではいわば悪魔の弁護人（Advocatum diaboli）を演ずるという役割が私に与えられてしまい、論争の状態が確定されてしまうだろうことは私はさらに認めることはできませんでした。いかなる点において私がスピノザの味方をしたのかを知ってもらうことが、また議論されたことは、ひたすら思弁哲学に対する思弁哲学、より正しく言えば、純粋な形而上学に対する純粋な形而上学であったということが私にとってきわめて重要でした。これらの言葉を、私は本来の意味で使っています、つまり格言的な「空虚からの逃避」という意味ではなく。

先に提出された命題に戻ります。それらについては私はそれらを命題として誇示するつもりも、またどんな攻撃に対しても弁明するつもりも全くありません。真理の領域においても、また戦いによっても、多くのものが得られることはめったにありません。ここでもまた、自分自身の領域における一人一人の正直な勤勉さ、そして自由意志に基づく誠実な意見の交換が最も生産的であり、最良のものです。認識の不足に対するこの悪意ある熱心さは何の為でしょうか。――不足を人目にさらす代わりに、またあなたを悩ますこの不足を嘲笑でもって罰する代わりに、与えることで足りない人からそれを取り除いて下さい！　与えることによってあなたは多くをもてるものとして振る舞い、また不足している人には自分自身を示すでしょう。真理は明晰さです*。それは至る所で現実性、事実と関係しています。目が見えない限りは、盲人は何らかの技術によって対象が見えるようになることは不可能であると同様に、目が見える人は、光があるところでは対象に気づかないこと、対象を自分から区別しないことは不可能です。しかし私たちは、誤謬に、あたかもそれが真理であるかのように、自分自身を見つめ、自分自身を認識することを要求します。そして私たちは、誤謬が真理と同じほどに力強いものではないかと恐れます。暗闇は光のなかへ突き進むことが、また光の光線を消し去ることができるでしょうか。そうではなく、光が暗闇に浸透するのです、そして光が闇を部分的に照らすことによって、闇を目に見えるものにするのです。そして太陽によってのみ夜が明けるように、また日没によってのみ夜もやってきます。

誰でも自分自身の狭い住まいを、真昼においてさえも、夜と同じように暗くすることができます。彼の狭い空間に再び明るさをもたらすこともできます。しかしこの明るさは天からやってくるものとは全く違います。はかない炎を、偶然が、ひょっとして炎を絶やさないようにしている手が消してしまうでしょう。たとえこの炎は、はかなく持続しようとも、それは長い間には間違いなく目を疲れさせてしまいます。

腐った土が広い土地に広がっているところでは、立ち上るどんよりとした冷たい靄が太陽をさえぎっています。その結果、土はますます悪くなり、陰鬱な、有害な雲がますます増大します。人工的な砲火や大量の爆弾がこの雲を、この靄をあちこちで、短い間に四散させ、形を変えることも可能でしょう。しかし一掃すること、消滅させることはできないのです。しかし土の改良が行われれば、それらは自ずから消えてしまうでしょう。

現在のこの論文には対話[二]が続くことになっています。そこでは、ここでは詳論されないままである多くのものをさらに論じ尽くし、特に、私自身の原則をより展開し、様々な点から検討するつもりです[6]。私は大きなテーマを保持するつもりです。すなわちパスカルの例の言葉、「自然は懐疑論者を困惑させ、理性は独断論者を困惑させる。――私たちには、どんな独断論もそれを打ち破ることができない、証明についての無力がある。私たちには、どんな懐疑論もそれを打ち破ることができない、真理の観念がある」[三][7]です。このように私は主張していました。そして次のように主張するでしょう、すなわち、私たちは私たちを自ら創造したり、教えたりすることはない、と、私たちは決してアプリオリに存在しているのではない、と、さらに私たちは何事も（純粋に、完全に）アプリオリに知ることも行うこともできず、――経験なしでは何事も経験することができない、と[8]。私たちはこの世で席を定められています。そして私たちの行動がそこで生じるように、認識もまたそこで生じます。私たちの道徳的な性質が進展すると同様に、それに関係するすべてのことへの私たちの洞察も進展してゆきます。衝動と同様に感覚も、感覚と同様に衝動も進展してゆきます。人間は詭弁を弄して自分を賢く、品行方正に、敬虔深く見せることはできません。人間はその高さまで動かされねばなりません、そして自分を動かさねばなりません。人間は有機化されなければならず、そして自分を有機化しなければなりません[9]。この強力な理法を、いかなる哲

学もこれまで変えることはできませんでした。私たちが自発的にこの構造に従うことを始める時が、また目がなくとも、物を見ることができる眼鏡を欲しがることを断念する時が来ているのではないでしょうか――そうであればもっと良いでしょう。

スペルティアスとブリスが自分たちの死を知りつつ、自由意志でスパルタからスーサへ行こうとしていた時、彼らはアジアの沿岸地域に住んでいた人々を支配していたペルシャ人の支配者のヒュダルネスのところにやって来ました。ヒュダルネスは、彼らに贈り物を差し出し、彼らをもてなし、彼らに自分と友となるように、また自分と同様に威厳を持ち、幸福になろうではないかと説き進めました。二人は言いました、「あなたの忠告はあなたの経験からすれば適切ですが、私たちの経験からすればそうではないのです。もしあなたが私たちの享受している幸せを味わったならば、あなたは私たちに財産と命をその為に犠牲にするよう助言するでしょう[10]」。

疑いもなくヒュダルネスはこれらの狂信者たちをあざ笑いました。そして、私たち同時代の人々の中で彼と共に彼らをあざ笑わないひとが誰かいるでしょうか。しかし、私たちとヒュダルネスが間違っていて、スパルタ出身のあの人々が狂信者ではないと仮定してみて下さい。そうすれば、彼らは私たちに欠けている或る真理を所有していると言わざるを得ないのでしょうか。そして私たちがこの真理に気づくならば、彼らをあざ笑うことはやめるでしょう。

スペルティアスとブリスはヒュダルネスに「あなたは愚か者です、弱い精神の持ち主です」とは言いませんでした。彼らはむしろ、彼は、彼の考え方において賢明であり、洞察力もあり、善良であるということを認めましいうことを説明しました。

た。彼らもまた彼に自分たちの真理を示そうとしませんでした。逆に、彼らはなぜこのことがなされないのかということを説明しました。

彼らは、その面前で屈服するつもりもなく、また彼らを殺すこともなく、むしろ自分と友達になるようにと、また自分自身と同様に幸せになるようにと説き勧めるクセルクセス王をぶしつけに非難することはありませんでした。(二人の男達は言いました)「いかに私たちはここで生きていくことができるだろうか。いかに祖国を、私たちの掟を、また私たちがその人々の為に死を恐れず、自ら進んでこのような長途の旅を企てたほどの人々を見捨てることができるだろうか(11)」と。

スペルティアスとブリスは、思考と推論における器用さをペルシャ人たちよりおそらく持っていなかったでしょう。彼らは彼らの知性と聡明な判断を主張するのではなく、ただある種のものを、またこうしたものへの強い気持ちを主張しました。彼らはその際、いかなる美徳も自慢しませんでした。彼らはただ彼らの心の感じ(ihres Herzens Sinn)、彼らの感情の動き〔情動〕(Affect)を告白したにすぎませんでした。彼らはいかなる哲学ももっていませんでした、あるいは、彼らの哲学は、単なる出来事〔歴史〕でした。

そして生き生きとした哲学は、今までに出来事以外の何か他のものであり得るでしょうか。対象があるように、諸々の観念があります。観念があるように、愛着と情熱があります。愛着と情熱があるように行動があるように、原則とすべての認識があります。何がエルヴェシウス(四)、ディドロのような人の学説を一般にすばやく広めさせたのでしょうか。まさしくこの学説がその世紀の真理を含んでいたことに他なりません。彼らの言ったことは心から出てきたものであり、再び心へと帰って行かねばなりませんでした。――エピクテトス(五)は言います。「なぜ、愚かな人たちは、君たちを自分たちの支配下に置き、そして思いのままに君たちを連れ回すのか。なぜ、彼らは君たちより強いのか。なぜなら、彼らのおしゃべりが惨めで、恥ずべきものであろうとも、彼らは現実的な概念と原則に従って常に話しているからである。それに対して、君たちの述べる立派なことは口先から出てくるのである。それゆえ、君たちの話は、力も生命も持たないのである。そして君たちのお説教を聞くとあくびをしたくなるのである。また君たちが、いつも思いのままにそれについておしゃべりしている、あの哀れな道徳の場合も同様である。こうして愚かな人々が君たちの主人となるのである。というのも、心の底から出てくるものは、人々が原則として持っているものは、常に克服され得ない力を持っているのである。君たちがたとえば学校で書き留めるものは、太陽にあたった蠟《ろう》のように少しずつ溶けていくだろう[12]」。

哲学は、その材料を作り出すことはできません。材料はいつも現在の、あるいは過去の出来事の中にあります。過去の出来事が繰り返すことのできない経験を含む時、私たちはそこから哲学してもうまく行きません。私たちの判断は、それが私たちの眼前にあるものに対してのみ、向けられる時に信頼できるのです。どの時代も、自らの眼前にあるものを考察し、分析し、諸部分を相互に比較し、秩序づけ、きわめて単純な原則へと還元し、この原則の正しさを、ますますはっきりさせ、目立つものとし、原則の力をさらに有効なものとすることができます。そしてこのようにして、どの時代も、その内容が諸々の経験の内容であるような、それぞれ固有な真理をもち、またこの時代の支配的な行動のあり方を、その進展する形の中で表現するそれぞれ固有な、生き生きとした哲学をもっているのです。

この事が正しければ、次のことが言えます、すなわち、人間の行動は、人間の哲学に起源が求められねばならないのではなく、むしろ人間の哲学が、彼らの行動に起源が求められねばならないのです。つまり、人間の出来事〔歴史〕は、人間の思惟の仕方に由来するのではなく、人間の思惟の仕方が、人間の出来事に由来しているのです。例えば共和制が没落する時代のローマ人の腐敗した道徳を、その当時根を張っていた無宗教から説明すれば誤ることになるでしょう。というのも逆に、根を張った無宗教の起源が道徳の退廃に求められなければならないです。まさしくオウィディウス、ペトロニウス、カトゥルス、マルティアリスのような同時代人たちの無作法と放恣な逸楽はこれらの詩人のせいにされるべきではなく、むしろこれらの詩人があの無作法と放恣な逸楽のせいにされるべきです。こう述べたとしても詩人と哲学者たちが、彼らの時代の精神に浸透されていても、この精神を強く支えていることを否定するつもりは全くありません。人間の出来事〔歴史〕は人間によって生じるのです。そこでは歴史の進展に多く寄与するものもいれば、そうでないものもいます。

それゆえ*、ある時代の哲学、思惟の仕方が改良されるべきであるとするならば、その時代の出来事、行動のあり方、生活様式が第一に改良されねばなりません。そしてこのことは即座に行われるというわけにはいきません。このことは多くの人々にとって明白に思え、また立派な人々が、私たち老人を意のままにできなかっただけに、彼らを、私たちの子供達から新しい、より良い世代をつくるために、子供達を必要とするのであるという考えに導いたように思えます。この問題はそもそも簡単ではありませんでした。そしてその上、次のような特別な困難がありました。すなわち、私たちが最良だと思っていた道とは違った道が、私たちの子供に示されるだろうということを、私たち父親は認めることができなかったということです。それゆえ、抜け目のない人々は、私たちの子供は、真に実践的に、あるいは時代の要求のために教育されるべきであるという約束（このことを彼らは真剣に信じるようになっていたのですが）によって私たちを誘惑せざるを得ませんでした。厳密な他の言葉で言えば、その時代の感覚と趣味に従ってということです。しかし時代の感覚と趣味がもっぱら快適な生活、それに加えて財力、つまり富、優位さ、権力に向けられるならば、また人々が、それらをもはや気づかないほどに、人間的本性の最良の特性を窮地に追い込むことなしには、これらの対象を全力で追い求めることは不可能であるとすれば、この実践的な教育は、それが真に合理的な方法で追求されるならば、次のような結果になります。すなわち私たちの子供は、ますます悪くなることにおいて十分な習熟と準備もしていると。*――このようにして妄想にすぎない神の平和の代わりに、悪魔の真の平和が、少なくともそのための下準備ができあがるでしょう。

しかしこれらの言葉は私たちを狼狽させる表現です。私たちは正義、愛国心、人間愛、神への畏れを欲しています――こうしたいろいろなものを、しかしながら、とりわけ裕福な生活を、そして虚栄心に仕えるための申し分のない適合の才を欲しています。また私たちは、誘惑と罠に陥らずに、すなわち「誰も二人の主人に仕えることはできない」また「あなたたちの宝があるところに、あなたたちの心があるだろう」という格言が偽りであることを示すために、豊かになりたいのです。*

昔から、*宗教は人間の哀れな性質をたすけ起こす唯一の手段であるという確信が国民に押しつけられてきたとすれば、またすべての賢者が皆等しく、地上のものごとだけを対象とする認識は認識の名に値しないと教えてきたとすれば、人間は、地上を超えた心情以外では、地上を超えたものの認識へと至ることはできないと言ってきたのであれば、神は、心ある人々におのれを表明し、神を知性のみで求める人々におのれを隠すと言ってきたのであれば、さらに神の掟は、魂にとって、神の現前へ向かって舞い上がるための翼であると言って来たのであれば、次のようなことがあっても少しも驚くにあたらないのです、すなわち、人間の本性が低下するところでは神の認識もまた低下し、次第に動物の中へと消えてゆくということ、逆にまさしく人間の本性が高まるところでは、創造者への愛をますます感じ取ることができること、そして人間が、彼を貫いている神の存在を疑うことは全く不可能となるということ――このことは臣下が君主を一度も見たことも、君主の遠い滞在地に一度も近づいたこともないにしても、臣下が君主の実在を疑うこと以上に不可能なことです。*

徳の享受から、有徳なものの観念が生じるのです。自由の享受から自由なものの観念が、生の享受から、生き生きとしたものの観念が、神的なものの享受から、神に似たものの観念が——そして神の観念が生じるのです。*

生き生きとした哲学が、あるいは人々の思考様式が彼らの出来事〔歴史〕あるいは生活様式から生じるように、人々の歴史あるいは生活様式は、彼らの根源から、卓越した制度と法律から生じるのです。

すべての出来事〔歴史〕は教育と法律に至ります、そして人間の持つあらゆる教養はそれらに基づいています。すなわち、理性法（Vernunftgesetze）あるいは、感動的な説教ではなく、指導、説明、模範、規律、助力、忠告そして行い、奉仕、命令に基づいています。

最初の人間たちが、大地からキノコとして、あるいは泥から虫として——卵巣もなく、そして、へその緒もなく——今の母胎から生まれるよりはずっと不完全な形で生じたのであれば、何かが、彼らの世話をしたに違いありません。それをしたのは偶然でしょうか、あるいはそうでないなら何でしょうか。

すべての人々は異口同音に言います、ある神が彼らの世話をしたのだ、と、さらに彼らが存在する以前にさえも。

すべての制度はより高い存在から発しています。すべての制度は、その起源において神権的だったのです。個々の人間および社会にとって、第一の、最も欠けてはならない必須のものは、ある神です。

より高い権威への完全なる従属、厳格な、聖なる服従がすべての時代の精神でした。この精神が多くの偉大な行為、偉大な心情、偉大な人々を生み出したのです。スパルタ人の最も聖なる神殿は畏敬の念に捧げられています。

より高い権威への確個とした信仰が衰え、個人の自惚れが優勢となるところでは、すべての徳は低下し、悪徳が出現し、感覚、想像、知性は滅びてしまいました。

そしていかなる国民においても彼らがいかなる掟《おきて》も持たず、精神を鎖につなぐ情熱によって惑わされてしまうまで、この信仰は衰えることはありませんでした。その結果、それぞれの人は認識の木を食べ、そして、自分で何が良いか、悪いかを知りました。*

あなたたちの子供をよく見なさい。あるいはあなたの友人の子供たちを。彼らは父親の心を理解することもなく、権威に従っています。彼らが反抗的であり、従順でないならば、彼らは親の心を決して理解することはないでしょう。父親自身を真に認識することはないでしょう。彼らが従順であれば、父親の心、彼の内的な生活は、次第に彼らの中に移っていきます。彼らの知性は目覚め、彼らは父親を認識します。いかなる教育上の術も、いかなる講義も、生自身から生き生きとした認識が生じない限り、彼らをそうした方向へと導くことはできなかったのです。人間における知性は、すべてにおいて遅れてやってきます。規律は教育を、服従は認識を準備しなければなりません。

どんな掟も包括的で、深く浸透し、崇高であればあるほど、またそれが人間の最も内奥の本性とその向上に、知性と意志に、徳と認識に関係すればするほど、その〔掟の〕内的な長所は、それに従うようになる前には、人間によって認識されることはむしろ少くなり、人間の理性はおきてを是認することがますますできなくなり、それだけ一層掟は権威と信仰を必要とするのです。

*銀と金を人は探索し

地から鉱石を取り出し、夜を明るみへともたらす。
智慧はどこで見出され
悟りのある場所はどこなのか。
人はそこへ行く道を知らず
生ける者の地で見出すことはできない。
淵は言う、それはわたしの中にないと。
海も言う、それはわたしとともにないと。
智慧はどこで見出され
悟りのある場所はどこなのか。
それはすべての生ける者の眼に隠され
天の鳥からも隠れている。
奈落の底も死も言う、
われらは耳でその噂を聞いただけだと。
神はその道を知り
彼こそそのありかを知る。
げに彼は地の境までも見、
すべての天の下はその視野におかれる。
風にその重さを与え

水を秤で量られる。
彼が雨のために法則をもうけ
雷雨のために道をそなえた時
彼は智慧を見て、それを数え、
それを立て、それをきわめた。
それから人に言われた、
「見よ、主を畏れることは智慧であり、
悪を避けることは分別である」[六]と。

しかし誰が、そのひとに対する畏敬の念が智慧であり、そのひとの掟から光りと生命が出てくる主なる神でしょうか。——主なるひとは最初の、最良のひとでしょうか。そして私たちは盲目的に手探りで彼を探すことは許されているのでしょうか。

もしあなたが盲目であれば、盲目的にです。しかし実際、あなたは盲目でしょうか。そして何があなたからすべての光を奪いさったのでしょうか*。

私はあなたに迫り、あなたから告白を引き出すつもりはありません。しかしひとつの提案を聞いて下さい。そしてそれがあなたに気に入るかどうか考えて下さい*。

ある何らかの眼に見えないものにあなたは仕えています、あるいは仕えたいのです。それなら名誉にお仕えなさい！

名誉に敬意を払うものは、見知らぬ神の祭壇に誓いをたてます。彼は、心の中を見るある存在にしたがうことを約束します。というのも名誉に仕えることが意味するものは、私たちは、ありのままの存在であり、恣意的にも、密かにも、受け入れたいかなる法も逸脱することはないということですから。短い確固とした言葉で言えば真理にです。

それゆえ、出発して、あなたの見知らぬ神に忠実に、完全に従いなさい。すべてのことにおいて、あなたのありのままの姿を見せなさい。そしてすべてのことにおいて現れるままのあなたでありなさい。しかし、いかなる悪意も紛れ込まないように用心しなさい。というのもあなたの神は、あなたの心の中を見ているからです。これが神の本質であり、力なのです。そしてこの神が、すぐにあなたに自分の名を知らせず、またあなたが、それへの畏敬の念が智慧であり、その命令から、光と生命が生じる神が、誰であるのかすぐに分からないときには、全世界に向けて、私を詐欺師、愚か者、狂信者と呼んで下さい――あなたのお望みの名前で！

「私たちは、私たちの内部に一人の友を持っている――私たちの魂の中に、繊細な神聖な場所がある。そこでは神の声と意図が長きにわたり、鋭く、はっきりと鳴り響いている。古代人たちはそれをデーモン、すなわち人間の良きゲーニウスと呼んだ。このゲーニウスに彼らは大いなる青春の愛でもって敬意を払い、大いなる畏敬の念で従った。キリストはこのことを、生の光であり、また体全体を照らす、澄んだ眼差しのもとで理解している。[*]ダビデはそれを、彼を正しい、平坦な道で導く生の精神として祈りの中に求めている。私たちは、それを良心、内的な感覚、理性、私たちの内なるロゴスと呼ぼうと、好きなように呼んでかまわない。つまりそれは、外部と内部の荒々しい声によって、情熱のどよめきによって、そして利口ぶる非理性のおしゃべりによって、沈黙させられ、惑わされないうちは、特に青春時代には、声高く、はっきりと聞こえる。それが沈黙させられ、惑わされる人に災いあれ！　とりわけ若者と子供に災いあれ！　そういう人は迷える羊のように、健全なる道徳感覚なしに、生の一つのものにおいてすら、自分の中に、あるいは他人の中に、神性を感じることなしにさまようのである。私たちは、神とその摂理を、私たちがそれら二つを、個々のものにおいても、また普遍的なものにおいても、生き生きと認めることができる限りにおいて持つことができるのである。私たちが、熱狂することなく、また冷淡になることもなく、いかに、そして何のために、その人が私たちと行動を共にするかを、まざまざと見て取ることができればできるほど、ますますその人は私たちのものであり、私たちだけのものである。これに対しておしゃべりの人や懐疑家には好きなことを言わせておけばいいのである。経験はおしゃべりと疑念を凌駕するのである[13]」。

もう一度言いましょう。人間の知性はその生とその光を彼自身の中には持っていないのです、そして意志なるものは知性によっては進展しないのです。逆に、人間の知性は彼の意志によって進展してゆくのです。その意志は永遠なる、純粋な光から出てくる火花であり、全能〔の神〕の一つの力です。この光と共に歩むものは、この力によって行為するものは、ある透明さから別の透明さへと浄化され、おのれの根源と使命を知るのです。

行われることすべては、すべての変化と動きは、ある意志に由来しているということ、そのための力は、ある意志から生じなければならないということは、一般的な表明であり――あるいは自然のまやかしです。「民衆の声は神の声[七]」という格言が当てはまる場合があるとすれば、確かにこの場合がそうです。こうして未開の人々の方が、少々学のある理屈屋よりも間違うことは少ないのです。というのも、未開の人々はたとえ何度も外面的なものを内面的なものと混同しようとも、形態をものと、仮象を本質と見なそうとも、それでもやはりそれら二つのものについては知っているからです。そしてものそのものにおいては間違うことはないのです。それに対して学のある理屈屋は、ものの外面性だけを認め、仮象をものと、ものを仮象と見なします――ものそのものにおいて思い違いをするのです。

私は意志の本性を、自分自身を規定している原因の本性を、その内的可能性とその規範を知りません。というのも私は私自身によって存在している訳ではないからです。しかし私は、私の存在の最も内奥の生命として、そのような力を感じるのです。この力によって私は、私の根源を予感し、この力を使うことによって、人間だけが、私に明らかにできなかったものを感じるのです。この力の行使により、私は、自然においても、聖書においても、すべてが関連していることに気づきます。すべての約束と脅迫は、この力の行使に――心の浄化と冒瀆に結びついています――その上、経験と出来事〔歴史〕は私に次のことを教えてくれます、すなわち、人間の行いは、人間の思惟に依存するというよりは、人間の思惟が、彼の行いに依存していると、人間の観念は、人間の行動を基準とし、いわば行動を模写するだけであると、またそれゆえ、認識への道は、秘密に満ちた道であり――三段論法でも――機械論的な道でも全くないと。

神は言った――そしてそのとおりになった――すべては申し分なかった。尊敬すべきイェルザレム(八)は言います「この行いは私たちの理性にとって、より真実なものに、より理解しやすいものにはなり得なかった。というのもそこにおいて理性が、その安らぎを見出す唯一の根拠は、全能の神が望み、そのとおりになった、という言葉であったから。同時にこの言葉は、すべての哲学の限界であり、ニュートンさえも恭しく立ち止まっていた限界である。そしてこの神聖な意志のもとに立ち止まることを、体面に関わることと見なし、あえてこの意志を超えて、原因から原因への無限の中へ進んでゆき、そして自分で世界を築こうとする哲学者は、最後には、神自身を失ってしまう永遠の暗闇の中で困惑するだろう」。

これが神の栄光であり、神の顔立ちです、そして死すべき人間は眼差しをそちらに向けることはできないのです。しかし神は寛大な心と共に私たちのところへと降りてきます。この永遠なるひとは慈悲を通して人間に現れます、そして神は人間と語ります──神が自らの口から呼吸を与えた人間と──神自身の生の感情、神自身の至福の感情を通じて──*おお、私が、神の愛の、神の至福のすばらしい、唯一の道を歩むことができるほど強く、機敏であればどんなに良いでしょう。

結論を述べさせて下さい──あなたに属する一人として呼ばれることを、また忠実な人間であることを非難される覚悟をして──*愚かなラーヴァター(九)よ、私の作品をあなたの敬虔な、誠実な口から出て来る言葉でもって祝福し、封印することを私に許して下さい。

「私は真理の証言をするために、この世にやって来た。人間よ、あなたの大きな使命を注視しなさい！　あなただけが真理への資格をもつものであり、王者の風格をもつ地上の被造物なのだ！　死すべきものは誰でも、すべての人にとって、喜びの源である真理の一部分を見、そして他の死すべきものが見ることができないような特別な仕方でその一部を見る。万有は、固有な媒体を通じてそれぞれの人間に現れる。いかに、ものが私たちに、私たちのものの見方の中に立ち現れるかを証言することは、王侯のように考え、行動することを意味する。これこそが、人間の使命であり、人間の尊厳である。この誠実な証言によって、あなたは、最も大きな影響を人間性に及ぼすだろう。あなたは自分に最も似た人々を引きつけ、互いに一つにするだろう──また、あなたは自分に最も似ていない人々をあなたから離し、遠ざけ、そしてあなた自身と、あなたに似ているすべての人に逆らいつつ、彼らを互いにひとつにするだろう──したがって、あなたは創造と摂理という、知られていない、偉大な、第一にして、究極目的、すなわち、すべての合一可能なものをできる限り合一するという目的を促進するだろう……

あらゆるものを、それがその人に現れるままに見る人は、すべてのものが現れるさま以外何も見ようとしない人は、真理を、その人に示される良きものすべてを、騒がしく、あるいは静かに、公に、あるいは密かに、直接的に、あるいは間接的にこの良きものすべてを妨害することなく、自由に自分へと影響を与えさせる人は、――真理に対して単に受動的に振る舞う人は――攻撃的にも、守勢になろうとも、真理に対立しない人は――真理が望む以外、何も欲しない人は――真理を、ものの真の本性を、そしてそれの私たちへの関係を、――すべての理性の中でも、すべてのものを照らす理性である真理を欲する人は――、真理を聞く前から、強情、あるいは自己愛、支配欲、追従のために、真理を否定しない人は――成熟した、落ち着いた、冷静な熟慮を前にしては、決して判断せず、そして判断した後でも、すべての訓戒に対して正直な、注意深い耳と、従順な心を持つ人は――真理がどこで、いつ、そしていかに、そして誰のところで、そして誰によって見出されようとも、それを喜ぶ人は――親友の口をついて出てくる誤謬によっては心を動かされない人は――真理を宿敵の口から喜んで引き出し、そしてそれを抱きしめる人は――至る所で、確信を高く評価し、確信に逆らっては、確信なしでは、決して行動も、判断も、話もしようとしない人は――こうした人こそが正直な、正しい人であり、人類にとって名誉になる人である――彼のふるさとは真理である。キリストは彼を真理の息子と呼ぶだろう」。

原註

（1）私はすべてのスピノザ主義者を、無神論者だと主張するつもりは全くない。まさしくそれゆえに、正しく理解されたスピノザの学説は、いかなる種類の宗教も認めないという証明は、私には不必要なものに思える。それに対して、スピノザ主義のある種の泡は、迷信と熱狂のあらゆるジャンルととてもよく調和している、そしてそれで私たちは、最も美しいシャボン玉をつくることができる。決定的な無神論者は、この泡の背後に隠れるべきではない。そうでない人たちもこの泡で自分自身を欺いてはならない（*「第六付録」を参照）。

尊敬すべきラモワイニョン・ド・マルゼルブによって一七五〇年に企画され、そして幾人かの、フランス内外の学者たちの一致した努力によって、一七八二年に完成された、老年にさしかかったプリニウスの『自然誌』の新しいパリ版における——これにはフランス語の対訳と他の学者たちの注もついている——第二巻の初めの有名な箇所、すなわち「万有と、我々が、その蒼穹の下で、すべてのものがそれぞれの生を営んでいる天という別な名前で呼ばれているものを、人々が神的な存在と見なしていることは正しいことである」には次のような注が見られる。「このことは次のことを証明している、プリニウスはアルドゥアン神父が主張したように、無神論者ではなくて、有神論者であり、神の先には何も想定せず、神と無限なものとして考えられた物質は同じものでしかないと考えた。それゆえ、プリニウスを無神論者ではなく、宇宙有神論者と呼ぼう、すなわち、宇宙が神であると考える人である、と」。

私がこのことを戒めにしたならば、また依然として、少しばかり不快な言葉である、無神論の代わりに、機知に富んだ隣人によって、新しく考案された、より好ましい宇宙有神論という表現を使ったならば、とりわけ——その粗野な言葉のために——非常な大きな、幾度も新たに燃え上がる怒りを引き起こした私の第一命題は、おそらく攻撃されることはなかっただろう。人々は、私がフランス語の注の婉曲な表現をドイツの祖国に移植し、後の主張すなわち、無神論を信じる人のみが無神論者であるという主張を開始したことに対し、私に感謝しただろう。カントは、彼が明確に規定された有神論と、明確に規定された無神論との真ん中に、有神論の代わりに、理神論という名のついた第三の規定されていない学説を認めることを提案した時、同じような慎重さをもって振る舞った。私は読者に、繰り返し、私によって言及されるこのカントの提案について、この著作集の第二巻四七六頁の注に述べてあるものを吟味することを願いたい。当時と同じように、私はまだ信じている。かつて、まじめなカトー〔小カトー〕（一〇）（サルスティウス『カティリーナ戦記』一五）がそうであったように、まじめな哲学者は、事物の真の言葉が、ひとを欺くような婉曲な表現のもとで失われないように注視しなければならないと。

もし事物の真の言葉が失われるようなことがあれば、すべての議論は堕落し、その結果、最後には、どんな真なる言葉も、理性的な言葉も、そして本当に理解させる言葉も使用されなくなってしまうのである。

カントの先例にならって、しかしながら、私たちの卓越したティーデマンもまた、宇宙有神論をスピノザ主義のもとで保護した。というのも彼が宇宙有神論を、あからさまに無神論と呼ばれるのを聞きたくなかったからである。それどころか彼は主張している、「これは完全にはすべての宗教を根絶しない。摂理、世界の支配、神の崇拝は、スピノザの実体の統一とは全く正当に両立できる」と。しかしながら、これに続けて、次のように指摘する、すなわち「この神の崇拝は理神論に比べ、非常に遅れていると」。

しかしながら彼はこの事柄については自己矛盾に陥っている、例えば、彼がプロティノス[一一]について次のように言う時である（『思弁哲学の精神』第三巻、三二七頁）。すなわち、「プロティノスは、彼が最後には、盲目的な宿命論に陥りざるを得ないということを、彼の理論において理解してない。なぜなら、絶対的な、そして無差別的な必然性を第一の根拠[一二]にする世界の構造は、盲目の必然性に帰着するからである。彼の非常に敬虔な外見をした体系は、実際には、ストラトン的な、あるいは、すべて他の単なる自然の必然性とは異なってはいない。なぜ、私たちは、行うことを、全く必然的に行わなければならなかったある神を、敬い、崇拝しなければならないのか。なぜ、私たちは、その本質が、無差別的に、熟慮することなく、自身を行為へと命ずる世界の支配者を崇拝しなければならないのか」――このプロティノスについての判断は、はるかによくスピノザに当てはまるのではないだろうか。

ティーデマンと全く一致して、テンネマンもまたスピノザ主義は無神論であるという命題に反対している。それとともに、きわめて明瞭に、簡潔に、スピノザについて次のように述べている。すなわち「すべて有限なものは理念や目的に従ってではなく、神聖な存在から必然的に生じる、またどこおいても目的に従った自由な因果性は全く存在せず、自然の原因による因果性のみが存在する、それゆえ、『エチカ』は物理学に変容し、彼のすべての体系から、それが内的な拠り所と確実さをもつ限りにおいて、きびしい一貫性をもって、普遍的な宿命論が生じるのである。この宿命論を明らかにすることが、彼の後期の哲学的著作の主要目的であった」と（『哲学の歴史の概要』、第二版二八九―二九二頁、全集版一〇巻四七八―四八〇頁）。

ところで私自身、何度も告白したように、自分の良心と、最も深い、最も内部の意識によって、普遍的な、唯一の自然の機制の存在を否定することを余儀なくさせられているからこそ、神の存在を否定することができないので、私は次のようなことは承認できないのである、すなわち、その人にとっての最高の存在は、たとえ生きているにせよ、盲目の宿命である人が、神を信じ、教えていることを。宿命は必然的に神を抹殺する。神は宿命だけを抹殺する。それゆえ、私はスピノザ主義は無神論であるという判断にこだわるのである。

（2） ティーデマン『思弁哲学の精神』第三巻第六章と第一一章、第六巻第六章、さらにブーレ『哲学の歴史の教本』第四部第一三章――テンネマン『哲学の歴史』第九巻、第二章、特に一三三頁から。第一〇巻第二章「スピノザの形而上学的体系について」四六二頁以下を参照。

『スピノザの学説に関する書簡』初版と第二版の時には、上に挙げた作品のどれも世には出ていなかった（ティーデマンの『思弁哲学の精神』第三巻は一七九三年になってようやく出た。第六巻は一七九七年である。ブーレの教本の第四部は一七九九年になって初めて世にでた。テンネマン『哲学の歴史』第九巻は一八一四年になって初めて出た。第一〇巻は一八一七年である）。

さしあたり上で述べた命題を支持し、この命題をさらに解釈することを不必要にするためには、これらの著作を指摘するだけで十分である。最も注目に値するのであるが、残念ながら完成までに至ることのなかった、深遠なる思想家クラウス（一三）の「汎神論について」の論文だけを、ここでもう一度特に考えなければならない。なぜならその論文において、三五年前に、上記の第二の命題を立てることを私に促したものが、きわめて力強く表現されているからである。すなわち「それでもって、かってないほど力強く、汎神論の超自然学が当時の同時代の人々の冒険的な好奇心に影響を与え、そしてスピノザの幻想を、神性の化身へと変貌させた大胆さと新しさ、〔さらに〕驚くべき秘密を彼の内部に閉じ込めておかねばならず、しかし彼のきらきら光る、揺れる海から連れ出すことはできないところのプロテウス、たとえ、まどろんでいる時に不意をつかれようとも、人々が彼をとらえ、無理に話をさせようとしても、無限の変容により、いかなる捕捉も挫折させ、私たちの探究心を欺くことを知っている生身のプロテウス」について述べられている。

また（クラウスは述べています）、「汎神論は、それがガンジス河やライン河のほとりで、そしてクセノファネスやスピノザの時代に、そしてバラモンとラマ僧、カバラ学者と神秘家、神学者と哲学者の間において、簡単に言えば、それは、至る所で、常に、様々な人の頭の中で生じた。それゆえ、その根源は最も一般的な事実においても、最も単純な思考の法則においても、推測することができる」。クラウスは彼の論文を書き始めることにより、この根源を探求し、したがってまさしく、それを克服しようと企てたのであった。J・F・ヘルバルトの序言と論文が添えられているクリスティアン・ヤーコプ・クラウス『哲学遺稿集』を参照、また「第四付録」と「第五付録」も参照。

（3）カントの『実践理性批判』一六九—一八三頁と、そこで参照するように言われている『純粋理性批判』の箇所を参照。カントによってなされた証明は一般的なものである。そしてこの証明は、『実践理性批判』においては、カント的な特殊な根本原則の為におこなわれているのであるが、しかしながらこの根本原則に基づいては行われてはいない。同じことがレーベルク（一四）の解釈にもあてはまる（『ドイツ・メルクール』誌、一七八八年、第九号）。この解釈に、私は、もっぱら私の命題に関係する場合のみ言及する。私はこれらの人々を、単に私の命題に反対しているその流儀のために、引き合いに出している。というのも私の仕事自体の中で、様々になされた証明が理解できない人は、カント的な、またレーベルク的な証明にも納得することはほとんどないだろうからである。

（4）「第七付録」を参照。

（5）ケーニヒスベルクで故人となったハーマン。

（6）この約束を、私は『信をめぐるデイヴィッド・ヒューム』によって、そしてこの本の出版によって、特にこの『著作集』第三巻に含まれている作品と第二巻の序言によって果たされたと思っている。

（7）パスカル『パンセ』〔ポール・ロワイヤル版〕項目番号二一。

（8）数学さえも、証明に取りかかる前に、任意に限定された、あるいは、延長された直線、そしてあらゆる大きさの円を要求しなければならない。線、点、平面は物体から抽象されている（シムソンのユークリッド、第一ノートを参照）それゆえ、数学は物体の観念を、そしてさらに、運動の観念を前提としている、またその観念がなければ、円の作図、またいかなる図形の作図も思い描くことはできない。（第二巻一七八、一七九頁、第三巻の一一二、一一三頁参照）。次に、単に同一の諸命題をつくるためには、いかなる経験も必要ないということは、自ずと理解される、なぜなら、同一性は、純粋に理解すれば、完全に主観的な概念であるからである。知性の外にある対象には、形容詞的な賓辞そのものを帰することはできない。この対象は、本質的に、単にそれがあるがままのものである。ところで、同一の命題が、絶対的な普遍性と必然性を含まねばならないということは、まさしく、命題が経験から独立していることと同じほど明らかである。この分野において、抽象と言葉による、私たちの認識能力の「栄光ある悲惨さ」（一五）が、主として示されてきた。またこの「栄光ある悲惨さ」は、私たちの推論における言葉の働きの根本が究明された時——そうした可能性も十分理解されるのであるが——多くの錯覚と誤解を生じさせた。この点については「第七付録」で少しばかり、また他に、この論文においても、ここかしこで述べておいた。しかしこのテーマは独自の、詳細な論文が必要である。

（9）「第八付録」参照。

（10）ヘロドトス『歴史』第七巻一二九章（一六）。

（11）「いかに、私たちはここで生きていくことができるだろうか、いかに、祖国を、私たちの掟を、また私たちが、その人々のために死を恐れず、自ら進んで、このような長途な旅を企てたほどの人々を、見捨てることができるだろうか」――プルタルコス『スパルタ人の有名な言葉』から。アモアの翻訳。一五七四年、パリ。

（12）エピクテトス『人生談義』第三巻一六章、J・G・シュルトハイスの翻訳。

（13）ヘルダー『神学の研究についての書簡集』第三部、八九、九〇頁。

訳註

（一）ここで言う「私の異論」とは、「一七八四年八月一日付メンデルスゾーンからエミーリエを介してヤコービ宛書簡に同封した異論」（本書一一六頁以降）のこと。

（二）ここでヤコービが言っている対話とは『信をめぐるデイヴィッド・ヒューム、あるいは観念論と実在論』（*David Hume über den Glauben, oder Idealismus und Realismus*, 1787）のこと。

（三）パスカル『パンセ』（前田陽一・由木康訳）〈世界の名著24〉中央公論社、一九六六年、二三七頁（ブランシュヴィック版四三四）、二一九頁（ブランシュヴィック版三九五）。

（四）クロード・アドリアン・エルヴェシウス（Claude Adrian Helvetius, 1715–1771）。

（五）エピクテトス（Epictetus, c.55- c.135）。ギリシャの哲学者。ストア派に属す。訳出は本文に従った。なお邦訳として『人生談義』上（鹿野治助訳）岩波文庫、一九五八年、五九頁を参照。

（六）「ヨブ記」第二八章第二八節。

（七）アルクィヌス（Alcuinus, 735–804）。イギリスの神学者、教育家であるこの人物の言葉。フランク王国における学問復興の基を開いたと言われる。

（八）ヨーハン・フリードリヒ・ヴィルヘルム・イェルザレム（Johann Friedrich Wilhelm Jerusalem, 1709–1789）。ルター派の牧師。レッシングの友人であり、ヤコービは二度目のレッシング訪問の際に知り合った。著書に『宗教の最も優れた真理についての考察』がある。

(九) ヨーハン・カスパール・ラーヴァター(Johann Caspar Lavater, 1741-1801)。チューリッヒのプロテスタントの牧師。一七六九年、ラーヴァターはシャルル・ボネの『哲学的輪廻』第二部『キリスト教の証明に関する哲学的探求』をフランス語から訳し、これを六年前のベルリン訪問の際、知り合いになっていたメンデルスゾーンに献呈する。添えられた手紙の内容は次のようであった。「もしあなたがキリスト教の事実が支えられている本質的な論証を不当だとお思いになれば、この書を公然と否定して下さい、しかしながら、それを不当だとお思いになれば、賢明、真理愛、誠実があなたに命ずることをなしていただきたい。――ソクラテスがこの論文を読み、反駁できないと思ったらどうしたでしょうか」。啓蒙主義の旗手として、またユダヤ人哲学者として、それまでキリスト教の問題には意図的に、微妙な距離をとってきたメンデルスゾーンにとって、拠って立つ基盤へのきびしい問いとなった。これがメンデルスゾーンの生涯の一時期を画する「ラーヴァター事件」の始まりであった。手紙の内容の訳出はアルトマンの次の文章に拠った。Alexander Altmann: Moses Mendelssohn, The Littmann library of Jewish Civilization, 1998, p.209. なおラーヴァターの人物像はゲーテの『詩と真実』第三部を参照。

(一〇) ガイウス・サルスティウス・クリスプス(Gaius Sallustius Crispus, B.C. 86-35)。ローマの歴史家、政治家。

(一一) プロティノス(Plotinos, 205-269)。ギリシャの哲学者。新プラトン派の創始者。宇宙の起源、万物の流入のもととなるものを神(純粋なる一者)と名付けた。

(一二) ランプサコスのストラトン(Straton von Lampsakos, B.C. c.340-268)。ギリシャの哲学者。同時代の哲学者は倫理観をテーマとしたが、彼は物理学の問題に取り組んだ。運動理論と世界の根底にある物理的な構造の問題において大きな貢献をなした。また真空の存在証明の実験も行った。

(一三) クリスティアン・ヤーコプ・クラウス(Christian Jacob Kraus, 1753-1807)。ヤコービに一七八七年、ここで言及されている『汎神論について、ヘルダーの「人類歴史哲学考」の論評』を送っている。ハーマンとも親交があった。

(一四) レーベルク(August Wilhelm Rehberg, 1757-1836)。政治家で文筆家。人物像については一七九〇年一〇月一四日付ヤッハマンからカント宛書簡を参照。

(一五) 一七八八年五月七日付ハーマンからヤコービ宛書簡におけるハーマンの言葉。

（一六） ヘロドトス（Herodotus, B.C. c. 484–c. 425）。ギリシャ最古の史家で「歴史の父」と呼ばれる。邦訳の該当箇所は『歴史』下（松平千秋訳）岩波文庫、一九七二年、八三―八六頁。

第Ⅱ部　スピノザの学説に関する書簡へのもろもろの付録

スピノザの学説に関する書簡へのもろもろの付録

「哲学の体系の中で、よりすぐれたものは、人間知性の活動を、よりたやすく、より卓越したものへと完成させ、自然の真理により調和するものである。この哲学は、できる限り、自然の真理と協力し、その真理を予感し（この言葉の意味は、自然の秩序と変化の原理に従うものであり、動物やそれに類似した人々の動物的本能によるものではない。また、それは預言者たちの、良いデーモン、あるいは悪いデーモンの霊感によるものでなく、また詩人や瞑想的な人々の憂鬱質の熱狂によるものでもない）、法を制定し、風習を改良し、是正し、あるいは至福な、神的な生を認識し、その生を生きることを教えている。」

（ジョルダーノ・ブルーノ『原因・原理・一者について』七八頁）

第一付録　ノラのジョルダーノ・ブルーノからの抜粋 ――『原因・原理・一者について』

Ⅰ　原因について

原理との差異と類似性、作用因、形相因と理想因〔目的因〕の同一性

すべてのものは第一原理でもなく第一原因でもないが、原理と原因になるべきものを持っている。

この命題がどれほど否定できないものであろうと、この命題によって手に入れる原因と原理についての認識への展望がどれほど大きいにせよ、しかしながら次のことは確実である。すなわち、私たちが知覚する結果のもっとも近い原因と原理を根拠づけることはほとんど不可能であるということ、また、第一原因と第一原理についての残された痕跡と呼び得るものを、結果において最大限の努力で発見するということである。

私たちは、第一原因、第一原理という言葉で何を理解しているかを知っているだろうか。――私たちは、そもそもこれら二つの名称で何をするつもりだろうか。この二つの名称は結局、同一のあるいは異なった意味を持っているのだろうか。そして後者の場合だとすると、どこに違いがあるのだろうか。

この二つの表現はしばしば混同されているが、実は違いがあるということは、すぐに明らかになるだろう。原理は、ある事物の内的な根拠であり、事物の可能的な存在の源泉である。原因は、事物の外的な根拠であり、事物の実在的、現実的な存在の源泉です。原理は結果のうちにとどまり、そして事象をその本質において保持する。この意味において質料と形相は互いに合一し合い、相互に支え合うと言える。それに対して原因は、結果の外部にあり、事物の外的存在を規定する。原因と外的存在への関係はちょうど道具と作品、手段と目的の関係にある。私たちは原因と原理における違いを確定した後に、これらの概念自体に関して、より厳密なものを規定しようとしなければならない。

私たちは、最初の作用因を、それと分かち難く結びついている形相因を、最後に、作用因を動かしている目的因をどのように理解しているのだろうか。

作用因に関しては、私たちは、あの普遍的な知性（der allgemeine Verstand）以外に、いかなる普遍的かつ現実に活動する存在も、つまりいかなる物理的に作用する存在も知らない。あの普遍的知性とは、つまり世界霊魂（Weltseele）の第一の、もっともすぐれた力（Kraft）であり、この力は宇宙の普遍的な形相（Form）として自分を認識させようとしている。すべてのものはこの力で満たされている。この力は宇宙を照らし出している。この力は、どのように自然が自らの仕事をつくりあげるべきかを自然に指示する。そして、この力があるからこそ自然の事物は生まれてくるのであり、それはちょうど、人間の思惟する力があるからこそ諸々の概念が生まれてくるのと同じである。ピュタゴラス派の人々は(一)この普遍的な知性を、宇宙を活動させ、「動かす人」と呼んでいた。プラトン主義者たちは全く同じ意味において「世界の構築者」(二)と呼び、ヘルメス主義者たちは「あらゆる種子の種子」と呼んだ。なぜなら、この普遍的知性は質料（Materie）を無数の形相で充満させるからである。オルフェウスは(三)普遍的知性を「世界の眼」と呼んだ。なぜなら、普遍的知性は事物に内的、外的に調和と均整を与えるためにすべてを見抜いているからである。エンペドクレスは(四)普遍的知性を「区別するもの」と呼んだ。なぜなら、普遍的知性は混乱した形態を質料の内部においてより分け、死から新しい生命を呼び起こすことに決して倦むことはないからである。プロティノスに(五)とってそれは「父」であり「創造者」であった。なぜなら、普遍的知性は自然という畑に種を蒔き、そして、その手から最後には、すべての形相が直接的に生じるからである。私には普遍的知性は内なる職人に見える。なぜなら、普遍的知性は内部から質料を形づくり、形成するからである。根と穀物の内部から普遍的知性は新芽を生じさせる。新芽から普遍的知性は太枝を、太枝から小枝を、小枝の内部からつぼみを生じさせる。葉、花、果実の繊細な構造〔組織〕すべては内的に計画され、調えられ、完成される。そして内部から、普遍的知性は自分の樹液を果実と葉から、そして小枝へ、小枝から太枝へ、太枝から幹へ、幹から根へと再び呼び戻す。——植物においてここで行われていることが動物においても、またすべてのものにおいても行われている。

これらの生命にあふれた仕事が、知性と精神なしで生み出されたと言えるだろうか。質料の表層で私たちが行う生命のないまねごと〔創造のまねごと〕さえも知性と精神を必要としているのであるから。この芸術家、すなわちすべてのものの内部に偏在しているものは、どれほど無限に私たちを凌駕しているかをお話しする必要はないだろう。この芸術家は素材と対象を何も排除することなく選び、休むことなく万物において万物を生み出すのである。

ところで私たちは、次の三様の知性を区別しなければならない。万物である神的知性——万物を生み出す宇宙〔世界〕の知性——そこにおいて万物が生み出される個々のものの知性。すなわち両極端があり、その中心に、自然の事物の外的並びに内的に作用する真なる原因が存在しなければならない。外的ならびに内的な原因と、私は繰り返す。外的原因であると言ったのは、作用としてのそうした原因は、事物の一部分をなすものとして、合成され、生み出された当の事物の一部と考えることはできないからであり、それゆえ、事物の外部にあるものとしてみなされなければならないからである。内的原因であるとは、それが質料の表面でも、質料の外部でも、活動しておらず、全く質料の内部からのみ活動するからである。

私は作用因あるいは動力因と結びついた形相因の話へと移る。この形相因は理想因あるいは目的因とおそらく切り離すことはできない。というのも、知性でもって、そして知性によって行われるべき一つ一つの行為は、あるものへの顧慮に基づく意図を前提としているからである。このあるものとは制作されるべきものの形相以外の何ものでもない。それゆえ、事物のすべての様式を産み出す力をもっている、またそれゆえ、極めてすばらしい技術で、質料の能力を現実的なものにおいて表現する力をもっているあの普遍的知性において、必然的にあれらのすべての事物は、ある形相的根拠に従って、あらかじめすでに存在していなければならないのである。二種類の形相がそれゆえ、必ず想定されなければならない。まず一つは、原因でありながら、まだ現実へと規定していない原因である形相。もう一つは対象を質料から現実に生じさせる形相である。作用因の目的、あるいは、目的因一般は宇宙の完全性である。その完全性の本質は、質料の様々な部分において、あらゆる形相が現実的な存在へと至るということにある。そしてこの目的に知性は大きな喜びを見出し、質料から新しい種類の形相を呼び起こすことに決して倦むことはないのである。このことはエンペドクレスの意見でもあったように思われる。作用因が、宇宙においては普遍的に存在し、また、すべての個物においても、宇宙の部分においても、特殊な在り方で存在していること、同じことは作用因の形相と目的に関しても言える、ということを私は付け加える。

私は、世界霊魂の特性としての普遍的知性に関して、それはあらゆる自然界の個物の、直接の、最終的な産出者であると示した。それは同時に形相と作用因は本来二つの互いに異なるものではなく、いわば同じものであることが証明にもなっている。この洞察は、私たちを事物のもっとも内奥の根拠としての原理の認識へと、大いに近づけてくれるのである。

ここで私たちは、作用因と形相因が同一であるという主張が提起する疑問にただちに答えようとしなければならない。すなわち、同一の存在者つまり世界霊魂は同時に内的かつ外的な根拠、原理および原因でありうるということが可能であるかという疑問にである。

ある喩えが解決へと導いてくれるだろう。船長が船の中にいるように、魂は肉体のうちにある。船長は、船と同じ動きをしている限り、船の一部である。しかし彼が船を動かしている人と見なされる限り、船とは違った、それ自身で活動する存在として現れる。世界霊魂についても同じことが言える。それが宇宙を貫流し、ひとつの生命であり、ひとつの普遍的な形相である限り、それは宇宙の内的な部分、すなわち宇宙の形相的な部分と見なすことができる。しかし、それが他のすべての形相を規定し、整え、それらの変化する状態を生み出す限り、それは部分として、すなわち原理として見なすことはできず、それは原因であるということになる。

すべてが生きていて、それぞれのものの魂が、その形相であるとしよう。その場合、全体を部分のアナロジーに従って思い描きさえすれば、作用因、形相因そして理想因〔目的因〕が同一であっても私たちはいかなる困難もみつけることはない。しかし私たちは、世界を完全に生きている一つの存在者として見ることに対してある種の嫌悪感をもっている。私たちは形相なきいかなるものも思い描くことはできないと同様に、魂の結果でもなければ、直接、間接の表現でもない形相を思い描くことはできないのであるから。精神のみが何かを形づくることができる。精神の間接的な結果にすぎない技術の産物を、生きている形相と称することは、もちろん愚かしいことであり、笑うべきことで、私の机は、机として、私の服は、服として生命をもってはいない。しかしそれらは材料を自然からとってきているので、生きている部分から成り立っている。いかなるものも精神がそこに住まうことのないほど取るにたらぬ卑小なものではない。そしてこの精神的な実体は植物として伸びていくためには、あるいは動物として何らかの活動する肉体の四肢へと至るためには、適切な関係だけを必要とするのである。自然においては、すべてはもっとも微細な部分に至るまで質料と形相から成り立っており、何ものも生命なきものではない。しかしだからと言って存在するすべてのものが、動物的な本性をもつとか、あるいは生きているとは決して言えない。魂をもつすべてのものが、それゆえ生きもの（beseelte Wesen）と呼ばれるものではないのである。しかし、すべてのものは、実体において、魂と生命をもっている。ただ、すべてのものが生命と魂の使用を実際に享受しているわけではないのである[1]。

私は、〔次節で〕この質料の問題へと立ち帰り、そしてさらに、知性、精神、魂そして生命についてより詳しく語るつもりである。万物を貫き、万物のうちに存在し、すべての質料を動かし、その内部を満たし、自分に質料を従わせるそうした生命について語るつもりである。なぜなら精神的な実体は、質料的な実体によって克服されるのではなく、むしろ後者が前者によって支配されるからである。

「まず天と地、潤いのある野原、
輝いている月の球体、ティターンの星
そうしたものを養うのは内なる霊気である。そしてこの精神はその隅々まで浸透しつつ
かたまり全体を動かし、物体全体とまじり合う[六]。」

それゆえ、精神、魂、生命がすべてのものに再び見出され、様々な段階に従い、存在をもつものすべては、それらに満たされているのであれば、この精神はすべての事物の真の形相であり、それらの力であるに違いない。

外的諸形相のみが変化し、消え去っていくのである。なぜなら、こうした外的諸形相は事物ではなく、事物の偶有性であり、実体ではなく、実体の偶有性であり、状態であるから。

「魂は、決して死することはなし、その古き住まいを新しきいえに変えて、いおりとなす。すべては変化すれど、何も絶えるものはなし。(七)」

Ⅱ 質料的原理一般について

次に、特に可能態と見なされた質料的原理について

デモクリトス(八)とエピクロス学派(九)の人たちは「物体でないものは何ものでもない」と主張し、質料を諸事物の唯一の根拠と見なし、質料自体が神的自然である、と言っている。キュレネ学派(一〇)やキュニコス学派(一一)やストア派(一二)もまた、形相は質料の一種の偶有性以外の何ものでもない、と考えている。私自身はこの意見に長い間、賛成してきた。なぜなら、その証明根拠はアリストテレスのそれより、自然からよりよく導き出され、証明されているからである。しかし、私の視野が広がり、事柄をより十分に考察しはじめた後では、自然には一つは形相、もう一つは質料という二種類の実体を認めることが、必要であると私には思われたのである。なぜなら、そこから他のすべての諸力の活動する能力が流れ出る最高の力が認められなければならないと同様に、これに対応してこの活動する能力が能動的に生み出すすべてを受動的に支えることができると同等の基体が絶対に認められねばならないからである。前者の能力は規定する力であり、後者の能力は規定される力である。

質料をそれ自体において考察するために、質料を形相から分離しようとする人は、技術の作品との比較に基づくのがふつうである。ピュタゴラス学派もプラトン主義者もペリパトス派（一三）もこうした考え方であることを私たちは知っている。ここでは最良の手仕事が例として役に立つ。家具職人の仕事の根底には木材が、鍛冶屋の仕事の根底には鉄がある。それぞれが同一の、特に自分の技術に適した材料から様々な事物の多様性を作り出す。たしかに事物の形、種類、性質そして使い方は、材料の本性と特性からは導き出すことはできない。しかしだからといって、それらはただ単に技術によるだけでは、材料自体ではもはや存立することは、まったくできないだろう。自然に関しても事情は同じである。しかし重要な違いがある。すなわち、技術はすでに形づくられた多様な質料を自然の手から受け取り、こうした質料の表面だけを変化させるのである。これに対し自然はいわばその対象の中心点から、すなわち全く形を欠いている質料の中心点から働きを及ぼす。そしてこの基体的な対象〔質料〕は、唯一の、単純な対象にすぎないのである。この対象に自然は、その違いや規定を形相によって初めて与えなければならないのである。

　しかし、私たちが、そのような形相のない質料などどこにも見つからないし、その実在を私たちが確信できるようないかなる手段もない。それなのにそのような形相なき質料を想定することが許されるだろうか――決して許されないのである。色を知覚するために耳を使うことができないからといって、私たちは色を知覚するという手段をもたないことになるだろうか。もちろん、技術の基体とは全く異なっている自然の基体を知覚するためには、外的な感覚とは違った感覚が必要である。自然の基体は、理性という目によってのみ認められるし、またこの理性の目からは逃れることはできないのである。

　技術の形相が技術の質料に対してもつ関係は、しかるべき条件のもとですが、自然の形相が自然の質料に対する関係に等しい。技術が、唯一の質料でもって企てる無数の変容を私たちは見ることになるだろう。ここには切り倒された幹が横たわっている。あそこには飾りたてられた、極めて高価な設備で一杯になった宮殿が立っている。同じような変化を自然は、私たちに示している。最初は種子であったものが、草になり、草であったものが穂になり、穂であったものがパンになり、パンであったものが乳糜《にゅうび》になり、乳糜《にゅうび》であったものが血となり、血から精子が、精子から胎児が、胎児から人間が、人間から死体が、死体から土が、土から石や他のかたまりが、こうして続いてゆく。それゆえ、ここで私たちは、これらすべてのものに変化し、そしてそれ自体いつも同一にとどまる、あるものを認める。それはしたがって物体ではあり得ず、また私たちが特性、性質、特質と名づけるものにも属してはいない。というのも、これらのものは移ろいやすく、自然の形相から別の形相に移っていくからである。したがって、この何かは物体的にも、感覚的にも明らかにすることはできないのである。

しかし、これに従えば、すべての自然の形相は、質料から生じ、また質料に戻っていくことになる。したがって不変であり、永遠であり、原理の名に値すると思われるものは質料以外には何も存在しない。諸形相を内部より生ぜしめ、またその中へと再び受け入れるのは質料なので、そうした形相は質料なしには存立しえないのである。それに対して質料はいつも同じものとして、また、つねに豊かなものとして留まる。それゆえに、多くの人たちは、自然の諸形相の根拠を考察した結果、「これらの形相は質料の単なる偶有性にして、様相、状態、だろう」という結論に最終的に至ったのである。実在性、完全性、現実的な能力が帰せられねばならないのは質料のみであり、実体でも、自然そのものでもなく、また実体や自然がもつ諸事物ではないのである。アリストテレス学派のムーア人、アヴィケブロンも[一四]質料を、必然的で、永遠であり神的な原理とするこの学説を唱えていた。彼は質料を、そこに万物が存する神と呼んでいる。

ただ偶然的な形相、第二種の形相のみを認識し、あの必然的にして、永遠なる、第一の形相を、すなわち私たちが、ピュタゴラス学派と共に世界の生命と霊魂と呼んでいるすべての形相の形相にして源泉を認識しなければ、実際この誤りに陥るに違いない。

しかし、この第一の普遍的な形相と、あの第一の普遍的な質料、これらはどのようにして合一され、不可分なものになっているのだろうか。異なっているが——しかしながら唯一の存在にすぎないだろうか。この謎を私たちは、これから解き明かさねばならない。

質料と言われるこの原理は、二つの仕方で考察できる。第一に可能態・能力として、次に基体としてである。質料が可能態として考察されるとき、可能なものすべてが、ある仕方で可能態の概念の適用を受けている。こうしたことからピュタゴラス学派やプラトン主義者やストア派やその他の人たちは、質料を感覚的世界だけでなく、超感覚的な世界にも属するものと考えたのである。私たちは、質料をこれらの哲学者がなしたと全く同じように解するのではなく、質料を可能態としてより高度な、展開された意味において捉えている。

可能態あるいは能力は、一般的には能動的なものと受動的なものとに分けられる。能動的な可能態は脇に置いておく。受動的な可能態を真実あるがままに眺めるには、それを純粋に、端的に眺めなければならないという注意を促したいからである。ところで、存在する能力が欠けている何らかのものに存在を与えることは不可能である。このことは能動的な可能態に明確な関係を持っているので、ここから、いかに一方が、他方なしでは存在し得ないかではなく、いかに両者がお互いを前提し合っているかが、ただちに明らかとなる。それゆえ、為したり、制作したり、創造したりする能力が存在していたとすると、引き起こされたり、制作されたり、創造されたりする能力も存在していたはずである。受動的な存在者としての質料の概念は、こうした仕方で理解されるならば、最高の超自然的原理の概念と躊躇なく結合されるのである。そして、すべての哲学者だけでなく、すべての神学者もまたそれに同意するに違いない。事物の存在の完全な可能性は、それら事物の現実的な現存在に先行することもできず、またその後に生き残ることもできないのである。現実に存在するという完全なる可能性が現実に存在することなく存在するならば、そうした事物は自分自身を創造するだろうし、存在する前に存在することになるだろう。第一の最も完全な原理は、全存在を包括し、万物であり得るし、万物である。この原理が万物であり得ないならば、この原理は万物ではないだろう。働いている力と可能態、可能性と現実性は、この原理において、それゆえ分割されない、また分割できない一者である。存在することも、しないこともある、これやあれやの仕方で規定され得る事物については、事情はこうではない。一人一人の人間は、それぞれの瞬間において、すなわちその瞬間には存在し得るのであるが、一般的に、また実体において存在し得るすべてではない。すべてであるもの、すべてであり得るものは、その存在において、他のすべての存在を包含するただ唯一のものだけである。それ以外のものは、あるところのものにすぎず、そのつど、一定の秩序と連続の中において個別の、特殊な在り様でしか存在し得ないものである。それゆえ、それぞれ〔個物〕の能力は原理そのものの単一な行為である。この単一な行為は不可分なものとして原理の中に不可分なものとして包含され、事物の中に展開され、分散させられ、多様化されて生じるのである。

　宇宙、すなわち、能産的自然も同様に、それが現実かつ一度にそれであり得るところのものすべてである。なぜなら、この自然はその変わりやすい形姿をもたらす永遠、不変の形相の他に、すべての質料を含んでいるからである。しかしながら、能産的自然は、瞬間から瞬間への発展においては、その特殊な部分においては、性質においては、個別的存在においては、すなわち外観一般において能産的自然はもはや能産的自然であるものでも、あり得るものでもない。そこでは能産的自然は活動する力と可能態、可能性と現実性が同一のものである第一原理の形象の影にすぎないのである。展開されている宇宙のいかなる部分も、それがあり得るすべてではないので、そのような部分のみで成り立っている全体は、自然であり得るところのすべてであり、自然でないものは何も存在しえない自然の完全性を表現できるとは言えないだろう。

私たちの知性には、明らかに完全に受動的な能力であり、明らかに能動的でもあるあの能力を捉えることは不可能である。私たちはどのように何かがすべてであり得るか、またどのように何かがすべてであるかを理解できない。というのは私たちのすべての認識は類似と関係についての認識にすぎないからである。この認識は測り難いもの、比較を絶したもの、絶対的に唯一のものには決して適用することができない。私たちは、この光の高みへの、またこの深淵の深みへの視力を備えていないのである。この二つの両極端をまとめて、聖書はこれについて崇高さをもって、次のように言っている。すなわち「汝の御前《みまえ》には暗きものも隠るることなく、夜も昼の如くに輝かん。汝には、暗きも光もことなることなからん」(一五)と。

Ⅲ　基体とみなされた質料的原理について

私たちは、質料を可能態・能力と見なすことによって、神性を傷つけることなく、プラトンが『国家』や『ティマイオス』でなしたよりも高い位階を、質料に割り当てることができることを見てきた。変わりやすい自然界の諸事物の基体にすぎない第二の種類の質料を、感覚的、超感覚的な世界と共通点をもっている質料と混同しないように気をつけてほしい。そうであれば、あらゆる障害は取り除かれ、私たちは、第一原理が異なった仕方では存在しておらず、また、より多く形相的でもなければ、より多く質料的でもないということを容易に認めるだろう。そして、このことは結局、実体においてすべては一つであるという認識に至るのである。

実体に関していえば、ペリパトス派もプラトン主義者たちも、物体的なものと非物体的なものとの区別をしていなかったわけではない。そして、このような区別は形相に関係してのみ生じ得るのである。存在する様々な事物は、必然的に、それら事物の存立の原理へと、そこでは個々の形相のすべての違いが消えていく単純な基本的な存在へと私たちを導いていく。感性的な諸事物は、まとめて一つの感性的な基体を前提とするように、叡知的な諸事物も、一つの叡知的な基体を前提にしている。これら二つの基体は、しかしこれまた必然的に両者にとって共通な一つの根拠を要求する。なぜなら、存在に由来せず、それに基づかないいかなる存在者も存在し得ないからである。ただし、自身の存在において、すでに現実性が含まれ、完全に与えられている存在を除いては。

一般的に認められているように、物体は物体でない質料を前提とし、したがって質料は、本性上、物体的存在よりも先行している。そうであれば一体何が質料を非物体的と言われている実体とまったく相容れないものとしてしまうのか、私にはわからないのである。ペリパトス学派のかなりの人たちが次のように言う。「物体的な諸実体において、ある形相的な、神的な何かが見出されるのであれば、下位と上位の事物が浸透し合い、相互に規定されるために、ある質料的な何かが、神的なものにおいてもまた存在するに違いない」と。プロティノスもまた『質料について』という本の中で言っている。「もしも叡智的な世界において多くの多様な存在者が存在するならば、それらの特性と差異性を規定するものの他に、それらすべてに共通なものが存在しなければならない。それらすべてに共通なものが質料の働きをなし、特性と差異性を規定するものが形相の働きをなしている」と。さらに「差異がないならば、いかなる秩序もないだろう、秩序がないならば、いかなる美も飾りも存在しないだろう」と。差異性と秩序は、同時に質料が措定されなければ、考えることはできないのである。

非物体的事物と物体的な事物の根底にあるこの質料は、多くの形相を含む限り、多様な存在である。それ自体においてみれば、全く単純であり、不可分なものである。質料は、現実にかつ同時に存在し得ることができるすべてのものである。そして質料はすべてであるがゆえに、それは個々のものとしては存在できない。あるものが、どのようにすべての特性をもち、そして全くもたないのか、どのようにすべてのものの形相的存在でありながら、自分ではいかなる形相ももたないかは誰にとってもたやすく理解されることではない、と私は認める。けれども哲学者には「同一のものが全体であると同時に個別のものではありえない」(non potest esse idem, totum et aliquid) という命題が知られている。質料に形相の特殊な収縮の一つの名前を与えることができないのであれば、それ〔質料〕が私たちの眼前ですべてであることを、またすべてに成ることを、なぜ私たちは認めないのだろうか。質料は、空気、火、水、土だろうか。私たちが個体的なもののより低い種へと、また技術の単なる変化へと降り立つ時、誰が木と呼ばれる形相によるあの収縮を、すなわち机、椅子あるいはベッドの観念からこの実体の概念を導き出そうとするというのだろうか。こうして最高の意味における質料はすべての形相を受け入れるが、それでいてどれか一つの形相によって表現されることはないのである。「すべての広がりをもつためにいかなる広がりももたない」(Nullas habet dimensiones, ut omnes habeat)。ところで質料が受け入れる諸形相のあの無限性を、質料は他の形相から、言わばただ外面的に受け入れるのではなく、自分自身から生み出すのである。質料はあの「無に近いもの」(prope nihil) ではない。何人かの哲学者は、質料をそうしたものに仕立て上げようとしたからこそ、自分自身と矛盾に陥ってしまったのである。質料はまた、活動性、完全性、行為をもたない全く空虚な不毛な能力でもない。質料がそれ自身いかなる形相ももたないのは、氷が熱を、あるいは深淵が光を奪い去られているように形相を奪われているわけではない。質料は出産時の陣痛に苦しむ母親に似ている。

人間の知性の領域の外にその認識をもつ最高存在者の概念には私たちはこうした仕方では上昇できない。しかし、どのように世界霊魂が万物を可能にし、万物を活動させ、万物が万物に存し、またどのように無数の個物がそこにおいて、それによって唯一の存在をなしているかという洞察へと至ることはできる。この統一性を認識することが哲学と自然研究すべての目標である。自然を超えていくより高度な考察は信仰をもたない人にとっては不可能であり、無益である。このためには、超自然的な光が必要である。この光は、すべての事物は物体であり、エーテルのように単純であるとか、あるいは星辰や星辰に属する他のもののように合成されたものであるなどと考えてしまうと決して見出されない。この意見の支持者たちは神性を世界の無限性の、事物の無限の連続の外部には求めず、この世界の内部に、諸事物の中に求めるのである。そしてこのことのみが信心深い神学者と真の哲学者とを区別しているのである。

アリストテレスと彼の後継者もまた、諸々の形相を、外的な仕方で質料において生み出させるというよりは、むしろ質料の内的な能力から生じさせている。彼らは形相の内的形成における活動する能力を認める代わりに、能力を主として形相の展開において認識しようとしただけであった。というのも、完成された、感性的な、そして明確な事物の現象は、その事物の現に存在していることの主たる根拠ではなく、その結果であり作用だからである。自然はその対象を、技術が除去と結合によって生じさせるとは違い、分離によってのみ生じさせる。ギリシャ人の中で最も賢い人々もこのように教えており、東洋人も同様である。そしてモーセはそれゆえに諸事物の発生を記述する際に、普遍的で、活動的な存在を次のように語ることによって導き入れている。すなわち、「大地は生命ある動物を生み出せ、水は生きものを生み出せ」と。これは「質料はそれらの生き物を生み出せ」と言っているのと同じことである。というのもモーセにとっては諸事物の質料的な原理は水だったからだ。活動的な知性を彼は霊と呼んでいる。この精霊は水の上に漂っていたのである。そして天地創造が行われた。すべては分離によって次第に水から生じるのである。

Ⅳ　一者について

こうして宇宙は一であり、無限であり不動である。存在するのは唯一の絶対的可能性、唯一の現実性と行為だけである。形相あるいは魂も一つのものである。質料ないし物体も一つのものである。ものは一である。存在者は一である。最大にして最善のものは一である。その本質は把握され得ないこと、終りや限界や何らかの究極の規定を持たないことである。したがって宇宙は無限であり、測りがたい。そして、それゆえに不動である。宇宙は自分の場所を変更することはできない。なぜなら自分の場所以外いかなる場所も存在しないからである。宇宙は生み出されない。なぜなら、すべての存在は固有な存在であるからである。宇宙は消滅することはあり得ない。なぜなら、宇宙がそこへと移りゆく何ものも存在しないからである。宇宙は増大したり、減少することはできない。なぜなら、宇宙は無限であり、無限はいかなる比例関係ももたないので、減らされたり、増やされたりしないからである。宇宙はいかなる変化にも服さず、外部からも変化にも服さない。なぜなら、宇宙にとっては外部のものは何も存在しないから。そしてまた内部からも変化しない。なぜなら、宇宙は同時に一度にそれがあり得るところのすべてであるからである。宇宙の調和は永遠の調和とも言うべきものであり、統一性そのものである。宇宙は質料ではない。なぜなら、宇宙はいかなる形も、いかなる限界も持たず、また持つことはできないからである。宇宙は形相でもなく、そしていかなる形相も形態も与えることはない。なぜなら、宇宙はそれ自身それぞれの事物であり、また全体でもあり、すなわち一にして全（Eins und Alles）であるから。宇宙は測定され得るものでもなく、尺度としても用いられ得るものではない。宇宙は自分を摑むことも、包含することもないのである。なぜなら、宇宙は自分よりも大きくないからである。宇宙は捉えられ、包含されることはない。なぜなら、宇宙は自分自身より小さくはないからである。宇宙は比較されないし、また比較することはできない。なぜなら、宇宙は、このもの、あのものではなく、一にして同じものであるからである。

宇宙は、一にして同じものであるから、この存在やあの存在をもつことはない。そして、宇宙は、この存在やあの存在をもたないがゆえに、この部分やあの部分をもつことはないのである。そして、宇宙は、この部分やあの部分をもつこともないために、合成されてはいない。宇宙は同様に全体であり、それぞれの事物であり、すべてであり、一です。それゆえ、宇宙は限界でありながら、いかなる限界でもない。宇宙は形相だが、しかしながら、いかなる形相でもない。宇宙は質料でありながら、いかなる質料でもない。宇宙は魂でありながら、いかなる魂でもない。宇宙の高さはその長さと深さとに匹敵する。おのぞみであれば、宇宙は球と比較することができる。しかし宇宙はいかなる球でもない。球においては長さと広さと深さは同じ限界をもつがゆえに、同一である。それに対して宇宙においては、長さと広さと深さはいかなる限界も持たず、無限であるがゆえに同一である。尺度のないところにはいかなる比例関係も、またそもそも全体と異なる部分も存在しない。無限の一部分は、それ自体無限となるだろう。宇宙はしたがって全体と一致した一である。それゆえ無限の持続において、一時間は一日と、一日は一年と、一年は一世紀と、一世紀は瞬間と異なることはない。というのも一方が他方よりも永遠とより多くの関係をもっていないからである。きみもまたやはりいつも無限なものから遠く離れているのである。

そしてこの無限なものに対するすべての関係の外では、きみは一人の人間、一匹の蟻、あるいは太陽であってもかまわないのである。同じことが例外なくすべての個物にあてはまる。なぜなら、無限という概念はあらゆる個別性と差異性を、またすべての数と大きさを取り除いてしまうからである。宇宙においては立体は点と、中心は円周と、有限なものは無限なものと、最大のものは最小のものと異なっていない。[2] 宇宙は中心ばかりである。あるいはその中心は至る所にある。そしてその円周はどこにもない。それゆえに、古代の人々が神々の父〔ゼウス〕について次のように言っていることは無内容な言葉ではないのである。「彼は、すべてのものを満たし、宇宙のどの部分にも座を占め、それぞれの存在者の中心点であり、すべてにおける一であり、そして一がすべてであるのはまさしく彼によってなのである」と。絶えず変化し合う個物は全くの新しい存在ではなく、別の形態の存在だけを探し求める。個物は存在する。しかし、個物は実際に同時に存在しうるすべてではない。馬の形相を規定している同じ質料の収縮が、同時に人間の、植物のあるいはその他の個物の形相を規定することはできない。すべてのものは一なる存在に属する。ただ属し方が同じではないのである。ところで宇宙はすべての存在を包含するだけでなく、その存在の様式をも包含している。宇宙は実際に、同時に、完全にそして絶対的に単一な仕方において存在し得るすべてのものである。事物、数、尺度そして関係の差異を形成しているものは合成、姿などの変化であるが、それらはいつもそれ自身同一にとどまる実体に基づいている。この意味においてソロモンは「日の下に新しきものはなし」と言っている。この変わることのない、偏在する唯一のものを除いては、すべてのものはむなしいのである。このすべてのものの実体は、唯一の実体といわれるのである。唯一のものの外部ではすべては無である。

無数の存在者は、それゆえに宇宙においては、容器の中あるいは空間においてのように存在しているのではなく、ある身体の生命における体液や血のようなものとして存在している。人間の魂は、身体のすべてを同時にひとつにし、維持し、動かしながら、分割されることなく、ただ唯一の存在を形づくりながら、しかしながら、存在者の身体のどの部分にも遍在しているのである。同様に宇宙の本質もまた無限における一なるものであり、私たちによって宇宙の諸部分とみなされる各々の個物においても遍在している。その結果、実際には、全体とそれぞれの部分は実体においては、ただ一なるものなのである。それゆえ、これらのものをパルメニデス（一六）は正当にも、一なるもの、無限なもの、不変なものと呼んだのであった。十分な、はっきりとした信頼できるいかなる報告もないパルメデスの学説が他の点ではどうあろうとも、以下のことは何といっても確かである。すなわち、私たちが、その形成、特性、姿、色そして他の性質に関して諸物体において知覚するすべての差異は、唯一のものの、すなわち同一実体の外的な形姿以外の何ものでもなく、変わることなき永遠の存在の可変的な現れであるということ、そして精子の中に含まれている四肢のように、この永遠の存在においてすべての形姿が包み込まれているのである、ということ。これらの四肢が徐々に発育しても、いかなる別の新しい実体が生み出されるわけではなく、完成された出来事が目の前に置かれるにすぎないのである。

精子と動物の四肢に関しての発言は、食物と体液、血、肉、種子に関してもあてはまる。同様のことは食物に先行する他のものについてもあてはまる。こうして中断なしに、一段ずつ上方へとより高く上昇し、最後には私たちは自然界の普遍的な存在者に、最終的にはすべてのものにとって一にして同じものであり、すべての存在者の中の存在者であるあの根源的な普遍的な実体に到達するのである。芸術家は自分の材料をすべての尺度、すべての形姿と意図に従属させる。そして芸術家の技芸の作品は決して材料そのものではなく、この材料から引き出されたものである。同様に、類、種そして特性に属するすべては、また誕生、解体、変化、変遷によって存在へと至るものすべては、真なる存在者ではない。そしてこの存在は、決して本来の存在ではなく、それ自体において一であり、無限であり、不動であり、基体であり、質料であり、生命であり、魂であり、つまり唯一真であり、かつ善なる存在の様相と状況に属しているにすぎないのである。

すべての合成されたもの、分割可能なものの根底には合成されないもの、単純な何かがあること、前者は後者に還元されねばならないということは広く認められている真実である。人間の知性は、この統一性を解明しようと絶え間なく苦闘し、知性が統一性自身を事物の中に、あるいは少なくともそれについて表象するための類似のイメージを見つけるまでは探求することを目標とし、努力することをやめないのである。

こうして個々の事物の無限な存在者からの産出の仕方を思い描くために、幾人かの人々は、あの特殊な諸実体を統一性から発する数とみなした。他の人々は、むしろ実体的な原理を点として、そして個々の存在物を図形とみなした。第一の見解の方がより純粋であり、より良いのである。この見解はピュタゴラス学派のものである。そしてプラトンはこの学派からもっぱら自惚れの気持ちに駆られて遠ざかったのである。というのも、統一性と数が点と図形を規定していることを、また前者が後者の基礎であり、逆ではないことを彼が知らないはずがないのであるから。そうでなければ非物体的な実体は物体的な実体を前提すると主張しなければならないことになってしまうだろう。しかし、数なしの尺度は考えることはできない。それゆえ多くの存在を通じて、実体であり、すべての事物の根元であるあの単純な原理の知覚と考察へと私たちを導くためには、算術的な観念と概念は幾何学的な観念や概念より適している。私たちは、この存在を特別な言葉によってあるいは他に明確な、否定的というよりも肯定的な仕方で言い表すことはできない。それゆえ、それぞれの観点から、ある人たちはそれを「点」と呼び、他の人はそれを「統一性」と呼び、また別の人たちは「無限なもの」と呼んだ。

私たちがこの存在へと上昇することは、この存在が私たちの方へと降りてくることでもある。私たちは多様なものをひとつにまとめることによって概念の統一性を生み出すのである。第一原理は、その統一性を展開することによって存在者の多様性を生み出す。しかしこの原理は、無数の種類と種属、無限の個々の事物を生み出しながら、それ自体はいかなる数もいかなる尺度もまたいかなる関係も受け入れることはなく、それはすべてのものにおいて一なるものとして、また分割できないものとしてとどまる。それゆえ私たちが個々の人間を考察するとき、私たちは特殊な実体ではなく、特殊なものにおける実体を知覚しているのである。

ここまで私たちの考察に従ってきた人たちにとっては、すべての矛盾を含みつつ、しかし同時にそれらの矛盾を、統一性と真理へと溶解していく自然における「対立するものの例外なき一致」というヘラクレイトス[一七]の主張は、感情をそこなうものとはなり得ないだろう。この一致については数学のみが私たちに多くの例と証明を与えているわけではない。「例外なき一致」の事実はあらゆる他の方法でも確証されている。原理から派生したもの（Principiatum）は、いつも、本質的にその原理（Principio）と異なっていなければならないだろうか。寒さと暑さは、いずれも最も低い段階では同一の性質へと消えてゆき、それらの原理の同一性を証明している。この原理の変化の度合いが最も高い段階では抵抗が、最も低い段階では合一が認められるのである。消滅と生成の原理が同一の源泉をもつことは誰もが知っている。ある人の愛は他の人の憎しみである。それゆえ、実体において、すなわち事物の最も内奥の根拠において、憎しみと愛、友情と争いは一にして同じのものである。互いを止揚し合う様々な対象の概念の原理が認識の唯一の原理であるように、互いを止揚し合う様々な現実の事物の原理もまた存在の唯一の原理である。一つの基体に生じる様々な変化の多様性は、一つの同じ感覚器官による感覚の多様性と同じ関係にある。

自然の最も深い秘密に入り込むためには、対立し合う正反対の事物の両極端を、すなわち最大のものと最小のものについて探求することに倦んではならないのである。合一する点を見つけることではなく、そこから、その正反対のものを展開させることが最も重要なことである。このことが技芸の真の最も深い秘密である。

最高善、つまり最高の完全性と至福は全体を包含する統一性に基づいている。私たちは色を楽しむが、それは個別な色ではなく、様々な色の結合を楽しむのである。ただ一つの音楽の音がそれ自体でもたらすものは弱い感動である。多くの音の調和が私たちを恍惚とさせるのである。感情と知覚に属する何らかの特殊な対象の働きを、行為と能力と呼ばれるすべてのものを包含する存在者について私たちが知っているその働きと比較しようとする人がいるだろうか。また何らかの概念を、あらゆる認識の源泉をなす認識と比較しようとする人がいるだろうか。私たちの知性が、包含されるものであると同時に、包含するものでもあるこの最高の知性のあり方を認めれば認めるだけ、それだけ正しく私たちの洞察は全体の中へと浸透していくだろう。この一者を理解するものはすべてを理解する。この一者を理解しないものは何ものも理解しないのである。——生きているものは、気高く、力強いものの賞賛のために、唯一の善であり、唯一の真なるものの賞賛のために、原因、原理、一にして全である無限の存在を賞賛するために立ち上がってほしい。

原注

（1）この抜粋のいくつかの箇所は読者に私が、諸々の概念を作者〔ブルーノ〕に転嫁しないまでも、少なくとも、彼の主張する意味ではない仕方で、それらを展開させ、調整し表現しているという疑惑を呼び起こしかねなく、またまさしくこの段落はそうした箇所として私には目につくので、私はここで〔第二対話〕後半の本文を差し挟みたいと思う。イタリア語に精通している読者は、それでもって同時にブルーノの作風の実例を手に入れるだろう。

ディクソン　私は全く新しいことを聞いているように思えます。ひょっとして、あなたは宇宙の形相だけでなく、自然の事物のすべての形相もまた、魂あるものと主張しているのでしょうか。
テオフィロ　そうです。
ディクソン　では、すべての事物が生きている（beseelt）すなわち魂あるものということですか。
テオフィロ　そうです。
ディクソン　誰がこのことを認めるでしょうか。
テオフィロ　誰が道理をもって非難することができるでしょうか。
ディクソン　すべての事物が魂をもっているわけではない、ということは常識です。
テオフィロ　常識が必ずしも真理を言い当てるわけではありません。
ディクソン　おっしゃる命題が、弁明可能であることは認めるにやぶさかではではありません。しかし、あることが真とみなされるためには、それが弁明可能であることは十分ではありません。むしろそれが証明されることが必要です。
テオフィロ　それは難しいことではありません。世界が魂をもっている、と主張する哲学者はいないのですか。
ディクソン　もちろん、います。多くの重要な哲学者たちはそう言っています。
テオフィロ　ところで、なぜ、これらの人々は世界のすべての部分に魂があると主張しないのでしょうか。
ディクソン　事実、たしかに彼らはそう言っているのですが、それは世界の主要な部分、真なる部分に関してだけです、彼らは、「私たちに知覚できる生きものの魂が、生きものの体全体に存在すると同様に、魂は世界全体とそのあらゆる部分に存在する」と主張しています。
テオフィロ　では、どんな部分が、世界の真の部分ではないと考えるのですか。
ディクソン　ペリパトス派の人々が言うような第一物体でないもの、つまり大地――それは水と（あなたの言葉でいえば、すべての有機体を構成する）他の諸要素から成り立っています――月、太陽、他の天体ではないものです。これらの主要な生きもの以外に、宇宙の第一の部分ではない他の生きものが存在していて、それらのうち、あるものは「植物的な魂をもつ」、他のものは「感覚的魂をもつ」、さらに他のものは「知性的な魂をもつ」などと言われています。

テオフィロ　では、魂が全体の中にあるがゆえに、部分の中にもあるに違いないとすれば、なぜ、あなたは、それが部分の部分のなかにもあることを認めないのですか。

ディクソン　それを認めます。ただし、魂あるものの部分の部分においてだけです。

テオフィロ　では、一体、魂がなく、あるいは、魂の部分でもないものとは、どのようなものでしょうか。

ディクソン　目のまえにそういうものは、わずかしかないとお思いですか。生命をもたないすべてのものです。

テオフィロ　生命、少なくとも、生命原理をもたないものとは何でしょうか。

ディクソン　つまり、あなたは、魂をもたないもの、生命原理と芽を自分の中にもたないものは、そもそも、存在しないと言われるのですか。

テオフィロ　まさしく、それが私の主張したいことです。

ポリインニオ　では、死体は魂をもっているのですか。私の靴、私のスリッパ、私の長靴、私の拍車、私の指輪と手袋は生きていると言われるのですか。私のガウンとマントは生きているのですか。

ジェルヴァジオ　そうですとも、ポリインニオ先生、なぜいけないのでしょうか。私は、あなたのガウンとマントは、あなたのような動物がその中にいるので、生きており、長靴と拍車は、足を包むがゆえに、生きており、帽子は、魂なしには存在しない頭を覆うがゆえに、生きており、馬小屋は、馬やロバや貴殿がいるときには、生きていることを信じています。テオフィロよ、あなたもそう考えないでしょうか。私が、師である主人よりも、よく理解しているとお思いになりませんか。

ポリインニオ　それは誰の家畜ですか（Cuium pecus）。本当に屁理屈をこねるロバがいるものだ。まだ青二才で、新米の君が、私のようなミネルヴァの学校の校長であり、指導者であるものと自分を比べるとは、何てずうずうしいことだろうか。

ジェルヴァジオ　先生、ご安心下さい。私はあなたの従者の従者であり、あなたの足台です。

ポリインニオ　神が君を永遠に呪ってくれることを。

ディクソン　けんかはやめて下さい。これらのことに決着をつけるのは、私たちにお任せ下さい。

ポリインニオ　それなら、テオフィロに自説を述べてもらいましょう。

テオフィロ　そういたします。机も、服も、皮もガラスも、それ自体としては、生きていません。しかし、それらは、自然の合成物としては自らの中に質料と形相をもっています。あるものが、どれほど小さく、微細であっても、それは自らの中に精神的実体の一部をもっています。そして、この精神的実体は、ふさわしい担い手を見つけるやいなや、植物や動物へと成長し、一般に生きていると言われる任意の身体の四肢を形成するのです。なぜなら、精神は、すべてのものにおいて見出され、そして、精神によって生命を吹き込まれない何らかの部分を、それ自身において含まない、どんな小さなものも存在しませんから。

ポリインニオ　それゆえ、存在するものすべては、生きものだ、ということですか。

テオフィロ　魂をもつものすべてが、生きている（lebendig）と言われるわけではありません。

ディクソン　それでは、すべてのものは、少なくとも生命をもっているのでしょうか。

テオフィロ　すべてのものが、自らにおいて魂と生命をもつことを認めます。ただし、それは実体においてみた場合であり、すべてのペリパトス派の人々や生命と魂にあまりにも粗雑な概念規定を与えている人々が理解するような事実と現実性の面からみたものでは、もちろん、ありません。

ディクソン　あなたは私に、アナクサゴラスが、どのようにもっともらしい方法で「あらゆるものが、あらゆるもののなかにある」という見解を主張できるかを明らかにしてくれます。というのも、普遍的な精神、魂、あるいは形相が、すべてのもののなかにあるなら、すべてのものが、すべてのものから生み出されるのですから。

テオフィロ　もっともらしい方法ではなく、真実そうなのです。というのは、この精神は、すべてのものにおいて見出されるからです。これらすべてのものは、生きていなくても、魂あるものなのです。これらすべてのものは、現実に霊魂や生命を与えられていなくても、原理において、霊魂や生命のある始源的な営みという意味においては魂あるものなのです。これ以上は言いません。

（2）

宇宙において、立体は点と区別されない。なぜなら、可能性と現実性、可能態と現実態は無限においては同一物であるから。さらに点は線の可能態、線は面の可能態、面は立体の可能態であるから。スピノザに見出されるのも全く同じ考え方である。線は点から、面は線から立体は面から合成され得るという不合理な見解をブルーノとスピノザに帰するならば、私たちは彼らを正しく理解することにはならないだろう。すべての修飾は彼らにおいては運動による単なる外面的規定でしかないのである。

訳注

（一）ピュタゴラス派（Pythagoreer）。ピュタゴラス（B. C. C. 582–497）が設立した宗教結社を母体とする哲学、数学、天文学の学派。宇宙を包みこむものを初めてコスモスと呼んだのもピュタゴラスであった。この学派は、数学的法則が宇宙を貫徹していることを主張し、数学を実用数学から理論数学に高めた。宗教面においては個々人の「魂《プシュケー》」を浄めて、多くの戒律を守りながら天上の幸福へと至りつくことを願った。

（二）「世界の構築者」（Werkmeister der Welt）とは、プラトン『ティマイオス』で語られるデミウルゴスのこと。プラトン『ティマイオス』（種山恭子訳）〈プラトン全集12〉岩波書店、一九七五年、三三頁（30A–C）を参照。

（三）オルペウス（Orpheus）。オルフェウス教の創設者とされている。ホメロス以前の最大の詩人で音楽家。アポロンより竪笛を授けられ、あるいは自ら竪笛を発明し、歌と音楽の巨匠となり、彼の歌に野獣も山川草木も聴き惚れたという。

（四）エンペドクレス（Empedokles, B.C.493–433）。ギリシャの自然哲学者。パルメニデスに従い、無からの生成と無への消滅を否定し、また無なる空虚の存在も否定する。根源物質として地、水、火、風を「万物の四つの根」と考え、これらの結合、分離によって生成、消滅、変化が起こると考えた。

（五）プロティノス（Plotinos, 205–270）。新プラトン派の哲学者。主著『エネアデス』。アンモニウス・サッカスの弟子。彼は知性認識の対象ではない、すべてである「一者」から出発する。この「一者」が自身から、流出《エマナシオン》によって世界精神である知性《ヌース》を解き放つ。この知性が、理念的世界、すなわち真なる世界を含みつつ、自身から世界霊魂を生みだすのである。世界霊魂は個々の霊魂へと分けられる。流出の最も低い段階においては、質料が生じる。個々の魂は、質料的なものとしての身体をまとい苦悩することとなる。しかし魂の故郷は叡知界にあるので、魂は身体の桎梏からのがれ、上昇しようとする。「一者」から離れ落ちた魂の究極の願いは、エクスターゼによる根源である「一者」との再合一を希求することとなるのである。

（六）　ウェルギリウス『アエネーイス』六巻 *724–727*。訳出はレクラム版と Cambridge University Press 版に拠った。

（七）　オウィディウス『変身物語』一五巻 153–159, 165. METAMORPHOSEN, in deutsche Hexameter Übertragen und hrsg. von Erich Rösch. Artemis Verlag 1990, S. 563, S .565.

（八）　デモクリトス（Demokritos, B.C.460–370）。彼の学説は師レウキッポスの原子論を継ぎ完成した。真に「あるもの」は原子である「分割できないもの《アトマ》」と「空虚《ケノン》」だけである。個々の事物の性質を決めるものは、原子の大きさの他に、原子相互の位置関係および秩序であるとする。一切の生成が必然的なものであって、決して偶然ということはないとして目的論的な考え方を否定した。

（九）　エピクロス派（Epikureer）。ヘレニズム期の哲学の一派。原子論の立場から快楽を肯定する自然主義的な倫理学説を唱え、その適切な享受を保証するため「庭園」を開き、そこで自給自足の集団生活を行った。開祖はエピクロス（BC. 342–271）彼は「人生の目的は快楽である」と主張した。この「快楽」は「苦痛と混乱からの解放」、「煩わされないであること」（アタラクシア）を意味した。それは身体の健康と心の平静である。

（一〇）　キュレネ派（Kyrenaikern）。北アフリカのキュレネ出身のギリシャ人哲学者アリスティッポス（BC. 435–355）の学派。快楽が、すべての人間の行為の目標とする快楽主義の学説で知られた。前二七年頃に学派として生命を終える。

（一一）　キュニコス派（Kynikern）。ギリシャの哲学者アンティステネスの支持者。キュニコス派は常識や因習にとらわれず、名誉や財産など一切の所有を拒否する反欲・禁欲の立場をとり、樽の中のディオゲネスはその典型となった。「無欲」「自足」「無恥」を銘とした。

（一二）　ストア派（Stoiker）。ゼノンによって紀元前三〇〇年頃創立された。ストア派と呼ばれる思想に共通するのは、行為に先立つ思考の論理性《ロゴス》を、行為そのものより重視する生き方であった。自然の理に従って生きることが善であり、徳であり、自然に反して衝動に支配されることが悪、不徳であると考えた。キケロを介してローマ世界にも影響を及ぼした。

（一三）　ペリパトス派（Peripatetiker）。アリストテレスの学園リュケイオンの学派、逍遥学派ともいわれる。

（一四）　アヴィケブロン（Avicebron, 1020–1070）。スペインで活躍したユダヤ人哲学者。アリストテレス的新プラトン主義を受け継ぎ、主著『生命の泉』（*Fons vitae*）において、身体的および精神的な性質をもった普遍的な質料のみが存在する、という学説を唱えた。

（一五）「詩篇」第一三九章第一二節。

（一六）パルメニデス（Parmenides, B. C. 540-480）。エレア派の創始者。彼は哲学の中心点に、生成することなき変化しない実体の概念、すなわち「あるもの」、「存在するもの」を措定した。この「存在するもの」は思惟（知性）によってのみ覆いが取りのけられるのであるとする。「存在するもの」にとっては生成、消滅もないのであるから、自然発生的な運動、変化の多様性などがドクサとして否定されることとなった。知性に重きをおいた彼の哲学はイデア的世界の先駆をなしたと言われている。

（一七）ヘラクレイトス（Herakleitos, B. C. 540-480）。エフェソスの政治家として生きた。パルメニデスと生涯が重なる。火を万物の原理とし、火から万物へ、万物は火へと転化するという思想のもとに、〈闘争は万物の父〉と説いているように、万物はその反対物に転化生成し、不断の流転の姿をあらわしている。この生成変化こそが、世界の真理となる。ヘーゲルは哲学史において「真なるものは、対立物の統一としてしか存在しない。エレア派にあっては、存在だけがある、という抽象的な知性がある。私たちは、絶対的なものは、存在と非存在の統一である、というヘラクレイトスの表現に賛成しよう」と述べている。

第二付録　無神論について――ディオクレスからディオティィーマへ

最愛のディオティィーマ*！

個々の人間の、ならびに人類の歴史について私たちが知っているすべてのことは、私たちに次のことを教えてくれる。すなわち無神論なるものは、神性の崇拝の成立後、あるいは宗教の成立後、長い時を経て生じたものであり、知性のある種の行使を前提とする省察にその根拠をもっていることを。

それに対して人間の本性の内的なすべての仕組みは神性の認識へと、神性の何らかの崇拝へと、あるいは宗教へと人間を導く。

この考えをより詳しく規定してみよう。死によって私たちから引き裂かれた英雄、賢者あるいは善行者についての深い悲しみは、その人がまだ生きているという希望、考えを私たちに呼び起こすことがある。しかし人類の歴史の中にあるこうした痕跡をたどっていくだけでは、私たちはスコットランドの父祖たちの霊あるいは古代ぺいいいルシャ人とエトルリア人の守護神よりもさらに昔へと遡ることはできない。

恐れが――それが人間の身体的な防御の弱さのために人間にとって自然であれ、人間がもともと持っていた力のいくつかを失ってしまったがゆえに人間において偶然であるにせよ――私たちを駆り立て、私たちを取り囲んでいるすべてのものに助けを請い求めさせるということも私は認める。しかし、これは、かつてデモステネスがしたような錯覚の源にすぎません。彼は、逃亡の途中で茂みに命を助けてくれるように乞い求めたのである。

それに対して、この宇宙のすばらしい劇、太陽の、星空の、虹の畏敬の念を起させる光景、すべての感覚を通して空虚な人間の魂に働きかける自然の無限の多様性、これらは人間の魂を完全に捉えて、魂の中に単に漠然とした、明確な概念を欠いた非常に混乱した観念にもかかわらず、生き生きとした観念を引き起こしたのであった。この混乱に秩序が次第にもたらされた。事物は輪郭を手に入れ、切り離され、互いに分離した。そして数と大きさの概念が現われ始めた。魂のこの最初の混沌とした観念の後に、また魂のあの全体的な震撼の後に、感覚を失うほどの驚きがやってきた。しかし、その後、すぐに驚嘆の衝動が荒々しくやってきた。そして考える間もなく、人間はすでに自分のうちに憧れと崇拝の衝動が生じるのを感じた。これが人間の道徳器官が初めて現れた瞬間であった。

しかし人間が対象を区別し始めるとすぐに、対象の数は彼の理解力にとって手に負えなくなってしまった。人間の注意は、それゆえ、最大で、最も美しく、最も輝いていると思われたものに主として向けられた。そしてこの対象は他の残りの対象に比べて、彼の目には最高のものとなった。

最も強い印象を引き起こすものに対するこの傾向が、特定の動物ならびに人間に、ある種の崇拝を暗示しているように思える行動をとらせたということを認めることは、まったくばかげたこととは私には思えない。このことは人間と動物におけるすべての激しい感情が、喜び、悲しみ、そして不安とよく似た表現と振る舞いを生み出すことと同じである。またこの表現と振る舞いは、そこから私たちが言語の第一の要素を汲み取った泉である。

私は、人間が依存していると感じている何らかの彼を超えた存在に関する曖昧な認識へのこの自然で、単純な歩みをこれ以上追究するつもりはない。無神論の芽は、人類の最初の幼年期には根づくことはできなかったということを明確に洞察したことで十分であるだろう。

道徳的な器官について、そしてそこから生じる私たちを神性の認識へと導いてくれるような諸々の感覚については話さないことにする。なぜなら、それぞれの個々の人間においてこの器官はあまりにも異なり、今まで分析されることがあまりにも少なすぎたので、広く受け入れられるということなどあてにすることは許されないだろうからである。

人間は、自分自身の力を超越した力に対するあの曖昧でいまだ粗野な感情によって捉えられながら、次第に記号を増やし、想像力を豊かにし、それを秩序立て、彼の知性の諸能力を鍛えた後で、この力とより親密な関係を持つために、この力についての従来の曖昧な感情をはっきりした概念へと転換させようとした。人間は、自分が神と呼んだ存在に、ある明確な輪郭を、すなわちひとつの形を与えた。そうすることでこの神は人間の知性と想像力さえもが取り組むことができる対象になった。諸関係の増加と共に、人間の道徳的感情は拡大され、鍛えられたので、人間はさらに自分の神に道徳を分け与えたのであった。この二重の試みの結果、人間は神を自分の姿に似せて創造した。ここからまもなく神々の多数性が生じたのである。

その後、哲学が勃興した時、すなわち、人間が記号と概念の十分な貯えを、内的な考察のために、比較と結合のために、一言でいえば知性のより高度な遂行のために集中した時に、まず初めに迫ってきたのは物質的なもの〔自然界のもの〕と関連した対象ばかりであった。すべては規定された。すべてはその輪郭をもったのである。人間はこのような明瞭に刻印された対象、自分の感覚というもっとも粗い道具にさえもまだ対応している対象を取り扱うことはよりたやすいことだと考えたので、人間は概念だけを相手にし、自分の内部の感情*をゆるがせにしたのであった。

（理性を与えられた存在者としての）人間はきわめて顕著な衝動を持っている。この衝動はより厳密に分析する価値がある。人間の自発的活動が自分を表現しはじめるとすぐに、人間は至る所に諸々の原因を追い求める。なぜなら、人間は意志の力が、人間をある活動へと決心させるあらゆる瞬間には、自分を原因として感じ、それゆえ、人間が見るすべてにおいて自分と同質のもの、自我、活動の原理を探すからである――あるいは人間の美への、内容豊かなもの、単純なもの、完全なものへの傾向は、全体的なものの形成に必要な原因と結果のあの結合へと導くからである。――あるいは最後に、人間は原因へと昇っていきながら、自分を呼び寄せる未来の深みへと思い切って下っていくことを可能としてくれる導きの糸を見つけることを期待するからである。

この衝動は、それゆえ人間をして宇宙の原因を探求するように促す。しかし、この原因の概念を不完全にせよ、形づくるためには、私たちの自然世界の概念のための記号の完全な全体だけでなく、私たちの内部の感情の無限性を表すための言語までも必要とされるので、人間はそのような探求にはまだ未熟な状態では、この宇宙の単なる認識で満足しなければならなかったに違いないのである。この認識に到達するために、人間は外部の感覚が明確に示してくれる物質という普遍的な概念を作り上げたのである。この概念から原子への移行は自然であり、必然的である。小さいが、しかし限定されていて、まだ感覚で捉えられる原子は、見ることができ、また感じることができるすべてのもののうちで究極のものであった。すべての原子が一緒になってこの世界をつくりあげている。

自らの課題を完全に解決するためには、人間にはまだ一つのことが欠けていた。この欠けているものを見つけ、付け加えることは簡単だった。人間は物質に内的で、その本性と結びついた運動の原理を帰した。この隠れた力のおかげで、人間は世界の根拠、発展と永遠をいわば自分の目で見たと思ったのである。そして世界の発生について、また世界の諸状態の源泉についての問いに、当時の賢者たちは、世界は存在し、このようにして在るがゆえに世界は存在し、このようにして在るということによって十分な答えを与えたと思った。これが単純で完全な無神論である。神性はいまや無くても済むものとなってしまった。人々は、自分たちが作り上た神々を夢の中で想像されたものと嘲った。そして神々がいくらかの間、まだ人々の間で威信を保持できたのは、君主や独裁者がそうであったように、彼らを取り囲むたくさんの従者の軍勢のおかげとしなければならなかった。

しかしながら、人々は自然現象の連続の中に、ある規則性を認めた。そして自分自身の中に、魂と呼ばれる物質を変化させる内的な原理を感じた。そしてこの原理から、宇宙はそれと似た原理によって変化させられるという可能性を見出すまではほんのわずかな一歩であった。

ソクラテスが現われた。このありあまる豊かさをもつ精神ははじめに、自分の内面を真剣にくまなく探求することを企てた。彼は、そこに彼の外部の感覚が彼に打ち明ける世界とは違った、ずっと内容豊かな別の世界を発見した。すなわちそれは、人間がいわば、生み出すことは何であるかをある程度経験する世界であった。また同時に生み出されるものを受動的にのみ知覚する世界であった。自然の規則性にソクラテスは法則を認めた。そして彼の内部の感覚は、この痕跡を追求して、事物ならびにその法則を創造する最高の立法者にまで登りつめていった。しかし、その〔立法者の〕概念は物質的な世界によっては与えられることはなく、ただ暗示され得るにすぎないのであった。

神の真の認識――人間がこうした状態において、その認識が可能である限り――そして理性的な敬神は、ソクラテスと同じように、物質的世界の有限性と別の世界の無限性を認識した人々の心の中に今やあった。これらの人々は本質的にこの別の世界と親密な結びつきを〔絶えず〕感じていたのであった。

残りの多くの人々に関しては、絶えず前進し、その目標を目から離さず、また神々と神託、徳と悪習、知恵と愚行をひたすらその目的に従って変える政治が、あらゆるジャンルの宗教や礼拝を独り占めした。こうして政治は、最後にはいくらかの哲学を混ぜることによって、宗教と礼拝に、より持続的な威信を与えざるを得なかったので、ここから、それ以来ほとんどの時代においてしばしば出現したあの奇妙な混合が生じたのである。すなわち、神性から内部に多くの矛盾を抱えた怪物を作り出し、その結果、その怪物は自分自身を滅し、そしてきわめて当然の不信仰に根拠をもつ第二の無神論を生み出すのである。

野蛮の時代の中でも最後の暗黒な数世紀において、哲学と宗教はとてもあわれな状態にあった。愚かさがプラトンとアリストテレスのきわめてすばらしい理念を非常に長期にわたって様々に濫用したのであった。そして、この濫用は、最後にはあまりに広範囲に広がったので、元の状態に戻すために、そこから生じたごたごたを整理しようとしてみても、あらゆる試みは無意味だったであろう。

デカルトはこのことを最も生き生きと認識した人の一人であった。彼はとりわけ例の恐ろしい、専制的に支配している哲学がひっくり返されねばならないと判断した。そしてこの大胆な企てを、多くの熟練と思慮深さで遂行した。彼は、成功し得る唯一の手段を選んだ。古い哲学の代りに新しい哲学を導入した。実はこの哲学はかの古い哲学よりずっと良いというわけではなかった。しかし、彼はこの哲学を、才気あふれるものにもっぱら重きを置いた彼の時代の思潮に完璧に適合させることができたので、彼の学説は、生き生きとしているが、しかしいまだ規則づけられてはいなかった想像力の飛翔を助けることによって至る所で愛好者と賛同を得たのであった。誰もが自分の流儀で哲学を作り上げることができるということに誇りを持った。そしてこのことが例の怪物〔スコラ哲学〕を打ち倒したのである。

ようやく自らのきずなから解放されたばかりの、性急で、まだ制御されておらず、束縛のない想像力にとって、今や、曖昧に、あるいは不可能に思えるものは何もなかった。かつて人々は世界を物質から作り上げていたが、今やそこから一つの神を作り出すことに成功した。そしてここからあの両義的な無神論というプロテウスが生じたのである。このプロテウスはあらゆる考え方に順応することで、まったく同一の姿で思いのままに私たちに、ある時は混沌を、ある時は神を示している。

しかしながら、偉大な精神をもった人々は、思慮深い古代の人々が目に見える世界から分離した幾何学の残存する貴重な萌芽を集めることに閑暇において専心していた。これらの萌芽は細心の注意をはらって手入れされて、きわめて順調な成長を遂げた。そしてそこから知的世界が発芽した。この世界は見たところでは、現実の感性的な世界と同じほどに、さらにソクラテスが最初に発見した道徳的な世界にすら匹敵するほど豊かであった。

にもかかわらず、これらの人々の骨の折れる努力によって獲得されたものすべては非常に重要であったが、二つだけの利点にとどまった。一つは、人々が知性に可能な最良の訓練を与えたことである。もう一つは真理と人々は非常に親しくなったので、もはやそれがなくても嘆こうとはしなかったことである。しかしながらこの非常に魅力的な形式を持っている幾何学は、実は、身体のない幻影以外の何ものでもなかったのである。あるいはもっと正しく言えば、単なる道具であった――それはオルフェウスの竪琴に似ている。それに合わせて彼の崇高な歌が聞こえる時、動物や木々を自分のところに引き寄せたオルフェウスの竪琴に。

ついに、いく人かの偉大な精神の持ち主たちは幾何学を手に入れた。ケプラー、ニュートン、ホイヘンスは、幾何学をそれがそこから離れた自然学へと改めて立ち返らせたのであった。幾何学はあの分離以来、自ら獲得したすべての魅力を自然学に分ち与え、それにより鋭い輪郭を与え、さらに、それに真理というガウンを着せた。

また幾何学は、その正しさと実在性が自然現象の結果によって確証された物質法則の発見と証明でもって自然学を豊かにした。

人間が、自分のこれまでの努力を誇りに思うことはもっともなことであった。人間は感じ、見たものを把握することに成功した。人間は自分に向けられた宇宙の諸側面を詳細に吟味し、物質を自らの欲求に従って変化させる機構を築き上げ、ある意図をもって自然学を自らの支配のもとへと従属させたのであった。

制限された存在者として人間は依然として無知だった。しかし同時に、この神的な幾何学から一歩も離れることがなかったことによって、理性的存在者として知をもっていた。

この高みへとニュートン学派が自然学における私たちの知識を運び上げた。そして自然学の根底には至る所で真理があった。この偉大な精神の持ち主たちは彼らの仕事において、言わば神性の取り扱い方を探し出していた。彼らは運動、引力、重力、他の多くの諸力の、あるいは唯一の力の多くの様々な変化の諸法則を見ることができ、感じることができるそれらの結果に基づいて証明した。しかし彼らは、これらすべての第一原因に関して自らの無知を告白することを決して恥じらうことはなかった。その結果、彼らの獲得された、実際の知識の賞賛すべき豊かさは、彼らの無知の意識と結びついて、彼らを偉大な宇宙の動者〔神〕に近づけ、彼らを動者に対する崇拝で満たしたのであった。

ニュートンは当然のこととして自分の発見に驚いた。とはいえ彼の偉大な知性はそれらの限界についても認識していた。彼の後継者たちもそれらの発見に驚いた。しかし彼らは、ニュートンから非常にたくさんのことを学んだことを誇りに思いながら、同時に彼の名声を妬み、この偉大な人物があえて決して知ろうとしなかったことを知ろうとした。彼らはニュートンの崇高な力学のおかげで、手元にある物質に対して生み出すことができたこれらの驚くべき結果を自分自身の目で見たのであった。ここから彼らは次のようないくつかの結論を引き出した。すなわち、引力、重力、運動、思惟の原因が、簡単にいえば、いわゆる形而上学的世界に属するすべてのものが、私たちが不完全な目で見る世界よりさらに精緻な世界とはいえ、物質であるとすれば、私たちの力学をこの精緻な物質にも適用することが可能であるに違いないだろう、と。そして、そのことによって重力、引力、思惟する能力等々の作用が生みだされることになるだろう、と。さらに私たちの幸運な想像力が原因を探している結果、そこから必然的に生じることに違いないあの機構、あるいは諸々の変化を推測することに万が一成功するならば、私たちが自然において認めるものすべては、様々に変化した物質以外の何ものでもないということが明確に証明されるだろう、と。そして、私たちは、物質ではないものを現実に見たり、感じたり、嗅いだりすることはできないので、この今述べたこと以外の他のことを推測することができるだろうか、と。

ただちにこの紳士たちの幸運な想像力は、デカルトの時代とまったく同じように自由に自らの翼を広げたのであった。ただし次のような違いがあった。すなわち、この想像力はデカルトの時代とは違って、あらゆる種類の理念のうちでも、もっとも実り豊かなこの一七世紀における理念でもって豊かにされていたという違いがあった。奇妙な大建築物を自分の意図するものとは違うもののために築かざるを得なかったデカルトは、私たちの時代の想像力と同じ素材をもっている想像力であっても、それに飛躍を与える勇気を持つことは難しかったであろう。

唯物論者たちが、彼らの小球、円錐体、繊維、小さい駒、円という精巧で、人工的な建築物に、また押し寄せ、流れ出てくる物質に対して注いだほどの精神を、人々がなんらかの体系を完成させることに、またその体系をよりたやすく拡大させることに費やしたことは一度もなかった。そしてこの物質を使って唯物論者たちは、物理学と形而上学の間に非常に密接な結びつきをもたらしたので、この宇宙の全体は、自己自身を規定する物質以外の他のあらゆる原理を、余分であり、無くて済むものとして排除するというもっとも魅力ある同質性と単一性を手に入れたのであった。

哲学に従事する神学者たちでさえも、正統信仰への熱意を変わりなく保持したがっているにもかかわらず、仕える神性への信仰の威信を危険にさらすという些細な愚行を行っている。それは何のためであるかというと、彼らもまた小さな世界を創出することができる——あるいは少なくとも組み立てることができるというお世辞に満ちた賞讃を得たいがためである。そういうことを見るとき、私たちは体系がもつ抗しがたき魅力を理解することができる。

これが第三無神論である。その源泉は高慢になった理性の不遜さにある。

この無神論と第一の最も古い無神論は帰するところ同じ種類のものであることは認めるだろう。というのもこの二つは物質を唯一の基礎にしているからである。しかしながら、これら二つの物質観における相違は非常に大きいのである。一方は、いかなる法則、いかなる性質もそれについて私たちが詳しく知ることもないところの、また想像力に死せる塊《かたまり》以外の何ものも示さない自然のままの物質である。他方は、何世紀もの間、人間の奮闘が自分の力を試してきた物質である。言い換えれば、それらの部分が一層よりよく手を加えられるように、人間によって分析された物質であり、また幾何学を作り上げるために見取り図の概念を、算術の概念を完成させるために数の概念をそこから奪い取った物質である。この物質は、今やこれらすべてのことが新たに結びつけられたあとで、完全に完成された対象として内的直観に現われる。

洞察力という点で、まだ制限された理性に自分の存在のおかげをこうむっている第一の無神論は、人々が熱心に道徳的世界をも考察し始めるとすぐにひとりでに消えていってしまった。

第二の無神論――正しい推論からしばしば演繹され、無関心の中へと堕落した単なる無信仰――は真の哲学の内部においてその救済策を見つけるだろう。

しかし第三の無神論、私たちの愚かな思い上がりのこの巨大な所産は、人間が次のようないくつかの否定しがたい真理にもっと精通するまでは覆されることはないだろう。すなわち、物質とは、現実に存在しているものと私たちが現にもっている器官との間に関係がある限り、この現実に存在しているものを言い表す言葉にすぎないという真理に。次に、私たちは、私たちの器官が持っている以上に物質の特性を知覚することはできないという真理に。さらに、私たちの連綿と続く存在の歩みにおいて、私たちが今より多くの、あるいは別の器官をもしも手に入れるということがあるとするならば、その時は物質もまた――物質というこの言葉をすべての状態において私たちに知られた実在するもののための記号として保持しようとするならば――相関関係に従って、いくつかの、あるいは別の特性を私たちに打ち明けてくれるだろうという真理に。

愛するディオティーマよ、あなたは、完全に論じつくすためには何百ページもかかるテーマをごくわずかなページで論じようと思いついたことに微笑を浮かべるだろう。私は、私たちの友、ヤコービがそれについて全く同じように判断しないか恐れている。しかしこのことに私は今書いた後で初めて気づいたのである。

ごきげんよう、そして唯一の神があなたを祝福されますように。

一七八七年　九月七日

訳者注記　第二付録の成立について

ヘムステルホイスは、『スピノザ書簡』に収録された「レッシングとヤコービの対話」(本書七二頁以下)と「ヘムステルホイス氏への書簡の写し」(本書一三〇頁以下)における自分に関係する部分の出版について、ガリツィン侯爵夫人に立腹している、と伝えていた。すなわち、ヤコービは、私にスピノザ主義の嫌疑をかけている、と。この経緯は次のようなものである。一七八〇年夏、ヤコービは北ドイツへ一一週間の大規模な旅を行う。クロプシュトック、ライマールス兄妹と会うことが目的でもあり、彼らの住むハンブルクに行く途中でレッシングと会い、例の対談が行われる。ハンブルクからの帰り道の途中、再びレッシングを訪問し、様々ことが話合われる。その際、ヤコービが旅の途中でようやく手に入れたヘムステルホイスの作品『アリステ、あるいは神性について』をレッシングが借りて読む。旅から戻ったヤコービにレッシングは「この作品は明らかにスピノザ主義です」と言う。この発言を、『スピノザ書簡』を読んで知ったヘムステルホイスは「スピノザ主義の嫌疑」をかけられていると怒っているのである。

また彼は、ガリツィン侯爵夫人へのいくつかの手紙では、ヴィツェンマンの『ヤコービ哲学とメンデルスゾーン哲学の結果』を検討していることを伝え、一七八七年九月七日付ヘムステルホイスからガリツィン侯爵夫人宛書簡では「無神論」の問題を論じている、と書いている。ヤコービは、この「論文」のことをすでに知っていた。一七八八年一一月二〇日に――この頃『スピノザ書簡』第二版に取りかかり始めていた――ヤコービは、ガリツィン侯爵夫人に、「論文」は、最後の部分が全体に比べて、あまりにも中身がうすく、曖昧である旨を述べ、さらに、よりよい結論が、この「論文」には必要であるが、自分はこの手紙(論文)を使いたいので、ヘムステルホイスがそれを許可することになるかどうかを、考えてくれるように頼む。一七八八年一二月八日、ヤコービは、論文変更の願いを、ガリツィン侯爵夫人に送り、ヘムステルホイスにもそのことを伝えてほしい、と手紙で伝える。このヤコービの変更の願いを顧慮して、一七八九年一月三日にヘムステルホイスは、ガリツィン侯爵夫人に、第一稿とは全く異なったものであると彼自身がいう第二稿を送る。この稿が、ヤコービの「第二付録」のすべての基礎となったものである。しかしながら、一七八九年二月二七日、ヤコービは、スピノザ主義が無神論へ移行する問題と、デカルトの性格づけに関する二つの更なる変更を、ガリツィン侯爵夫人に願い出た。彼女は、それをヘムステルホイスに伝える。ヘムステルホイスは三月に変更の全権利を夫人に与えた。夫人はヤコービの見解に従い、二か所の変更を行った。これが最終稿となる。このフランス語で書かれていた最終稿をヤコービがドイツ語に訳して「第二付録」として『スピノザ書簡』第二版に掲載した。

ガリツィン侯爵夫人は一七六九年、夫のロシア大使であるディミトゥリー・ガリツィン侯爵とともにハーグにやってきた。侯爵は、何年かパリに住んだこともあり、百科全書派とも交際していた。彼は、同時代の哲学に興味を持っており、鉱物学の研究に従事した。彼の外交的な活動と科学への興味が、彼とヘムステルホイスを結びつけた。親密な関係が始まったのは一七七五年からである。その頃、夫人の公の社交の知識、また理想的な人間の在り方への熱望が、ヘムステルホイスに驚きと好意を引き起こした。社交的な交際から精神的な親密さをもった友情がはぐくまれていった。一七七九年以来、二人はそれぞれの名前を手紙において「ディオクレス（ヘムステルホイスのこと）」と「ディオティーマ（侯爵夫人のこと）」と言い表した。ヘムステルホイスは、侯爵夫人に数学や自然科学の研究分野で助言し、プラトンの著作の手ほどきをした。一七七九年、夫人がミュンスターへ移住しても友情は変わることはなかった。ヘムステルホイスは、生涯の終りまで、彼女とフランス語で規則正しい、非常に詳細な書簡での交流を続けていった。

　なおヤコービとヘムステルホイスは、一七八一年二月、ガリツィン侯爵夫人が予告なしにデュッセルドルフのヤコービの家を訪問したときに個人的に知り合っていた。

第三付録　「別の世界の事物」――ハーマンの言葉

「八歳か九歳の頃、私の子供じみた考えは私にある奇妙な見方――こうとしか言い表せません――をとらせることになりましたし、この見方は今でも私から離れません。」（四八頁）〔本書六四頁〕

レーベルク氏はこの箇所に関して私の『信をめぐるデイヴィッド・ヒューム』の批評（『一般文芸新聞』一七八八年、第二巻、一一二頁）において、私の見解にある仕方で言及していたので、それについて説明せざるを得なくなったのである。

上述の年齢のとき、永遠について以前から、あれこれと思いめぐらす際に、思いがけず、はっきりした形で私を襲ったのは、あの奇妙なもの、あらゆる宗教的な概念とはまったく無関係な、際限のない持続のイメージ〔観念〕であった。このイメージは、大きな叫び声で飛び起きるくらいの、また一種の失神状態に陥るほどの荒々しさで私を捉えた。私の意識が戻るとすぐに、ある本能的な心の動きが、同じイメージを心の中で繰り返すように私に強制するのだった。そして、その結果は言い表しがたい絶望の状態であった。私にとって、それまでもいつも恐ろしいことであった無に帰すという考えが、今や、さらに恐ろしいものとなった。同様に、永遠に続く持続という見込みにも耐えることができなかった。

私が、この奇妙な苦悶の物語を詳細に語り続けようとすることは読者にとっては退屈なことだろう。――たとえ、その苦しみを説明できたとしても、私はそうしたくはない。もう十分であった。私は苦しみに捉えられることが次第に少なくなるところまでこぎつけ、二、三年かかってようやくそれから完全に免れるようになったからである。私は苦しみを遠ざけるために、それまではらってきたすべての用心深さをすぐ忘れて、最後には、私をあれほど恐がらせた、あの独特なものを現実に経験したことももはや信じられなくなってしまった。

およそ一七歳から二三歳の間、私は今述べたような状態であった。その時、突然あの古い幻影が私の前に現れてきた。その独特なものが恐ろしい姿をしているのがわかったが、しかし、今度はたじろぐことなく、その姿を見据えることができた。そして、今や、私はそれが本当に実在したということを確信をもって理解した。幻影は存在した。そしてこの幻影は、私の魂に対するのと同様に、それが生み出されるすべての人間の魂に作用を及ぼさざるを得ないという意味において、ある客観的な存在をもっている。

それ以来、この心象は、それを避けようといつも心配していたにもかかわらず、なおしばしば私を襲うのであった。私には、それをいつでも思いのままに、心の中に生じさせることができると推測する理由がある。そして私は、いく度か、このイメージを次々と繰り返すことによって、数分のうちに自らの命を絶つことができるだろうと思っている。

このことから、どのような結論を引き出したいと思うにせよ、次のようなことは依然として奇妙なことである。つまり人間自身によって、人間の中に生み出された人間自身によって人間の中に生み出された、ただ単に思弁的なイメージというものがその人間に反作用し得るということである。だからこそ人間は他のどんな危険よりも、こうしたイメージを目覚めさせる危険を恐れるのである。

この説明のきっかけとなった箇所のすぐ前で、私の手紙には次のような文がある。すなわち「別の世界の事物についてすでに懸念し始めていたのは、私がまだポーランド風のフロックコートに身をつつんで歩いていた時でした」。この箇所について、故人となったハーマンが、だれもが理解するだろう言葉の意味とは一致しないが、しかし、まさにそれゆえに、ここにおいて適切で、意味のある言葉を述べてくれた。

「別の世界の事物。頭の数だけ意見あり（Quot capita, tot sensus）。それゆえに人間の数だけ多くの世界が存在します。しかしながら、私たちの種族を、地上の、地獄の、そして、天界の他のすべての被造物から区別するものは、たったひとつの共通な本性だけです。厳密な意味において、その作品と所有するものの専制的な支配者である創造者が唯一であると同様に、一つの世界が存在するだけです。別の世界の事物は、それゆえ、私たちだけに、ここに与えられ、現前し、知覚することができ、変わりやすい本性についての、ある奇妙な考え以外の何ものでもありません。私たちの言語の「栄光ある悲惨さ」（Die Splendida miseria）は同じ種類の無数の誤解にきっかけを与えています。すべての理性の有（entia rationis）、誤謬と真実のすべての直観と現象、人間の概念と理論のすべての先入観と前提は、いわば現実の世界とは違った世界の事物です。それらは、私たちにとって測りがたい連関とは一致することはできません。また、それらは私たちの想像力と情熱のきわめて恣意的な法則に従い、また私たちの様々な力の限界にしたがって一部はばらばらにされ、一部は組み合わされている、きわめて恣意的な連関の断片です。」

この言葉について私は、友の遺稿の中に十もの異なった草案を見つけた。その中で少くとも冒頭に関しては、右の内容の草稿がもっともわかりやすいと私には思えた。さらに、ここで彼自身が一七八八年五月七日にミュンスターから私に送った最後の草稿を見せたいと思う。私が仕事をする際に、最も喜んで思い浮かべた読者は、そのための場所を進んで私に与えてくれるだろう。

〔一七八八年五月七日付ハーマンからヤコービ宛〕

「頭の数だけ意見あり。人間と同じだけ多くの世界があると仮定しても、それでもなお私たちの種族はひとつの、すべてに共通な本性によって、地上の他のあらゆる被造物から区別されます。そして多くの世界も多くの神々も存在しません。「一にして全」がその不朽の名作であり、財産であるに違いない唯一の主なる神が存在します。私たちが立ち（私に私が立つべき場所を与えよ）、活動する（然らば私は世界を動かさん）ために与えられた唯一、現前しているこの宇宙。別の世界の事物とは、したがってこの唯一の宇宙についてのある奇妙な見方以外の何ものでもありません。私は、それゆえ同じことを別の言葉で繰り返します。私たち人間の言語の「栄光ある悲惨さ」（Die Splendida miseria）は、そうした無理解に責任があります。すべての理性の有、誤謬と真実のすべての直観と現象、そして先入観と前提は、いわば現実の世界とは違った世界の事物です。それらは私たちにとって測りがたい連関とは一致することはできません。それらは、私たちの想像力と情熱のきわめて恣意的な法則に従い、私たちの様々な感性の限界に従って、一部はばらばらにされ、一部は組み合わされている「連関」の光学的な縮減あるいは断片です。」

第四付録　ヘルダーの「神」について

この版〔第三版〕の五八頁で、〔ヤコービは言っています〕「私は知性的な、人格的な世界の原因（eine verständige persönliche Ursache der Welt）を信じています」。それに対してレッシングは答える。「それでは、ますますけっこうです。私は何か全く新しいことを聞けるに違いありません」〔本書七六頁〕。

この箇所についてヘルダーは自身の『神についての対話』（一三三頁）[1]において次のように言っている。

「レッシングは知性を備えた、人格的な、世界の原因について耳にして、そしてその際、彼らしく、これから全く新しいことを聞けるだろうと楽しみにしています。神の知性についてレッシングの知性はいささかも疑うことはできませんでした。それゆえ彼の好奇心は世界の人格的な原因に向けられたのですが、それについては彼はもちろん何も新しいことは知ることはできませんでした。人格という言葉は、それを世界と対立させることとすらせず、神の本性における差異でしかないとみなす神学者が用いるときでさえ、彼ら自身が言うように、神人同感同情論的（anthropopathisch）であるにすぎないのです。それゆえ哲学的にはこれについて何ひとつとして決定することはできませんでした。」

ヘルダーの『神についての対話』の対話編には多くの奇妙な箇所があるが、この箇所は普通ならざるもので満

ちている点で際立っている。(一)

問題は、世界の原因、すなわち最高存在者は、すべて万物の永遠にして無限の根源にすぎず、能産的自然（natura naturans）であり、第一の発条であるのか、あるいはそれは、理性と自由によって作用する叡智者であるのかどうかである。(二) そして、ここでの私の意見はこの第一の原因は叡智者であるというものであった。(2)

人格のない叡智者というものがあり得るなどとは私は全く理解できない。そして誰でも現実にそうした考えをもつことができないと同様に、レッシングもまたそうした考えをもてるなどと思うことはなかったことを確信している。

自意識の統一が*人格性を形成し、同一性の意識、すなわち持続的な、それ自身で存在し、自らについて知っている自我の意識をもっているそれぞれの存在が人格存在である。それゆえ、カントが主張するように、私が、私の意識が流動的でないかどうかを疑うことが可能であれば、私は、私自身の固有な人格性を（すなわち私の主観の現実的な同一性を）疑うことが可能となる。私が神に意識を、すなわち自らにおいて存在し、自らについての知をもち、私は存在するという意識を帰するやいなや、神の人格性とその首尾一貫した*真実さを疑うことは決してできないのである。*

私たちはそれゆえ、思考し得る領域を完全に捨て去ろうとせず、またあらゆる概念なしで判断しようとすれば、必然的に最高の叡智者に最高度の人格性を、すなわち自らの存在の完全性、自らについての知の完全性を与えなければならない。

私が知る限り、ヘルダーより前にこのことについて別の考えを表明したひとは誰もいなかった。そしてレッシングが、万物の第一原因が人格的な存在として話されるのを聞いた時、前代未聞のものにさらされたかのようであったに違いない、とヘルダーが主張することは信じられないほど驚くべきことである。

それゆえこの問題はさらに詳しい説明がなされるべきであった。なぜなら、非人格的な神は有神論とスピノザ主義の間を漂うのが好きであり、また私たちの間でも多くの支持者を見つけていたかの詩的な哲学が絶対的に必要とするものであったから。この哲学は、神的な知性は人間的な知性ではあり得ず、また神的意志はいかなる人間的意志でもあり得ないという真なる命題から出発している。この真なる命題をこの哲学はのちに、あらゆる理性的な思惟と行為の根元、あらゆる叡智者の原理、すなわち人格的な現存在の原理の抹殺へと拡げていくのである。しかし同時にスピノザのような首尾一貫性をもって、事物の第一原因はいかなる叡智者でもあり得ないと主張しようともしない。私が知性的存在者としていつも思い描くものをまったく何も有していない叡智者をどう理解せよと言うのだろうか。――私はこうした叡智者についてはまったく何も理解できない。というのも、すべての類似性だけでなく、可能なすべてのアナロジーが、人格的な現存在をとり除くことによって無効にされるからである。その結果、存在のかすかな影も、ほのかな光も、幻想としてのみ要求されるものさえ残らず、残るのは意味のない言葉、単なるむなしい響きだけである。

世界外のものでもなく、超世界的なものでもなく、また自然そのものでもない、その本性として目的を持たなければならない人格的存在者には限りなく遠い、こうした物わかりのいい、それどころか賢明で、善意をもった事物の原因が、不可解な概念を哲学に適用する際に何を経験しなければならないか、またこの原因が自然とどんな矛盾におちいるのか、逆に自然はそれとどんな矛盾におちいるのかは前もって推測する必要もなく、誰の目にも多くの実例で明白なことである。

理性と言語を混乱させるこのお説教（他の言葉がみつからない）に対しては、『スピノザ書簡』第一版で意見を述べた。そしてこのお説教を、そのすべての部分においてしっかりと関連し合った、自説に固執するスピノザ主義の徹底的な叙述によって中断させようとする意図をはっきりと明らかにした。* 私はそれについて、のちに『善意の嘘について』の考察*(三)でより詳しく意見を述べ、また有神論とスピノザ主義の間の中間体系(四)の不可能性を、それらを混ぜ合わせることについての不合理性をこの第二版で一層明らかにすることを約束した。次の付録は、私が目を離すつもりのないテーマについて多くのものを含んでいるであろう。

原注

(1) 次のすべての言及が関係するものは、一七八七年の〔『神についての対話』の〕第一版においてである。この対話の短縮および増補再版は一三年後にようやく出版された。そしてそこに私は「第四付録」と「第五付録」の中で言われたことの何かを取り消すよう強いるものも、あるいはその代わりに新しい論拠をあたえるように仕向けるものも何も見つからなかった。しかし私はここでもう一度、クラウスの汎神論に関する論文とともに、ここでは特にヘルバルトの『悪についての対話』(*Gespräch über das Böse*, 1817)というタイトルをもつ、スピノザの体系についての最近出版されたすばらしい本を参照するよう進んで指示したいと思う。(五) 著者は(一九頁で)「スピノザにおいては、高みにおける善も、深淵における悪もないのが残念である」と言っている。私の心と精神のもっとも内的な場所からこの重要な言葉に同意する。

(2) 「(道徳的)法則の表象によって行為することができる存在者は叡智者であり、理性的存在者である。そしてこの法則の表象に従うこうした存在者の因果性はこの存在者の意志である。悟性と意志によって自然の原因(それゆえ創始者)である存在者は最高の叡智者、すなわち神であるだろう」(『実践理性批判』の二二五頁と二二六頁。(六)『純粋理性批判』の六五九頁、第一版では六三一頁)。

訳注

(一) ヤコービは『スピノザ書簡』「第五付録」でもヘルダーの『神についての対話』を俎上に載せ、ヘルダーの用いる哲学概念の曖昧さを指摘している。同様なことが以下のヤコービのカント宛書簡にも書かれている。「実際、ヘルダーの対話は哲学的批評として見れば、批評に値しません、そしてほとんど真なる言葉を含んでいません。そのうえそれはお世辞で一杯です――対話と全体の形式を除けば」（「一七八九年一一月一六日付ヤコービからカント宛書簡」『書簡Ⅰ』〈カント全集 第一七巻〉理想社、一九七四年、四四〇頁）。

（二）「最高存在者は理性と自由によって作用する叡智者」であるとするヤコービ自身の見解の裏付けるために以下のカントの文を引用している。「我々は神の概念を、事物の根元として単に盲目的にはたらく永遠の自然のようなものと解しないで、知性と自由とによって事物の創造者でなければならないような最高存在者と解するのが普通であるし、我々としてもまたこの第二の意味での概念に対してのみ関心をもつのである」（カント『純粋理性批判』中（篠田英雄訳）岩波文庫、一九七二年、二九六頁（B660））。

（三）正確な書名は『善意の嘘と理性ではないある理性についての考察』（*Einige Betrachtungen über den frommen Betrug und über eine Vernunft, welche nicht Vernunft ist*, 1788）である。

（四）『神についての対話』において次のように言われている。「それはすばらしい打開策だったんですよ、フィロラウスさん。それはライプニッツが切り抜けることができると思ったベールの懐疑とスピノザの厳しい体系の中間でした」。

（五）スピノザによれば、自然には善も悪も存在しない。そこには個々の存在者からみた善悪があるだけである。またそこでは人格的存在者としての神も、人間の自由も否定されている。したがってヤコービは、スピノザ主義は宿命論であると主張する。ヘルバルト（Johann Friedrch Herbart, 1776-1841）も『悪についての対話』（*Gespräche über das Böse*）の中で同様な見解を述べていると言っているのである。以下の引用を参照。「スピノザ主義は善と悪の間においていかなる実在的な違いも認めていない。というのもスピノザ主義は悪を単に完全性の度合いが少ないものと見なしているからである。この度合いは私たちの有限な表象能力だけには欠陥として現れるが、それ自体は欠陥ではない。こうしてスピノザ主義はその非人格的な神概念と神的なそして人間的な自由の否定でもって必然的に宿命論へと移っていく」。

（六）カント『実践理性批判』（波多野精一・宮本和吉・篠田英雄訳）岩波文庫、一九七九年、二五一―五二頁。

第五付録　ヘルダーのスピノザ主義への批判

この版〔第三版〕の六一頁「私たちが思考を第一の、もっとも至高なものとみなし、そこからすべてを導きだそうとするのは人間の偏見です。すべてのものは、観念を含めてより高い原理に依存しているのです。延長、運動、思考は明らかにそれでは決して尽くされない、あるより高い力に基づいています。この力はこれやあれやの作用より限りなく優っていなければなりません。ですからあらゆる概念を凌駕するだけでなく、完全に概念なるものの外部に存するその力にはある種のよろこびもまた存在しうるのです。私たちがこのことについて想像することはできなくても、その可能性は消すことはできません」〔本書七七頁〕。

この点にメンデルスゾーンは注意を向ける。「レッシングがこのことに関して述べた思いつきは全くの彼の気まぐれです。それは、それでもって彼が言わば自分自身を飛び越えるそぶりをした宙返りのひとつです。ですから彼はその場から一歩も動いていません。すべての概念を超えるだけでなく、概念の全く外部に、ある何かが存在しないかどうか疑うこと、このことを私は自分自身を超える跳躍と名づけます。……より自由な展望を得るために、私自身の肩にのろうなどと私は一度も考えたことはありません。――あなたご自身も私たちのレッシングのこの奇妙な思いつきを特に重要視しているようには少しも思えません」〔本書一一〇頁〕。

私は、対話の続きが十分明らかにしているように、このことにはまったく重きをおくことはなかった。そして私の判断とすれば、メンデルスゾーンはこの思いつきと自分自身を飛び越えるという試みを非常にうまく比較したのであった[1]。

その後、何度もレッシングのこの発言が、私が彼に帰した体系と両立するはずもないところの、また彼がこの発言でそれを信奉していることを告白したなどと思えない自然神学（Theologia Naturali）――それはどんな自然神学かわからないが――の証拠として提出されたことを、私はますます奇異なものとして感じずにはいられなかったのである。

ヘルダーによってレッシングのこれらの言葉は別な意味に受け取られてしまっている。彼はこれらの言葉を、レッシングはスピノザの理解において道半ばにとどまってしまったということの証拠として、彼の『神についての対話』の「第四対話」の中で挙げている。なぜなら、そうでなければレッシングは、この哲学者〔スピノザ〕があらゆる力の根拠と総体として十分に叙述している概念を展開していただろうから、と。――（ヘルダーの対話のなかでテオフローンは言う。一三八頁）

「もし私があなたに、なるほど（思惟よりも）さらに高い力ではないが、しかしそこにおいてこれらすべての諸力（フィロラウスがまさしく考えていた万有の何千という諸力）が基礎づけられているだけでなく、これらの力がことごとくくみ尽くすことのできない実在的な概念の名を言ったとしたらどうでしょうか。その概念は、レッシングが彼の未知の力に要求するすべての特性をもっています。「それは個々の力の個々の作用よりも無限にすばらしいものであり、実際、一種のたのしみ（Genuss）を与える。そのたのしみはすべての概念を凌駕するだけでなく、（概念の外ではないが、しかし）どの概念の上にも前にもあるものである」。なぜなら、すべての概念はそれを前提とし、それに基づいているからです。」

フィロラウス「というと、その概念は?」

テオフローン「現存在です。(二) レッシングは、あなたもわかっているように、スピノザの理解において道半にとどまってしまったのです。(三) そうでなければ、私たちの哲学者があらゆる諸力の根拠と総体として十分に述べているこの概念をきっと展開したことでしょう。現存在は現存在のどの作用よりも優れています。それは、個々の概念を超えるだけでなく、それらをもっては測りえないたのしみを与えるのです。というのも表象能力は多くの他の力がそれに従うところの存在の諸力の一つにすぎないからです。人間においても同じことです。限定されているあらゆる生きものにおいても事情は同じであるに違いありません。そうだとすれば、神においてはどうでしょうか。」

フィロラウス「レッシングが、すべての思惟を超えるべきとするこのより高い力について予感しているものが、神の現存在においては、きわめてすばらしい仕方であてはまっています。神の現存在はあらゆる実在の根源であり、あらゆる諸力の総体であり、あらゆる概念を超えているたのしみです。」

テオフローン「しかし、このたのしみもまたあらゆる概念の外にあるのですか。あなたは、レッシングがスピノザ主義の観念のもつれを完全には解いていないとみているのですね。最高の力は自分自身を知っていなければなりません。そうでなければそれは、思惟する力によってきっと克服され、それゆえ神性ではない一つの盲目の能力でしょう。」

レッシングが道半ばにとどまることと同様に、彼がひとたび引き受けたもつれを完全にはほどかなかったということも普通には考えられない。しかしヘルダーはまさしくこの著作一〇一―一〇三頁においてスピノザについても次のように言っている。

「彼〔スピノザ〕が無限の思惟する力と作用する力を結びつけなかったこと、そしてこの結びつきにおいて、彼がその中に必然的に気づくはずのもの、つまり最高の能力は必然的に最も賢明な能力でもあり、つまり内的な、永遠の法則によって秩序づけられた無限の善であるということをより明確に表現しなかったことはどうしたことでしょうか」――ここでも彼の固有の光をさえぎったのは依然としてあのデカルト哲学による間違った説明だったのです[四]。思惟と延長は彼にとっては二つの互いに接触しえないものとして対立しています[五]。思惟は延長によって、延長は思惟によっては制限されません。彼は、この二つのものを神の分かつことのできない存在の属性とみなし、どちらも他方によって説明しようとはあえてしなかったので、両者がそこへと従っていく第三のものをとりいれなければなりませんでした。そして、それを能力（Macht）と名づけました。もし彼が能力の概念を物質の概念と同様に発展させたら、この概念において、また彼の体系自身の帰結として、思惟の器官において、また物質においても等しく作用している諸力（Kräfte）の概念に必然的に達したに違いありません。したがって、彼はかの概念において能力（Macht）と思惟を諸力（Kräfte）として、すなわち同一のものと見なしたでしょう。思惟もまた能力（Macht）です。しかも最も完全な、全く無限な能力です。それはまさしく思惟がすべてであり、無限な、それ自身において根拠づけられている能力にふさわしいものすべてであり、そしてそうしたものすべてをもっているからです。」

それゆえ、スピノザ理解において道半ばにとどまってしまったのはレッシングというよりもスピノザ自身だったことになるだろう(2)。

しかし、少なくともスピノザが自分自身に関して道半ばにとどまったこと、そしてスピノザ主義的な観念のもつれを完全にはほどかなかったということは、はたして正しいのだろうか。

私はヘルダー自身が全く逆のことを私に証明してくれるよう望んでいる。

そこからスピノザが結論を引き出した命題、すなわち神あるいは能産的自然は、無限であれ、有限であれ（このことはよく注意されねばならないが）、知性も意志ももつことはできないということは以下のことになる。

現実の思惟、明確な意識、知性はある種の規定された様式であり、絶対的思惟の様態（変様された様態 modificatione modificatum）であるということである。絶対的思惟自体（思惟の無限の本質 infinita cogitationis essentia）は、変様されることなく、実体から直接的に産出されるのである。しかし思惟の様々なあり方はただ間接的にのみ産出される。すなわち、それらすべては直接的には有限なものからのみ流出しうるのであり、そして産み出す自然ではなく、産み出された自然に属すると考えねばならない。

さてヘルダー自身は引用した箇所（一三九頁）で、道半ばにとどまってしまったといってレッシングとスピノザを告発している。「現存在はどの現存在の作用よりすぐれています、個々の概念を超えるだけでなく、それらをもっては測り得ないたのしみを与えるのです。というのも表象能力は、他の多くの諸力がそれに従っている現存在の諸力の一つにすぎないからです」と。

これに対してレッシングが答えると仮定しよう。

「友よ、あなたはスピノザ的な観念のもつれを完全にはほどくことはありませんでした、〔というのも〕そうでなければ神の諸力の一つであり、また他の諸々の力とともに実在の根源から生じているあなたの神の表象能力は、導きの力となることはあり得ないと洞察したことでしょうから。あなたが明らかにしたように、あなたの独自の概念の連関に従えば、表象能力は意識以外の何ものでもありません。すなわち「すべての概念が前提とするもの、すなわち存在の、あるいは存在者の意識」です。[3]すべてのものに対して、思惟を含め、法則を定める意識〔表象能力〕は、思惟によっては規定されないので、それゆえ思惟によって克服されることはあり得ません。盲目の力について何を話すのですか。思惟はあなたの神に目を入れますか。そして、それがなければどんな内的な目も見ることができない光はどこからこの目にやってきますか。あなたはライプニッツの神人同感同情説を嘲笑います。あなたは前もって考えられた計画や意図を神に帰することを認めようとはしません。あなたは知恵によって植えつけられたのではなく、ありのままの自然であるところの必然性[4]を教えています、そしてふたたび思惟によってはじめて秩序、規則性、調和についての指図が得られる能力[5]ついて語っています。それによって自然が第一に考案されなければならないところの「もっとも完全な、絶対的に無限な能力である思惟」について語ります。「なぜなら思惟は、無限な、それ自身において根拠づけられた力に属するすべてであり、すべてをもっているから」です。[6]本当のところ、私はあなたの言うことがわかりません。というのも、もし次のようでないとしたらスピノザ主義の根本理念は何になるのでしょうか、すなわち、神は延長された存在者自身、思惟する存在者自身、生き生きとした行為する存在者自身でないとしたら。そしてそれゆえに神に物質的な運動と同様に思惟を、また形象と色彩と同様に明確な意識を直接帰すことはできないとすれば。それゆえこの最高存在のたのしみを語ろうとする時、私は、このたのしみをあらゆる概念を超えて高めるだけでなく、あらゆる概念の外へと大胆にも追い払わざるを得ませんでした。洞察力のある私の友メンデルスゾーンがこのことを、自分自身を越えていく跳躍と呼ぶのは正しいことでした。それは死の跳躍でした。それに対して私もただちに自分自身の死の跳躍で答えました、そしてそれによって再び私が対話をしている人のわきに並び立つこととなりました。」

ヘルダーがこのことについてレッシングに答えることができるもの、確固としたもの、すなわち真に哲学的なものとして答え得るものを私は想像できないのである。

このエスプリあふれる人物の『神についての対話』のかなり一般的な判断は次のようなものであった。すなわち、そこで非難から救いだされているのはスピノザの学説ではなく、スピノザが持つべきはずであったもう一つの学説である、と。しかしそういう場合ですら、ヘルダー的な神の合成とスピノザ主義的な神の純化は、少なくとも可能な合成であり、可能な浄化であるに違いないだろう。しかしそういうことはありそうに私には思えない。すなわち私は否定する、目的因の体系と単に作用するだけの原因の体系において（私たち人間にとって分かりやすい）中間体系が存在し得ることを。知性と意志は、それらが第一のもの、最上位のものでないならば、一にして全でないならば下位の諸力（Kräfte）であるにすぎず、所産的自然に属し、能産的自然には属さず、歯車装置であり、第一の動因〔弾力〕ではなく、分解されてその機制が追及され得る歯車装置であるにすぎない。(7)(六)

しかし私は機制という言葉で単に作用するだけの原因のすべての連鎖を理解している。この連鎖は自発的で（eo ipso）、必然的な連鎖である。すなわちそれは自発的で（eo ipso）、必然的に、機械論的な連鎖である限り、必然的な連鎖でありつづけるのである。(8)

観念と欲望は単なる機械論的な連鎖を伴い、その連鎖の中に、連鎖とともに、連鎖のもとに存在しうるということを仮定すれば、諸力の一致、調和的な結果はいずれも、その観念が目的による行為の概念を、芸術の、知恵の、善などの概念を含むある現象を成立させるだろう[9][七]。

機械論的ではない連鎖は、意図あるいはあらかじめ立てられた目的による連鎖である。それは作用因を排除せず、それゆえ機制と必然性も排除しない。しかし本質的な違いは、この連鎖においては、機制の結果が概念として先行し、そして他の場合のように概念が機制において与えられるのではなく、機械論的な連鎖が概念によって与えられるということである。この体系は目的因の、あるいは理性的な自由の体系と呼ばれる。もう一つの体系は単に作用するだけのあるいは自然必然性の体系と呼ばれる。二つの根本的な体系を認めようとしないならば、第三の体系は不可能である。

終りにヘルダーがそこからスピノザが免れることができなかったと言われる延長のデカルト的な定義において、ヘルダーが見つけ出している切り抜け策の無根拠についてもう一言述べておく。ヘルダーはこの切り抜け策（一四八頁）を歴史的事実と呼び、そしてメンデルスゾーンの『朝の時間』を引き合いに出している。私はそれに対して一人の若い、それほど目立ってはいない著者を引き合いに出したいと思う。この人はこの事実を、もっと詳しく述べてほしかったのであるが、しかし十分には説明している。ハイデンライヒ『スピノザによる自然と神』二一五頁から二二四頁[八]を参照してほしい。私見によれば、メンデルスゾーンとヘルダーのあの不可解な主張[九]には、この才智ある人物以外、誰も反論しなかった。むしろあの不可解な主張は多くの喝采をもって迎えられた。ライプニッツは、延長の空虚な定義とこれと結びついた不都合な考え方を取り除くことによって、この禍を是正したと言われている。このことはデカルトだけに関係しているのであり、ライプニッツの厳密な意味での二元論を廃棄しようという前提[10]において根拠づけられているものであり、スピノザに関係するものではまったくない。というのもスピノザも二元論と戦ったからである。そして彼の様態化されない延長された存在は、いかなる点でも、ライプニッツの言う様態化されない単純な存在よりも空虚だということはない。これに続く二つの論文〔「第六付録」「第七付録」〕においてこのテーマに関係するいくつかの論究が見出されるだろう。

原注

（1） 概念はここでは最も広い意味において先験的〔超越論的〕統覚（transzendentale Apperzeption）あるいは純粋意識（reines Bewußtsein）として考えられている。[一〇] もし概念の外部にあるたのしみ（Genuss）なら、享受することなきたのしみになるだろう。[一一]

私はここで次のことを述べなければならない。すなわちレッシングが続いて行われた対話において、この点についてヒュームの遺稿である『自然宗教に関する対話』（*Dialogues Concerning Natural Religion*, 1779）第二部を参照するように言ってくれたことを。私はメンデルスゾーンへの最初の手紙において、あえてこのことには触れなかった。なぜならレッシングは第二部のことは言及しなかったし、また私自身この対話を当時まだ読んでいなかったから。そもそも手探りで引用することは私には不愉快なことであったし、また同時にこの対話を確かめなかったことを恥じた。私の『信をめぐるヒューム』における「彼」に生じたようなことが私にも生じた。私は英語のオリジナル版だけを読もうと思っていたが、これを手に入れる機会を逃してしまった。

（2） ヘルダー『神についての対話』九四頁で、次のことが認められている、すなわち「スピノザは創造における神のすべての意図に対して厳しい言葉を使っていて、神に知性も意志もないとはっきりと宣告し、そしてそこに存在するすべてのものを、彼が知性や意図の上におくだけでなく、それらと全く切り離して考える神の無限の能力からのみ演繹している」と。それに対して九五頁では次のような証明がもたらされている、すなわち「一方では、スピノザはこれらの命題において自分自身を十分に理解していなかったのです、なぜならそれらは彼が彼の体系に取り入れた悪しきデカルト派の説明の結果ですから」と。また「他方では、スピノザが自分の考えを曖昧に（曖昧に？　これらの点についてスピノザの発言は曖昧だろうか）語っている以上に、もっとはるかに誤って理解されている」と。

（3）ヘルダー『神についての対話』S. 138-39.

（4）ヘルダー『神についての対話』S. 102.

（5）同じく一〇二頁。

（6）同じく一〇三頁。

（7）「すべての実在性は必然的存在において、規定として、あるいは必然的存在によって根拠として与えられていなければならないという命題において、悟性と意志が最高存在に内在する規定であるか、それともその帰結として他のものに付加されているのかは依然として未解決のままである。ところでもし後者であるとすれば、この最高存在は、最大の根拠として自らの中に充足性、統一性、独立性をもつという特権を有するにもかかわらず、なお神と呼ばれるには不充分と言わなければならないであろう。必然的存在が固有な認識と決断を持たないとすれば、それはほかの事物や他の精神の盲目的な必然根拠にすぎないであろう。そしてそれは、古代の哲学者の考え出した永遠の宿命と同じものであり、彼らの考えを少し解りやすく紹介したにすぎないことになるであろう」（I. Kant, *Der mögliche Beweisgrund zu einer Demonstration des Daseins Gottes*, 1763. S. 43-44（一二）〔カント『神の存在の唯一可能な証明根拠』〕）。

（8）「第七付録」を参照。

（9）「さまざまな傾きをもつ斜面のおのおのの上に物体を転がし、同一時間に達するおのおのの距離を算出せよという問題が課せられたとしよう。力学の知識をもつ人は、この問題を解くのになかなか手間がかかることを知っている。ところがこの問題は円において、ひとりでに解決されている。しかもその解答はいかなる斜面に対しても妥当し、その上きわめて正確である。というのは鉛直直径の上端または下端から引かれたすべての弦に対して、それがいかなる傾きをもつものであれ、その上を物体が同一時間で転がるということが主張できるからである。私はある頭のいい学生にこの命題を証明してやったことがある。その学生はその証明の一切をよく理解したのちその命題から、自然の奇蹟から受ける感動に勝るとも劣らないほどの感動を受けたのであった。円のような単純でつまらないものの中で、多様の統一が立派な規則に従って出現するということは実際驚くべきことであるといわなければならない。自然は決して、美と秩序という点においてこれほど驚くべき現象を提供しはしない。ただし奇蹟の原因が明白につかめず、したがってその驚きが無知から生まれたものである場合は問題外とすべきであろう」（Kant, *Der mögliche Beweisgrund zu einer Demonstration des Daseins Gottes*, 1763. S.52（一三）〔カント『神の存在の唯一可能な証明根拠』〕)。ヘルダー『神』一一九頁と一二〇頁を比較すること。

(10) 私はこの前提が根拠づけられたものであることを『信をめぐるデイヴィッド・ヒューム』においてすでに十分に示したと、またそのことを「第六付録」において疑いのないものとしたと信じている。

訳注

(一) 一七八四年八月一日付メンデルスゾーンからエミーリエを介しヤコービ宛書簡に同封した異論(本書一一六頁以下)。

(二) この概念は一七九二年七月から、八月にかけてのヘルダーのアーヘン滞在時、ヤコービとの議論の中心点になった。ヘルダーはそれらの議論を、「現存在なるものは思惟でも、意見でもありません、それは現存在です」と総括する。彼はヤコービが『アルヴィル』の序文において自己意識として明らかにした現存在の概念をそれゆえ受け入れることができると思った。一七九二年八月二日付ヤコービ宛ヘルダー書簡。

(三) ヘルダーは、スピノザが物質を延長として理解しているところから、スピノザがデカルトに従属していると考えた。ヤコービはこの解釈を『神についての対話』の贈呈本において「誤り」と言っている。確かにスピノザはデカルトから思惟と延長の概念を受け継いだ。しかしスピノザはデカルトにおいて有限な二実体として否定的な関係しかもちえない思惟と延長の二元論を、神の無限な力能をもった相即し合う、同型の属性として捉えかえした。周知の「心身並行論」である。したがって延長はスピノザにおいて静的な拡がりにとどまるものではなく、おのれのうちに運動と静止の無限の連鎖を含みつつ「無限な仕方で変化しながらも常に同一にとどまる全宇宙」のあり様を生じさせる動的な力として捉えられることになる。延長はデカルト的有限実体ではなく、能産的自然に属し、神の永遠、無限の本質を表現しているものである。「第六付録」において延長の概念の詳しい考察がなされている。すなわち「スピノザは、空間と異ならない、まったく活動しない、単に幾何学的なものにすぎないデカルト学派の延長の概念を早くから非難し、延長が神的な自然の属性として存在するように、延長の根底に絶えず活動する力と現実的な存在を置いたのでした。スピノザによれば、そもそも力なるものは神自身の生き生きとした存在である。それは物体的なものにおいては運動として現れ、思惟においては欲望として現れるのである」と(本書二八三頁)。

(四) 思惟と延長が触れ合うことのできないというこの解釈はヤコービの贈呈本において同様に、『エチカ』第三部定理二の誤解であるとされている。スピノザはこの定理二の備考において「精神と身体とは同一物であってそれが時には思惟の属性のもとで、時には延長の属性のもとで考えられるまでなのである」と書いている。思惟と延長という無数の属性のなかで私たちが知り得る二属性は相即し合う同型的関係にあるのだと言っている。ヤコービはメンデルスゾーンにスピノザの学説の説明として四四の精緻なテーゼを送った。その第三四テーゼにおいて「精神は身体の直接的な概念に他ならず、また身体と同一のものである」と述べ、さらにその注解において「スピノザがこの箇所よりも様々な仕方で、余すところなく自分の考えを述べているところはありません」（傍点訳者）と述べている。ヤコービは『エチカ』第二部定理一三「人間精神を構成する観念の対象は身体である」の重要性に気づいていたのである。

（五）　贈呈本においてこの推論について彼の驚きを次のように表現している「これは可能だろうか！」と。

（六）　『エチカ』第一部定理二八の証明を参照。「有限で定まった存在を有するもの」すなわち個物は「神のある属性がある様態に変状したと見られる限りにおいて神ないし神の属性から生起しなければならぬ」。「限りの神」という媒介的概念により、個物も神を一定の仕方で表現することとなるのである。すなわち有限な個物も「限りの神」によって、無限な神に与り、無限な神は「限りの神」によって個物においてその力能を表出するのである。

（七）　『エチカ』第一部定理三一証明「現実的知性は、有限なものであろうと無限なものであろうと、意志・欲望・愛などと同様に、能産的自然ではなく所産的自然に数えられなければならぬ」を参照。

（八）　ハイデンライヒは『スピノザによる自然と神』（*Natur und Gott nach Spinoza*, 1789）において、スピノザは空虚な、物質という精神に対立する概念から出発し、その結果、実体的な力というさらに加わる概念によって初めて物質の作用が考えられるようになるというメンデルスゾーンとヘルダーの主張に反論し、ヤコービの解釈に与する。その解釈によれば、スピノザは絶対的に二元論者ではなかった。それゆえスピノザにおいては予定調和は全く考えることはできないのであり、物質的実体は同時に思惟する同一の個体である、と。

（九）　メンデルスゾーンは、レッシングはスピノザ主義者であったというヤコービの主張に対し、『朝の時間』（*Morgenstunden oder Vorlesungen uber das Dasein Gottes*, 1785）のなかで有神論と汎神論の中間を行くような「純化された汎神論」を主張している。ヘルダーも『神についての対話』第二対話の冒頭でフィロラウスに「神の概念が彼〔スピノザ〕にこれほどに現前し、直接的に親密になっているので、私は、彼を神を疑う人あるいは否定する人というよりむしろ、たしかに神の現存在に熱狂する人と考えました」と言わせている。

（一〇）　レッシングとメンデルスゾーンがここで用いている概念という言葉が少々特殊で、ヤコービはそれを説明するためにカントの先験的〔超越論的〕統覚という用語を引き合いに出している。「ところで意識のかかる統一——即ち、直観における一切の所与よりも前にあり、また対象の一切の表象がそれに関係してのみ可能となるところの統一がなければ、我々のうちにはいかなる認識も生じ得ないし、また認識相互の結びつきも、認識の統一も不可能である。純粋で不変なかかる根源的意識を、私は先験的〔超越論的〕統覚（die transzendentale Apperzeption）と名づけたい」（カント『純粋理性批判』下（篠田英雄訳）岩波文庫、一九六二年、一五六頁）。

（一一）　ゲオルク・フォルスターは送られてきた「第五付録」の原稿を読み、レッシングが対話でヤコービに「より高い力」を想定して語った言葉、すなわち「その力はあれこれの活動よりも無限に優れているにちがいありません。こうして、その力にはあらゆる概念を超えるだけでなく、全く概念のそとにある、ある種のたのしみ（Genuss）があり得るでしょう」を肯定するかのような返事をヤコービに書く。ヤコービはそれに対して以下の手紙を書いた。「あなたの「第五付録」の原稿への批評に対する私の主たる批判は次のようなものです、すなわちあなたは人格なきたのしみが、すなわち概念の外部にあるたのしみが考えられるということを依然として認めているように思えます。そうしたものは私には享受なきたのしみと思われます」（一七八九年二月三日付ヤコービからフォルスター宛書簡）。

（一二）　カント『神の存在の唯一可能な証明根拠』（山下正男訳）〈カント全集第二巻〉理想社、一九七八年、一三九—四〇頁。

（一三）　前掲訳書、一四四頁。

第六付録　スピノザとライプニッツ

「続けて下さい。あなたは二人の類似の関係について説明しなければならないのです(一)。」（六八頁）〔本書八一頁〕

ライプニッツの予定調和は、スピノザの主張、すなわち延長と思惟は互いに変化しあうことはなく、二つが一つになり、唯一の本質〔実体〕を形づくるという主張とどの程度まで同一であるかないかという問いに、私は『信をめぐるデイヴィッド・ヒューム』ですでに触れておいた(二)。そして同時にこのテーマを別の場所でさらに詳しく述べることを約束した。ここでその約束が果たされることになる。

私はあの対話でこう言った、実体形相、あるいは、ここでもっとも適切な、真に本来的な表現を使えば、私たちのライプニッツの「個体化の原理」は両者の決定的な相違点を明らかにしている、と。そして、実際この点は二つの体系が、そのことによって対立し合う体系となってしまうほど重要である。

ライプニッツが『新説』(三)を一六九五年にはじめて公にした時、彼は自らの思考方法がそれまで被ってきた様々な変化を語った。この同じ話は『人間知性新論』においてより詳しく、繰り返し述べられている。そしてここで次の言葉で締めくくっている、すなわち「私はかつて少しばかり行き過ぎて、スピノザ主義の方へ傾きはじめていました。スピノザ主義者は、神に無限な力のみを帰し、神に叡智も、他の完全性も認めませんでした。また目的因の教えを軽蔑して、すべてを意図なき必然性から導きだしています。このことから予定調和の体系が私を癒してくれました。そして、私はそれ以来自分にしばしばテオフィル〔神を敬うもの〕という名を与えています。[1]」

にもかかわらずブルゲは、ライプニッツがスピノザ主義に対抗すべく持ち出したまさしくこの『新説』の中にスピノザ主義を引き立てるもの、あるいはむしろスピノザ主義の精神を見つけ出したように思ったのであった。ライプニッツは彼に答える、「私はあなたがどうしてここからスピノザ主義を引き出そうとするのかわかりません。逆にまさしくモナドによってスピノザ主義は履されるのです。というのも、多くのモナドが、多くの真の実体が、破壊されることのない、言わば生きている宇宙の鏡が、あるいは凝縮された世界が存在しているからです。それに対してスピノザによれば、ただ唯一の実体だけが存在しうるのです。もしもいかなるモナドも存在しないとすればスピノザは正しいでしょう。そして神を除いたすべてのものは、はかないものとなり、偶然の様相あるいは様態として消え去っていくでしょう。なぜなら、事物にはモナドによって与えられる存続するための固有な根拠が、すなわち実体が欠けていることになるであろうからです。[2]」

これは完全に正しいのである。スピノザ主義はその個体化の側面からのみ論駁され得るのである。それに対しては、ライプニッツのモナドあるいはエレア学派の不可知論（Akatalepsie）〔四〕が代わりをしなければならない。

スピノザは必然的な事物の概念から出発し、生成は、存在と同様に生成したり、あるいは、始まり得なかったという命題から出発した。運動と静止はそれゆえ、スピノザの物体的な実体の永遠の様態であり、様々な形態が絶えず作用し続ける原因である。そこでは、いつも作用因自身は少しも変化することなく、一つの形態が他の形態から次々と展開される。それゆえ、彼の体系においては絶対的な仕方で無限なものから無限なものを生み出す神性自体が永遠であると同様に、個体あるいは個々の事物も永遠なのである。彼は、唯一の実体の絶対的な連続

（Continuo）におけるそのような個々の事物の内的可能性についてはいかなる説明もしなかった。また個々の事物の分離、相互作用、結合についても、そして、はかない個体性ゆえに存在するすべての統一を飲み込む無限な唯一のものにおける、またそれとの、奇妙な「万人の万人に対する戦い」（bellum omnium contra omnes）〔ホッブズ『市民論』の言葉〕についても何ら説明もしなかった。

この説明をライプニッツは要求した。しかし直接的にスピノザのみに要求したわけではない。彼は説明を、当時支配的な哲学者集団、デカルト派の哲学者たち、ガッサンディ[五]哲学の信奉者、さらに、すべての哲学者に要求した。これらの哲学者は、実際に、すべての部分における内的な結合もなしに結合されたもの、固有な結合をもたないうえ分離することのできない事物、アプリオリな調和という根拠なき存在物の結合、固有の力なき運動、精神なき生命、これらのものを可能だと考えた。

ライプニッツの最初の著作、すなわち彼がトマジウスのもとで一六六三年に行った論争は、すでにこのテーマに向けられており、また『個体化の原理について』（de principio individui）論じていることは注目すべきである。[3]

彼自身、『動力学試論』（Specimen Dynamicum）において、諸々の考察を続けることでモナドについての学説を彼において生み出したと言われているそうした考察にどのような仕方で、すでに若き日に至りついたかを語っている。[4] 実体についての学説を彼は一六九四年に『第一哲学の改善と実体概念』という小冊子で紹介し、[5] その後、『動力学試論』を出版し、その中で、彼は延長と不可入性は協力し合っても、いかなる実体を形づくることはできないだろう、と。というのも、延長と不可入性は、この二つをはじめて可能とさせ、生み出すに違いないだろうある力を前提としているからである、ということを詳しく説明した。私は、このきわめて注目すべき論文と並んで一六九八年に『ライプツィヒ学報』に掲載されたきわめて重要な『動力学の確定され、説明されるべき様々な事柄について』(*pro dynamicis suis confirmandis illustrandisque*)(『全集版』第二部四九頁)という著作を読者に参照するよう指示したいと思う。

この論文より前の、しかしこの学説の、またその一般的な応用例がみられる、当時まだ公になっていない論述を一六九〇年三月三〇日のライプニッツのヴェニスからの有名なアルノー宛の私信にあることをわたしたちは現在知っている。ここではライプニッツは次のように述べている。

「物体は諸実体の集まりであり、本来の意味においては実体ではありません。このことから、物体においては至る所、精神〔魂〕に対応する不可分にして、生み出されえない、腐敗しない実体が存在することになります。これらすべての実体は、様々に変形する能力をもった有機的な物体と以前からずっと結合されてきましたし、これからもそうであるでしょう。これらの実体のそれぞれは、その本性のなかに〈そのはたらきの系列を継続させていく法則〉(legem continuationis seriei suarum operationum)と、かつてそれに生じたこと、またこれから生じるだろうことのすべてを含んでいます。神に依存していることを除いては、それぞれの実体の行為すべては、それ自身の根底からやってきます。それぞれの実体は全宇宙を表象しています。しかしある実体は、ある種のことに関して、また自身の見方に従って、他の実体より世界を判明に表象しています。精神の物体との結合も、ある実体の他の実体への作用でさえも、最初の創造の秩序によってはっきりと確立されたあの相互の、完全なる調和においてのみ存在し、この一致の力によって、それぞれの実体は、それら固有の法則に従って他の実体の要求を受け入れ、またこのようにして、ある実体の作用は他の実体の作用、あるいは変化の結果あるいは相伴現象なのです。(6)」

ここではライプニッツは、モナドとその帰結として離れがたく結びついている予定調和の学説を述べているのであるが、この学説を彼の生涯の終りまでいささかの変更もなく主張したのであった。

私たちがこの予定調和を当時の思考様式と適合した仮説と見なし、またそれをその時代の諸々の体系をただ改良するだけで、それらを転覆させる意図もない学説と見なそうとするならば、予定調和の学説は発明という名に値しない、そしてライプニッツはそのように見なしたことは一度もなかった。彼自身がこれについて言うところを聞いてみよう。

「この学派〔スコラ〕の哲学者たちは、精神と身体との間に相互的な、物体的な影響があると考えていました。しかし思惟と物体的延長は互いにいかなる結びつきもなく、両者は種的にまったく（toto genere）異なっていることが、より詳しく考察されて以来、精神と身体の間には物体的ないかなる交通もないと近世において若干の人々は認めるようになりました。もっとも形而上学的な交通はいつも存在し、これにより精神と身体は同一の基体あるいは人格と呼ばれるものを形づくるのです(7)。」

この点に関してライプニッツはデカルトが犯した誤りを指摘している。というのも、彼は精神に身体の運動へのいくらかの関与を決定づけようと努めたからである。彼はこの哲学者が予定調和の説とどれほど近くにいたかということに、また少し後でホイヘンスとライプニッツによって発見された運動とその方向の一般的法則が彼に知られていたならば、彼もまたこの説に到達したに違いないということに気づいている(8)。

実際、この不完全な助力の体系（Systema assistentiae）もまたその創始者よりも生き延びることはなかった。

デカルトの最も有名な弟子たち、すなわちメグナン[六]、マルブランシュ[七]、スピノザ、コルドモア[八]、ラミ[九]、ド・ラ・フォルジュ[一〇]そして幾人かの人たちは一致してこの不完全な体系を斥けた。というのも、彼らはいかなる仕方でも、どのような条件であっても、物体的延長と思惟は相互に規定し合ったり、変化し合ったりすることはないとはっきりと洞察していると思っていたからである。彼らもまた一致して、部分的には幾何学的方法では（more geometrico）いかなる特性あるいは偶有性もそれ自体で存続できないと同様に、ある実体から別の実体へと移りゆくことはできない、と証明した。彼らは、彼らの師の原則から多くの洞察力をもって、さらに別の、部分的にはとても正しい結論を引き出したのである。こうして機会原因論の体系が成立したのである。そして、ほぼ同じ時にスピノザ主義もまた成立した。

これら二つの先行する体系に関連して次のことを思い出さずにはいられない、すなわち、私たちのライプニッツにとって――彼はスピノザ主義のもつデカルト主義の行きすぎ[9]と機会原因論に対してはスピノザ主義との一致を非難したのであるが[10]――その学説を、彼は何度か「真理の控えの間」[11]と名づけたデカルトの根本原則は、かの体系の創始者たちと同じほど近い関係にあったことを、そして彼は、マルブランシュとスピノザなしでも、間違いなく彼の予定調和に至りつくことができたということを。

しかしながらライプニッツが一六九五年に部分的には「デカルト主義者に感謝を込めて」（in gratiam Cartesianorum）仮説として仕上げられた学説でもってパリに現れた時、機会原因論の支持者たちは、彼を彼ら自身の体系の拙劣な模倣者だと非難した。類似性をライプニッツも認め、彼になされた異論を彼の反対者たちに投げ返すために、この類似性を利用した[12]。彼にとって論争の余地のないほど固有なものを――それによれば、彼の予定調和は、二つの種的にまったく異なる諸実体の予定調和ではなく、二元論を取り除くことであったのであるが――彼はほとんど明らかにしなかったので、至る所で例外なく生命のある統一、すなわち、唯一の実体から出発したとはいえ、しかしながら、いくつかの重要な理由から二元論の外見を注意深く保持していたのである。(13)

延長された実体の変化と思惟する実体の変化において、存在する相互の一致を説明するために、ライプニッツ以前にすでにスピノザがそもそも唯一の実体だけを認めることによって、仮説の必要性を、しかも完全な仕方で取り除いてしまっていたのである。それゆえここに〔二人の哲学者の〕真の類似性がある。二人の哲学者は、精神と身体を、観念においては分けることができるが、しかし現実においては分けることができない、それ自体ひとつのもの(ein unum per se)と見なしたのである。(14) この問題はより詳しく考察する必要がある。

スピノザは、延長を空間と区別されないまったく不活発な、単なる幾何学的なものにすぎないものであるとするデカルト哲学の概念を早い時期から非難し、(15) また延長が神的な自然の一つの属性として存在するように、その根底に絶えず活動する力と現実的な存在をおいたのである。(16) そもそも力なるものは、彼によれば神自身の生き生きとした本質である。力は物体的なものにおいては運動として、思惟するものにおいては欲望として現れる。(17) 個物の生命は個物がおのれの本質と現実的な存在に固執する力である。(18) こうしてそれぞれの個物はそれ自身固有の、異なった生命力をもつのである。(19) それぞれの個物は他のすべての個物を前提とし、その本性ならびに特性は他のすべての個物との関係によって規定されるので、(20) この関係自体は、そこにおいてこの関係があらかじめ規定されていた神の思し召しにおいて探されねばならないのである。(21)

これらは主要なことがらのいくつかにすぎない。このことに関して二人の学説における類似性が実際にどれほど大きく、普遍的であり、深いものであるかを見るためには、二人の哲学を彼らの思考の仕方の展開において追跡しなければならない。しかし、その際この類似性もまた大変目立つので、それを困難に満ちた比較によって証明しようとする決心はなかなかつかないのである。

ここで、私はいくつかのかなり厳しい非難を思い出さなければならない。その非難は『スピノザによる自然と神』という才気あふれる著作の作者〔ハイデンライヒ〕が、今は亡きメンデルスゾーンの「ライプニッツの予定調和（harmonia praestabilita）はスピノザから借りたものである」とする主張に対してなしたものである。ハイデンライヒ氏はメンデルスゾーンがこの発見を、ヨアヒム・ランゲ（一一）から手に入れたと推測しているが、しかしランゲの議論の進め方は総じてスピノザの体系の皮相な知識に基づいているので、そんな人から何かを得たとしてもまったくうらやましくないというのである。彼は、メンデルスゾーンがヴォルフの哲学に非常に興味があったので、ヴォルフに反論したランゲの書物を一度通読しようと思っただろうことはありそうなことだと思っている。私は、彼がヴォルフを自分で読み、ここではじめてランゲが行っている比較を見つけ出したことはもっと可能性のあることだと思いたくなる。

しかし「スピノザからライプニッツの調和を導き出すことは、火から水を導き出すも同然である」というハイデンライヒの言葉を的確に証明したヴォルフの反論が、ヴォルフをとても高く評価していたメンデルスゾーンに――彼〔メンデルスゾーン〕が加わることのない天才たちは、この偉大な思想家〔ヴォルフ〕を嫌悪の念でみていたのであるが――ほとんど影響を与えなかったなどということがどうして起ったろうか。この原因は『哲学対話』（一二）自体にある。メンデルスゾーンは彼のフィロポンに言わせている。「ライプニッツによって予定調和がベールに対して擁護したような仕方でしか、ヴォルフがそれを受け入れなかったわけを私はいま理解できます。というのも彼は、単一な物の力はどこに本来存在するのかを規定する自信がなかったので、あらゆる単一な物は表象をもっているかどうか、そして、これらの表象から合成されたものの延長や運動力が説明されるかどうかを確かなものと見なすことはできませんでしたから」と。[22] 私はライプニッツに関しても——それについては下の注で少し述べたが——またヴォルフに関してもメンデルスゾーンのこの判断とは一致しないが、異端攻撃するランゲが迫害されるヴォルフの「ライプニッツは言っています、精神と身体はそれ自身において、現実に相互に全く異なった二つの実体であり、思惟と延長は異なった実体の属性である」という言葉で斥けられたことが、なぜメンデルスゾーンに全く影響を与えることができなかったかを十分に理解するためには、メンデルスゾーンの上述の発言だけで足りるだろう。洞察力のあるヴォルフはライプニッツを実際、誤解したどころか、むしろ彼のドグマ的な著作は、彼がライプニッツを至る所で正しく捉えていたことを、またライプニッツの学説を自分のものにしなかったにせよ、完全に理解していたことを示している。[23][一三]

ヴォルフからの抜粋の後すぐに、ハイデンライヒの「対話」のクセノファネスは、ライプニッツのモナドロジーはスピノザに由来するものであることを誰も言わなかったことを不思議に思っている。彼はそのためのきっかけとなり得ただろうある箇所をスピノザから引用し、この重要な箇所は全く見のがされてしまっていたようである、と述べている。[24]

私は、その箇所が見逃されたとは思わないし、私自身へムステルホイス宛の書簡でスピノザにその箇所を文字通りに言わせた。[25][一四] 一七八五年四月二一日のメンデルスゾーン宛の手紙においても、特にこの注解を参照するように言った。[26] モナドという言葉で理解されるものを知っている人は誰も、モナドの学説をスピノザのどこにも見つけ出そうとはしないだろう。私たちもまた、どのようにこの概念がライプニッツにおいて進展してきたかをあまりにも詳しく知りすぎているので、この概念の系譜学について疑念を抱くことができないのである。それに対して、次のことは否定することもできないし、否定されることは許されないのである。すなわち、彼らの個物が相互に区別されるライプニッツとスピノザの形式において、これら個物の関係の仕方において、また個物が互いに存在へと、能動へと、そして受動へと規定し合い、その状態と性質を変化させ、保持する仕方において、固有な直接的な欲望、すなわち特殊的自然のそれぞれがもつ内在的なコナトゥスに基づく自由において、また全体の様々な要求に、いわば全体の神意に、つまりその予定調和に基づく隷属状態において大きなアナロジーが存在することを。

そもそも、どれほどのものをライプニッツが、スピノザに恩を受けているかについて私は意見をもっていないし、それについて探そうとも思わない。* しかし、ライプニッツが実際にスピノザから多くのものを受け取ったと仮定するとしても、この名前が、当時どれほど一般的に激しく忌み嫌われていたかを知っている誰もが、ライプニッツが、この哲学者の学説を決して引き合いに出さなかったからといって彼を悪くとることはできないだろう。そのうえ人々は、ライプニッツがどれほど彼の先駆者の思想を頼みとし、他の人々の概念と彼の概念とのどんなささいな類似点も探し出す傾向にあったことは皆知っている。彼は言う。「真理は人が思っている以上に広く知られています。しかしそれは化粧され、さらにしばしば覆い隠され、時々ひどく弱められ、毀損され、そして附加物によって朽ち果てています。人々が、古代の人々のもとで、もっと正しく言えば、私たちの先駆者のもとで見出される真理に注意を向けるならば、人々は泥から金を、鉱坑からダイヤモンドを、暗闇から光を引き出し、ある種の不朽の哲学を真に完成するでしょう(27)」と。この同じ思想と願望が彼の著作になにかにつけ繰り返し出てくる。こうしたものの中でもっとも美しく、最も有益な箇所の一つを彼のベール宛の最初の書簡が含んでいる。そしてこの書簡は、いくつかの観点においてここではふさわしいので、締め括りとしてこの論文に役に立つかも知れない。

「あの体系を考察することで次のことが示されます、すなわち、私たちが事物の根本を深く洞察すればするほど、たいていの哲学的なセクトの教えの中に、より多くの真理が発見されるということ、を。懐疑派の主張による感性的な対象における実体的現実性の欠如、ピュタゴラス主義者とプラトン主義者がそれにすべてを帰するところの調和あるいは数、原像そして概念、いささかもスピノザ主義を含んでいないパルメニデスとプロティノスの「一にして全」、他の学派の自発性と結びついたストア主義者の主張する事物の連結、至る所に感覚があるとするカバラ主義者と錬金術的哲学者たちの生気論的な哲学、デモクリトスと近世人によるあらゆる特殊な現象の機械論的な説明と並んで、アリストテレスとスコラ哲学者たちの形相とエンテレケイア……これらすべてはあたかも、たった一つの遠近法的な中心点において結合されているように思われます。そしてこの中心点は、まさしくあらゆる他の視点から見れば混乱して見える対象において、対象すべてがもっている部分との規則性と調和を示しています。分派的な精神が私たちの今までの失敗でした。他の人々が教えたものを非難することによって自らを制限してしまったのです[28]。」

原注

（1）『新説』二九頁――ライプニッツの考え方において生じた様々な変化についての非常に興味深い報告がレモン宛の書簡にある。私はここで次の箇所を差し挟みたいと思う――「今でも覚えていますが、一五歳の時ライプツィヒの近くにあるロゼンダールという小さな森を一人で散歩しながら、実体形相を保持するかしないかを思案していました。最後に機械論が勝利を占めて、数学に打ち込むように導いてくれました。もちろん数学の最も深奥なところまで入ったのは、その後パリでホイヘンス氏と交際してからのことです。しかし力学の究極理由、運動法則そのものの究極理由を求めた時に、それを数学に見つけることは不可能であり、形而上学に戻らなければならないと気づいてとても驚きました。このことが私をエンテレケイアに、すなわち、質料的なものから形相的なものに立ち帰らせてくれました。またこのことが、いくつかの私の概念の訂正と進歩の後で、「モナド」（les monades）すなわち「単純な実体」（les substances simples）のみが真の実体であり、質料的なものは、しっかりした根拠を持ち、互いに結合しているが、現象にすぎないという認識へと私を導いてくれたのでした。このことはプラトンも、それどころか、その後のアカデミア派の人たちさえも、また懐疑派の人たちもいくらか予感していました。しかしプラトンの後継者たちはプラトンのようにそれを使う術を知りませんでした」（デ・メゾーの『哲学等に関する文書集』第二巻一三五頁、『全集版』第五巻八頁〔LW. S. 623-624〕）。

（2）『全集版』第二巻、第一部、三二七頁。この手紙は一七一四年一二月のものです。類似する箇所が一六九八年に『ライプツィヒ学報』に載った『自然そのもの、あるいは創造されたものの内在的な力と作用について』という論文にある。これがその箇所である。「このことに対して私たちは――恐らくまだすべての人にとって完全には明確でないにせよ――私が他の所で示した論点、すなわち事物の実体そのものは能動的な力と受動的な力に存するということを付け加えることができます。もし神聖な力（神）によって長く持続する力が事物に印づけられないならば、いかなる持続的な事物も生み出されることはありません。その時には神によってつくられた実体も、精神も同一なものとして留まることはなく、何ものも神によって保存されることもなく、すべてのものは、永続する、唯一の神的な実体の、すぐに消えゆく、流れ去っていく様相、いわば幻影にすぎないものとなるでしょう。そして同じことになりますが、自然そのもの、あるいはすべてのものの実体が神となってしまうのです。こうした大変評判の悪い学説を、緻密であるが、宗教心のない作者が最近世間に紹介したのでした（あるいは少なくとも再興させたのでした）。物体的な事物が物質以外の何ものも含まないとすれば、それらは絶え間ない変化から成り立ち、まったく実体的なものをもっていないということは、かつてプラトン派が正しく認めたように本当のことでしょう。」（『全集版』第二巻、第二部、五二、五三頁〔Philosophical Texts. Translated and edited by R. S. Woolhouse and Richard Francks, New York: Oxford University Press 1998. S. 214-215〕）。

（3）この時のトマジウスによって行われた講演とライプニッツが自身の論文に添えた七つの命題を参照。『全集版』第二巻、第二部、一一頁と四〇〇頁。デュタン〔デュタン版全集の編者〕は索引の中で次のように言っている、「一六六三年五月三〇日のライプニッツの論考による形而上学そのものは著者の考えを初めて私たちに示した仕事ですが、私たちを詳細きわまりない探求から解放するものです。ここに示された七つの命題は彼の論議に付されており、ルドビコのライプニッツ哲学研究により広く知られるところとなりました」と。第一巻二一章。

(4)「まだ若い時、そして私が、デモクリトス、またこの点においては彼の信奉者であるガッサンディ、デカルトと共に、物体の本性は不活発な塊（träge Masse）にのみ存すると考えていた時、『自然学の仮説』というタイトルの本を出版しようということを思いつきました。その中で私は抽象的ならびに具体的な運動を説明しました。この小さな本は、私の見るところ、価値が乏しいにもかかわらず、多くの卓越した人々の賛同を得ました。……事物の秩序についての満足する説明をするためには原因と結果、能動と受動についての他の公理が付け加えられねばなりません。私たちが、この原理を形相と、エンテレケイア、あるいは力と言おうと、私たちが、この原理は力の概念においてのみ明瞭に説明され得るということを思い出しさえすれば問題ではありません」（『全集版』第三巻三二〇―三二一頁〔I.W. B. I. S. 202-204〕）。

(5)『全集版』二巻第一部一八頁を、また同じ本の二三四頁と二三六頁にある一六九一年と一六九三年の『サヴァン』誌の中の二つのこれに関係する書簡を参照。

(6)『全集版』第二巻、第一部、四六頁。

(7)『弁神論』第一巻、第一部、五九節。

(8)『弁神論』六一節。同じことを彼はレモン宛の書簡で繰り返している。「……彼〔デカルト〕をもっとも妨げたものは、彼を正しい道に連れ戻しただろう力学の、あるいは運動の真の法則を彼が知らなかったということです。ホイヘンス氏が完全ではないにせよ、これらのことを発見した最初の人でした。しかし彼は、彼に続いた他の有能な人々と同様に、このテーマを探求することにおいて形而上学へのセンスがありませんでした。デカルトが運動法則によって同一の力だけでなく、自然における同一の方向の全体が保存されるということに注意したならば、彼は――私がある本で述べたように――精神が身体の力を変えることができるということも、精神が身体の方向を変えることができるということも信じることはできなかったでしょう。そうであれば彼は、力と方向の保存という二つの命題の必然的な結論である私の予定調和の体系に真っ直ぐに思い至ったでしょう」（『哲学等に関する文書集』第二巻、一三七頁）[一五]。

(9)『弁神論』三九三節。

(10)『全集版』第二巻、第一部一〇〇頁、二〇三頁。第二部五八頁。

(11)「デカルトの哲学は真理の控えの間のようなものであり、またそこを通り抜けて行かなければ、より先に進むことは難しい、と私はよく言っていました。しかし私たちがそこにとどまる時、私たちは事物の根底の真実の知を断念してしまうことになるのです」(『全集版』第二巻、第一部、二五〇頁)。――二年前にライプニッツはある友に次のように書きました、「デカルト主義は良いところもありますが、真の哲学の控えの間にすぎない、と私はかつて言ったことがありました。宮廷に足しげく通い、博学であり、学問について考えるということに携わっていた仲間の一人が話をアレゴリーにまで、そして度がすぎると思われるほど誇張して言いました。というのもデカルト主義の発言からして次のように言われていることに賛成ではないかどうか私に尋ねたからです、すなわち、古代の人々は私たちに階段を登らせてくれたこと、現代の学派の人々は控えの間までやってきたこと、さらに彼が、「自然という〔真理のすまう〕奥の間」〔le cabinet de la nature〕の中に私たちを導くという栄光を私に願っていたということを。こうした比較〔対照〕の台詞は私たち皆を笑わせました。そして私は彼に言いました、「あなたのたとえは仲間を喜ばせたことはわかりますね、しかし控えの間と王侯の間に謁見の間があることを、そしてもし私たちが謁見を許されれば内部に入ることなど要求せず、それで十分だということをあなたは忘れています」と。『全集版』第二巻、第一部二六三頁。また『哲学等に関する文書』第二巻一三六頁と一三九頁。

(12) とりわけドン・ラミへの弁明において、『全集版』第二巻、第一部、九七頁。

二つの体系の類似性に関してライプニッツは彼の友人のレモンに書いている、「マルブランシュ神父の見解は私のものとかけ離れているとは思いません。機会原因論から予定調和への移行はそれほど難しいとは私は思いません」(『哲学等に関する文書集』第二巻、一四七頁〔LW. Bd. 2. S. 634〕)。

ライプニッツはベールへの第二の答弁で言っている、「初めから私の仮説を受け入れてくれ、それを他の人に薦める労をとってくれた洞察力のある人々がいました。またその仮説を確かにすでに持っていたと私に教えてくれたとても有能な人々もいました。そしてほかの幾人かは機会原因論の仮説を私の仮説と同じように理解し、私のものとは区別することができないと言いました。私はこの事にとても満足しています。しかし皆さんが私の仮説の精査にきちんと取り掛かるのを見ればそれに劣らずうれしいのです」(同書四四七頁)。

しかし様々な点において最も注目すべきものはライプニッツのド・テルトゥル神父に対するマルブランシュへの擁護である(『哲学等に関する文書集』第二巻、五三九―五八〇頁。『全集版』第二巻、第一部、二一三―二一八頁)。この手紙を『マルブランシュ神父の原理の考察』と比較する時はとりわけそうである。人々は理由もなくライプニッツがこの『考察』の送付に際し、次のように書いたことに大騒ぎをした、「小さい対話というこのスタイルからすると、これは公教的なディスクールであり、秘教的なものでは全くありません」。しかし私の知る限りでは、誰もこの『考察』と同じ年に、まさしくこのレモンに宛てられているド・テルトゥル神父の本についての手紙と、この『(原理の) 考察』を比較する気持にはさせられなかった。しかしながら、いつも洞察力を持ち続けようとしていたデ・メゾーはこの手紙を持っていたのである。

(13) 二元論は当時まだ神学的信仰に関する条項であった。マルブランシュは明確に次のように言っている、すなわち、「私は物質的世界を受け入れなければならない、なぜなら、聖書では神は、空と大地を造り、言葉が肉体になったと言われているからである」と。ライプニッツもまた彼の体系を公にした後すぐに、彼が精神と身体を十分に区別せず、結局のところ普遍的な必然性ともいうべきものを教えていることについて釈明することを余儀なくさせられた。このことが彼に意見の表明をより用心深く行うようにさせたのである。モナドの学説を明らかにライプニッツから全く受け取っていない私たちのヴォルフがモナドのためにどれほどの激しい攻撃を堪えしのばなければならなかったことは知られている(ヴォルフ『理性的な思考』第二部、二一五節を参照)。

(14) 私はこの点に関しては『信をめぐるデイヴィッド・ヒューム』においてライプニッツの著作から明らかにしたものを引き合いに出す、そしてここでは特に私たちの哲学者からデ・ボスに提出された見取り図を参照してもらいたいと思う(一六)(『全集版』第二巻、第一部、三一四頁)。ライプニッツの学説によれば、有限なモナドは、それ自体のみではいかなる実体でもなく、有限な実体になるためには身体との結合が絶対的に要求されるのである。有限なモナドがそれ自体で存立し、作用しうるとすれば、有限性と純粋な行為は互いに矛盾するはずはない。ライプニッツにおいて、能動的な原理と受動的な原理との、また受動的な原理と能動的な原理との必然的な結合を正しく把握した人は、原理のすべての適用を理解でき、ライプニッツにおいて思い誤ることはないだろう。

(15) 「それからデカルトが理解したように、すなわち静止する物質として、延長から諸物体の存在を証明することは、あなたが言われるように困難なだけでなく、全く不可能でもあります。というのは、静止する物質は、出来る限りその静止に固執し、そして外部のより強力な原因によってでなくては運動させられないからです。この理由から、かつて私は、デカルトにおける自然の事物に関する諸原理は不合理とは言えないまでも、無用のものであると断言することにいかなる疑念もいだきませんでした」(『遺稿集』五九六頁)(一七)。本書「第五付録」の終りを参照。

(16)「単なる延長の概念だけから事物の多様性がアプリオリに証明され得るかどうかというあなたの質問に対して、私はすでにそれが不可能であること、それゆえデカルトが物質を延長として定義しているのは正しくないこと、それはむしろ必然的に、永遠無限の本質を表現する一属性によって説明されねばならないことを証明したことによってすでに十分明瞭にお答えしたと思っています」『遺稿集』五九八頁（一八）。これに対しては、「書簡六二」（『遺稿集』五九三頁）で参照するよう指示されている箇所と共に、この書簡の終りで言われていることが比較されねばならない。

(17)『エチカ』の全体。『エチカ』第四部の定理四の証明において詳しい参照のための指針を見つけることができる。

(18)『形而上学的思想』第二部、六章。

(19)諸感情の定義と説明（『遺稿集』一四六頁）。諸感情の総括的定義と説明（『遺稿集』一五九頁と一六〇頁）。『エチカ』第四部の定理三九の証明と備考。

(20)一七八五年四月一九日の私のメンデルスゾーン宛書簡におけるテーゼ三九〔本書一六三頁〕を参照のこと、そこの注においてこの証明箇所が挙げられている。

(21)『エチカ』第一部定理三三とその証明と備考。定理三六と付録。

(22)メンデルスゾーン『哲学著作集I』二〇七頁参照――その前の二〇四頁でフィロポンは言います。「あなたはライプニッツがこの考えに関して一貫していなかったと思わなかったのですか。たとえば彼は、彼の「モナドロジー」においてこの考えを『サヴァン』誌において初めて世に知らしめた時とは全く違ったように説明しています。――そしてネオフィルは答えます「ライプニッツは、そのつど彼の意図によって要求されるような様々な形において彼の考えを説明したにすぎないのです。「モナドロジー」において彼はモナドに関する体系からの帰結として彼の見解を表明しています。……しかし私たちの哲学者は調和の運命をモナドの運命に絶対的に依存させようとはしませんでした。……彼は自分の考えを体系の外部でも有効なものにしようとしました。このことを彼は『サヴァン』誌（Journal des Savants）で企てました。」

ここには様々な不正確なものがある。

一　第一にライプニッツは彼のいかなる著作にも『モナドロジー』というタイトルをつけなかった。一七一四年ウィーンでサヴォワのウジェニー公のために『自然および恩恵の原理』を書いた。これは作者の死の二年後に『学芸ヨーロッパ』(Europe Savante) で公にされた。その後一七二〇年に『モナドロジー』という書名がついたドイツ語の翻訳が出た。この同じ著作は一七二一年にラテン語に訳され、『ライプツィヒ学報』の第七付録（デュタンの『全集』には「第八付録」とあるが……しかし間違って言われている）として『哲学の原理、作者 G. G. Leibnitio』というタイトルで掲載された。ライプニッツは、フランス語の原文を幾人かの友人たちに原稿の状態で伝えていた。しかし彼はこの原文がこのテーマについての彼の他の論文にもましてモナドロジーと呼ばれるに値するとは全く思わなかった。彼はレモンにこのことについて次のように書いた。「私は、ここで私の哲学についてサヴォワのウジェニー公のために起草したささやかな論文をあなたにお送りします。この小論文が、私がライプツィヒ、パリそしてオランダの雑誌において公にしたものと結びつけられるならば、人々が私の思想をよりよく理解するのに貢献しうるだろうことを期待しています。『ライプツィヒ学報』においてはスコラの言葉を保持するように努めました。他の雑誌ではデカルト学派の説明の仕方に順応しました。そしてこの論文においてはこれら二つの学派の説明〔文体〕にあまり慣れていない人々にも理解しうるような仕方で自分の考えを述べようと思いました」（『哲学等に関する文書集』第二巻、一四四頁と一四五頁。『全集版』第五巻、第一部、一二頁と一三頁（LW. S. 632-633））。

二　ライプニッツが彼の体系を初めて公にした『サヴァン』誌においては、彼はモナドを基本にしていたとは言われていない。にもかかわらずこの論文の題名は「実体の本性および実体の交通並びに精神と物体間に存する結合について」である。そして実際この論文もまた、単純存在としての、自発的な、生きている、感覚と欲望の類似性に従い、行動し、そして魂のように思い描かれねばならない力としての、実体の概念が確立されるということから書き始められている。この概念から、そしてこの概念を必然的なものにするものからのみ残りのすべてのものは推論される。ライプニッツは最初の解明において「私の調和はいかなる恣意的な仮説でもありません。それは統一についての私の学説から生じているのです」と言っている。……したがって私は実際、第一の論文と『自然と恩寵の原理』との間に、あるいは『哲学の原理』との間にその事に関していかなる本質的な違いも認めない。ただ著者自身の発言によれば、適用と表現法の違いがあるだけである。パリの論文ではモナドという言葉は出てこないが、同様に、予定調和（harmonia praestabilita）という表現もそこにはない。この表現〔予定調和〕をライプニッツは、フーシェの異議に答えた解明において初めて用いた。しかもさりげなく述べたので、ベールもそれを見逃してしまった。そして彼の『歴史批評辞典』の第二版で、あたかもラミ神父がライプニッツの体系の反駁において初めて用いたかのようにこの名称について語っている(一九)。この名称は、それゆえライプニッツが統一についての彼の体系を公にした後になっても、依然として真の名称とはならなかった。

すなわち、まったく異なる二つの実体を前提にした、単なる仮説としての「予定調和」をライプニッツはどこにおいても出発点にしてはいなかった。そして彼は、他の諸体系に対抗する場合のみ、この予定調和の説から彼の体系を擁護するのである。他の体系においては、異なった二つの実体というかの前提が基本的な原則であったにもかかわらず、それらの支持者たちは、彼の体系に多くのつじつまの合わないものを見つけ出そうとした。

三　ベールを敵対者たちのグループに数え入れることはほとんど許されない。ライプニッツ自身も彼をそこへ数え入れることはしなかったから。ベールの異論はより深く食い込み、体系の固有なものに関連し、その源泉にまで達していて、全体の関係を把握していた。ライプニッツもまたこの異論に対して彼の体系の最も内奥の根拠から反論しようと苦労した。そしてまさしくライプニッツのベールへの第二の答弁以外どこにおいても、彼の体系の深みへの洞察、彼の形式についての解明は与えられない。私は、とりわけ彼の点と線に関する内的および外的な規定についての美しいそして深遠な比喩（『哲学等に関する文書集』第二巻、四二八頁。『全集版』第二巻、第一部、八三頁）、彼の体系の外見上の二重形式の説明（『哲学等に関する文書集』第二巻、四三一頁と一三二頁。『全集版』第六巻、八四頁）、精神とエピクロス学派の原子における比較についての卓越した批評（『哲学等に関する文書集』四三五頁―四三八頁。『全集版』第六巻、八五頁―八七頁）を参照してもらいたいと思う。

(23)『一般的宇宙論』の最終行の優れた熟考がある二九四章。さらに『理性的考察』第二部、二一五章―二一九章、特に三七〇頁と三八一頁を参照。

(24)カール・ハインリヒ・ハイデンライヒ『スピノザによる自然と神』一〇〇頁と一〇一頁。

(25)第一版では九八頁と九九頁。現在の版では一五一頁と一五二頁。

(26)注二二において。この備考がある『エチカ』第二部の定理一三は同じ論文において二度引用されています。注一五と注一七。

(27)デ・メゾー編『哲学等に関する文書集』第二巻、一四五頁。

(28)デ・メゾー編『哲学等に関する文書集』第二巻、四一七頁。『全集版』第二巻、第一部、七九頁。

＊「第六付録」の訳出には以下の著作集を使用し、引用に際しては、その略号を記す。

Die Hauptschriften zum Pantheismusstreit zwischen Jacobi und Mendelssohn, hrsg. von Heinrich Scholz, Verlag Reuter & Reichard, Berlin 1916.［HS］

F. H. Jacobi Werke, hrsg. von F. Roth und F. Köppen, Darmstadt 1968.［JW］

Baruch de Spinoza: Briefwechsel, hrsg. von Carl Gebhardt, Felix Meiner Verlag, Hamburg 1986.［SB］

ライプニッツに関わるものとして

G. W. Leibniz, *Philosophische Werke in vier Bänden*, hrsg. von Ernst Cassirer, Felix Meiner Verlag, Hamburg 1996.［LW］

G. W. Leipniz, *Die philosophischen Schriften*, hrsg. von C. I. Gerhardt. 7Bde., Berlin 1875-1890.［Gr］

（一）　一七八〇年七月、ヴォルフェンビュッテルにおける対話においてレッシングがヤコービに対して、スピノザとライプニッツの関係を明らかにするよう迫った言葉。

（二）　『信をめぐるデイヴィッド・ヒューム』において次のような対話が交される。

「彼――スピノザにおいては物体的延長と思惟は同一の本質〔存在〕の異なった属性にすぎません。それに対してライプニッツにおいてはそれらは一種の不可解な調和へと行きついてしまう全く異なったものです。

私――スピノザとライプニッツでは思惟する存在と物体的延長存在の合一を表現する方法において確かに違いがあります。しかしより詳しく調べれば、スピノザではなく、私たちのライプニッツが有利となっていることがあなたには分かるでしょう。ライプニッツによれば思惟する存在と物体的存在はあなたが言うように一種の不可解な調和（しばしばライプニッツはConformitas〔適合〕とConsensus〔一致〕という言葉を使います）に陥ってしまう二つの全く異なったものではないのです。それらは所産的自然の範囲においては、スピノザ同様、ライプニッツにおいても切り離すことのできないものです」。引用した文章の原注は以下のようである。「ライプニッツのスピノザとの相違点と彼の卓越性は実体形相の概念にある。そしてそれはそこからライプニッツの体系が育った真の核心なのである」（JW, Bd. 2, S.246-247）。

（三）　『実体の本性と実体相互の交渉ならびに心身結合についての新たな説』（*Systèm nouveau de la nature et de la communication des substances, aussi bien que de l'union qu'il y a entre l'âme et le corps*, 1965）のこと。

（四）　ホフマイスター『哲学概念の辞典』（*Wörterbuch der philosophischen Begriffe*）によれば、「事物の本質を把握することの不可能性」を意味する。この説は懐疑派によって主張された。

（五）ピエール・ガッサンディ（Pierre Gassendi, 1592-1655）。フランスの哲学者、科学者。アリストテレスの学説に反対し、エピクロスの原子論をとった。ガッセンディ派は経験の名において純粋思惟を唱えるデカルト派と論争した。

（六）エマニュエル・メグナン（Emmanuel Maignan, 1601-1676）。フランスの神学者、物理学者。

（七）ニコラ・ド・マルブランシュ（Nicolas de Malebranche, 1638-1715）。機会原因論者。それによれば、神のみに、身体の動きの、また人間精神の身体への作用の真の原因を帰すものである。ライプニッツは機会原因論を、デカルト主義者の教説、あるいは助力（Beistand）の教説と呼んだ。主著『真理の探究』、『形而上学と宗教とについての対話』。

（八）ジェロー・ド・コルドモワ（Gerauld de Cordemoy, 1620-1684）。弁護士、デカルト哲学研究者。著書『心と身体の区別』

（九）ドン・フランソワ・ラミ（Dom Francois Lamy, 1636-1711）。フランスのベネディクト派の神父。著書『自己認識について』、スピノザを反駁した『新たなる無神論をくつがえす』。

（一〇）ルイ・ド・ラ・フォルジュ（Louis de La Forge, 1633-1666）。医師。『人間精神論』において機会原因論を説く。

（一一）一七二〇年代に始まる敬虔主義者ランゲと理性の側に立つ合理主義者ヴォルフの論争は八〇年代にヤコービとメンデルスゾーンとの間で開始される汎神論論争の前哨戦であった。この論争は一七二三年から王の禁止命令が出る一七三六年まで続いた。神学者としてのランゲにとって人間の自由意志を否定し、人間を精神と身体という二つの機械的な自動装置に分けてしまうヴォルフの主張は、神、属性、様態という垂直的な「必然性」が支配すると言われていた「神即自然」のスピノザ主義的世界と同様に、とうてい受け入れがたいものであった。ジョナサン・イスラエルはランゲのヴォルフへの反論を次のように書いている。「ライプニッツとヴォルフは私たちの世界が数学的に定義された一般的法則によって支配されていると考える。言い換えれば、ひとたび神が予定調和を選択してしまえば、それ以後スピノザ主義的な必然性と変わらない原因と結果の不変な秩序が存在することとなる。これは事実上、奇跡、神の摂理そして自由意志を排除することになる」と。しかしことは単純でないようである。他方で、ジョナサン・イスラエルは、ヴォルフはライプニッツの忠実な弟子として予定調和の学説を守っていた、と。さらにヴォルフの丹念な、詳細なスピノザ批判は、神学者たちのスピノザ理解は皮相的ではなかったかという複雑な、知的な無数の問いを呼び起こす結果となり、「多くの人が、ヴォルフの問題への、冷静で、客観的で、詳細な研究の方法は望ましいものと思われた」と述べている。ヴォルフはスピノザの「怪物のような矛盾」を「反駁」しているが、敬虔主義陣営からの宿命論者、スピノザ主義者という攻撃をかわすために、彼は丹念に、スピノザを読んだ。この姿勢が逆にスピノザ理解を少しずつ前進させていくという事態が生じたのである。さらにこの章のまとめの言葉として「一七四〇年代にはヴォルフ主義者とニュートン主義者との戦いに次いで鍵となる哲学的な問題は、まさしくスピノザという解決されていない問題である」と述べている（Jonathan I. Israel, *Radical Enlightenment: Philosophy and the Making of Modernity, 1650-1750*, Oxford University Press, New York 2002, pp. 547-55）。

（一二）右で引用したイスラエルの言葉が指摘しているように、時代は「スピノザ」という未だ解かれていない問題に正面から取り組んでいかなければならない状況であった。

二五歳のメンデルスゾーンは、彼のスピノザに関する野心的なデビュー作品、『哲学対話』で時代のかかえる哲学の難問のひとつに答えを与えようとしたのである。しかしここでメンデルスゾーンが提出したテーゼは三〇年前にランゲが述べた「ライプニッツの予定調和はスピノザから借りたものである」という主張と同じものであった（Hans Schmoldt, *Der Spinozastreit*, Konrad Triltsch Verlag, Würzburg 1938 を参照）。

ヤコービも「メンデルスゾーン氏の『対話』を長い間読んできました」（「メンデルスゾーンの非難に抗して」）と言っているので、ランゲ・ヴォルフの論争から『哲学対話』までのこの経緯は詳しく知っていたと思われる。したがって、当然『スピノザ書簡』の「第六付録」ではこの主張がハイデンライヒの言葉が引用されながら論議されることになる。しかしながらスピノザに関して「ライオンの分け前」をもったヤコービは「私は意見を持っていません」と明言を控えている。

大著『モーゼス・メンデルスゾーン』を著したアレクサンダー・アルトマンは「モーゼス・メンデルスゾーン　ライプニッツとスピノザに関して」（Moses Mendelssohn on Leibniz and Spinoza, 1966）において次のように述べている。「ヴォルフ、レッシングそしてハイデンライヒのスピノザ解釈はライプニッツのスピノザ解釈と一致していた。したがってメンデルスゾーンの主張は公認せられた地位（locus standi）を全くもっていないのである。メンデルスゾーンがライプニッツのスピノザについての発言を知っていたら、彼の主張は提唱されなかっただろうことは大いにあり得る」とメンデルスゾーンの主張に疑義を呈し、さらにメンデルスゾーンの「ライプニッツの予定調和はスピノザから借りたものである」という主張は「故意の、作りごと的な要素を含んでいる」とも言っている。

（一三）ヴォルフについてライプニッツは次のように述べている。「ヴォルフ氏は私の見解のいくつかを受け入れましたが、彼は大学の授業、特に数学の授業に忙殺され、また私たちは哲学に関してはお互いにわずかしか手紙のやりとりはありませんでしたので、彼は私の見解については私が自分で出版したものだけしか知ることはできませんでした。私は若い人たちが彼の指導のもとで書いたものを見ました。その中には良いものを多く見つけましたが、私と意見が一致しない箇所もありました」。一七一四年七月付ライプニッツからレモン宛書簡（LW, Bd. 2, S. 627-628）。「刊行されたものによってのみ私を知る者は私を知らない者である」とプラッキウス（Placcius）宛に書いていたライプニッツは、弟子に何か思うところがあったのかもしれない。

（一四）「思惟は、私がすでに言ったように、意識です。それゆえ、延長で生じるすべてのことは同じように思惟においても生じなければなりません。そしてその現実の個体もその多様性と統一に準じて、あるいは個体がそれでもって存在している力の度合いに従い、生気を吹き込まれています。個体において思惟は必然的に観念と結びついています。なぜなら個体はおのれと他との関係を持たなければ、おのれの存在の感情を持つことは不可能ですから」（一七八四年八月七日付ヤコービからヘムステルホイス宛書簡の写し（本書一三〇頁））。

（一五）一七一四年一月一〇日付ライプニッツからレモン宛書簡（LW, Bd. 2, S. 624-625）。

（一六）一七一五年八月一九日付ライプニッツからデ・ボス宛書簡の付録（Gr, Bd. 2, S. 506）。邦訳『ライプニッツ著作集9』（佐々木能章訳）工作舎、一九八九年、一八九頁。

（一七）一六七六年五月五日付スピノザからチルンハウス宛書簡（SB, S. 297）。

（一八）一六七六年七月一五日付スピノザからチルンハウス宛書簡（SB, S. 300）。

（一九）「予定調和」という言葉をめぐる経緯は以下のようである。ライプニッツは一六九五年六月二七日『サヴァン』誌に匿名で「実体の本性と実体相互の交渉ならびに心身結合についての新たな説」を発表する。これに対し同年九月一二日に「あなたの説は私にとって新しいものではありません」というフーシェの異議が『サヴァン』誌にに掲載される。翌年の四月九日、ライプニッツはこのフーシェの異議に対し『サヴァン』誌で「実体の交渉の新説の解明」という論文で答える。ヤコービが指摘しているように、この答弁の中で初めて「予定調和」という言葉が使われる。その後、一六九九年、ラミ神父が自身の著作『自己認識について』の第二論文の中で「予定調和」という言葉を用いる。ベールはラミ神父によって初めて「予定調和」という言葉が使われたと誤認し、一七〇二年、『歴史批評辞典』第二版に載せたのである（『ピエール・ベール著作集第五巻』（野沢協訳）法政大学出版局、一九八七年、四一三頁を参照）。したがって、ベールは「予定調和」という言葉を初めて使った人物がライプニッツであったという事実を「見逃してしまった」とヤコービは言っているのである。

ライプニッツの論文をドイツ語に訳したヨハン・クリストフ・ゴットシェト（Johann Christoph Gottsched）は『すべての哲学の第一根拠』の中で右のような事実経過を諾うようにライプニッツの言葉として次のように伝えている。

「私は、一六九六年四月九日の『サヴァン』誌に掲載された修道院長フーシェ氏への答弁においてこの名前〔予定調和〕を〔私の〕体系にすでに与えていたのです。そしてラミ神父はこの名前を好都合だと考えたのでした。」

第七付録　思弁哲学の歴史——スピノザ主義の成立

この第七付録[一]は、しばしばこの書物において参照されてきた。次の三つの箇所がこの論文に関係した本文である。

「スピノザの神はすべての現実的なものにおける現実性の純粋な原理、すべての現存在における存在の原理であり、個体性を持つことは全くなく、絶対的に無限です。この神の統一は区別され得ないものの同一性に基づいており[1]、それゆえに一種の数多性を排除しません。」（八七頁）〔本書九八頁〕

「あらゆる証明の道は宿命論に帰着する。」（二二五頁）〔本書一八一頁〕

「彼は主張しました、すべてを自然的にみていきたい、と。そして私は、超自然的なものに関してはいかなる自然的な哲学も存在し得ないだろう、しかしながら二つ（自然的なものと超自然的なもの）は明らかに存在するだろうと主張しました。」（七五頁）〔本書九三頁〕

スピノザ以前にはすでにスコラ哲学者たちが、神性における三位一体の教えを、神的存在の唯一性についての教えと一致させるために、また、そもそも一なる神だけが存在しうるのであるということを示すために、区別されえないものの原理を使っていたのである。また私たちは、すべての個物に共通で、ある普遍的な存在者の概念を、すなわち無数の特殊なものが、いわばその中に分かれていき、そしてそれゆえ、それには「至る所」[一]という言葉がふさわしい実体の概念を、同様にスコラ主義者たちにも、つまりペトルス・ロンバルドゥス（Magistro Sententiarum）にもすでに見つけることができる。この概念はアリストテレスにまで、そしてずっとはるかにもっとも古代の哲学にまで遡って跡づけることができる[2]。

人間にはそもそも、原初からの必要によって、人間を取り囲み、そして人間を貫いている本性の変わりやすさの中に、永続的なものを探し求めるということが課せられていた。そしてこの探求の道は、道徳ならびに身体的なものの分野においても、人間を測り知れないほどの連続した発展へと導き、駆り立てたに違いない。そこから人間の様々な思考体系を考察するためには、この興味深い視点以外のものを知らない。ここで私は最近の成果を一瞥することが許されるだろう。それも思弁的理性に関してのみである[三]。

あらゆる感覚をいわば呼び集め、事物に関するそれらの個々の証言を互いに比較し、その後、対象自身の前でそれら知覚を共同で尋問しようとするのであるが、対象は現れようとはしない。しかしながら欠席裁判において対象を起訴する勇気は持ち合わせていないとすると、次のことを認めること以外残されていなかったのである。すなわち、すべての感覚が、次々と同じ仕方で対象に関して認識させようとするものだけが*、簡単にいえば、あらゆる知覚のアルファでありオメガであるもの、すなわちより高い意味における共通感覚（Sensus communis）が対象について示すものだけが、対象自体にとってはふさわしく、また真に客観的であり不変なものであることを。

人間の知性はこうした仕方ですべての現象に対応した〈隠された性質〉（qualitatibus occultis）によって純化されて、次のような概念を保持した。すなわち、存在と共存、作用と反作用、空間的なものと運動、意識と思惟。このことがひとたび確定された後では、人間の思弁的な本性がどれほど快適な状態に置かれざるを得なかったかは、人間の認識能力を少しでも根本的に思考できる人はだれでも洞察することができるのである。

あらゆる認識の原理は生きている存在である。そしてあらゆる生きている存在は、自分自身から生まれ出て、進展してゆき、生産的である。どの虫の動きも、その緩慢な快、不快も、その生命原理の法則に従い、結合という仕事を行う想像力、またその状態の観念を生み出す想像力なしには生じることはできないのである。こうした仕方である生きものによって生み出され、感知される存在が多様であればあるほど、そのような存在はより生き生きとしてくるのである。もし現在の瞬間に生み出された生命が次の瞬間に消滅していく運命にないならば、生み出す存在は生み出した存在を維持することができるに違いない。人間の生（自分自身を享受し、生という名前にのみふさわしい生）の維持手段のうちで言語より力強く証明されるだろうものは、私たちには知られていない。理性と言語の間における密接な結びつきは、いかなる人も認識している。そして同様に、私たちは、理性によって存続している生よりも高い生についてはまったくわかっていない[3]。より完全な知覚とより様々な結びつきが、限られた生きものたちにおいて抽象と言語の欲求を生み出す。こうして、記号と言葉が物質と諸力の代理をするひとつの理性の世界が成立するのである。私たちは、宇宙を引き裂き、私たちの能力にふさわしい現実とは全く違った形象世界、理念世界、言葉の世界を作り出すことによって、宇宙を我がものとするのである。このようにして、私たちが作り出すものを、それが私たちの創造である限り、私たちは完全に理解する。こうした仕方で創造されないものは、私たちは理解できないのである。私たちの哲学的知性は、それに固有な生み出す力を超えることはできないのである。しかしながら、すべての理解は、私たちが区別を設け、そしてそれらを止揚するということによって生じる。極めて洗練された人間の理性でさえもこの操作以外のことはできないことは「明白」である。そして、他の残りのすべての操作も、この操作へと還元される。知覚と区別と再認、そして把握が高まりゆく諸関係において、私たちの知的能力の全き充溢を形成しているのである。

私は繰り返し述べる、人間の思弁的な本性は、質の無限の相違を、量のいくつかの規定された状態に帰するという展望を手に入れたので、どれほど快適な状態に置かれざるを得なかったかということを。自然学は、その驚嘆すべき進歩をこの企ての成功に負っている。レウキッポス[四]とデモクリトスがこの道を開いた[五]。彼らの学説は、スコラ哲学の独裁という陰鬱な時代のうちで消え去り、一七世紀の曙光と共に、いっそうの輝きを増して再び現れた。この学説の上にデカルトは彼の新しい体系を築いたのである。

二つの困難が昔から原子論者、あるいは単なる機械論的な哲学者を苦しめてきた。第一には物質的な存在者、すなわち不可入性、形態、状態、大きさ、そして運動の諸々の性質から思惟する存在者の性質を導きだすことの不可能性、そして第二には運動自体に、そしてそれらの変化に本来の存在を手に入れさせるという不可能性である。

デカルト学派の体系はこれらの困難さをほとんど取り除かなかったので、かえってその体系の為に困難さがより目立つようになっていた[4]。

その時スピノザが、彼の〈一にして全《ヘン・カイ・パーン》〉と共に現れ、そして二つの問題を[5]——この問題の合一が、彼以前の哲学者たちすべてを様々な仕方で困惑させていたのであるが——唯一の原理に還元しようと試みたのであった。この原理は、すなわち次のようなものである。形相なき質料、そして質料なき形相は二つの、同じように不可解なものである、と。この二つのものを結合することは、それゆえ至るところで本質的な、そして必然的な結合とならざるを得ない。唯一のものとしてのみ存在しうる実体は、絶対的に第一のものとして考えられねばならないので、その存在様式である実体の本質的な形相も、同様なものとして考えられねばならないのである。この第一の物質とその形相から、個物はその概念と共に、自然な、すなわち必然的な、そして機械論的な仕方で直接に生じるのである。

この考え方には、まず第一に秩序立てられなければならないカオスという、無秩序で、不合理な概念が用いられていないという優れた長所がある。すなわち、多くの古代の哲学者だけでなく、近代における多くの深遠な、そして非常に洞察力のある思想家たちが、カオスの概念を——このことは同じことになるが——次第に発展していくだけの世界体系の概念を、必然的な、永遠からこのかた作用している単なる機械論的な自然原理の概念と結びつけることができたことは本当に注目すべきことである。というのも、これら二つの概念は、互いを廃棄し合っていることを見抜くのには熟慮する必要はほとんどないからである。この誤りを、それゆえスピノザは犯すことはなかった。しかし、彼が成し遂げなければならなかったこと、すなわち、有限で継起する事物の存在の自然的な説明は、他の考え方によっても、また彼の新しい考え方によっても手に入れることはできなかったのである。彼は、次から次へと、現実のものとなった個物の無限の連続を、それゆえに、結局のところ永遠の時、無限の有限性ともいうべきものを認めざるを得なかったのである。この主張のナンセンスさを、彼は数学の比喩*で消し去ろうと試み、そして次のように断言した。すなわち、私たちが、次々と、客観的にも、現実的にも継起し、生成する個物の無限の連続を、永遠なる時と思い浮かべるのは、単に私たちの表象力（imaginatio）のせいである、と。しかし、私は思う、ここで自分の表象力であざむかれていたのはむしろスピノザであった、と。というのも、数学的な比喩で思い描かれる帰結は、客観的な現実的なものではなく、主観的な、単なる観念的なものであるから。この帰結を思惟において生み出す主観における現実的な継起がその帰結の根底になければ、そしてこのことにより、静止せるものが、流動せるものに変貌されなければ、この帰結は観念的にすら存在し得ないだろう。主観的なものと客観的なものの分離と再統合が、そして原因と結果の相互の関係の取り違いが、あちこちで企図された概念の完成を妨げるものを、思うままに取り除こうとして、ここでは錯覚を生ぜしめたのである。このことで幾人かの一流の哲学者たちは欺かれてしまい、そしてまた現に欺かれている(6)。

より判明に説明しよう。生成という概念は、存在、あるいは実体と同様に生成した、あるいは生成が生じたということは不可能であるという命題から、物質はそれ自身の永遠な無限の活動を持たなければならない、そしてこの無限な活動は、実体の直接的な様態でなければならない、という正しい結論をスピノザは引き出したのである。彼が、所産的自然における運動と静止の関係において表現されているのを気づいたと思っている、この直接的な永遠の様態は、彼にとっては、個物の、そしてそれらの絶え間ない変化の普遍的な、永遠に変わることのない形式であったのである。もし運動が始まりを全く持たなかったならば、個物もまた始まりを持たなかっただろう。これらの個物は、永遠の昔から、それらの根源に従い、存続していただけでなく、それらの継起にもかかわらず、理性概念によれば、すべては同時に存在していたのである。というのも理性概念においては、いかなる「以前」も「以後」もなく、すべては必然的であり、同時なのである。そして依存関係の継起がそこで考えられる唯一の継起である。スピノザは、運動、個物、生成そして継起の経験概念を理性概念にまで高めてしまったので、彼は、それらが同時に、経験的なものすべてによって純化されるのを見たのである。そして彼は、すべてのものは、〈永遠の諸物から流出する様態にしたがって〉のみ考察されねばならないという固い確信に基づいて、時間、量そして数の概念を、この様態から抽象された一面的な考え方として、それゆえ、想像の産み出した存在物と見なすことができたのである。この存在物についていえば、理性は気遣う必要はなく、あるいは理性がそれらをまず改良し、真なるもの〈真なるものと考えられたもの〉へ連れ戻さなければならないと〔スピノザは〕言っている[7]。

スコラ哲学者たちもまたこうした主張への道を、スピノザのために切り開いた。この学派の幾人かの教師たちは一連の自然界の出来事が開始される時、必ず生じる時間における創造という不可解な概念を避けるために、永遠からの創造へと逃避した。スピノザが、事物は動かし合い、相互に変化し合っているという事実から出発し、永遠からこのかた、そのようにして来たに違いないと結論したように、スコラ哲学の教師達は生み出された自然の事実から、自然の不変の創造者が創造したに違いない、という結論を下したのである[8]。しかし彼らには、スピノザが克服しなければならなかったよりも、もう一つの大きな困難があった。というのも、彼らの神は、単なる能産的自然ではなく、現実には自然から区別された現世外の存在でもあったからである。この存在が自然を実体において生み出したのである。この困難さはライプニッツがスコラ学者を支持すること、そして実体において、始まりのない創造を考え得るものと表明することの妨げにはならなかったのである[9]。この問題に関して、ライプニッツは後継者に不自由はしなかった。そして今なお、私たちのなかには、永遠からこのかた現実に継起する個々の事物の現実的な創造の概念を、可能な概念として見なす多くの非常に尊敬に値する哲学者がいる。

この少しばかり深刻な錯覚は、原因の概念を理由〔根拠〕の概念と混同し、そのことで前者からその固有なものを奪い、思弁においてそれ〔原因の概念〕を単なる論理的な存在者にしてしまうことにより、スピノザも陥ってしまった比較的軽い錯覚と同じ仕方で引き起こされている。私はすでに他の場所でこのやり方を説明した。そして、原因の概念は、それが理由の概念と区別される限りにおいては、そもそも経験概念であり、この概念は、私たちの因果性と受動性の意識のおかげと言わねばならないものであり、この経験概念は、理由の概念に解消されないと同様に、単なる理由という観念上の概念からも導き出すことはできないということを十分に明らかにしたと思っている。*

充足理由律の中で見られるように、この二つの概念を一つにするようなことは、それゆえ許されないのである。特にそれぞれの概念の根底にあるものが、そしてそれぞれの概念を、ある可能な概念へと作り上げたものが一瞬たりとも忘れられない限りは。理由の命題は次のように言う。すなわち、すべての依存しているものは「何かに」依存している、と。原因の命題は次のように言う。すなわち、なされるすべてのものは「何かによって」なされねばならない、と。理由の概念において「何かに」という言葉は、すでに「依存している」という言葉に含意されている。同様に原因の概念においても「何かによって」という言葉は「なされる」という言葉によって暗に意味されているのである。[六]

これら二つの命題は同一の命題であり、それゆえ、普遍的な、必然的な妥当性をもっている。[10] これら二つの命題を一つにすることは、次の命題によってなされる。すなわち、すべての制約されたものは、何らかの制約をもたざるを得ない、という原理によって。この原理も、同様に同一のものであり、それゆえ、同様に普遍的であり、必然的である。

私たちが二つの概念の本質的な違いを、そしてこの違いが何に基づいているかを忘れるならば、一方を他方と混同し、一方を他方のために使うということが勝手に行われる。そして事物は、生じることなしに生じ、変化することなしに変化し、お互い、相前後することなく、相前後することができるという結果になってしまう。[11]

私たちが、二つの概念の根本的な相違を忘れないならば、それによって、行為の概念が必然的に措定される原因の概念とともに、私たちは時間の中で不可避的にしっかりと腰を落ち着けるのである。というのは、ある一定の時間の中で行われないいかなる行為も、全く無意味なものであるからである。観念論でさえも、どんな術策を用いようとも、ここでは私たちの助けにはならず、ただ短い猶予を与えるだけである[12]。

これらの説明の後では、連続して継起し、産出し合い、破壊し合う個々の有限な事物から成り立っている世界の現実的なあり方は、どのようにしても明瞭に、すなわち自然的には説明することはできない、と私が主張したことは、もはや奇妙には思われないだろう。というのも、私がこれら事物の連続を、真に無限なものとして考えようとすれば、いかなる数学的な図形によっても取り除くことのできない永遠の時という、不合理（ungereimt）な概念が私の邪魔になるからである。事物の系列にひとつの始まりがあるとすれば、そこから、そのような始まりが導き出され得るすべてが私には欠けているのである。この始まりが、叡智者の意志だと言うとすれば、私は意味のない言葉を言うことになるだろう。というのも、事物のどの部分にも従うことのない事物の概念の成立（例えば、すべての有機的な生き物に先行する有機的な生き物の概念）は、いかなる概念にも依存しない対象自体の成立と同じくらい理解しがたいからである。それと同じように、それ自体において、それ自体によってのみ存続している永遠における叡智者の変化、それでもって叡智者が時を始める意志決定の変化もまた不可解である。それは物質において自ずから生じる運動と同じほどにまったく不可解である。

それゆえ、この二つの道には同じ不可解さがある。しかしこの不可解さのために、理性は絶望に陥る必要はない。というのも、次のような認識が理性に押し迫ってくるからである。すなわち継起する世界の存在の可能性の制約は、その世界の概念の領域の外に、制約された存在の連関の外に、すなわち自然の外にあるという認識が。

それゆえ理性はその制約を探し求めようとする時、自然の外にあるもの、あるいは超自然なものを、自然なものに――あるいはまた自然なものを超自然なものに変容させようとする。理性はこうした仕方で、自らの権限の外部で活動することにより、目的に一歩も近づくこともできず、ただ制約されたもの〔被制約者〕の諸々の制約だけを、自然法則、機制だけを明るみに出すことができるにすぎないのである[13]。こうしたことにもかかわらず、理性は思いとどまることを知らず、また期待に抱かれているのである。なぜなら、理性は、本性上制約されないもの〔無制約者〕を確かに知っていて、この認識において様々な形でさらに高く登っていくからである。そもそも理性の仕事は、つながりをつけつつ前進することである。その思弁的な仕事は、必然性という、すなわち同一性という承認された法則によって、結びつきをつけることである。というのも、理性は、理性自身が前進する際に不可欠の、交互に、保持し、切り捨てることによる分離と再結合という力を借りて作り出すところの、そして同一命題において示すところの必然性以外何ものも知らないからである。人間の言語と名称のもつ本質的不確かさ、そして感覚が受け取る現象の変わりやすさは、しかしながら、これらの命題に例外なく、表面的な威厳を与えている。これらの命題は、あたかも単なる〈在るところのものは在る〉(quidquid est, illud est) 以上の何かを、すなわち、知覚され、観察され、比較され、再び認識され、そして他の概念と結びつけられた単なる事実以上の何かを言い表わしているかのように。理性が、分析、結合、判断、推論、そして再把握によって取り出すことができるすべてのものは、もっぱら自然の事物であり、人間の理性自体も、制限されたものとして、これらの事物に属している。しかし、全自然、全ての制約された存在の総括は、そこに含まれているもの、すなわち多様な存在、諸々の変化、形のたわむれ以上のものを探求する理性に打ち明けることはできないのである。全自然は真の始まり、何か客観的に存在しているものの実在的な原理は決して打ち明けることはないのである。

しかし、どのように、理性は、そもそも不可能なこと、非理性的なことを企てるに至ったのだろうか。このことは理性の罪なのか、あるいは人間の罪にすぎないのだろうか。理性が自分自身を誤解しているのだろうか。あるいは私たちが理性を誤解しているだけなのだろうか。

この少しばかり奇妙な響きをもつ問題を解決し得るために、私たちは、別の、もっと奇妙に響く問いを投げかけねばならない。すなわち、人間が理性を持つのか、理性が人間を持つのかという問いを。

理性が判明な概念を持ち、これらの概念で判断し、推論し、そして再び別の概念、あるいは理念を形成する限り、あるいは理性が単に悟性にすぎない限り、理性という言葉で人間の精神が理解されるならば、理性は人間が、次第に獲得しようとする人間の本性であり、人間が利用する道具である。この意味において、理性は人間に属する。

私たちが理性によって認識一般の原理を理解するならば、理性は、そこから人間の生き生きとした全自然がつくられている精神（Geist）である。理性によって人間は存在している。人間は、理性が身につけたある一つの形式である(七)。

私は人間を部分に分けるのではなく、全体として考えている。そして人間の意識は二つの根源的な表象、すなわち、制約されたもの〔被制約者〕と制約されないもの〔無制約者〕という二つの表象によって構成されていることに気づく。この両者は離れがたく結び合っている。しかし、制約されたものの表象は、制約されないものの表象を前提とし、後者においてしか与えられることはないのである。それゆえ、私たちは、第一に制約されないものを探す必要はない。私たちは、自身の制約された存在と同じほどの確実性を、制約されないもの〔無制約者〕についてもっている。いやそれどころか、もっと大きな確実性をもっているのである。

私たちの制約された存在は、媒介の無限性に基づいているので、それゆえ、私たちの研究にとっては広大な領域が開かれている。そして、私たちはすでにこの領域を、肉体を維持するために耕さざるを得ないのである。これらすべての探求は、事物の存在が媒介するものを、対象として見つけ出すことである。私たちが、事物を媒介するものを洞察し、事物の機制を発見してしまえば、その手段が思いのままである時には、私たちは事物さえも産み出すことができる。このようにして、少なくとも観念において構成することができるものは理解でき、また構成できないものは理解できないのである。

制約されないもの〔無制約者〕の諸制約を発見しようとすること、絶対的に必然的なものを把握するために、その必然的なものにある可能性を考案しようとすること、そして必然的なものを構成しようとすることは、ただちに不合理な企てとして明らかにされねばならないように思える。しかしながら、私たちが、自然を私たちにとって理解できる存在、すなわち単なる自然のままの存在にしようと努力し、そして機制の原理の機制を明るみに出そうと努力している時、私たちが企てているのはまさしくこのことなのである。というのも、私たちに分かりやすい仕方で、生起し、存在すべきすべてのものが、制約された仕方で生起し、存在しなければならないとすると、私たちの理解が続く限り、私たちは制約された諸々の制約の連鎖の中に留まるからである。この連鎖が止むところにおいて、私たちは把握することをやめるのである。そしてその時、私たちが、自然と名づける連関自体もまた止むのである。自然の存在の可能性の概念は、それゆえ、自然の絶対的な始まりの、あるいは根源の概念といえるだろう。この概念は制約されないもの自体の概念といえるだろう。この制約されないものが、自然な仕方で結合されていない、つまり私たちにとって結合されていない、すなわち自然の制約されない制約である限りは。この制約されないもの、結合されていないものの概念が、それゆえ、この自然の外なるものの概念が可能となるべきだとするならば、制約されないものは、制約されないものであることを止めなければならない。制約されないもの自体、諸々の条件を受け取らなければならないのである。そして絶対的に必然的なものは、構成されるために、可能なものとなることを始めなければならない。

上で述べたすべてのことから、制約されないもの〔無制約者〕は、自然の外にあり、またそれは自然とのあらゆる自然的な連関の外にあり、しかし自然は、すなわち制約されたもの〔被制約者〕の総体は、制約されないもの〔無制約者〕において、根拠づけられていて、それゆえ、これと結びつけられているので、この制約されないものは、超自然的なものと呼ばれ、それ以外で呼ばれることはあり得ないのである。* この超自然的なものから、自然なもの、あるいは宇宙は超自然的な仕方以外では生じることもできず、また生じもしなかったであろう。

その上、制約されたものの連関の外にあるすべては、すなわち自然な形で媒介されているものの外にあるすべてのものは、私たちの判明な認識の外にあり、そして概念によっては理解され得ないので、超自然的なものは、それが私たちに与えられている以外のいかなる仕方でも、私たちによって捉えられることはないのである。すなわち事実として。――それは存在しているのである！

この超自然的なもの、すべての存在の中のこの存在を、すべての人は神と呼ぶ。

万有のこの神は、単に万有の建築士であるだけでなく創造者であり、また彼の制約されない力は、諸々の事物を実体において生ぜしめたのである。もし神が、諸々の事物を実体において生ぜしめなかったとすれば、おそらく――誰もなぜかはわからないが――互いに協力し合っただろう二人の創造者がいたに違いないだろう。そして、このことは私たちの時代において、いかなる反駁も必要としない不合理なことというべきものである（それが理解を超えているのではなく、それが私たちの考え方の中にないからである）。私たちが、実体における諸々の事物の生起に反対するのは、私たちが、自然な、すなわち制約された、そして機械論的な仕方でなされないいかなる生起も理解することができないからである。

これらの命題と推論を、それらが、私自身にとって明白であると同じほどに、理解させることができたらと、どれほど望んでいることだろうか。そうなれば私たちは、神の現存在についての証明の要請が理性に反していることを洞察するばかりでなく、まさしくこの洞察によって、なぜ私たちの悟性と意志とが――この二つは共存に、すなわち依存と有限性に接ぎ木されているのであるが――付与されている第一の原因が、不可能な、まったくかげたものとして現れなければならないのかを理解するだろう。私たちが、第一のものから第二のものを完全に認識すればするほど、私たちは次のような要請は許されないものとして洞察するだろう。すなわち神は人間ではあり得ず、あるいは身体が見えないがゆえに、個性と叡智者もまた神に属することはできないのであるという要請は。

しかし、私たちの有限性と自然への隷属にもかかわらず、私たちが意志を行使する際の自発性の意識によって、超自然的なものの、すなわち機械論的には作用しないものの類似物（アナロゴン）を私たちはもっているのである。――あるいは少なくとも、もっているように思えるのである。そして私たちは、そもそも何らかの変化の可能な始まりを、内的な決心、あるいは自己決定によって引き起こされる以外は現実に思い描くことができないので、理性というあらわな本能は、すべての未開の人々をして、彼らがその成立を目撃した全ての変化を行為として見なし、それを生き生きとした自発的な存在へと関係づけるように駆り立てたのであった。彼らは直接的な関係をつくり上げたがゆえに誤ったのであった。しかし彼らは、私たちがすべてを機制に解消しようとし、そして私たちの判明な事物についての観念が、事物の機制を超えることがないがゆえに、機制の原理に存在を認めようとする時、原理自体が機制というものを明らかにしなければならない、という不合理な要求をこの原理にすることに比べれば、誤りは少なく、また私たちに比べて、無限に許されるべき仕方で誤っているのである。しかしながら、すでに機制でないものが観念一般の可能性にはある。そして誰も、生の原理を、悟性と意志の内的な源泉を、機械論的な結合の結果として、すなわち単に媒介されたものとして思い描くことはできないのである。まして因果性一般は、単に媒介されたもの、あるいは機制に基づくものとは考えられ得ない。そして私たちは、私たちの固有な因果性の意識によって、直接的にという仕方以外では、因果性についてはかすかな予感すらもっていないので、そもそも叡智を、機制のイメージのもとではなく（「第四付録」と「第五付録」を参照）、まったく独立した、超現世的な、人格的なものとして考えられなければならない最高の現実的な叡智を、第一の、唯一の原理として、真の根源的存在として認めることがどのように回避され得るのか私には分からないのである。

要約すると次のようになる。私たちにとって可能な観念は、私たちの悟性の法則に従って生み出され得るものだけである。悟性の法則は主観的にも、そして客観的にも、自然の法則に関係しており、その結果、私たちは単に自然なものの概念以外、いかなる概念も形成することはできないのである。また自然によって現実になり得ないものは観念においても、可能なもの、すなわち、考えられ得るものとすることはできないのである。それゆえ、自然が自然を生み出したということ、あるいは、自然は自然の成り行きに従って成立したということは矛盾している。同様に充足理由律にのみに従い、すなわち、媒介に従って考え、理解することができる私たちにとっては、自然が、その自然な運行に逆らって、すなわち媒介されずに、成立したということは全く矛盾していると思わずにはいられない。叡智を差し挟んでも、叡智もまた充足理由律に、すなわち自然必然性に従属している限りは、私が先に示したように、事態は何も変わらない。それに対して、この矛盾は次のようにしてすぐに消えてゆく。

すなわち、私たちが、自然的なものが超自然的なものの根底に置かれていたことを、また自然的なものは、超自然的なものにおいて把握されねばならないということを認めることによって。

私たちが、もろもろの変化の第一原因を、同時に諸実体そのものの原因として認識しなければならなかったということを思い起こす時に、このことはさらにはっきりしたものとなるだろう。ところで、私たちが後者について、すなわち、いかに事物は実体に従い存在に至るのか、あるいは、いかに事物はこのような存在をもっているのかについて、何らかのイメージを描くことは全く不可能である。そしてこのことが不可能であるがゆえに、諸々の変化の第一の、そして直接的な根源についての観念は、同様に不可能とならざるを得ない。一方を理解すれば、他方も必然的に理解することになるだろう。私たちはそれゆえ、現実的な、実在的な始まりについての観念や経験をもっていないので、また真の始まりの認識は、あるいはまた実在的な存在の認識（実体的なるもの内的可能の認識）は経験、観念、概念において、あるいはそれらによって与えられるということは、まさしく経験、観念、概念の本質に矛盾するので、世界が始まったか、始まらなかったかどうかという問いは、私たちにとってはきわめて思慮を欠いた、愚かな問いである。つまり、自分自身を理解しておらず、あるいは返答に値しない問いである。というのも、世界は私たちが始まりと呼ぶものを始めなかったということは十分明白であるから。なぜなら、世界はそうでなければ、同時に始まり、また始まらなかったに違いないだろうから。世界が永遠よりこのかた始まっていたのであり、それゆえ始まらなかったのであり、にもかかわらず、始まっていたという他の場合においても事情は同じである。それゆえ、お互いを交互に廃棄し合っているのはこの二つの対立した主張ではない。矛盾はそれぞれ個々の主張の中にあるのである。そして二つの主張に共通であり、またその源泉への洞察によって完全に取り除かれるのは一つだけの矛盾である。この矛盾が解決されれば（私たちがこの矛盾を現実のものとして、解決しがたいものと見なそうとする場合には調停されているにすぎないにせよ）私たちはその存在を確信している超自然的なものに関して、それが盲目的な活動する存在であれ、叡智であれ、認めるつもりがあるかどうかを、決定することだけはしなければならない。そして私には思える、私たちにとってここでの選択は困難ではないであろうと。

原注

（1）「唯一の実体のみが存在し得るのである」という証明が始められている『エチカ』第一部の定理五の証明を参照。

（2）ボシュエ（Bossuet）の仕事を継承したクラマー（Cramer）の『スコラ哲学の神学について』第七巻、特に二一六頁—二二〇頁。

（3）「それにより人間が、自分を全ての他の事物から、それどころか、人間が対象によって触発される限り、自分自身を区別する能力は理性である」（カント『道徳の形而上学原論』（Immanuel Kant, *Grundlegung zur Metaphysik der Sitten*, Riga 1785, S. 107)）。

（4）「第六付録」を参照。

（5）「常に二つの問題を探求する必要があり、一つは、それからそれぞれの物が形成される、そのもとをなしている質料はどのようなものか、もう一つは、それぞれの物を形成する、その力はどのようなものかという問題なのですが（八）」キケロ『究極について』第一巻第六章。

（6）この箇所に関して最近、ジグヴァルト（Sigwart）教授が『スピノザのデカルト学派の哲学との関係について』という非常に尊敬に値する著作の中の一二七—一三〇頁でいくつかの所見を述べている。この所見の第一のものを私は利用した。すなわち「しかし彼［スピノザ］が本来、成し遂げようとしたもの等々は」という言葉のかわりに「しかし彼が本来、成し遂げようとしなければならなかったものを」という言葉を置きました。——彼がそうしなければならなかったこと、また、なぜかということ、それについては、最近出版され、先程、私によって引用されたヘルバルトの対話の六二—六六頁を参照。

ジグヴァルト氏の提起された他の論点は、私の前期ならびに後期の哲学著作集の中で様々な形で、しかも私が信じているように委曲を尽くして論じているので、それについて更に長々と論じるかわりに、私の著作の、次の明確に関連する箇所を指示するだけで十分だろう。

① 『信をめぐるデイヴィッド・ヒューム』この著作集の第二巻一九一―二〇六頁。

② 『神的事物について』の著作の第一版の一六八―一七四頁を、この著作集第三巻の四〇二―四〇八頁を参照。

③ 初版の二一二―二一六頁、この著作集の第三巻四五〇―四五四頁の№2において引用された一節に関連する付録Cを参照。

もう一つの所見、すなわち「すべての説明は事物の生成に関係するのであり、スピノザはこのことを否定することにより、有限な事物の説明を断念せざるを得なくなってしまった」が、私に次のような断固たる反駁を要求しているように思える。

私は答える。スピノザは確かに、個々の事物の、〔無からの〕生成を伴う生成は否定しているが、しかし生成を伴わない、始まりなき、終りなき生成は、すなわち個々の事物の、真に現実的な生起と消滅は否定していない。とはいえ、それは永遠なる、自分自身の中をぐるぐる回る流れの中であるが。またスピノザは次のことを明確に教えている、個物は無限のものから直接に生じるのではなく、それぞれの個物は他の個物を前提としていて、このように無限に進む。それゆえ個物は、神から一時的で、有限な、移ろいやすい仕方ではなく、ただ永遠、無限な仕方でのみ生じる、と。というのもこれら個物は、互いを産出し合い、破壊し合い、彼らの永遠の存在において、それゆえ変わることなく留まることにより、次から次へと生じる、と。(『エチカ』第一部定理二八。一七八四年四月二日付〔ヤコービから〕メンデルスゾーン宛書簡における「スピノザの学説の叙述」のテーゼ三五、三六、それから前の版の三六六―三六七頁、現在の版の一〇一―一〇二頁の「第六付録」を参照)それゆえ、スピノザは反論できないほどに、必然的な継起における、永遠なる時間性の現実的な存在を、始まりなきものを、有限であり、実在する、真なる個物の現実的な、真なる生成と消滅を主張している。永遠なる時間が、今日という日にまで、やって来ることができる、ということを認めることは、馬鹿げたことであるという反論を、彼はいかに時間は理性を前にして、必然的に、自ら時間的な、儚いものから離れ消えていき、そしてこのことにより、この時間的なものは変わることのない永遠なものに、生き生きとした神性自体へとすぐに変容させられるかを示すことによって易々と取り除いた。理性の前でのすべての時間的なものの消滅は、すでにスピノザに関して引用された私のメンデルスゾーンに宛た最初の手紙の中に書かれている（第一版の一六、一七頁、第二版の二六、二七頁、この第三版の五七、五八頁を参照）。しかし、私が先ほど引用された三箇所で十分に明らかにしたと考えたことでは、スピノザの体系の防止策を講じることにはならなかった。なぜならその時、前にもまして、スピノザに対して実際に以下のような二重の疑問が提起されるのであるからである。スピノザは次のように教えているかどうか、すなわち自然にはただ唯一の存在だけが存在し、いかなる生成も存在しないと、あるいは逆に、自然には、ただ生成だけが存在し、いかなる存在も存在しないと。この第二の問いに対して私たちは彼からはっきりした否定の答えをもらっている。第一の問いにはNeinのついたJaだけである。そしてこのMitによって、真に平和的な同盟へと至ることのない矛盾した要素を、答えとして私たちは受け取る。このことは最近、新たに豊かな洞察力をもったテンネマンによって、『哲学の歴史』第十巻の四七六―四八一頁において明らかにされた。私は読者にこのテンネマンの論究とティーデマン『思弁哲学の精神』第三巻（四二八―四三一頁）における別の類似している極めて注目すべき論究を比べてほしい。そしてこの指示でもって、大部分がただ参照のみから成り立っている私の注を終えたいと思う。

（7）『遺稿集』「書簡二九[九]」。

（8）ボシュエの後を引き継いだクラマー『スコラ哲学の神学について』第七巻、四〇四頁そして四〇六、四一六―四一九頁を参照。

（9）ライプニッツからブルゲ宛書簡（『全集版』第二巻、第一部、三三一―三三八頁）を参照。――レッシングの大胆な表現による「神は永遠の膨張と収縮の状態にある。後者は世界の創造であり、前者は世界の持続である」という言葉が語られていると言われているのはこれらの書簡である。（この版の第一部、六四頁）。すでに私はこの意味についての暗示を、私の弁明において与えておいた。そこで私はレッシングの寄稿論文における二つの論文、すなわち『ヴィソヴァティウスの反論』、そして『ライプニッツ、永遠なる罰について』に単に表面的に言及したわけではない。二つの論文は様々な考察において極めて重要である。第二の論文ではライプニッツの「ブルゲ宛の書簡」が出てくる。四章と七章、次に一六章を参照。そこでレッシングは、すべての継起を排除する、永遠という概念に賛成の意を表明している。要点は、世界が始まりをもったか、そうでないかであり、もし、始まりをもたなかったとするならば、どの仮説がより理性にふさわしいかである。すなわち、それでもなお、つねに増大していく――それゆえ、つねに完全性に近似しているだけの全体の完全性の仮説か、あるいは、いつも同一であり、――それゆえ、現実的な、全体の完全性の仮説かである。第一の仮説をライプニッツは三角形の仮説と呼び、第二の仮説を長方形の仮説と呼んだ。「ライプニッツは、どちらかといえば（レッシングは二二四頁で言っています）変わることのない同一の完全性の方へと心はかなり傾いていたように思える。それどころか彼の友〔ブルゲ〕をその形式的な証明にとても近づけたように思えます。というのも、ライプニッツは彼に教えるというよりも、彼から聞きだしたいというもっともな理由があったのだろうからである[一〇]」。このことは、完全に正しいのである。私は手紙そのものを参照するよう指示する。そしてこの種のものを読むことができるすべての読者に、自らの良心に恥じることなく、次のように尋ねることが許されている。すなわち読者は、レッシングが、ライプニッツがそこで主張していることと、世界とは異なった人格的な事物の創造者への信仰とをまさしくこのライプニッツにおいておそらく一つにすることができなかったからといって、レッシングを悪く取ることができるのかどうか、と。「もし、長方形が（ライプニッツは三三八頁で言っています）物の秩序の中で生じるならば、神の智恵が生み出したものは、神の智恵とともに永遠であり、それぞれの物質は初めからずっと永遠であっただろうということを認めなければならないだろう。ちょうど私が、神の産物はすべてずっと後でも永遠であると考えるように[一一]。」ここがレッシングが特に指示している所である。そして、この箇所を彼は単に少しばかり自由に訳していると思っていた。「ところで、宇宙の状態の割合〔関係〕は、それが他の状態に移行するためには、同時に引き算か減少かが生じることなしにはいかなる足し算をも受けることはないのです。長方形における秩序づけられる変化は、いつも後にくるものは先にあるものの様々な痕跡を保っているというように行われます。そしてこのことから、完全性の増加が必要ということにはなりません。なぜなら、先にある状態の何らかのものが残るとすれば、その状態における何かはまた残らないからです」（三三四頁）[一二]。

そのうえ、レッシングが、彼自身スピノザ主義者である、と認めただろう意味において、ライプニッツはスピノザ主義者であったとあえて主張しなかったことは対話を読んでいけば分かる。体系の内的な、本質的な類似性、同一性、これだけがレッシングがもともと念頭においたものであった。彼のいう、神の膨張と収縮は中項（medium terminum）を表すべきものであった。彼は、体系を深さと正確さでもってこのイメージにおいて与えたのである。可能な存在、あるいは個々の事物から成り立っている世界の永遠の創造、そしてこの存続自体は、こうした個物の間断のない産出と消滅によってではなく、このような抑制された拡張、いわば自然の呼吸によらなければ、より的確に象徴化されることは難しいといえる。無限なものから無限なものを絶え間なく産み出すのがスピノザの真なる神である。

（10）　この版〔第三版〕の二三一頁の注〔本書一八六頁、原注（8）〕を参照。

(11) それゆえ、自己原因（Causa sui）はその存在をもっている。すべてのものは原因をもたなければならないという必然的命題から、すべてのものが原因をもち得るわけでないと推論することは難しかったのである。それゆえ、それに必然的に自己結果（Effectus sui）が関係する自己原因が考案されたのである。

(12) この「第七付録」において『信をめぐるデイヴィッド・ヒューム』、そして『神的事物とその啓示について』の著作から繰り返し引用される箇所を参照。

(13) 私たちは、あるものを、その最も近い原因から導くことにより、あるいは順序に従い、その直接的な諸条件を洞察する時、理解する。このようにして私たちが導くことができるものは、私たちにある機械論的な関係を示している。例えば、私たちは円の成立の機制、あるいはその物理学をはっきりと思い描くことができる時は、いつでも円を理解する。同様に、私たちは判断と推論において、人間の知性が従属している法則、その物理学〔自然学〕、その機制を真に認識した時に、三段論法的な公式を理解するのである。あるいは、ある概念一般の生成と構成、その物理学、その機制が私たちにとって明白である時は〔いつでも〕充足理由律の原理を理解する。ある概念一般の構成はあらゆる構成のアプリオリである。そして概念の構成を洞察することは、私たちが、構成できないものは理解不可能であることを、同様に極めてはっきりと認識させてくれている。それゆえ、私たちは質それ自体についてはまったく理解することなく、ただ直観*（あるいは感情）だけをもっているのである。私たち自身の存在に関してさえも、私たちは感情だけをもっていて、いかなる概念ももってはいない。私たちは、本来の厳密な意味における概念を、図形、数、状態、運動そして思惟の諸形式についてのみもっている。私たちが何らかの質を究明したという時、それでもって私たちは、それを図形、数、状態そして運動へと還元し、その中へ解消しただけである、という以外何も言ってはいない。それゆえ、私たちは質というものを現実に即せば破壊してしまった*。ここからただちに、私たちの世界の存在の可能性についての明確な概念を生み出すために、いずれにせよ、どのような結果を知性の努力は手にいれなければならないかは容易に推測される。

訳注

ヤコービとライプニッツに関するテクストとしては以下の著作集を使用し、引用に際しては、その略号と巻数を記す。

F. H. Jacobi Werke, hrsg. von F. Roth und F. Köppen. Darmstadt 1968. [JW]

G. W. Leibniz, *Die philosophischen Schriften*, hrsg. von C. I. Gerhardt. 7 Bde., Berlin 1875-1890.〔Gr〕

（一）ヤコービは一七八九年五月二九日クロイカー（Kleuker）宛に「私はこの新版において「第七付録」を最良の、そして最も重要なものと見なしています。この論文での私の主張が正しければ、大きな前進がなされたことになるでしょう」と書いている。

（二）ペトルス・ロンバルドゥス（Petorus Lombardus, 一一六四年没）。イタリアのスコラ哲学者。主著『命題集』（*Libri quattuor sententiarum*）は神学の教科書として用いられた。

（三）『スピノザ書簡』第二版の序文によれば、「第七付録」についての要旨は「思弁的なありのままの歴史。スピノザ主義の成立。その目的。あたかもこの目的が達せられるかのような錯覚がどのように成り立つのか。この錯覚は、スピノザ主義に固有なものではなく、宇宙の存在の可能性を何らかの仕方で説明しようとする時、きまって探し求められ、意図的になされる誤解に基づいているのである」

（四）レウキッポス（Leukippos）。前四四〇年頃活動したギリシャの哲学者。デモクリトスの師として原子論を創始した。

（五）原因の概念〈原因―結果〉は時間・継起を含む原因と結果の関係を表し、個体の能動と受動（因果性と受動性）の意識を含む経験概念である。他方、理由の概念〈原因―帰結〉は時間的継起を含まず、命題と命題の観念的な論理関係を表す理性概念である。

（六）「理由の命題」においては制約するものと制約されるものとの依存関係の連鎖が意味されているが、「原因の命題」においては「何かによって」という依存関係だけでなく、行為（Handlung）と行為するものが想定されている。

（七）一八一五年の『信をめぐるデイヴィッド・ヒューム』の序文および緒論においてヤコービは理性と悟性の違いを述べている。理性は『フィヒテ宛公開書簡』で主張されたように真なるもの（超自然的なもの）を聞きとる（vernehmen）能力として見なされている。「すべての哲学の営みは人間に内在する真なるものの認識への憧れから生じるのである。しかし人間は、このすべてにまさる言葉が、何を意味するのか自分自身に十分説明できない。人間は真なるものを知っている。また知ってはいない。それによって真なるものを知るものを人間は理性と名づける。それによって真なるものを知ることはないが、それを究めようと努力するものを人間は悟性と名づける。

理性は端的にこの真なるものを前提としている。外的感覚が空間を、内的感覚が時間を前提とするように。そして理性はこの前提の能力としてのみ存続する。その結果、この前提が存在しないところでは理性も存在しない。人間が理性を確かに所有し、彼が理性と名づけるものが彼を惑わすことのないことが確かであれば、それだけ真なるものは、たとえ深い内面的な仕方にせよ、何らかの仕方で、人間にとって存在しなければならず、また人間によって認識されねばならないのである。悟性は感性的な直観から出発し、第一にそこで自らを展開させるので、悟性はこの直観に先行して、理性によって押しつけられる真なる概念を前提とすることはできず、また真なるものの概念を直観より高く称揚することもできないのである。悟性はそれなしではいかなる実在性の確証が得られない真なるものの概念の基体を尋ねる。そして悟性はこの基体を、存在者の、またそれらの多様な特性の即自存在が見出されなければならない現象界において探し求めるのである」（JW. 2. S. 101.）。

さらに理性と悟性の関係の歴史的背景について述べている箇所も参照。

「アリストテレス以来、哲学のもろもろの学派において直接的認識一般を間接的認識に、根源的にすべてのものを根拠づけている知覚能力を抽象によって制限された反省能力に、原像を模写に、本質を言葉に、理性を悟性に従属させようとする傾向、それどころか悟性において理性を没落せしめ、消滅させようとする増大する傾向が生じていたのである。一度証明されたものがもう一度証明されなければ、何ものも真としてみなされることはなかった。すなわち直観と概念において、事柄とその形象あるいは言葉において。そして事柄が真に存在し、実際に認識されうるのは後者において、すなわち言葉においてであった。こうした二度証明することは、悟性の理性への優位のために、悟性にはふさわしく、理性にはふさわしくないことが明らかとなったので、理性は真の学問の領域に君臨するには不適当であると宣告されたのである。人々は王位を悟性に委ねた。しかしそれにもかかわらず、注目すべきことであるが、人々は理性には王の称号と王冠の装飾を残しておいたのである。〔悟性主義者と〕考え方を異にする真なる合理主義者、すなわち真正で、本来の理性に忠誠を誓った人々に対して、新しい王朝の支持者たち、単なる名目上の合理主義者たちは「感情の、あるいは心情の哲学者」というあだ名を考え出したのである」（JW. 2, S. 11-12）。

（八）　キケロー『善と悪の究極について』（永田康昭・兼利琢也・岩崎務訳）〈キケロー選集10―哲学3〉岩波書店、二〇〇〇年、二〇頁。

（九）　「さらに我々が持続と量を任意に限定し得るということから、すなわち量を実体から抽象して考え、また持続をそれが永遠なる諸物から出て来る様式から分離するということから、時間および大いさという概念が生じます。このうち、時間は持続を、また大いさは量を、出来るだけ容易に表象し得るように限定するのに役立ちます。次に、我々が実体の諸状態を実体自身から分離してこれを種類に分つということから数の概念が生じます。これも実体の諸状態を限定しこれをできるだけ容易に表象し得るためのものであります。以上から明瞭にわかることは、大いさ、時間、および数は単に思惟の様式、否、或いはむしろ表象の様式にすぎないということです。だからこうした諸概念――しかも一般に正しく理解されていないこうした諸概念――によって自然の運行を理解しようとする人々が、皆ひどい混乱にまきこまれてそれから抜けきることができず、ついに一切をめちゃめちゃにし、不条理なことども、不条理極まることどもを容認するようになったのも、不思議はないのです」『スピノザ往復書簡集』（畠中尚志訳）岩波文庫、一九七六年、「書簡一二」、六四頁。

（一〇）　一七一五年八月五日付ライプニッツからブルゲ宛書簡。「二つの仮説が考えられます。――一つの仮説は、自然はいつも同じように完全である、もう一つの仮説は、自然は完全性においていつも増えているというものです。もし自然は、少々の変化はあるにせよ、いつも同じように完全であるならば、自然は始まりがなかったということは十分にあり得ます。しかしそれが完全性においていつも増えているのであれば――いちどきに自然にすべての完全性を与えることは不可能だということを前提にすれば――この問題は二通りの仕方で説明されるでしょう。すなわち双曲線Bの縦座標あるいは、三角形Cの縦座標によってです（図1）。双曲線の仮説によればいかなる世界の始まりもないでしょう。そして世界のその時々の瞬間と状態は久しい以前から完全性において増してきたでしょう。しかし三角形の仮説によれば始まりはあったでしょう。同一にとどまる完全性の仮説は長方形Aによって表現されるでしょう。私は純粋理性がどの可能性を取らねばならないかをはっきりと説明するためのいかなる方法もまだ見つけていません」（Gr. 3. S.582）。

ライプニッツによれば世界の完全性に関しては二通りの解釈が可能である。一つの解釈は、世界は常に同じ完全性を持つとするものである。もう一つは、世界は完全性を常に増していくというものである。そのたとえとしてライプニッツは前者に長方形、後者に三角形と双曲線の図形をあてがっている。それがこの（図1）である。ライプニッツはこの三つのどれが正しいか、選ぶ決め手はまだ見つかっていないという。しかし「ライプニッツ、永遠の罰」においてレッシングは「ライプニッツは、どちらかといえば、変わることのない同一の完全性（長方形）の方にかな

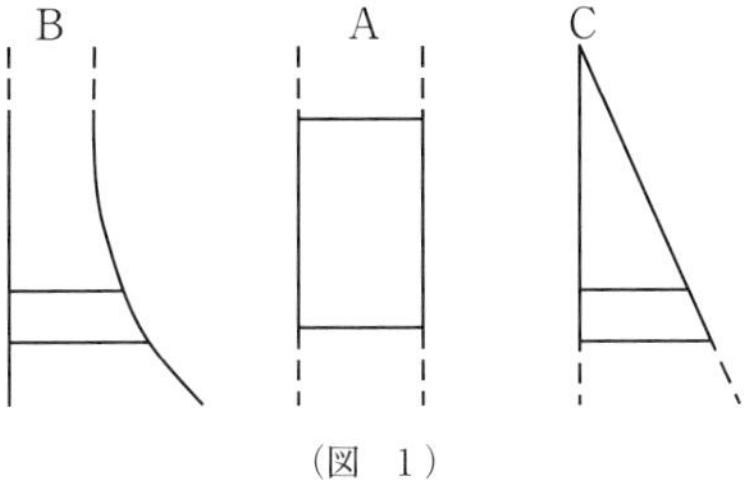

（図　1）

り傾いていたように思える」と述べている。

（一一）　ライプニッツからブルゲ宛書簡（Gr, 3, S. 595）

（一二）　前掲書簡（Gr, 3, S. 589）

第八付録　キケロ『義務について』

「衝動と同様に感覚も、感覚と同様に衝動も進展してゆきます。人間は詭弁を弄して自分を賢く、品行方正に、敬虔深く見せることはできません。人間はその高さまで動かされねばなりません、そして自分を動かさねばなりません。人間は有機化されなければならず、そして自分を有機化しなければなりません。」（二三二頁）〔本書一八六頁〕

この箇所はひどく嘲笑された。私はこの新版において、この嘲笑のことをどこにおいても考慮にいれなかったので、結局この付録でも考慮しない。この箇所は、いかなる弁明も必要としない。そして、この箇所が全体においてすでに与えられているより多くの説明を必要とするならば、それに対しては、この本で一度ならず配慮がなされている。私は文頭の言葉を書きながら、本当にいつも覚えていたガルヴェのすばらしい一節を差し挟むためだけに、この箇所にこの付録を提供するのである。私はその文を初めて読んだ時のことを決して忘れないであろう。

私がこの文章をここで差し挟もうとする気持ちが、またこの文章で私の仕事を終えることによって、それをいわば自分のものにしようとする気持ちが、願わくば私の仕事の報酬となってくれるように。

「私たちの気質は、すなわち肉体から、様々な体液の混合から、様々な神経の状態から成り立っている魂の落ちつきは、いくつかの徳にとっては有利となり、また他の徳には妨げになることを私たちは知っている。私たちをより完全にするために、自分自身に対して企てるすべての努力は――身体は絶えず私たちに作用を及ぼし、それなしでは私たちが行動できない最も近い対象であるから――私たちが気質を、それが悪習に染まっている場合は克服しようとし、最後には抑制し、私たちの魂に従属させようという結果になる――それは征服と平和な支配をめざすひとつの戦いである。精神が、何が善であるかについての精神の洞察が、善を行おうとする精神の傾向が、身体と感覚から生じる苦悩に抵抗するには足りるが、しかし身体自身に別の気分を与え、そのことによって、この苦悩の原因を取り除くほど十分な力を持たない限り、この戦いの悲惨さは絶えず繰り返されるだろう。そして、ある力が克服するところの抵抗が、その力の唯一の尺度であるので、私たちはすべての徳を主としてこの戦いに求め、他人における徳もこの戦いに従って評価するだろう。また気質と状況とに調和して、微妙な形で、私たちに快い仕方で現れる魂の完全さを、苦労して、多くの熟慮をした場合のみ、私たちは類似した徳として認めることを学ぶだろう。それゆえ徳の報酬となるはずの現実に働く力は、一方〔徳の戦い〕の場合においては、実感としてより弱く、また他方〔魂の完全さ〕の場合においては、その起源が問われる場合は、より不確実である。

幸いにも、自分自身においても、徳の高貴な芽を持っている道徳的世界の最も良き観察者たちは、この道徳という植物が成長しながら、取り囲む雑草の生育を妨げ、おおい隠すだけでなく、大地自体をも改良しうるということに気づくのである。私たちの体質，感性的な傾向と衝動、身体は、ある程度まで、私たちの精神の継続的な努力によって変化を遂げることができるのである。

他のものほど、はっきりとではないにせよ、精神はしばしば身体に対し何らかの力をふるうことができるということを私に教えてくれた病弱な身体の無力さ自身にも恵みが与えられるように。実際、私は自分自身の経験から、精神の力を張り詰めれば、疲れた身体を支えることができ、またある程度までその身体に生気を与えることができることを知っている。それに対し、魂がまったく穏やかであり、まったく落ち着いている時には荒れ狂う血はゆったり流れ始め、そして反乱を起こした生命精気はおさまっていくことを、また痛み自体も——それが強すぎない時には——それに断固立ち向かう魂の辛抱強い忍耐に屈してしまうことを知っている。——これらすべてのことはそれぞれ限度がある。そして魂が、長い抵抗の後に、遂に崩れる時、重荷もまたそれだけ激しく魂の上に崩れ落ちるのである。しかし立派な人々は私以上に多くのことができる。ソクラテスが「自分は日々より善くなっていくのを気づくという幸せを享受している」と語るのを聞く人の心は、きわめて大きな喜びで高鳴らないだろうか。こうした立派な人々は——そして私はそういう人々は存在すると信じているが——次に述べるいくつかのことを知るだろう、すなわち、身体とその諸状態、それどころか身体を通してはたらく外部の事物さえも、ある程度、魂をモデルにして象られていることを。また、人間という機構の中にはいろいろな原因があるかも知れない。そうした原因により、人々の怒りや欲望は善悪の程度をはるかに超えて——自立した精神の持ち主であれば、対象においてそういう節度をわきまえるだろうが——駆り立てられる。しかしどういう原因であれ、はっきり言うが、これらの様々な原因の影響は次第に弱くなっていくことが可能であり、あるいは知性の判断ともより調和していくことも可能であることを。さらに体液の循環、分泌さえも、思惟する精神的な存在の普遍的な優越を感じていることを。」

本書第三版と第一版・第二版との異同について

「第二版への序文」

本書四三頁九行目　以下は第三版で削除された文章。

「本来この序文には「第九付録」が付け加えるべきだろうが、それは私が一つの非難に回答し、「第九付録」への道をきちんと整えてからのことになる。この非難は私に何人もの人たちから投げかけられた。レーベルク氏一人に限っても相前後して二度（1）もこの非難をなげかけてきたのである。

「すなわち『信をめぐるデイヴィッド・ヒューム』の著者は『スピノザ書簡』の著者が主張したこととは反対のことを主張したと言われている。後者は「スピノザの体系は、形而上学が問題になるや否や、全く反論することができない」と言ったそうである――前者は、「多くの点に関してスピノザとの一致は不可能であるということからライプニッツの体系への支持を表明している」と言われている。

この非難は何に基づいているのだろうか。

メンデルスゾーン宛の私の手紙の中でレッシングは言っている。「スピノザの哲学以外の哲学は存在しません」と。そして私は答える。「それは本当でしょう。というのも決定論者が首尾一貫性をもとうとするならば、宿命論者にならざるを得ませんから。それから残りのすべては自ずから明らかになるでしょう」と。それに続いて（三三頁）レッシングは言う「いったいどんな観念によってアンチ・スピノザ主義を信じているのですか。あなたはライプニッツの『原理』がスピノザ主義に終止符を打ったと思のですか」と。――そして私の答えは次のようである。「私は首尾一貫した決定論者は宿ん等」と。

命論者と区別されないということを確信していますので、とてもそのようには考えません。……モナドは救いになりませ

このことと矛盾する何かが『信をめぐるデイヴィッド・ヒューム』において主張され、明らかにされようとしているのだろうか。――確かに、私はこの著作で諸々の実体からなるライプニッツの学説を擁護し、その真なる概念を説明し、確定しようとしている。もしそれが正しいとして、この学説によって決定論と宿命論の同一性が廃棄されるのであれば、私はたしかに私自身と矛盾することになるだろう。しかし少なくともレーベルク氏がこのことを主張するつもりであるだろうとは考えるべきではないであろう。(2)

けれども、たとえそうだとしても、次のようであれば私はまだ救われないだろう。私が、かつてスピノザについての本のどこかでこの哲学者の学説を全く反論できないものと称し、またそれにもかかわらず、後からこの学説を反駁することとなる原則〔原理〕を妥当なものと認識していたとしたら。

第一の問題点に関しては、私の著作を先入観なく幾度も読み返し、吟味したのであるが、この第一の点を論証するものは何も見つからなかった。ヘムステルホイス宛の私の手紙の終わりには次のように書かれている。「すなわち私は純粋な形而上学では無限な存在者の知性と人格、自由意志と究極原因に反対するスピノザの根拠に対して一度も有利になることはできませんでした」。にもかかわらず、この根拠の弱点を発見することは必要である。なぜなら、そうでない場合、私たちはスピノザの理論が積極的なものを提起するまさにその点において打倒しても無駄であるからである。彼を支持する人々は、崩壊した理論体系の最後の廃墟の背後にまで身を隠して立てこもり、私たちに向かって次のように言うだろう。私たちが単に把握しがたいものよりもむしろ明らかに不合理なものを受け入れようとしている、と。

したがってスピノザの体系は体系のもつ積極的なものにおいて特別な苦労もなく反駁されるだろう。個物の存在の、継

起する世界の彼の説明は不十分だけでなく、明らかな内的矛盾に基づいている。しかし〔スピノザ〕と対立している理論も同じ誤りをもっている。詳しく言えば、その理論の矛盾はスピノザ主義の矛盾よりも目立ってしまうという特殊な欠点がある。

そして『信をめぐるデイヴィッド・ヒューム』においてどこにこのことと一致しない意見があるだろうか。誰もその個所を示すことはできないだろう。これら二つの著作は完全に互いに一致し、一ページから終りのページまで互いに支え合っている。二つの著作は教えている。「私たちはすべての存在における存在については何も把握しておらず、その存在の本性を探求しようとする時、私たちの表象の仕方ではまったく不可能であると思わざるを得ない(3)」と。――二つの著作はこの理解しがたい存在への信〔仰〕を教えている。また、こうした考えのもとでこれら二つの著作は協同して内的、外的な感覚の統一された同じ内容の証言の妥当性に基づいているのである。

ライプニッツが魂のただ一つの直接の対象は神自身であり、また他のすべてのものはただ間接的にのみ魂に至るのだと何度も繰り返していったことは理由のないことではない。自分の判断であるが、私がこの偉大な人物のこの確固たる理論を明らかにするために『信をめぐるデイヴィッド・ヒューム』において据えた光はまだ十分明るいとまではいえなかったので、別の著作で彼の理論をもっと明確に取り出すつもりである。

ここでまだ次のことを述べようと思う。すなわちすべての哲学的認識は――それは根拠〔理由〕の原理に、つまり媒介によって引き起こされるので――必然的にいたるところで間接的にすぎない認識となりうるのである。なぜ私たちは、最高存在者の認識、また私たち固有の人格性と自由のいかなる認識へも至ることができないかがよくわかるのである。私はこのことを「第七付録」で明確にし、またそのことによってあらゆる証明は宿命論という結果になるという原理の真実を疑いのないものにしただけでなく、この主張が若干の人々において引き起こしたかもしれないすべての懸念を根底からはねのけてしまったと思っている。

この新版においては私が延期することを許されないことがある。皆さんはそれを私が果たすよう要求する権利をもっている。それは、私が人間の本性からのみすくい取られた神と不滅性へのすべての理性的な信〔仰〕をそこへと基づかせた人間の自由についての私の考えを詳細に説明することである。このことについてはレーベルク氏によってもまた、しかも私の感謝に値する仕方で注意を促されたのであった。彼は言う。「神的事物についての感覚は、ヤコービ氏が主張するように、もちろんいかなる論証によっても伝えられないのである。それは内在的な神的な力の、（すなわち道徳的完全性）の感覚からのみ生じるのである。それはそれゆえ内面的な感性の改善によって形成される。しかしこの著者の若干の著作の究極の最終目的をなしているこのすばらしい思想が、彼自身の感覚の熱狂的な実体化へのきっかけを与えないようにするためにはその思想の広がりと内容を厳密に示すことが必要になってくるだろう」(4)。

この要求を完全に満たすには、私は、私の思想体系を根底からまたそのすべての帰結との関係において説明しなければならないだろう。このことはある特別なしかも非常に批判力をもった著作においてなされるだろう。私の考え方と私の哲学的な同時代の人々の考え方の明白な違いは、私はいかなるデカルト主義者でもないということにある。私は東洋人の語形変化におけるように、一人称ではなく三人称を出発点としている。そして私たちは絶対に〈我在り〉を〈我思う〉より後には置かないであろう。もしかすると私たちはあの有名なデカルト派の公理の非常に啓発的な歴史の略図を描くことができるようになる時代の近くにいるかもしれない。いまだにこのプロテウスを捉えることは困難である。おそらく、それを縛りつけようとすることが今より危険なことはかってなかったのである。

私は、それゆえ私になされた要求に関しては、人々が私の意見を懸念すべきものと、あるいは問題のないものと思うかどうか、あるいはどのように人々が私のいろいろな言葉を解釈するだろうかは顧慮することなく、私自身によって与えられた現実的な契機が私に義務とするものだけを果たすつもりである。私はドイツで強い伝染力をもつにいたった恐言病に苦しめられるよりは狂犬病で苦しめられるほうがいいであろう。」

原注

(1)『一般文芸新聞』一七八八年、九二号、週刊『一般文芸新聞』三五号(別冊)。
(2)本書の二二四頁注を参照。
(3)『信をめぐるデイヴィッド・ヒューム』一八九頁を参照。
(4)『一般文芸新聞』一七八八年、第二巻、一一一頁以下。

「人間の拘束性と自由についての予備的命題」

本書四九頁三行目　第三版で削除された箇所。

「人間の人格は記憶と反省に基づいている。人間の制限された、しかし判明な認識は概念に、したがって抽象と言葉の、文字のしるし、あるいは他のしるしに基づいている。」

本書五五頁二行目「根本原則とその遵守」の箇所は第三版で変更。第二版では「単に行動に」となっていた。

本書五五頁一三行目　第二版では以下の原注が付されていた。

「人間の理性は、人間自身から、すべての動物から分離され、単なる思考するものである。それは振る舞うことも、反応することも、思考することも、行動することもできないのである。」

「スピノザの学説に関して」

一　エリーゼとヤコービ

本書六一頁四行目から九行目まで　「その後、…」から「…正確に知りたがっていました。」までの箇所は、第二版で変更された箇所。第一版では以下の文章であった。

「メンデルスゾーンは驚きました、そして彼の最初の反応は私の主張の正確さを疑うことでした。彼は私がレッシングに帰した見解を、彼がどのように言葉にしたかを正確に知りたがっていました。」

本書六二頁一二行目の終わり　「真理はここでも…」からその段落の終り「…ここでは問題ではありません。」までの文章は、第二版で変更された箇所。第一版では以下の文章であった。

「真理に関してはとりわけそうです。良い事柄であれば真理に関していつも勝利を得るのです。」

本書六三頁一三行目　「エリーゼ・ライマールス」の名前は第三版で明示される。それまでの版では「＊＊＊＊＊」となっている。

本書六四頁一五―一六行目　「いつの時代でも……伝わっていました。」の一文は、第一版では以下の文章であった。

「内的欲求から真理を求める精神的な人々はあなたもご存じのようにわずかしかいません。しかし彼らの一人一人に真理はその内的生命のいくらかを明らかにします。したがって私たちが耳を傾けて得ることがない人などはこの人々にはほとんどいません。」

本書六五頁四行目　「しかし弦は弦であることをやめることなく」の箇所に第一版では以下の文章が入っていた。

「〔本当の〕直径の両端に触れることはないのです。思慮深さと明敏さの両者が欠けているところでは――すなわち明敏さと思慮深さ、真理への欲求と享受を欠いたいわゆる単なる知識だけがあるところでは——うんざりさせることばかりがあるのです。」

＊一の原注に関して

第一版には原注なし。

第二版で付加した原注　（1）—（6）（9）

第三版で付加した原注　（7）（8）

二　レッシングとヤコービ

本書七二頁二行目　「有神論者たち」（Theisten）は第二版で変更された箇所。第一版では「理神論者たち」（Deisten）となっている。

本書七二頁七行目の終わり　第一版ではa、b二つの異文がある。

異文a「この書簡の終わりにある詩を参照。」

異文b「激しい言葉においてすべての摂理に抗議するこの詩はしかるべき理由でここでは知らせることはできない。」

本書七六頁一行目　「しかしスピノザのなかには私の信条はありません。」の後、第三版で削除した台詞。

「レッシング　どのような本にもあなたの信条はないといいですね。

私　それだけではありません。」

本書七六頁四行目　「宙返り」の原語 Kopf-unten（頭を下にして）は第二版で変更された箇所。第一版では Kopf-unter（まっさかさまに、頭を下にして）となっている。

本書七八頁七行目　「固有なあるいは特別な」は第二版で変更された箇所。第一版では「明確な、あるいは完全な」（bestimmtes oder voollständiges）となっている。

本書八〇頁四行目　「そこでは右も左も分かりません。」の後、第一版では以下の文章が入っている。

「それどころか、そのうえ何かがポケットから出てくるような気がします。」

本書八〇頁一〇行目　「スピノザにはヴォルフの講義はほとんど影響を及ぼさなかったでしょう」は第二版で変更された箇所。第一版、第二版では「スピノザに関してヴォルフの講義はそれほど進展することはなかったでしょう」となっている。

本書八八頁一〇行目　ゲーテ「プロメテウス」の詩は第一版では本文の中ではなく四八頁と四九頁の間に差し挟まれていた。また、この詩に以下の原注が付されている。

「私が、証拠として欠くべからざるものとしてこの詩を、しかるべき慎重さをもって差し挟むことに対し私を悪く思う人は、このルキアノスの二つの対話の翻訳者をさらに激しく非難するべきだろう。そしてこの著作〔『スピノザ書簡』〕を読む人々のなかでだれが、ヒュームのような人、ディドロのような人の作品、〔ドルバックの〕『自然の体系』、またこうした種類の他の多くの作品を知らないことがあるだろうか。」

本書八九頁原注（11）の五行目　「この表現は彼にとって真に哲学的方法であるとは思えなかったので、」は第二版で変更された箇所。第一版では「この表現法はスピノザには悪しき哲学的性格を帯びたものに思えたので」となっている。

＊二の原注に関して

第一版からある原注　（2）（7）（11）（12）（14）

第二版で付加した原注　（1）（8）（10）（16）
第三版で付加した原注　（3）―（6）（9）（13）（15）

三　メンデルスゾーンとヤコービ

本書九三頁六行目　「哲学者はひとつのものによりすべてとなる」は第三版で加筆。
本書九三頁一〇―一一行目　「我々に現れて来る…」から「…公式によって表現すること」までの箇所は第三版で変更された箇所。第一版、第二版では「無限なものを有限なものから発展させること、そして一方から他方への移行あるいはその関係を何らかの公式によって取り出すこと」となっている。
本書九四頁後ろから二行目　「（グライムは……何も尋ねませんでした）」の箇所は第二版で変更された箇所。第一版では以下の文章である。

「グライムは私たちを、あたかも気が違ってしまった人たちのようにじっと見つめていました。彼のもとでの三日間のあいだ、彼は私たちにたいへん手を焼いていたのです。しかし彼は疲れを見せることなく、私たちに変わることなく彼の明朗で、聡明で、才気あふれる気分、笑いながらの機知、そして辛辣とはいえ、いつも愛情あふれる適切な冗談を返してくれるのでした。」

本書九七頁九行目　『ヴォルデマール』の作品名は第二版から明示された。第一版では「＊＊＊＊＊」となっている。
本書九七頁、最後の行　「有神論者」（Theist）は第二版で変更された箇所。第一版では「理神論者」（Deist）となっている。
本書九九頁一行目　「…園亭《あずまや》の壁に書かれています。」の後、第一版、第二版では以下の文章が入っていた。

「この点に関わる幾つかのことが侯爵ルッケジーニ〔プロイセンの外交官〕から知り得るかもしれません。彼が私の前に姿を見せていたのは長くはなかったのですが。そしてレッシングは彼のことを非常に明晰な頭脳として私にいつになく賞賛したのでした。」

本書一〇一頁最後の行から一〇三頁の二行目まで　「この手紙を受け取った…」から「…私たちとの共通の考えによることになります。」までは第二版で変更された箇所。第一版は以下の文章が入っていた。

「いくらか激しさのあるこの手紙の結論にもかかわらず、手紙が向けられたこの高貴な人〔メンデルスゾーン〕は手紙を途方もない親切心で受け入れてくれました。そして私の許しさえも必要であると考えたのでした。私という人間と私の論文についてのいたく自尊心をくすぐるような判断の他に、彼はこの好意的な彼の考え方を、私たちの共通な女友達を介して私の手紙を受け取った後すぐに私に知らせてくれたのでした。彼は、暇な時間をみつけて私の論文をもう一度必要とされる緊張感でもって検討した後で、それに返答するつもりでした。メンデルスゾーンは、レッシングの特性についての仕事に着手する前に、私の論文の何箇所かについてより詳しい説明をもとめてきました。その後、私によって記録された例の対話がどのように利用され得るかは、私と私の女友達そしてレッシングの友でもあった私たち皆に同じように愛されているある一人の人物〔エリーゼ・ライマールスの兄〕次第ということになりました。彼〔メンデルスゾーン〕としては、この対話の公表が抑えられてはならないと主張しました。」

本書一〇四頁一三行目　「それは私の出発のあとすぐに…」から、メンデルスゾーンからの書簡「首尾一貫性をみつけることができないかの理由です。」までの箇所は、第二版で追加された。この箇所には、第一版では以下の文章が入っていた。

「この手紙においてメンデルスゾーンは、私の女友達がすでにおこなっていた弁明を繰り返して述べて、スピノザ主義に対抗するための企てを次のような言葉で知らせてきました。」

本書一〇五頁後ろから二行目―一〇六頁二行目　「勝利の栄誉から…」から「…モーゼス・メンデルスゾーン」までの箇所は、第二版で追加された。

本書一〇六頁原注（2）の二行目から一〇八頁一一行目まで　「――このいささか乱暴に…」から、原注（2）最後までの箇所は、第二版で加筆。

＊三の原注に関して

すべての版にある原注　（2）（3）（10）（12）［（2）は二版、三版で大幅に加筆されている］

第二版で付加された原注　（5）（7）（8）（11）（13）―（17）

第三版で付加された原注　（1）（4）（5）（6）（9）

四　メンデルスゾーンの異論

本章は第二版から掲載された箇所。異同なし。

五　スピノザ主義の第一の叙述

本書一三二頁一四行目　「思惟を」の後に、第一版、第二版では「思惟しないものにおいて」が入っていたが、第三版で削除。

本書一三四頁最後の行　「…他の個体との関係においてある限り、意識です。」は第二版で変更された箇所。第一版では「…他の個体との関係においてある限り、自分自身を感じる存在です。」となっていた。

「…個体として行動している限り、意識です。」は第二版での変更された箇所。第一版では「…個体として行動している限り、自分自身を感じる存在以外の何ものでもないのです。」となっていた。

本書一三六頁六行目　「幻影」(Bilder)は第三版で変更された箇所。第一版、第二版では「影」(Schatten)となっていた。

本書一三七頁八行目　「はかない」(zeitlichen)は第三版で変更された箇所。第一版、第二版では「よわい、もろい、はかない」(hinfälligen)となっていた。

本書一三八頁七行目　「遠く離れた」(entfernt)は第三版で変更された箇所。第一版、第二版では「間接的な」(mittelbare)となっていた。

本書一三八頁後ろから四行目　「観念的な性質」(Gedankenwesen)は第三版で変更された箇所。第一版、第二版では「理性的な性質」(Vernunftwesen)となっていた。

本書一四〇頁後ろから二行目　「…それもまた衝動あるいは欲望以外のなにものでもありません。」の後に、第一版には「衝動あるいは欲望が精神に関係する場合においてだけですが。」と文章が入っていたが、第二版で削除。

本書一四二頁六行目　「意識」は第二版で変更された箇所。第一版では「自分自身を感じる存在」となっていた。

本書一四二頁一四行目　「個々の有限な原因によって」は第三版で変更された箇所。第一版は第三版と同じく「個々の有限な原因によって」となっており、第二版で「他の個物によって」変更され、第三版で戻された。

本書一四七頁　一七八五年一月二八日付メンデルスゾーンからエミーリエ宛書簡(「一七八五年一月二八日…」から一四八頁一四行目まで「許可等していないからです。」まで)は第一版では抜粋で報告されている。

＊五の原注に関して

原注(1)は、第三版で付加された。それ以外の注は第一版から付されていた。

六　スピノザ主義の第二の叙述

本書一五二頁　「四月二一日に…」から一七八五年四月二六日付ヤコービからメンデルスゾーン宛書簡（「そしてこれからもどうぞよろしくお願いします。」）までは第二版で追加。第一版では以下の文が入っていた。

「二一日に私は（ちょうどここで次に発表される）論文を完成しました。私は始めの部分を省きました。なぜなら始めの部分は、メンデルスゾーンの異論に単にスピノザの体系の新しい叙述を対置すること、そしてこの体系についての私の概念の正当性を主たる着眼点にしようとすることが有益であると考える理由しかなかったからです。(1)」

原注

（1）本文の中にある様々な箇所は大部分単にこの〔スピノザ主義についての自分の概念の〕正当化のためにある。説明だけであったならば全く別の文章を選んだに違いないだろう。

本書一五四頁一行目から一五五頁五行目　「すきのある敵の弱点を…」から「…複雑なものと呼ぶほかないものとなってしまいました。」までの文章は第二版で付加された箇所。

本書一五五頁一一行目　この箇所には第二版で付加され、第三版で削除された原注がある。以下がその原注。

「これらの言葉は嘲笑の原因となるかもしれないと恐れる一人の友人の忠告を受けて、私は第一版ではそれを削除した〔第三版で再び削除〕。しかし結果は削除する必要がないということを教えてくれた。「四四のテーゼ」を新たにしっかりと吟味した今となっては、この仕事を私がそれらに与えることができる私の精神力と緊張の尺度として公に明らかにすることにいささかの懸念も抱いていない。私の注意を惹いたのはハイデンライヒ氏（『スピノザによる自然と神』八七頁を参照）が〔四四のテーゼよりも〕ヘムステルホイス宛の書簡を優先しているようにいるように思えたことであった。そもそもこれらのテーゼは〔それらに〕ふさわしい公平さで扱われていなかった。だからといって、それらはそれらの持つ権利、主張のいかなるものも失わなかった。テーゼの妥当性は次第に自ずと明らかになるだろう。」

本書一六七頁四行目　「社会に留まらねばならないように」の後に、「全体は必然的に部分に先立つ」が第一版、第二版に入っていたが、第三版で削除。

本書一六七頁七行目　「証明」（Beweis）は第三版で変更された箇所。第一版、第二版では「理由（根拠）」（Gründe）となっていた。

本書一六七頁九行目　「証明による」（durch Beweise）は第三版で変更された箇所。第一版、第二版では「様々な根拠から」（aus Gründen）となっていた。

本書一六七頁一〇—一一行目　「…完全であると言うことはできません。」の後に、第一版、第二版では以下の文章が入っていた。

「理由〔根拠〕は私たちが確信している事物との類似性の標識にすぎないのです。理由が生みだす確信は比較から生じるのであり、確実で完全であるとは決していうことはできません。」

本書一六八頁一行目　「…不可能ですから。」の後に一版、二版には以下の文章が入っていた。

「私たちは、それゆえすべての表象を私たちが想定している性質によってのみ獲得するのです。真の認識への他の道はありません。というのも理性が対象を生みだす時はいつでも対象は幻影にすぎないからです。」

本書一六九頁三行目　この箇所には第二版で付加され、第三版で削除された原注がある。以下がその原注。

「ここではそうした思弁的理性が問題になっているだけである。この理性はそれ自体だけで機械論的に——少なくとも模倣できる以上の何ものも認めようとはしない。すなわち問題となっているのは結果、状況、その〔理性の〕制約の間に合わせを理性一般の原理として、概念を物と、言葉を概念とみなし、形相の力によって存在を規定しようと企てる理性である。」

本書一七〇頁七行目　「…次第に傾いていきました。」の後に、第一版では以下の文章が入っていた。
「私たちの優れたメンデルスゾーンの汎神論に対する著作を、その詳しい動機を知っていただけにそれだけ大きな熱心さで期待していました。またこのことが私に彼の著作を一層ひたむきな注意で読むように、またその全体の内容をよりすばやく、より深く把握するように仕向けてくれました。それゆえ彼の著作の動機を伝えることによって、少なからぬ読者に同じ利点を提供することを願うことが許されるだろうと思ったのでした。
しかし私の著作も密接な関連を持っているメンデルスゾーンほどの人の作品と同時に刊行されれば大きな注目を引き起こしたに違いありません。次のようなことがもしかすると成功したかもしれません。すなわち、私たちの祖国の考える頭脳をもった人々を、自分自身の勉強のために近いうちに私が切に体験することを望んでいた大きな動きへとかき立てることに」。

本書一七〇頁　原注（6）　「カントの次の箇所……必要は全くないのである。」は第二版で変更された箇所。第一版では「全面的にスピノザの精神においてあるカントの次の箇所は説明のために役に立つかもしれない」となっていた。

本書一七二頁　原注（6）三行目から八行目　「私はこの長い注をライプニッツの…」から「(『哲学等の文書集』第一巻、五四四頁)。」までの箇所は第二版で加筆。

本書一七三頁　原注（18）の一六行目から一七四頁の一九行目　「私の意見は次のようになる、…」から「「第六付録」と「第七付録」を参照。」までの文章は第二版で加筆。

本書一七六頁　原注（32）　「「第一付録」のブルーノからの抜粋を参照。」の後、第一版では以下のアリストテレスの『政治学』からの引用を含んだ文がある。

「スピノザが制限されたものを取りまとめて無制限者を生じさせてしまっていると、あるいは無限の実体は有限な事物のつじつまの合わない集合体、したがってその空虚な統一、単なる抽象物にすぎないということでスピノザを非難し得たのはほとんど理解することができないのである。まさしく対立するものから彼の体系が生じ、この対立するものが体系の真の精神であるので、こうしたことをスピノザのせいにし得たのはほとんど理解できないと述べておく。実際すべての哲学者のなかでスピノザほど「思考することの様態」を、あるいは「理性の有」を実在するものとみなしたり、あるいはそれを実在的なものであると称したりすることに用心した人はいなかったのである。〈全体は必然的に部分に先立つ〉——はすでにアリストテレスの普遍的な原理であったのであり、この王のような思想家は、この原理を国家全体へと比喩的に正しく適用することができたのである（『政治学』第一巻第二章）。この崇高な、実り豊かな原理にスピノザは至るところで従っている。」

＊六の原注に関して

すべての版にある原注　（4）―（8）（10）―（34）

第二版でのみ削除した原注　（9）

第二版で付加した原注　（3）（35）（36）（38）（39）

第三版で付加した原注　（1）（2）（37）（40）（41）

七　スピノザ主義に関する六つの命題

本書一八一頁　第二命題は、第二版で変更された箇所。第一版では以下の命題であった。

「カバラ的哲学は、研究によって明らかになっている限りでは、その最良の注釈者によれば、すなわち息子のヘルモント[1]とバハター[2]によれば、哲学として未発達な、あるいはあらたな混乱したスピノザ主義にほかならない。」

原注

（1）息子のヘルモントは少なくとも一六九〇年アムステルダムで発行された次のタイトルをもつ作品の出版者です。『哲学の小品集』。最古の哲学、最新の哲学の諸原理や世俗哲学論駁等が含まれている。

（2）エルキダリウス・カバリスティクス、あるいは哲学の短いが綿密な検証。ヨハン・ゲオルク・バハター編、ローマ、一七〇六年。

本書一八二頁　第五命題「…同一な命題において前進しながら証明できるのである。」に、第二版にのみ、以下の原注が付いていた。「なぜなら証明は同一命題における進展であるから。」

本書一八二頁　第五命題「その根本原理は啓示である」の後に第二版のみ以下の原注が付いていた。

「本書の一六八頁以下を、またこの箇所とともにそこで参照するよう指示されている『信をめぐるデイヴィッド・ヒューム』の箇所を参照。――レーベルク氏は『形而上学の宗教への関係について』という彼の書物の一五頁で次のようにいっている。「すべての形而上学的な体系は、経験が私たちに知るように教えている諸現象の説明にすぎないのである。」――私の第三命題において引用されている自然神学が抱えているいくつかの困難な点の解明におけるもっとも原因の前提を、彼は私たちが現象する世界の中で認める秩序からある仕方で導き出そうとしている。この彼の方法は最高の客観的な理性の存在を導出する私の方法といくらか類似性をもっているように思える。私は「理性ではないある理性についての考察」(一七八八年、一月の『ドイツ・ムゼーウム』誌、一六二頁)の中でいった。「人間の理性はその現実性において自然とその創始者の反映であり、生き生きとした模写、すなわち自然の秩序の中に含まれ、活動している諸部分以外の何ものでもないのである。私たちは理性を、私たちの生命、私たちの個人的な意識、私たちすべての存在と同じく財産としてではなく、〔与えられた〕領地としてのように所有している。また私たちは、毎晩眠りが私たちを襲う時、また死の玄関で休む時このことを思い出すだろう。私たちが理性的な思惟を私たち自身からのみ生み出すとすれば、なぜならどの場合にも思惟する力は同じものに留まり、ただ別の対象がより恣意的な関係において私たちに提示されているだけであるから。夢も発熱による幻想も私たちの理性的な思惟を非合理的な思惟に変容させることはできないだろう。すでにヘラクレイトスも、彼が次のように教えているところで(マイナース(Meiners, Christoph)の)『ギリシャとローマにおける学問に関する根源、進歩そして衰退の歴史』第一巻、六二五頁)、少しばかり似たことを考えていた。すなわち「私たちの感覚は、そこから私たちの魂に似た物質が私たちの中に押し入り、あるいは引きいれられ、そしてそれから魂と混じり合う言わばドアであり、入り口であると考えよう。それゆえ私たちが知性と記憶力をもつのは、目覚めている間の感覚が解放され、魂の合理的で、魂に押し寄せる自然との結びつきが妨げられないときにかぎるのである。私たちはこれに対して、眠りによってこの結合が廃棄され、魂の解放が閉じられてしまう時、私たちは先の二つ〔知性と記憶力〕を失うだろう」。もちろんここではヘラクレイトスのこの思想は脇においておく。しかしレーベルク氏の考えと私の考えは本質的に異なっている。このことは彼によって付けられた脚注と「感性的な世界は神的理性のいかなる作用でもない」という主張から明らかとなる。私たちの哲学者は、彼がすでに『実践理性批判』の論評において明らかにしたことを彼の解明(『一般文芸新聞』一七八八年、一八八号、三三六頁)においてより詳細に示している。すなわち理性の感性との結びつきは理解し難い結びつきであり、一つのもの〔人間〕における二つの異なったものの究極の根拠についての問いは解決しがたい問いであり、概念の構成のためにはいつも理性（認識の形式に過ぎない）とは異なる（物質的な）基体が必要であり、またその理性法則との結びつきはどちらの側からも明らかになることはないと――そもそも概念の内容に関しては感性に従属している悟性の法則は現象への適用においてのみ現れ、そして純粋理性としての自己意識は人間のどこにも存在しないので、まさしくこの哲学者は――思弁においては同じ根本原則を持っている人々がいるのであるが――私が次のことを主張してもそれを少なくとも許すことができると思うに違いないだろう。すなわち、すべての証明の根底には、質量においても形式においてもそれら〔すべての証明〕がそこから、またそれに基づき生ずるところのまさしく啓示されたものがそれらの原理として存在する、と。」

本書一八二頁　第六命題に第一版にのみ、以下の原注が付いている。

「誰が歴史的、詩的な描写物において作者の名前が署名してあっても巨匠〔名人〕のものであると証明できるのだろうか、あるいは誰がその様式上見誤りようのないこれやあれやの筆致があるからといって巨匠のものと証明できるだろうか。誰が知っている人あるいは知らない人から受け取った手紙が一人の人によって書かれたものかを証明できるだろうか。――これらすべてをあなたの感情、あなたの直観的感覚あるいはあなたの中の何かがあなたに告げるだろう。この何かは、私たちの哲学と神学において名前をまだ持っていないのであるが、しかしあらゆる瞬間に、すべての人間の中で世界のすべての哲学や神学よりも千倍もすばやく、効果的に働きを及ぼすのである。――そしてあらゆる瞬間においてあなたを導くこの何かは、あなたを駆り立て、引き返させ、警告し、強く諫め、そしてきわめて微妙な仕方であるが、しかし強力な仕方で規定しているのである。……この名前のない、すべてに作用している何かは」――（真理の感覚であり、信仰の要素であり原理である）――ラーヴァター――先行する注と注の初めで指示されている引用を参照。――私は初版のこの箇所でラーヴァターのある箇所を差し挟んだ。しかしこれは大きな不快の念を引き起こしたのである。それゆえ私はこの箇所をある全幅の信頼をよせる人物の文と取り替える。

「それから、もし人は何ものも知らないと考える人があるとすれば、
その人はそのことを知りうるかどうかも知らないわけである。なぜなら
何も知らないというのだから。
それゆえ私はその人と言い争うことをやめる、
彼はその足跡の上にその頭で立っているのだから。
しかしながら、ともかく、そのことを彼が知っていると譲るにしても
次のことは聞きたい、もしあらかじめ事物の中に真実なものを何一つ見たことがないなら
知るとか知らないとかいうことはどういうことなのか、どうして知るのか、
真実および虚偽という概念は何ものが作り出したのか、
疑わしいものが確かなものと異なることを何ものが証拠だてるのかと。
〔一行欠いている〕
あなたは、真実という概念がまず感覚から作られ、
感覚は否定しえないものだということを見出すだろう。
なぜなら、他の助けを借りることなく、真実によって虚偽にうちかち、
より大きな信頼をもつものを発見しなければならないのだから。

ところで感覚よりも大きな信頼をもつものが何かあるのか？
それとも間違った感覚から生じた理性が感覚に
逆らうことができるというのか、それ自身全く感覚から生まれながら？
感覚が真実でないとしたら、理性もまたすべて誤りとなるだろう。

ルクレティウス『事物の本性について――宇宙論』
〔（藤沢令夫・岩田義一訳）世界古典文学全集21、筑摩書房、一九八三年〕

本書一八二頁、後ろから六行目　「…印刷されてしまっている、と。」の後に、第一版では以下の文章が入っていた。

「この知らせをうけて私は再び私の文書をしまい込みました。私の有名な敵対する人の著作――この著作と同時には私の著作はもはや刊行されることはなかったのですが――を見るまではと思っていたからです。私はできるだけ早くその著作を手に入れるよう手配しました（一八一頁）。」

本書一八二頁、後ろから五行目から一八四頁一行目まで　「その後すぐ私はメンデルスゾーンから…」から「…彼の要求に添うことができました。」までは、第二版で変更された箇所。第一版では以下の文章が入っていた。

「そうこうするうちに私たちの共通の女友達からの何も書かれていない、封をされていない封筒でメンデルスゾーンの手紙〔一七八五年七月二一日付〕が届きました。これは私が長い間待ち望んでいた返事ではありませんでした。それに関しては一言もありませんでした。あったものは私の重要な二つの論文、すなわちヘムステルホイス宛のフランス語の論文とドイツ語の論文〔四四のテーゼ〕に対してまだ返事をしていないことを許して下さいという願いでした。また以下のことが書かれていました。すなわち、私たちの共通の女友達ともう一人の友〔エリーゼの兄〕が、〔メンデルスゾーンが〕現在の虚弱な体質の状態にありながら私たちの論争に怠けていたわけではないことの証人であるでしょう、と。そしてある人〔エリーゼの兄〕が彼の仕事を拒まないならば、次の見本市のカタログは彼らの証言の正しさを裏書きするでしょう。あなたの論文及びスピノザ自身の著作における多くの箇所が、私には十分理解できないということを自分自身告白せざるを得ないので、それだけに納得させようということで得意になることはできません、と。しかし彼は、論争の状態を、近々私の判断に委ねられることになっている次の論文において、明確にすることを、またそのことにより、論争をしかるべき形で始めることを望んでいます、と。少なくとも、なぜ多くのものが彼にとって理解できないものに思われるのか、そしてなぜ多くのものが、私が彼に説明しようと骨折れば折るほど、彼の眼差しから遠ざかっていくかが明らかになるでしょう、と。

メンデルスゾーンの手紙の本来の動機は、私の初めての手紙に対しての彼の異論の写しを、置き忘れてしまったのであったら送ってくれないかというものでした。幸いにも持ち合わせがありました。そして私が彼の手紙を受け取ったと同じ時にそれをメンデルスゾーンに送ることができて満足でした。」

本書一八五頁七行目　この箇所に、第二版のみ付されている原注。

「その限りにおいて私はデカルト主義者です。そこでは他の人々はもはやデカルト主義者ではありません。」〔本書の序文を参照〕

本書一九〇頁八行目から一九二頁三行目　「それゆえ、ある時代の哲学、…」から「…——そして神の観念が生じるのです。」までの箇所は、第二版で削除され、第三版で再掲された。

本書一九一頁三行目　「…十分な習熟と準備もしていると。」の後、第一版のみ、ファーガソン『市民社会の歴史』からの引用がある。

「〔戦いの〕日の結果が決定的になった。私の傷から矢を引き抜いてくれ、そして血が流れるままにしておいてくれ」とエパミノンダスはいった。どんな状況で、どのようなお説教によってこのすばらしい性格は形成されるのだろうか。愚かさの、気まぐれの、虚栄心の栽培所においてこのような性格は見出されるのだろうか。流行とお上品さが広まっている大きな華やかな都市において見出されるのだろうか。人々がお互い服装ときらびやかさ、そして財産の名声でもって張り合っている大都市において見出されるのだろうか。あるいは満足なしに微笑み、愛情なしで抱きしめ、ねたみと嫉妬という秘密の武器で傷つけ、さらに私たちが人間としての重要性を名誉ではそれの主人公となることができないような事柄に基づかせる術を学ぶかもしれない宮廷のすばらしい領域の内部においてだろうか。――そういうところではないのである。次のようなところである。心の偉大な感情が目覚めさせられ、人間が、外的な長所ではなく、中身によって評価されるところである。私利あるいは虚栄心の臆病な不安がより力強い衝動の輝きの中に飲み込まれていくところである。そして人間の魂が、自分の性格の真の対象を知った後で、獲物の血を味わった動物のように、才能と力を十二分に発揮させてくれるところにおいて上で述べた性格は見出されるのである。

より高貴で、幸福な性格に働きかける適切な機会のみが、この驚くべき結果を生み出すかもしれないのである。一方、重要な事柄を示すことができないような単なるお説教は、人間においてそのための感情を打ち立てることは不可能である。にもかかわらず事態に完全に絶望してしまう必要はない。私たちが政治についてと同様に道徳についての体系を形成し、私たちが、自由を肩書、身の回りの品々そして勲章のために売り渡し、私たちが富と力を唯一の称賛すべきものとして、貧困と軽蔑を唯一の不名誉と見なすことを学んだつもりになってしまうようになるほど私たちの置かれた状況に絶望する必要はないのである。――どのような魔法の力がこれらの病に取りつかれている魂を癒すことができるだろうか。どのようなセイレーン〔海の精〕の声が自由への衝動を呼び起こすことができるだろうか、この衝動が卑しい思考様式のしるしと、また名誉への衝動の欠如とみなされる場合において。どのような説得が礼儀正しさの外見的な態度を人間愛の真なる感情と心の純粋さへと変容させることができるだろうか。

ファーガソン『市民社会の歴史』第一部六章」

本書一九一頁九行目　「…豊かになりたいのです。」の後、第一版では以下の文章が入っている。

「しかしこのことわざを偽りとさせてはならないのである。そして私はこのことを魂の内奥で感じるので、今日、次のようなことを目撃する時、それが山のように私を襲いかかってくるのである。すなわち、善という見方における方向を全く失ってしまっていること、すなわち、高貴にして偉大なものを奨励することが拒絶され、そうしたものへのイメージ、表情、審美的な魅力を与えることが拒絶される一方で、高貴にして偉大なものに内在する心をひきつけるもの、純潔なものはすべて現実には貶められていることを。……そしてちょうどその時、私の子供たちが浮かれ騒ぎながら私の前にやってくる。……心が動かされ、おまえたちはどうなるのだろうか、おまえたち貧しきものよ、と叫びたいほどであった。

「詩神ミューズよ、私に次のような若者を示してくれ。すなわち復讐心に燃えている駱駝がかれらの毛を衣服のために与えてくれる若者。自分の鵞ペンを野生の蜂蜜に侵すことによって自身の目が用心ぶかくなる若者。この若者が行う論証は、行儀よく、にょろにょろと道をたどっていくアシナシトカゲよりもバッタの飛行に似ている。彼はレビ族の軍事行動よりも改宗者に洗礼を施すやり口を好む。……知識の鍵は持っているが、中に入ろうとせず、また入ろうとする人々を邪魔する律法学者を非難することが可能な若者を示してくれ。（哲学者の一員であるエルヴェシウスが大きな八つ折版で書いているように）いかなる再生も天才も精神も存在しないとささやく私たちの哲学者に黙っていなさいという若者を。――その大胆さは、青銅の蛇――この蛇をモーセは最高の命令へと高めたのであるが――さえ引き裂いたユダヤの王〔「列王記下」第一八章第四節〕を見習おうと努力する若者を示してくれ。」

「見よ！　ある声がする。

学識の塩は良きものである。しかしもし塩に塩気がなくなれば、何によって塩に味をつけるのか。〔「マルコによる福音書」第九章第五〇節〕

理性は、神聖で、正しく、善である。しかしながら、理性を通じてはきわめて罪深い無知の認識以外の何も生じない。無知が流行となれば、理性はそのとき世間知の権利を受け継ぐ。彼らの一人のまさしく預言者が次のように言ったように。すなわち「国家の賢者たちは共通の狂気の狂人たちである」と

「しかし主は精神である。そして主の精神があるところに自由があるのである」〔ハーマンの言葉〕

摂理は各人の道を是認するだろう。そして摂理は今や妄想とうぬぼれの中で消えようとしている認識、すなわち人間における神のイメージは真なるものにおけるすべての認識の唯一の源泉であり、善なるもののすべての愛の源泉でもあるという認識をもう一度その全き輝きの中に輝かせるだろう。そして摂理は人間性の多くの破壊された形式の後で、破壊を免れた唯一最善の形式を示すだろう。

精神は人間において存在する。

そして全能者の息吹は人間を賢明にする。」

本書一九一頁一〇行目　「昔から、宗教は…」から「…またすべての賢者が」の箇所は第二版で変更された。第一版では以下の文章。

「いかなる理性的な知恵もなく、伝承された実定的な教え――ここから明らかに、そしてその固有な証言によれば、すべての哲学が生じたのですが――だけが存在した遠い昔から――繰り返しますが、すべての賢者が」

本書一九二頁一行目　「…以上に不可能なことです。」の後、第一版では以下の讃歌が入っている。

「神の知恵は邪悪な魂を訪れることはなく、また悪徳にさらされている奴隷化した身体にも住むことはない。陶冶の精神は欺瞞から逃れ、常軌を逸した考えから遠ざかる。精神はそれを誘惑しない人々によって見出されるだろう。精神は心の単純さにおいてそれを求める人々にあらわれる。神の知恵には知性的な精神がある。それは神聖で、生得のものであり、多面的で、鋭敏で、正直で、傷つけられておらず、率直で、犯すべからざるものであり、洞察力に富み、すばやく、慈悲深く、人間的であり、堅個で、不動で、信頼できるのである。この精神はすべてのことをなすことができ、すべてに目を注ぎ、そして純粋で、知性的な精神を包みこむ。知恵はすべての動きよりもすばやく、すべてのものに達し、その純粋性のゆえにすべてを包括するのある。というのも知恵は神の息吹であり、全能者の輝きの純粋なる流出であり、永遠の光の反照であり、神的活動の非の打ちどころのない鏡であり、神の善意の反映である。比類なき仕方でこの知恵はすべてのことが可能であり、自らに留まり、すべてを新たにし、あちらこちらで神聖な魂に入り、神のよろこびと預言者を生じさせる。」

本書一九二頁三行目の終わり　「……——そして神の観念が生じるのです。」に第一版のみ原注（1）が付され、挿入文がある。

原注（1）

「私はサウンダスン（Saunderson）〔ケンブリッジ大学の盲目の数学者〕を、彼が太陽について視覚的に太陽を理解できないことを悪くいうことはできない。なぜなら彼は見ることができないのであるから。しかしもし彼が太陽の存在を否定し、あるいは視力のある人の太陽への関係がどこまで真実か嘘であるかを規定しようとするならば、彼は度を超えているといわれないだろうか。もしかすると彼が最も厳密に推論するところで、視力ある人々に対して最も大きな誤りを犯すことになるだろう。」

挿入文

「徳において完全になるように努めよ。すなわち徳を純粋に、絶え間なく働かせるように努めよ。この企てにあなたは思いとどまるに違いないだろう。あるいはあなた自身を知っているように神に気づくだろう。初めのことはあなたが決意だけをもっていればできるだろう。というのも人間はたいへん不完全で弱いので自分の固有の掟を発見し、保持することはできないからである。彼の今日の掟は彼の今日の決意である。そして彼の今日の決意は、彼の今日の切望である。この切望は、彼の意志を生じさせることもできず、それを確固たるものにできないのである。人間は、従い、信頼し、そして約束を守り、信仰を保持しなければならないのである。人間は高慢さをつくりあげ、それを玉座に据えてはならないからである。このことが人間の第一の徳であり、またこれが人間の最後の徳でなければならないのである。」

本書一九三頁五行目の終わり　第一版にあり第二版で削除された『オイディプス王』からの引用とヘルダーからの引用。

「ソフォクレスの悲劇『オイディプス王』第二幕の終わりでコロス〔合唱隊〕が歌う。

とわに高敷《たかし》く法《おきて》をまもり、
神かしこみて詞《ことば》に業《わざ》に
穢《けが》れなきさだめぞわれに滲《かわ》らざれかし。
高澄める高空にあまねく
いのちをうけて啓《ひら》かれし永遠《とわ》の法《おきて》よ、
その父は
ただオリュンポスの天つ御座《みくら》。

死すべき性《さが》の人の子の
つくり定めし法にはあらで、
忘られもせず、眠りもせず、
神のちから　内に宿りて老いたまわず。

驕《おご》るこころは専制君主を生む。
驕るこころの高まり行きて
益もなき濫《みだ》りの富に充たされるとき、
笠石の頂《いただ》きをきわめては
まろび落つ　めくるめく断崖《きりぎし》の底へ——
つよき足も
いま身をささえるに甲斐もなき
禍の底へ。されど神よ、
国をおもえる諍《いさか》いならば
やめさせたまうことなかれ。
神こそは　わがかわらざる永遠《とわ》の守護《まもり》者。

語る言葉に為す業に

おごりたかぶる輩《やから》のありて、
女神ディケ（「正義」）を畏《かし》こまず、
神の御座《みくら》を懼《おそ》れずば、
悪しき運命《さだめ》にとらえられ
凶《まが》しき不遜のむくいを受けよ――」

〔ソポクレス『オイディプス王』（藤沢令夫訳）岩波文庫、一九六七年、七〇―七一頁〕

「わきまえを欠いた馬や騾馬のようであってはならない」〔「詩篇」第三二篇九〕と老ルター（der alte Luther）はいう。「かれらは、感じることだけに従う感覚に支配されている動物のようである。かれらは感じ、味わうことがないところでは進んで行くことができない。馬や騾馬は感覚に近づきがたいものを理解するようにはつくられていない。それゆえ、彼らはまたそれらによって愛や苦悩へと動かされることはない。

したがって人間も同じであり、かれらが判断し、考えることができる範囲を越えるものは行うことも、許すことも、耐えることもしようとしない。そういう人間は神の知の力を自由にすることはできないのである。

人間と思慮（Vernunft）との関係は、馬と感覚（Sinnnen）との関係に等しいのである。

両者は彼らが感じるもの以上にはあえて進もうとはしない。」

さらにヘルダーは付け加える。「賞賛すべき思慮の命令よ――ここではどんな愚か者もあとからあらゆる瞬間に欲するものをつくり上げることが許されるのである。そしてミミズのように自身のねば土の湿り気の後を追うことが許されているのである。英雄的な、利己的な意図のすべてがどこへ向かおうとも。」

ヘルダー『人類最古の記録』第二巻、二六頁以下」

本書一九三頁　「ヨブ記」の引用箇所冒頭に第一版では以下の文章が入っている。

「主なる神の命令が知恵を与える／神の言葉は認識であり、知性である」


本書一九五頁一三行目終わり　第一版では以下の文章が入っている。

「何があなたの父祖たちの教えをあなたの高慢さと交換させたのですか。不可視なものの目により近づくためでしたか、あるいはそこから遠ざかるためでしたか。そうなったのは真理をあるいは嘘を満足させるためですか。神があなたに指示したのですか、あるいはあなたの肉体が、意志がそして邪悪な欲望がそうさせたのですか。」

本書一九五頁一五行目　第一版では以下の文章が入っている。
「私はあなたに迫って、次のような自白を強要するつもりはありません。それによれば次のようなことをいうことができるのですが。すなわち、あなたの意志が不純になってしまったことを良く知っている場所に、あなたが良心からではなく、反抗心から、あなたが従っている法にそむいた場所に、あなたに内在していた信仰を放棄した場所に、言葉と信頼を失った場所に戻りなさい、と。――戻りなさい、身を洗い清めなさい、かつて離れた光を追い求めなさい――あるいは同じ場所で現れるだろう別の光を追い求めなさい。いまから誠実であることのみを心がけなさい。そしてあなたが受け入れる信仰――それがどのような名前で呼ばれようとも――を保持しなさい。あなたの勝手きままな思いあがりを放棄するだけでいいのです。というのもこの思いあがりはあなたを牛たちのように命令のない状態に、すなわち光も権利もない状態にしてしまいます。

本書一九六頁一四行目の終わり　第一版のみ以下のような原注（1）が付いていた。

繰り返しますが、私はこうした仕方であなたに迫りたくはありません。その代わりに別の提案を受け入れて下さい。」

「私は最近出版された素晴らしい作品からの非常に簡潔な注釈を差し挟む気持ちを抑えることができない。すなわち「目は肉体の光である。このことは物理的な意味において言われていないが、理解しやすい言葉である。目は光を身体全体のために受け取る。身体すべてはその活動のために光を必要とする。――あなたの目が純真であろうとすれば、あなたの身体も明朗となるであろう。――目が純真で、健康で、素朴であれば、身体のすべてが十分な晴朗さをもつのである。――あなたの目が悪くなると（悪く、不健康となり、損なわれると）、身体すべても陰鬱になるだろう。――（手は何を掴もうとしているかわからない。足はどこへ向かって歩いているのかわからない）。――あなたの内部にある光が暗闇であるならば、（非常に非哲学的でありながら、誤りなきように表現すれば、次のようである。つまり、身体全体のために光を受け取るはずの器官が損なわれ、いかなる光も受け取らないと）――その時、暗闇はどれほど大きくなることだろうか！――（いかなる光も助けにならない状況で、どれほどの暗闇の中にあなたは座ることになるだろうか！）」

この箇所の明確な内容は次のようである。――人間は精神の中に、目が身体に対するように、その人間全体に対するある感覚をもっている。この感覚が健全であれば、動き、働くための安全な光を受け取り、損なわれると、この感覚は人間を全くの暗闇の中に陥れ、きちんと歩き、正しく行動することができないようにしてしまうのである。ヨハン・K・プフェニンガー『いわゆる新約聖書についての哲学的講義』第一巻（ライプツィヒ、一七八五年）。」

本書一九九頁四行目　第一版のには入っていたが第二版で削除された箇所。

「私は黙り込み、くずおれ、感謝と歓喜で胸がいっぱいになります。私は認識と平和へのより良い道を求め得るのではないかと思い、恥じ入ります。……だれかそれを知っているならば、私に示して下さい。」

本書一九九頁七行目　第二版、第三版では「愚かな」（thörichter）、第一版では「誠実な」（redlicher）。

本書二〇〇頁原注（1）　第一版、第二版では二〇〇頁から二〇一頁三行目までである。

＊七の原注に関して
すべての版にある原注　（1）（7）（10）―（13）
第二版で付加された原注　（3）（5）（6）（8）
第三版で付加された原注　（2）（4）（9）

もろもろの付録

第二付録

本書二四一頁　「ディオティーマ」（Diotima）は、第三版で変更された箇所。第二版では「ディオティーメ」（Diotime）。

本書二四三頁後ろから二行目　「感情」（Gefühle）は、第三版で変更された箇所。第二版では「感情、感覚」（Empfindungen）。

第四付録

本書二六〇頁八行目　「人格性」（Persönlichkeit）は、第三版で変更された箇所。第二版では「人柄、人物」（Personalität）。

本書二六〇頁一二行目　「真実さ」（Wahrhaftigkeit）は、第三版で変更された箇所。第二版では「真実、真理」（Wahrheit）。

本書二六〇頁一三行目　「…決してできないのである。」の後に、第二版では以下の文章が入っていた。

「動物に私たちは人格があることは否定する。なぜなら同一性の意識が基づいている判明な認識が動物にあることは認めていないからである。人格の原理は意識を持ったそれぞれの個人に、すなわちそれぞれの生きている人間に付与されねばならない。私たちがそうした個人に与える意識の段階とともに個人を人格存在になじませていくのである。その結果、個人を理性的存在者に高めるその段階が、同時に個人に人格の固有性、すなわち理性によって自分自身を規定する存在の固有性を授けるのである。」

本書二六二頁二行目　「…はっきりと明らかにした」の後、第二版には「（一六八頁以下の本文と一七〇頁の注を参照）」という文章が入っている。

本書二六二頁三行目

「…『善意の嘘について』の考察」の後、第一版には以下の注がある。

「『ドイツ・ムゼーウム』誌、一七八八年（二月）一六四―一六六頁の本文と注を参照。」

第六付録

本書二八六頁七行目　「…探そうとも思わない。」の後、第二版では以下の文章が入っている。

「両者はデカルトによれば〈我思う故に〉を出発点としていたのである。一人は質料に重点を、もう一人は形相に重点をおいて考えていたといっても全くの間違いにはならないであろう。」

第七付録

本書三〇一頁一五行目　「…するものだけが、」の後、第二版では以下の文章が入っている。

「すなわち同時に目で聞き、同時に耳で見て、同時に嗅神経で触れることのできるものが。」

本書三〇四頁一五行目　「形象・比喩」（Bilder）は、第三版で変更された箇所。第二版では「比喩」（Gleichnisse）となっている。

本書三〇七頁四行目　第二版には原注が付されている。

「『信をめぐるデイヴィッド・ヒューム』九三―一〇九頁を参照。私がとても尊敬し、洞察力があり、学識ある研究者であるテュービンゲン大学の教授フラット(一)氏が断片的な寄稿文で感謝に値する仕方で私の見解に反対の意見を述べている。私は、論じることになるだろう本来の場所でそれを行うために、この哲学者の〔主張の〕根拠について意見を述べるのを控えておく。」

本書三一二頁七行目　第二版には原注が付されている。

「ヤーコプ(二)の『一般形而上学への批判的基礎』〔一七八八年〕三二六節を参照。」

本書三二〇頁原注（13）八行目　「直観あるいは感情」（Anschauung oder Gefühle）は第三版で変更された箇所。第二版では「直観」（Anschaug）のみ。

本書三二〇頁原注（13）後ろから二行目　「知性の」（des Verstand）は第三版で変更された箇所。第二版では「理性の」（der Vernunft）となっている。

訳注

（一）ヨーハン・フリードリヒ・フラット（Johann Friedrich Flatt, 1759–1821）。神学者であり、チュービンゲン大学の哲学の教授。神学者でもあった。カント哲学の批判的講義で有名となる。

（二）ルートビヒ・ハインリヒ・ヤーコプ（Lludwig Heinrich Jacob, 1759–1827）。ハレ大学の哲学・国民経済学教授。カント哲学を講じる。

ヤコービの生涯と著作

一　生い立ちとジュネーヴ留学

フリードリヒ・ハインリヒ・ヤコービ（一七四三―一八一九年）の生きた時代は、ゲーテが生きた時代とほぼ重なり、七年戦争、フランス革命、ナポレオンの時代、反ナポレオン戦争、ウィーン会議というヨーロッパ動乱の時代であった。

ヤコービの祖父、ヨハン・アンドレアス・ヤコービ（一六八〇―一七五六年）はハノーファーのヴォラーハウゼン（Wollerhausen）で一七〇〇年からプロテスタントの牧師をしていた。彼は三男一女に恵まれた。長男のヨハン・フリードリヒ・ヤコービはツェレで晩年、プロテスタントの教区総監督となる。次男のヨハン・コンラート・ヤコービ、すなわちフリードリヒ・ハインリヒ・ヤコービの父は一七一五年一月三〇日に生まれた。彼は商人の教養を積んで、商業顧問官ファルマーと一緒にデュッセルドルフに来る。一七三九年にはファルマー家のヨハンナ・マリアと結婚をする。一七五八年、ファルマーがデュッセルドルフを去った時、ヨハン・コンラート・ヤコービは商会の単独経営者となり、一七六二年にはペンペルフォルトの領地を手に入れる。この頃から砂糖工場と澱粉工場を営むようになり、やがて当時の選定侯カール・テオドールに商業顧問官としてひきたてられることとなる。

コンラートとマリアとの間に二男一女が生まれる。一七四〇年九月二日、長男、ヨハン・ゲオルク・ヤコービ、後のアナクレオン派の詩人が生まれる。フリードリヒ・ハインリヒ・ヤコービ（愛称フリッツ）は次男として一七四三年一月二五日に生まれる。ヤコービの母は一七四六年（ヤコービが三歳の時）に死去し、父はエルバーフェルトのワイン商人の娘、マリア・カタリーナ・ラオスベルクと再婚して、三人の子供を得る。すなわちシャルロッテとヘレーネ、そしてペーターを。

兄のゲオルク（一七四〇―一八一四年）は、ゲッティンゲンの大学に行き、二〇歳でハレの教授になった。弟のフリードリヒは父親の商売を引き継ぐことが決められていた。また才能の面でも期待されていなかった。内気で、謙虚で、感謝の念をもち、誰に対しても善良で、優しかったフリッツは多くの人々から「つまらぬ人」（Tropf）あるいは「おべっか使い」（Schmeichler）などと見なされた(1)。八歳か九歳の年齢で、『スピノザ書簡』「第三付録」にあるように、永遠について思いを巡らせ、物思いに沈みがちな、おとなしい幼少年時代を過ごす。この孤独な時代にヤコービの魂の友になってくれた同じ年頃の一人の少女がいた。それはヨハンナ・ファルマーである。彼女は母方の祖父の娘であり、ヤコービにとっては一歳年下のおばであった。彼女の前ではヤコービは自然に、まったく自由に振る舞うことができた。彼女との心の交流はヤコービの結婚後も続いていった。

十四歳の時にオランダ人、ヨドクス・フォン・ローデンシュタインによって創設された「上品な人々」（die Feinen）という敬虔主義の団体に加入する。この組織は宗教改革が広まった時の教会の中にできた特殊な流派である。この団体では外面的な教会の教えより、宗教的でまた道徳堅固な個人的生活に重きが置かれた。宗教的な講義だけが彼の心をひきつけたのである(2)。

一七五九年、一六歳のヤコービは商人の修養を積むためにフランクフルトに遣わされる。しかし不器用で、真面目で、瞑想的な性格ゆえに嘲笑などを受ける。間もなくそこでの経験をあきらめる。父親は商売取引の修業のためヤコービをジュネーヴに行かせる（フランス語が仕事と学問に必要であったのかもしれない）。そこでの約二年間は、ヤコービの証言によれば、「生涯で最も幸せな、実り豊かな二年間」であり、無限と思えるほどの多くのものを彼に与えた。カトリックの色彩の強い町であるデュッセルドルフからカルヴァン派の牙城であるジュネーブに来て、若きヤコービの根本的な変化が始まる。当時のジュネーブ——プロテスタントのローマであり共和国——はヴォルテールの支持者とディドロ、ドルバック、グリム、ルソーの支持者たちの闘技場であり、古き時代のヴォルテール的理想、すなわち「良き精神」に対し、ルソーは、「良き魂」という新しい、感性の時代にふさわしい理想で対決していたと言われている。(3) ヤコービもこうした時代の精神的、思想的潮流の洗礼をじかに体験する。

数学の教師であるデイヴィッド・デュランがヤコービに代数学の先生としてル・サージュを紹介してくれる。ル・サージュは、すでにジュネーブで文学、哲学、物理学、数学の研究を、さらにはパリで医学の研究も終えていた。あらゆる分野に精通し、ヤコービを自分の子に接するように見守り、導いてくれた。ル・サージュによってヤコービは「精神的な新生」へと促されていく。また彼の学問的普遍主義は、知識欲のある若きヤコービに同時代の啓蒙主義の文学と本格的に取り組む契機を与えてくれることになる。ル・サージュの家は、ジュネーブの精神的エリートと旅行中のインテリが集合する場でもあり、そうしたなかでヤコービはシャルル・ボネと個人的に知り合いとなり、ボネの著作『魂の能力についての分析的試論』にも触れるようになる。彼は、そこに啓示信仰的な超自然主義と結びつけられた心理学的な感覚主義の要素を見つけ、暗記するほどにひきつけられたようである。またボネの『心理学の試論』からイギリスの哲学者、ジョージ・バークリー『ハイラスとフィロナスの三つの対話』のフランス語訳を知るようになった。さらにシャフツベリー、ハッチソン、ファーガソンもこの頃に知るようになった。

そして、様々な人々との交流のなかで特筆すべき事は、フランス啓蒙主義の代表者であるヴォルテールと知り合うことができたことである。ヴォルテールの『ピョートル大帝の歴史』に関する著作を助けるためにジュネーヴに滞在していたロシア人の伯爵、ボリス・ミハイロヴィッチ・サルティコフの仲介によって特別に、ヤコービはジュネーヴ近郊のフェルネーにいたヴォルテールを訪問することができたのであった。その際、ヴォルテールはヤコービを好感をもって迎えてくれたと言われている。(4) このことは若きヤコービの思想形成に重要となるヴォルテールの作品そのものへの導きとなった。

ジュネーヴではヴォルテールと知り会えたことに加えて、ヤコービのその後において、あらゆる面で重要となっていく人々との関わり合いができる。ルソーとは直接的な出会いはなかったが、作品を通して、ルソーは、個人として、作家として、後年には批判的な側面をもったが、ヤコービの第二の自我になったと言われている。「フランス語で書いた最高の天才」と呼んでいたほどである。ルソーの『エミール』によって、ヤコービの、敬虔主義によって刻印されていた正統派に対する批判的な態度は、信仰的な告白を否定する哲学的・有神論的な理性信仰へと至ったと言われている。(5) またルソーに関係する人々との出会いがあった。すなわちカルヴァン派の牧師のポール・クロード・ムルトウ、フランスの証券取引所の秘書官ジャン・アントワーヌ・コンパレ、さらにヴォルテールとルソーの作品の出版元であるアムステルダムのマルク・ミッシェル・レイであった。(6) 特にレイはデュッセルドルフに帰ってからのほぼ十年間、ルソー、ヴォルテールの作品と彼らの生活についての詳細な情報を教えてくれた人物であった。一七六六年一二月にはミッシェル・レイにデイヴィッド・ヒュームの六巻本の全集を注文している。『信をめぐるデイヴィッド・ヒューム』が書かれる二十年前である。翌年の一七六七年には、彼と、メンデルスゾーンの主要作品である『フェードン』の翻訳についても手紙を交すことになる。

周囲に馴染めず、受動性が性格そのものであったかつての少年は、身体的側面でも変貌を遂げる。フリードリヒ・ロートは以下のように報告している、「水泳、乗馬、他の訓練で彼は肉体を鍛錬した。このことで彼の健康は良くなり、彼の姿の、普通ではない美しさは力にみちた優美さとなった。この優美さは老年になってさえも消えなかった(7)」。

ジュネーヴ滞在が終りに近づいた時、ヤコービは医学部に在籍していたので、さらにイギリスのグラスゴー大学の医学部で研究を続け、学問的な道に進みたい旨を父親に手紙を書いたが、父親から反対され、さらに他の事情も重なり、やむなく故郷に帰らざるをえないこととなった。しかし、様々な人々に触発されたジュネーブ大学留学は、若きヤコービの哲学者としての歩みに決定的な刻印を残したのである。綿密に集められた、夥しい数の蔵書でいっぱいの二つのトランクを唯一の慰めとして、ヤコービは故郷に帰って行く。

二　留学からの帰国と結婚

一八歳のヤコービはデュッセルドルフに戻り、砂糖工場の再建に忙しい父親から家業である織物業を任される。一方では哲学の研究も継続していく。帰国後、ジュネーヴで知ったヴォルテールの作品を熱心に読む。ここでヴォルテールの作品として挙げられねばならないものは、『哲学書簡』である。この作品はヤコービにとって後年、重要なものとなるイギリス哲学への関心を高め、最後に掲載されている書簡二五の「パスカル氏のパンセについて」は彼に宗教的洞察と学的洞察の厳密な区別を指し示すこととなる。さらにヴォルテールとヤコービの関係で述べておかなければならないことは、ヴォルテールの小さなエッセイ「神におけるすべてのもの・マルブランシュについての注釈」がヤコービをスピノザと彼の神即自然の汎神論に対決させたとも言われていることである。[8]

また一七六三年には、ベルリンアカデミーの懸賞題目「形而上学の明証性について」に提出された論文でメンデルスゾーンの論文、『形而上学的学問の明証についての論文』が一席となる。二席はカントの『自然神学と道徳の原則の判明性』であった。ヤコービはカントのこの論文を評価し、一七六二年に出版されていた『神の現存在の論証のための唯一可能な証明根拠』も慌てて取り寄せ、読む。[9] メンデルスゾーンの『哲学対話』（一七五五年）も読んでいたヤコービは翌年この「明証」論文が出版されるのを待って、熱心に読む。その時の印象を『ヒューム』論の中で次のように述べている、「受賞論文において私の目を引いたものは、神の現存在を理念から冗長に論究し、神の存在根拠をきわめて大きな確信をもって主張していることでした」[10]。この時すでにヤコービはメンデルスゾーンの神の存在の証明の仕方に関して納得できないものを感じていた。

一七六四年一月には、後に大きな影響を与えることになるパスカルの二巻本の著作集をミッシェル・レイに注文している。パスカルの『パンセ』の言葉は『スピノザ書簡』の本文において、『信をめぐるデイヴィッド・ヒューム』と『神的事物』の巻頭の言葉として引用されることになる。

一七六七年にはメンデルスゾーンの主著である『フェードンあるいは魂の不滅性について』が出版される。内向的で、物思いに沈みがちな性質[11]ゆえに、ごく幼少の時から、「第三付録」にあるように、「別の世界の事物」あるいは「永遠」について思いをめぐらしていたヤコービはこの作品に特別な関心を寄せていた。この『フェードン』は九か国語に翻訳され、メンデルスゾーンの名声をゆるぎないものとした作品でもあった。翌年一〇月のアムステルダムの出版社のマルク・ミッシェル・レイへ次のように書いている。「私たちの有名なモーゼス・メンデルスゾーンの傑作についての噂を聞いたことはありませんか。それは魂の不滅が中心点になっています」。翌月の手紙では「フランスで好感をもって迎えられるでしょうから」と、フランス語の翻訳を強く勧めている[12]。しかし翻訳の件は適切な翻訳者が見つからず、また兄ゲオルクの詩のフランス語への翻訳の仕事もあり、この件は次第に後景に退いていくが、メンデルスゾーンとは十数年後には、「レッシングは晩年スピノザ主義者であった」という言をめぐり、直接的な書簡による論争に至るのである。

私生活の面では、ヤコービは一七六四年七月に父親の勧めでアーヘン近傍のヴァエルス（Vaels）の、ライン地方で、もっとも裕福であり名声のある家柄のひとつであるクレールモン家の娘、ベティーと呼ばれていたヘレーネ・エリザベート・クレールモン（Helene Elisabeth Clermont）と結婚する。ヤコービが二一歳、ベティーが二〇歳のときであった。彼女がどれほど魅力的であったかはゲーテが『詩と真実』で語っている[13]。クレールモン家は機織業で財をなしたと言われている。ベティーとの間に八人の子供（男の子五人、女の子三人）が生まれるが、そのうち四人は母親より先に亡くなる。彼女はヤコービの優美の女神（Huldgöttin）であり、人生の星となる。ベティーという、願ってもないような伴侶に恵まれたヤコービであったが、引き継いだ家業、商売そのものがまったく彼の肌に合わないものであった。一七七一年六月にはラ・ロッシュに宛て「仕事は自分を違う人間にしてしまうのです」と書いている。

三　『ドイツ・メルクール』誌とゲーテとの出会い

一七七一年七月には、ヤコービはミュンスター司教区の司教総代理兼大臣であるフランツ・フォン・フュルステンベルク宛の書簡において古代国家と近代国家を比較しながら重要な政治的な見解を述べている。(14) 一七七二年一月に仕事のすべてを有能な義理の兄弟にまかせ、ライン河沿いのユーリッヒ・ベルク公国の宮廷財務官として破格の奉給で任命されることになる。この招聘には六八年から選定侯の総督であったゴルトシュタインの力添えがあった。財務官としての仕事をしていく中で、イギリスの国制と経済理論、特にアダム・スミスの『諸国民の富』(一七七六年)を研究していたヤコービは若くして「経済に関する知識では当時のドイツにおいて最も刻博な者の一人」(15)として知られていくことになる。六年間の宮廷での仕事において、財務の役人として選定侯領の税制度の健全化に成功する。

この時期、彼は兄を通してマルティン・ヴィーラントと知り合いになる。一七七一年、ヤコービが兄のゲオルク・ヤコービのアナクレオン風の詩をフランス語に訳し、自身の序文をつけた作品集がパリで出版される。これがヤコービの初めての公の出版物であった。これがヴィーラントの目にとまり、彼の知遇を得ることとなる。(16) ヴィーラントと知り合ったことはヤコービの文学への関心をさらに深めていく。彼はヤコービが必要としていた影響力のある刺激を与えてくれた二番目の人であった。(むろん一番目の人はル・サージュであった)。彼と一緒に、正確に言えばヤコービの提案による『ドイツ・メルクール』誌が一七七三年から刊行される。この創刊号においてヤコービは論文としては初めてのものとなる「『言語起源論』においてヘルダー氏によって提出された動物の熟練さと芸術衝動の発生論的な説明についての考察」を発表し、第四号には「ポー氏による、エジプト人と中国人についての哲学的探求に関する書簡」を発表する。

七〇年代のヤコービにとって最も重要な出来事はゲーテとの出会いである。『詩と真実』に述べられているように一七七四年七月に初めてヤコービとゲーテは出会うことになる。しかしその前に、重要な二人の前史が存在する。一七七二年一月より新しく刊行されたメルク主幹の『フランクフルト学芸報知』誌には同人としてヘルダー、ゲーテ、シュロッサー、ヘプフナー等がいた。出版物の書評を月二回掲載することとなる。他方、ヤコービもヴィーラントと『ドイツ・メルクール』誌を発刊する。ヤコービと直接会うまでのゲーテはすでに温和なヤコービ兄弟の強力な敵対者であった。特にゲーテは兄のゲオルク・ヤコービのアナクレオン風の詩を「甘ったるいミルクとクロプシュトックの涙の水」で養われたものときびしく批判をする。[17] またメルクとラ・ロッシュ家に滞在した折、残されてはいないが「ヤコービ家の不幸」と題する道化芝居もつくられたと言われている。ゲオルク・ヤコービへの激しい攻撃がフリッツ・ヤコービまで巻き込んでしまったというのが実状であるだろう。ヤコービ兄弟にはゲーテは「火の玉のような狼」に見えていたようである。[18]

デュッセルドルフとフランクフルトのゲーテの間ではいま述べたように直接対面することなしに、すでに文学上の敵対関係のようなものが生じていたのである。しかしながら一七七三年の夏、ヤコービの少年時代の話し相手であったヨハンナ・ファルマーが、ゲーテの妹のコルネリアと友情関係にあったので、ヤコービの妻ベティーと妹のロッテと共にフランクフルトを訪問し、彼女の紹介で二人はゲーテと友情関係を結んだ。その際、訪問者たちからヤコービ兄弟のありのままを聞かされ、ゲーテのそれまでのかたくなさは次第にやわらぐこととなる。ライン河上流と下流の平和のための露払い役を彼女たちがつとめたのであった。一七七四年七月の半ば、エムスからゲーテ、ラーヴァター（Johann Caspar Lavater）、バーゼドウ（Johann Bernhard Basedow）はラインの旅に出る。七月二二日の午後一同はデュッセルドルフで会する。七二年から宮廷財務官として公の仕事に関わり、フュルステンベルクへの書簡にあるように、すでに十数年のたゆみない哲学の研鑽を積み、独自の道を歩んでいたヤコービは、ゲーテを一方的にオマージュのみを与える人物としてではなく、落ち着いた態度で迎えたことは忘れてはならないだろう[19]。

ゲーテは書いている、「ちょうど空から落ちたようにフリッツ・ヤコービの前に落ちたのです。そして彼と私。私と彼。妹のようなまなざしがそこまで導いてくれる前に、私たちはすでに、私たちがそうなるべきであり、またなり得る状態になっていました」[20]。ヤコービもラ・ロッシュ夫人に「ゲーテこそ私の心が必要とした人です。彼は、私の魂の愛のすべてを耐え得る人です」と。二四日には『詩と真実』で述べられているようなスピノザをめぐっての感動的な言葉が交される。共に過ごした三日間はヤコービとゲーテにとってきわめて重要な日々であった。ヤコービは詩的才能をもった、個性豊かな人物を知ることができ、ゲーテは自分より一歩進んだ哲学的な頭脳と知り合いになったのである[21]。書簡も交されてゆくことになる。

一七七五年の一月八日から二月八日までヤコービがフランクフルトに滞在する。この年の九月に『イリス』(Iris) 誌に作者不明のまま『エドゥアルト・アルヴィルの書簡から』という哲学的書簡小説が載る。一七七七年には『友情と愛、真の物語』が断片として『ドイツ・メルクール』誌に掲載される。この年ヤコービは政治的な問題をめぐってヴィーラントと袂を分かつことになる。というのはヴィーラントが『ドイツ・メルクール』誌に「当局の神的権利について」という王権神授説的な論文を載せて支配者の神的権利を擁護する発言をしたからである。このことへのきびしい、批判的返答としてヤコービは『ドイツ・ムゼーウム』誌に「権利と暴力について」を後に発表する。『アルヴィル』は『エドゥアルト・アルヴィルの書簡集』として一七九二年に、『友情と愛』は一七九六年に『ヴォルデマール』として完成される[22]。この二つの作品はドイツ語で書かれた初めての「哲学的な小説」であることを述べておかなければならないだろう。

一七七九年には選定侯であるカール・テオドールがバイエルン公国の後継者となり、ミュンヘンに居城を移した。ヤコービの能力を認めていた王は彼をバイエルンの関税と商業部門の枢密顧問官に任命した。ヤコービは改革を提案する。すなわち自由貿易の推進と農民の封建君主への依存を減少させようとした。このため宮廷内部からの反対に遭い、数カ月で職務を退く結果となる。宮廷での仕事の間に二つの『政治的叙事詩』を公表する。そこにおいて重農主義立場から当時のバイエルンの税秩序を激しく批判する。この年（七九年）はもう一つ大きな事件が起こった年であった。ゲーテはすでに七五年の終わりからヴァイマールに招かれ、住んでいた。六月か七月の初めにゲーテは悪乗りした気分で、すなわち、いつもの嘲弄癖（Spottlust）から、「『ヴォルデマール』の聖十字架称賛」をエテルスブルクの公園で行った。彼はヴァイマールの人々の楽しげなサークルの前でこの小説の終りをパロディー的にかえて、それからその本―おそらくゲーテにヤコービから贈られた美しい贈呈本について訓戒を述べて、釘で木にさした[23]。

このことはヤコービの耳にも入る。九月一五日にゲーテに問い合わせの手紙を書く。「君はエテルスブルクにおいて紳士の仲間うちで『ヴォルデマール』とその作者を驚くべきやり方で酷評し、笑い物にし、最後に美しく製本されたヴォルデマールの贈呈本に関して侮辱的な、恥ずべき死刑執行を企てたそうですね」と。ゲーテはこれに直接答えることはなかった。ヨハンナ・ファルマーを通じて友に答えてもらった、すなわち「自分は悪意あるパロディーは書かなかった、しかし口頭で『ヴォルデマール』についてはしゃべった」と。一七八一年、ゲーテはラーヴァターに次のように書いている。「ヴォルデマールの聖十字架称賛の件についてはきみに何も話すことはできません。事件は事実です。……きみがよく知っているように私には、中途半端な作品を追撃し、特に僭越というにおいに対しては怒り狂ってしまう軽はずみな、陶酔した憤怒、わがまま勝手な苛酷さがあるのです」。事件から三年後にゲーテからヤコービに和解の手紙が書かれる。これ以降、一八一九年のヤコービの死までゲーテとの関係は断続的持続、すなわちゲーテがアドルフ・シュリヒテグロール（Schlichtegroll）宛の書簡（一八一二年一月三一日）でいう「確信のアンティノミー」（Antinomieen der Überzeugung）という関係であった。

ペンペルフォルトは、これらの年月多くの客を迎え、人物たちの中心地となっていく。一七七三年にはディドロが訪れ、一七七四年以来詩人のハインゼがヤコービの家で生活していた。ゲーテ、ラーヴァターそしてバーゼドウも一七七四年の夏やって来た。レッシングも招待されていたが、かなわなかった。後にはオランダの大臣であり哲学者のヘムステルホイスとガリツィン侯爵夫人も訪れる。一七七八年にはゲオルク・フォルスターも招待される。ハーマンも一七八七年にここを訪れた。一七八八年の秋にはヴィルヘルム・フォン・フンボルトも滞在する。(24)

四　八〇年のレッシングとの対話

一七八〇年の夏、ヤコービは一一週間の北ドイツへの旅に出る。この旅はレッシングに会うことが主たる目的のひとつであったが、その他にハンブルクでクロプシュトックに会うためであり、ライマールス兄、妹とも知り合う目的もあった。またヴァンツベックのクラウディウスのもとに預けていた二人の息子を連れて帰る予定もあった。

ハンブルクへ行く途中ヴォルフェンビュッテルのレッシングの家に七月五日から一〇日まで客として滞在する。この時の二人の深遠な対話のなかで、ヤコービからゲーテの詩『プロメテウス』を見せられたレッシングは「神性についての正統的な概念はもはや私には合いません。……〈一にして全《ヘン・カイ・パーン》〉（Ἕν καὶ πᾶν!）。私はこれ以外のものを知りません」（本書七三―七四頁）と述べ、「私を誰かにちなんで名づけよと言われれば、私は彼〔スピノザ〕以外の人を知りません」と大胆に答える。さらに翌日の対話においてもレッシングは「スピノザの哲学以外の哲学は存在しません」（本書七四頁）とはっきり言明する。他方、ヤコービは「私は知性的な、人格的な世界の原因を信じています」と反スピノザの立場に立ちつつも、スピノザの「水晶のような明晰さ」をもった純粋な形而上学、すなわち「真の哲学」のために「私はスピノザを愛しています。なぜなら彼は他のどんな哲学者以上に、ある種の事柄は説明を許さないという完全なる確信に私を導いてくれたからです」（本書八三頁）と答える。(25)

一七七四年のコンラート・ローレンツ・シュミットによる『エチカ』の初めてのドイツ語翻訳に付されたクリスティアン・ヴォルフの「反駁」(26)以来、無神論者、夢想家（Scwärmer）としてドイツの哲学の世界で汚名を着せられていたスピノザが、この二人の対話によって蘇えった瞬間である。すなわちスピノザ・ルネッサンスの始まりが告げられたのである。ディルタイもこの対話がもたらした衝撃を次のように述べている。「百年の忘却を経た後のスピノザの第二の輝かしい経歴が始まった。……突然スピノザが、まさに最後の発展段階にあると同時に最初の影響を及ぼしつつあったカントの超越論的観念論と並んで、墓場から蘇えったかの如くその姿を現した。いやそれどころか、あたかも彼が生きているものたちの主人になったかのように見えたのである(27)」。

自立的思考を何よりも大切にしたレッシングは、メンデルスゾーンの『哲学対話』が契機となり、スピノザ、ライプニッツをブレスラウ時代に読んでいた。レッシングは、ある重要な書簡において、『哲学対話』の主張、「ライプニッツの予定調和はスピノザから借りてきたものである」とするメンデルスゾーンの主張を、「小さな詭弁」として斥け、スピノザとライプニッツの「身体と精神」の問題を、二人に即しつつ、微妙な差異をくっきりと描き出し、両者の類似性よりも相違を際立たせている（一七六三年四月一七日付メンデルスゾーン宛書簡）。その理解はヤコービが「第六付録」で考えていたものと変わるところはないと言ってもいいだろう。

したがって、独学者として実務の傍ら、すでに二〇年以上哲学研究にいそしんできたヤコービがひそかに考え、答えを見出そうとしていたのは哲学の世界における未解決の「スピノザ問題」であったことは想像するに難くない。当時二人の哲学者による論文、すなわちヴォルフの「反駁」、メンデルスゾーンの『哲学対話』によってもスピノザ哲学の真の姿はいまだ現われず、哲学的に読み解かれてはいなかったからである。レッシングが『対話』でヤコービに、いみじくも語っていたように「人々はスピノザについて死せる犬のごとく言っている」からである。

七九年にレッシングに『ヴォルデマール』を送り、お返しとして『ナータン』を送ってもらっていたヤコービは、翌年の訪問をレッシングに伝えていた。ヤコービは言っている。「私はいつもこの偉大な人物を尊敬してきました。彼と親しくなりたいという欲求は、はじめは「神学論争」のときに、ついで『寓話』を読んだ後、より一層活発に私の中に湧き上がってきました」。ヤコービは、レッシングがルター派正統主義者のゲッツェと戦った一七七四年から一七七八年かけての長い神学論争の過程とその中で発表された『寓話』(*Eine Parabel*) により、レッシングの人となりを知るようになって、尊敬の念を抱くようになっていた。

レッシングについてハンナ・アレントは『暗い時代の人々』において語っている。「レッシングの偉大さは、人間世界の内部では唯一の真理は存在しえないという洞察を持っていたということにだけあるのではなく、それが存在しないことを喜び、したがって人々の間の無限の語り合いは、いやしくも人間が存在する限りけっして終ることがないであろうということを喜んでいたことにもあるのです。……したがって論争の死は人間性の終焉を意味したことでしょう[28]」。

長い年月培ってきたスピノザ哲学の確証のために、ひいてはベルリンの啓蒙主義への孤独なたたかいの助力を得るために、スピノザ、ライプニッツにも深いセンスを見せていたレッシングは、ヤコービが会って話をしなければならない人物であったのである。またスピノザの問題だけでなく、ヤコービはレッシングに尋ねたい問題があった。それは「いくつかの点で不明なところのある賢者たちのことを教えてもらいたい」ということであった（ヤコービ自身は何も語っていないのではっきりしたことは言えないが、クラウス・ハマッハーは、賢者の一人はエリーゼ・ライマールスの父、ギムナジウムの東洋語の教授のヘルマン・ザムエル・ライマールス（Hermann Samuel Reimarus）ではなかったかと推測している）。フレデリック・バイザーの『理性の運命』では前者の問題のみが強調されて、後者の問題にはまったく触れられていないので、このことは述べておく必要があるだろう。

スピノザ哲学のライオンの分け前をもってヤコービは、ヴォルフェンビュッテルにいるどんな権威に屈することのない「王のような人」〔ヤコービの言葉〕に会うためにペンペルフォルトをあとにする。

「ではあなたは本当に彼〔スピノザ〕を知っているのですね」というレッシングの問いかけに「私ほど彼をよく知ったであろう人はごく少ないと思います」（本書七四頁）とヤコービは答える。さらに「スピノザの精神をどのように思っているか知りたいと思います」というさらなる問いに「それは古代的なものでした。すなわち「無カラハ何物モ生ジナイ」ということです。このことをスピノザは哲学するカバラ主義者よりも、彼以前の誰よりも抽象的な概念により考察しました[29]」（本書七四頁）とヤコービは返答する。スピノザの「哲学」を評価する点では見解が一致したかのようにみえた二人であったが、次第に微妙な差異が現われる。

先のレッシングのスピノザに対するはっきりした言明から「レッシングは断固としたスピノザ主義者である」という言葉がドイツの知的世界に響き渡り、数年後のヤコービとメンデルスゾーンとの論争へと進展していく。

その論争においていま一度スピノザ哲学の意味が問われることになる。この対話の後、ヤコービはハンブルクに行き、クロプシュトックに会い、またライマールス家のエリーゼとその兄に会う。このエリーゼ・ライマールスは論争の際、二人の書簡を仲介する役目をつとめることになる。ヴァンツベック（Wandsbeck）から帰路の途中でもう一度ブラウンシュヴァイクでレッシングに会い、それからハルバーシュタットのグライム（Gleim）邸を二人で訪問する。

一七八二年にはベルリンのデッカー（Decker）から『ドイツ・ムゼーウム』誌に『レッシングが語ったあること』という重要な論文を匿名で公刊する。これはオーストリアのヨーゼフ二世のローマ・カトリック教会改革への批判の書である。ヨーゼフ二世の啓蒙主義的絶対主義は、教会は個人の永遠の救済より、国家に仕えるべきであるという、啓蒙という言葉をもちいながらその内実は専制あるいは独裁に道をひらくことをヤコービは感じ取っていたのである。(30)『スピノザ書簡』のメンデルスゾーンへの批判もこの延長線上にあったことは言うまでもないことである。

一七八三年三月の終りにエリーゼ・ライマールスがベルリンから、ヤコービにメンデルスゾーンが「レッシングの特性と著作」について書くつもりでいると知らせる。これに対して、ヤコービは、メンデルスゾーンは知らないでしょうが、「レッシングはスピノザ主義者であった」と返事を書く。三十年来の友レッシングが「スピノザ主義者であった」という言葉に驚いたメンデルスゾーンはエリーゼに問い合わせる。一七八三年九月にエリーゼはヤコービにメンデルスゾーンが詳しいことを知りたがっているという返事を書く。九月四日にヤコービは「レッシングとの対話」の内容を、エリーゼを介してメンデルスゾーンに知らせる。翌年の八月になってようやく「異論」（Erinnerungen）を含んだ返事がはじめて直接ヤコービに届けられる。この「異論」においてメンデルスゾーンは、二つの問題提起をする。ヤコービの信とスピノザの学説の問題である。信に関して、ヤコービはレッシングとの対話で「私は知性的な、人格的な世界の原因を信じます」と発言する。これを受けてメンデルスゾーンは「私は、あなたの側で提案する信仰の旗のもとへの撤退も無視します。この撤退は、迷いを信仰によってなくそうとする義務をあなたに課するあなたの宗教の精神の中に完全にあるのです。……私の宗教はそのような迷いをとりのぞくのに理性以外の根拠を知りません」（本書一二三頁）と「異論」で述べる。この発言に対しヤコービは「メンデルスゾーン様、私たちすべては信〔じること〕のなかで生まれ、信のうちに留まらねばなりません。ちょうど私たちすべてが社会に生まれ、社会に留まらねばならないように。確実性（Gewißheit）がすでにあらかじめ私たちに知られていないとすれば、どのように私たちは確実性に向かって努力できるのでしょうか」（本書一六七頁）とスピノザの立場に立った発言で答える。

しかしメンデルスゾーンは「信」の問題を宗教的な「信仰」の問題と捉える。『レッシングの友へ』ではヤコービの発言を受けて「私は父祖たちの信仰に立ち戻ります。この信仰は、言葉の初めの根源的な意味によれば、その実質が教えや意見の信仰にあるのではなく、神の属性への信頼と確信にあるのです」とメンデルスゾーンは伝統的な「信仰」の概念を述べている。ヤコービにとっての「信」とは実在論者としての信ずることなのである。ヤコービにとっては二つの確実性が考えられ、一つは、証明あるいは理性使用による間接的な確実性であり、もう一つは信（Glaube）による直接的な確実性である。ヤコービは信による直接的な確実性をあらゆる確実性の源泉とみなしているのである。またスピノザの学説に関してメンデルスゾーンは思惟は実体の源泉ではなく、実体が思惟の源泉である。それゆえ思惟のまえに何か思惟するものでないものが第一のものとして想定されねばならないというヤコービの主張や「〔あなたが〕延長と運動を思考の唯一の質料であり唯一の対象とみなしていることに疑問を呈したのち、最後にスピノザの体系の最大の難点として「制約されたものを寄せ集めることにより、無制約的なものを成立せしめようとすることです」といった疑問点を挙げている。スピノザ理解の隔たりに驚き、困惑したヤコービはこれに対して、「ハーグのヘムステルホイス氏への書簡の写し』（本書一三〇頁以下）を直接メンデルスゾーンに送る。この書簡はスピノザとアンチ・スピノザ主義者の対話から成り立ち、両者の議論からスピノザ主義なるものを明示しようとするものである。

どれほどヤコービがスピノザを理解していたのかは、ヤコービがスピノザになり代わり、語っている次の一文からも明らかであるだろう。「人間の自由とは、人間自身の本質です。すなわち、それでもって人間が現にそれであるところのものである人間の現実的な能力あるいは力の度合いです。人間は彼の本質の法則のみに従って行動する限り、全き自由をもって行動します」（本書一四一頁）と。すなわち、意のままに目的を立てられることが自由であると、考えるのは人間の思い込み（imaginatio）にすぎないのである、と。

しかし翌年（一七八五年）になってもメンデルスゾーンからヤコービには何も返事がないままであった。ヤコービはある時、エリーゼからメンデルスゾーンの「異論」の答えがなされていないことを聞き、四月二一日に「異論」に関して答える形でスピノザ哲学の真髄を伝えるべく「四四のテーゼ」からなる書簡を送付する。この書簡は「『エチカ』の一行たりとも曖昧な箇所があれば理解したことにはならないのです」と自負するヤコービがスピノザ哲学の実体、属性、様態の諸関係を精緻に解き明かしているものである。ヤコービの個物、属性についての比類ない説明を聞いてみよう。

テーゼ三九では個物について「すべての個物は互いを前提とし、また互いに関係しあっている。したがってどの個物も他のすべての個物なしでは、またすべての他の個物もおのれ以外の個物なしでは存在することも、考えることもできない。すなわち、すべての個物は協力して、一つの切り離すことのできない全体を形作っている。あるいはもっと正しく、厳密にいえばそれらは絶対的に分けることのできない無限なものの中に存在し、共存しており、それ以外の仕方では存在していない」（本書一六三頁）。テーゼ四二では属性について「この二つのものは神の本質に属し、また神に包含されている。それゆえ神を明確に延長された物体的なものとも、思惟しているものとも呼ぶことはできない。むしろ同じ実体が延長されていて、そして同時に思惟しているのである。あるいは他の言葉で言えば、神の属性のいかなる根底にも特殊な、区別された実在的なものがあるわけではない。そういうものがもしあれば、神の属性は、互いの外にそれぞれが自分自身の存在をもっているものとして考えられるだろう。そうではなく、すべての属性は〔実体の〕実在性にすぎず、あるいは同じ一つの実在的なものの実体的で、本質的な表現である。すなわち絶対的に唯一なものとして存在しうるものであり、そこではすべてが必然的に浸透し合い、絶対的に一つのものになっていかなければならないかの先験的〔超越論的〕な存在の表現である」（本書一六三―一六四頁）。

一七八五年四月二一日のメンデルスゾーンへのこの書簡は後半で「信じること」（Glaube）と確実性の問題が扱われ、二年後の『信をめぐるデイヴィッド・ヒューム』の先駆けともなっている。すでに引用した「メンデルスゾーン様、私たちすべては信〔じること〕のなかで生まれ、信のうちに留まらねばなりません。……」という独特な言葉で言い表わされている。この言葉は『信をめぐるデイヴィッド・ヒューム』では「私たちは信〔じること〕なしではドアの前にも、また机やベッドにも行くことができません」という言葉へとつらなっていく。[31] 五月にエリーゼからメンデルスゾーンが汎神論を扱った本を印刷させようとしていることを聞く。間もなくメンデルスゾーンの『朝の時間』が突然出版される。

五 『スピノザ書簡』出版

こうしたメンデルスゾーンと「スピノザ」をめぐる書簡での論争のさなか、ヤコービの家庭において最も悲しい出来事が起こる。一七八四年の一月には四男のフランツが亡くなり、二月にはもっとも頼りにしていた最愛の妻ベティーに先立たれる。

ゲーテ、ヘルダーはヤコービの心中を察し、ヴァイマール訪問を提案する。九月にヤコービは妹のヘレーネと共にヴァイマールに行く。その際のゲーテの、コッホベルクに滞在しているシュタイン夫人宛に書いた興味深い書簡〔九月九日付〕がある。「彼〔ヤコービ〕がいることは私には大きな喜びです。愛するロッテよ、二、三日の予定でこちらに来ることで、あなたを今の孤独から救いだすことが可能であればと願います。彼は、間違いなく非常に人を惹きつける人物であり、魅力をましました。あなたは彼に会うでしょう、私はあなたに会うでしょう……」さらに翌日の手紙では「……あなたが私たちのところに来てくれるのであれば、ヤコービがいてくれることは私には二重の心地よさになるでしょう。……確かに、私がそこから栄養を得ている魂の根底を彼に覗かせることなく、ヤコービのような人と、すなわちあのように優しい、まことの友と生きているのは傷いた友情〔一七九九年のヴォルデマール誹謗の件〕の罪なのです。ヘルダー夫人が彼〔ヤコービ〕にあなたのことについて話すでしょう、私があえて彼に言わないことを彼に言うでしょう。……」と。このヴァイマール訪問では当然『スピノザ書簡』のことも話題に上った。

一〇月にヤコービはハーマンに書き送る、「私は、二一歳から彼女と一緒に生きてきました。心の純粋さ、魂の崇高さ、愛、喜びそしてすばらしい親切さにおいて彼女に並び立つ人をみたことがありません」と。

ヤコービは残された男の子供たち、すなわちヨハン・フリードリヒ、ゲオルク・アーノルト、カール・ヴィガント・マクシミリアンと三女のクララ・フランチェスカと共に生きていかなければならなかった。ヤコービの家庭を支えていってくれたのは彼の異母妹のシャルロッテとヘレーネであった。家事をシャルロッテが行い、秘書としてヘレーネがヤコービの面倒をみていくこととなる。

一七八五年八月、レッシングとの対話、メンデルスゾーンとの往復書簡を含むヤコービにとって第一の重要な哲学論文である『スピノザの学説に関するモーゼス・メンデルスゾーン氏宛書簡』を出版する。一七八六年の一月、メンデルスゾーンは『レッシングの友へ』を出版する。この本の出版直後にメンデルスゾーンは病に倒れる。ヤコービは『メンデルスゾーンの非難に抗して』の論文で対抗していく。さらに『ベルリン月報』（一七八三―一八一一年）の発行者であるビースターから一言述べるように要請されていたカントが「思考の方向を定める問題」（『ベルリン月報』一七八六年、一〇月号）を書いてこの論争に加わる形となっていく[32]。

ヤコービは『スピノザ書簡』の意図を一八一九年の第三版序文で「スピノザの学説に関する私の書簡はそれゆえ、ある体系を別の体系によって押しのけるために書かれたものではない。私はただスピノザ主義の打ち勝ちがたさを論理的な悟性使用の側面から説明しようとしたのである。またいかなる神も存在しないというこの学説の目標に達しても、私たちの振る舞いは首尾一貫するであろうことを説明しようとしたのである。」と述べているが、一七八五年の第一版出版当時は、『スピノザ書簡』の「スピノザ主義は無神論である」、「すべての人間の認識は啓示と信〔じること〕から生じる」という主張がヘルダー、ゲーテ[33]を含め、ドイツの哲学・文学の世界の至る所で「理性を軽視する者」、「盲目的信の説教者」、「学問を、特に哲学をさげすむ者」とみなされ、反感と憤激をもたらしたのであった。

『スピノザ書簡』において、これまであまり着目されることがなかったが、ヤコービ哲学の基本的な立場を考える時、逸することができない挿話（本書一八八頁以下）に触れておきたい。それは『書簡』の最終章で語られる、死を覚悟しペルシャに赴く二人のスパルタ人をめぐる挿話である。自分と同様に威厳をもち、この地で幸せになるよう説き勧めるペルシャ人の支配者、ヒュダルネスに対して二人は「あなたの忠告はあなたの経験からすれば適切ですが、私たちの経験からすればそうではないのです。もしあなたが、私たちの享受している幸せを味わったならば、あなたは、私たちに財産と命をそのために犠牲にするよう助言するでしょう」（本書一八七頁）と答える。

彼ら二人は、ヤコービによれば「彼らの知性と聡明な判断を主張するのではなく、……彼らの心の感じ（ihres Herzens Sinn）、彼らの感情の動き〔情動〕（Affect）を告白したにすぎません」（本書一八八頁）と述べられている。ヘーゲルは『信仰と知』において、このエピソードに関するヤコービの解釈を「法的、客観的側面の無視である」と批判している。ヘーゲルが祖国、民族、法という共同体的なものを引き合いに出すところにおいて、ヤコービはアプリオリな知ではなく個人の内面における「様々な事物への愛着」を語っている。全体より個が優先される。すなわち希望と幻滅のなかで生きている個体存在の経験を拠り所にするのである。なぜならスピノザが主張するように、人間を動かしているものは認識ではなく感性的な情動であるから。

この挿話に関してさらに言えば、二人に仮託してヤコービは、自らの思想が〈我思う〉というデカルト的コギトではなく、後に『フィヒテ宛公開書簡』において主張されるもろもろの経験に根ざした「知ある無知」、すなわち、意識的な、いかなる哲学的範疇にも属さない「非哲学」（Unphilosophie）にあることを物語っている。「無知の学は、それゆえ次の認識にあります、すなわち、すべての人間の認識はつぎはぎ細工であり、必然的につぎはぎ細工にとどまらねばならないということです。それは知ある無知です」と。哲学的思考をモザイク状の断片において考えていくのである。

ヤコービの「非哲学」というオルガノンは、超越論的哲学のように体系化を目指すのではなく、体系の同一化に抵抗し、同一化されざるものを救出しようと、非連続的に歩む思惟方法をその特徴としている。「私の目的はある学派のために体系を打ち立てることではなかった。私の著作は私のきわめて内的な生活から生じたものである。それらは歴史的な帰結をもたらした。私はその帰結としての著作をいわば自身によってではなく、任意ではなく、より高い抵抗しがたい力から引き出されたものとしてつくりあげたのである」と。「知ある無知」は、それゆえ個体としての現存在の日々の生活の経験から語り出され、経験に訴えるのである。

こうした知はヤコービがジュネーブ時代にヴォルテールの『哲学書簡』で知ることになったパスカルの思考方法から学んだものであるだろう。パスカルは人間の知の働きを二つの精神で表現していた。数学的な論理的な明証性をもつ認識方法としての「幾何学的精神」と具体的な生活世界をはなれては人間存在は捉えることはできないとする「生の日常の対話によって生まれる思想」としての「繊細の精神」（esprit de finesse）である。すなわち真なるものへの規範として二つのロゴス（理法）が考えられていたのである。

『スピノザ書簡』において、また『信をめぐるデイヴィッド・ヒューム』の巻頭の言葉においても、パスカルの『パンセ』から「自然は懐疑論者たちを困惑させ、理性は独断論者たちを困惑させる。――私たちには、どんな独断論もそれを打ち破ることができない、証明についての無力がある。私たちには、どんな懐疑論もそれを打ち破ることができない、真理の観念がある」（本書一八六頁）という引用がなされている。独断論者は推論的理性によって真理に至ることができるとし、懐疑論者はそのような真理をもつことはありえないとしている。人間はこのいずれの学派を避けることもできず、またそのいずれかに留まることもできないのであると。パスカルが見ていたのは理性的思考が陥る二律背反的事態である。この合理的理性の無力さを前にして呼び出されるのはもう一つのロゴスである「繊細の精神」である。

ヤコービは、パスカルの主張する「理性の知らない論理をもっている」情動的志向に基づいたこの「繊細の精神」[34]、ヤコービに即して言えば経験によって幾重にも折りたたまれた「感情という理性」(Vernunft des Gefühls)でもって、レッシングに語った言葉——この言葉はヤコービによって初めて定式化された——すなわち存在しつつ、不在である「現存在を露わにし、明らかにする」ということを生涯の「大きなテーマ」としていくのである。

『スピノザ書簡』出版後の翌年、一七八六年の六月にイギリスへの数週間に及ぶ旅をする。ロンドンとリッチモンドに滞在し、仕事上の、また公国顧問官としての務めを果たしただけでなく、商人、外交官という友人たちと貿易や哲学の世界の事柄についても意見交換を行う。八月にはペンペルフォルトに戻る。この年の九月にはゲーテもひそかにイタリアへと旅立つ。

ヤコービは先に言われた「盲目的に信を説く者」といったような思いがけないレッテルを振り払うべく、「信と啓示」に関する序文をつけ、そこでカントの哲学が論じられる予定の『スピノザ書簡』の新しい版（第二版）を計画していた。この計画はどうしても実行されねばならなかった。なぜなら、ヤコービにとっては「知」(Wissen)より重要な概念である「信」(Glaube)という言葉がその言葉の真の意味で理解されなかったからである。この計画された序文はそうこうするうちに独立した一冊の本となり、一七八七年、パスカルの引用ではじまる『信をめぐるデイヴィッド・ヒューム、あるいは観念論と実在論　ある対話』というタイトルで出版された。この本はもともと第一の対話が『信をめぐるデイヴィッド・ヒューム』、第二の対話が『観念論と実在論』、第三の対話が『ライプニッツあるいは理性』という題名で別々の本として刊行される予定であったが、最終的には『信をめぐるデイヴィッド・ヒューム、あるいは観念論と実在論』として刊行されたのである。したがってこの著作はそれまで名前が挙げられることのなかったスコットランド啓蒙主義者のヒュームやトマス・リードを援用することにより、ヤコービの哲学的立場を鮮明にした書として『スピノザ書簡』と合わせて読まれなければならないものであることが分かる。

この著作は、ヤコービ的な「私」とカント的に思考する「彼」との間で行われる対話形式で進行していく。対話は論争的でなく友好的なうちに進められていく。この著作の序文でヤコービは「私の哲学は、現実存在の二元論的な認識を主張するのではなく、感覚（Empfindung）による単一な認識を主張し、また理性をそれ自体、諸関係を明確に知覚する、すなわち同一性の命題を形成し、それに従い判断するという単なる能力に制限するものです」と述べて、観念論者に反対し、実在論者に与する。(35) 付録としてカント批判の「超越論的観念論について」が含まれている。「私は、ここ数年間、純粋理性批判をいく度も繰り返して、新たに、読み始めなければなりませんでした。なぜなら、かの〔もの自体の〕前提なしには体系にはいることはできず、かの前提をもってはその体系のうちには留まりえなかったということについて、私は絶えず迷っていたからです。この前提でもってカントの体系に留まることは、どうしても不可能です。なぜなら、単に主観的な現象としてではなく、物自体として、私たちの外部の対象についての私たちの知覚が客観的に妥当するという確信がこの前提の根底にあるからです。……」という人口に膾炙したカント批判はこの重要な付録論文において言われている言葉である。このヤコービの言葉は、「カントの主著となった作品、『純粋理性批判』への基準となる評価として、今日なお通用するまとめとなっており、これまで一度もテキストに準拠した根拠によって退けられることはなかった[36]」、と言われている。

この『信をめぐるデイヴィッド・ヒューム』のなかでヤコービの人柄を偲ばせる個所があるので引用する。それはヤコービの論争の際の基本的な立場を述べている箇所である。すなわち「私にとって大事なことは、対立する主張を不合理な、馬鹿げたものにすることではなく、合理的なものにすることです。私は、頭のいい人に誤謬の根拠とその可能性を発見しなければなりませんでした。そして私も彼の後を追って、間違ってみて、彼の確信と共感することができるほどに、間違った人の考え方に身を置いてみることができなければならなかったのです。そうした境地に達するまでは、私は、私の論敵を正しく捉えたと納得することができませんでした。……相手側にこそ、もっと深い知性があり、多くの根拠が隠れたままになっていると想像したでしょう。私はこうしたやり方を決して踏み外しませんでした[37]」。

一七八九年には「人間の拘束性と自由についての予備的命題」と「第一付録」から「第八付録」までが増補された『スピノザ書簡』第二版が出版された。「予備的命題」では「人間には自由がない」と「人間には自由がある」という二つのテーゼがアフォリズム風に展開されている。「付録」という名称であるが「第三付録」と「第八付録」を除いてはそれぞれが独立した論文となっている。「第一付録」はルネッサンスの哲学者ジョルダーノ・ブルーノの『原因・原理・一者について』を抜粋という形でドイツの哲学世界へ初めて紹介したものである。この「付録」においてスピノザの先駆者としてのブルーノの汎神論がもっとも純粋な形で描かれている。「第二付録」はガリツィン侯爵夫人を介して、オランダの哲学者へムステルホイスに、「無神論」をテーマにして書いてもらったものである（ヤコービはすでに一七八七年に彼の『アレクシス、あるいは黄金時代』をフランス語からドイツ語に訳していた)。「第五付録」では一七八七年に出版されたヘルダーの『神』も俎上に乗せられ、ヘルダーの「詩的哲学」は有神論とスピノザ主義の中間において揺れている、と批判する。「第六付録」ではライプニッツとスピノザの類似性に触れながら、スピノザ主義に代るものとしてライプニッツのモナド論が擁護される。ヤコービ自身が「最良の、最も重要なもの」とみなしているのは「第七付録」である。「人間が理性をもつのか、理性が人間をもつのか」という問いを含むこの「第七付録」は「隠れた主著」ともいわれている。ここでは原因と結果、理由と帰結の問題、さらに後年のシェリングとの論争で言われる無制約者と被制約者、すなわち超自然性と自然的世界の関係が詳細に述べられている。[38]

一七八九年のフランス革命の勃発に際しては改めて時代的、政治的な関心が呼び起こされ、一七九三年のルイ一六世の処刑という事件がヤコービに「ある孤独な思索家の心情の吐露」を書くきっかけを与えた。この作品はシラーによって高く評価され、一七九五年、『ホーレン』誌第八号に掲載されることになる。一七九五年七月、シラーはこの論文に関してゲーテに宛て、「ヤコービが論文を送ってくれました。この論文には優れたものが多くあります。とりわけ他の人々の考え方への判断における公平さがあります。そしてあらゆる点において自由な哲学のかおりがします」と書いている。またこの時期は継続していた二つの小説にも取りかかり、一七九二年に『アルヴィル』の最終版を出す。この年、フランス戦役のためヴァイマール公に同行したゲーテが帰り道、ヤコービのペンペルフォルトの別邸に四週間滞在する。[39] 一七九四年には『ヴォルデマール』の新版を出す。

六　革命を逃れて

一七九四年九月二八日、迫りくるフランス革命の軍隊を前にして彼の愛するペンペルフォルトを妹のヘレーネ、ロッテと娘のクララと一緒に去り、北ドイツのホルシュタインに向かっていく。北へと呼んでくれたのは伯爵クリスティアン・レヴェントゥロウ（Reventlow）とフリードリヒ・レオポルド・ツー・シュトルベルクであった。この時代ホルシュタインはドイツ、フランスの亡命者の集合地点であった。この時から一〇年以上にわたるヤコービの遍歴の時代が始まる。遍歴と言っても多くの人が迎え入れてくれた遍歴時代であった。彼を迎えてくれたのは、クロプシュトック、ゲルステンベルク、ニコロヴィウス、ニーブール、フォスといった著名な人々であった[40]。ミュンスターを経由して、はじめにヴァンツベックのマティアス・クラウディウスの所に一年ほど滞在する。次にエムケンドルフへ行く。そこに短い期間であったが滞在する。トゥレムスビュッテルにも滞在した。そこからオイティン（Eutin）のシュトルベルクの所に行く。次にもう一度ヴァンツベックに行き、最終的には気に入っていた風光明媚な「北のヴァイマール」と言われたオイティーンの町に移る。ここには一七八二年以来、詩人のヨーハン・ハインリヒ・フォスがいて、ホメロスやウェルギリウスの翻訳もしていた。はじめのうちは、ペンペルフォルトにすぐに戻ることを望んでいたが、次第に長い滞在の準備をしなければならなくなる。オイティーンに一七九七年以来二人の妹と一緒に住んでいた家を買う。左隣にはシュトルベルクが住んでいた。

一七九四年一〇月から一八〇五年五月までのホルシュタイン滞在の間、いくつかの重要な哲学論文を発表している。一七九九年には『フィヒテ宛公開書簡』、また同年に「自由と摂理の概念の理性の概念からの不可分離性について」、一八〇一年には「理性を悟性にもたらそうとする批判主義の企てについて」、「リヒテンベルクの予言について」、さらに「ケッペン宛の三通の手紙」を刊行する。これらの著作のなかで特に重要であるのは無神論論争時代に書かれた『フィヒテ宛公開書簡』である。

ヤコービとフィヒテの関係について少し触れておきたい。彼らは、お互いを哲学者として認め合う関係であった。フィヒテは二〇歳ほど年の離れたヤコービに敬愛の念と精神的な親近性をもち、ヤコービの小説『アルヴィル』は繰り返し読んだことも報告されている（一七九五年八月三日付フィヒテからヤコービ宛）。カントを別にして同時代の哲学者ではフィヒテが一番親近感を感じていたのはヤコービであった。無神論論争でイェーナを去るはるか前の一七九四年九月のヤコービ宛書簡では「私が、心の深い所で一致することを願い、望んでいる思想家がドイツにいるとすれば、それは、尊敬に値するお方であるあなたです」と書いている。ヤコービもフィヒテの『学者の使命に関するいくつかの講義』には賛意を表していた。

しかし、やがて送られてきた『知識学』の著者が観念論を首尾一貫して主張していることがわかり、フィヒテの自我哲学を比喩をまじえて批判したのが『フィヒテ宛公開書簡』である。

そこではフィヒテ哲学に関して次のように言われている。「この哲学〔思弁哲学〕は普通の人間にとっては「私は存在する」と「私の外部には諸事物が存在する」という二つの命題の確実性を等しくないものにしようとする不断の努力であらざるを得ませんでした。あなたはこれらの命題の一方に他方を従属させなければなりませんでした[41]」。すなわちフィヒテは「私はある」という自我性を極端に推し進めていく。したがって「純粋理性は自分自身だけを聞きとる（vernehmen）のです。純粋理性の哲学の営みはそれゆえ化学過程であるに違いありません。それによって理性の外ではすべてのものは無へと変容され、理性のみが残ります[42]」。すべてのものを無へと変容させる理性の働きはすべての存在者を捨象していく結果となる。したがって、ヤコービのいう共（同）存在（Mitdasein）としての人間の世界、具体的な諸事物の世界は存立を許されないことになるだろう。こうした事態をヤコービは「私たちの哲学は邪道を進んでいると思います。というのもその哲学は事物の説明にかかずらうあまり、事物そのものを置き忘れてしまうからです」（一七八三年六月一六日のハーマン宛書簡）と述べていた。『スピノザ書簡』で言われたようにヤコービの大きなテーマは「現存在を露わにし、明らかにする」ことである。すなわち情動的存在であるそれぞれの個体性こそが明らかにされねばならないのであり、またそれが知と認識の根底になければならないのである。であればこそ理性という「一つの部分からなる」思弁哲学の概念化「化学過程」に抗して、個別のもの、同一化されざるものを救いだそうとする「非哲学」という立場をヤコービは首尾一貫して標榜しているのである。

スピノザに「近代科学の預言者」を見ていたヤコービは、フィヒテの哲学に、スピノザ主義をさらに徹底させた結果から生じる際限のない自己承認を見てとる。この事態を第三版序文では「本来の、唯一の学と呼ばれるこの学問〔科学〕は、対象を自己産出することに本質をもっている。それは真なるものと真理を創造し、どこまでも自立していて、自分以外のすべてを無へと変貌させる」と述べている。したがってフィヒテ哲学では絶対的自我にのみ特権的地位が与えられ、この絶対的自我がスピノザにおける実体の位置、すなわち能産的自然である神の位置をしめることになる。このことをヤコービは「転倒したスピノザ主義」と呼び、その哲学は、神なき無、すなわち「ニヒリズム」に至るだけであると考えたのである。

「自分の理性を自分で用いる勇気を持て！」とする啓蒙的理性主義者カントを「先駆者」とし、フィヒテにおいては「純粋理性」にまで至った「理性」の概念にヤコービが『公開書簡』で対置するのは、推論する合理的な理性ではなく、「真なるものを前提とする能力」としての理性である。この理性で与えられるものは「真なるものを知るという能力ではなく、真なるものを知ることはないという感情と意識」である。真なるものの予感だけが与えられるのである。

二人の哲学の違いをヤコービは次のように言っている。すなわち「私たち二人は、同じまじめさと熱心さで知の学――それはすべての学における一者であり、認識世界における世界霊です――が完全になることを望んでいるのです。ただ次のような違いがあります。あなたがそうしたいのは、知の学において存するあらゆる真理の根拠が示されるためなのです。私はと言えば、この根拠、すなわち真なるもの自体が必然的に学の外部に存するという根拠が明らかにされるためです(43)」。

この『フィヒテ宛公開書簡』は「手編み靴下」の比喩でも知られている。すなわち私の靴下にある花、月、太陽というすべての模様は「糸という自我」と「毛糸棒という非我」との間に浮かんでいる「指の生産的な、構想力」以外の何ものでもなく、残るものは「毛糸」のみ、つまり純粋理性のみであると言われている(44)。

ホルシュタイン滞在の間、ヤコービは毎年ハンブルクを訪れていた。ハンブルクには有名な出版業者、フリードリヒ・ペルテス（Perthes）がいた。彼の所からこの時期のヤコービの著作は出版された。一八〇一年の秋にはラインラントとパリへの旅を行う。はじめに懐かしいペンペルフォルトを訪問する。七年ぶりであった。ここには次男のゲオルクがいた。次にアーヘンに行く。ここには長男のフリードリヒがクレールモン家のエリザベートと結婚して幸せに暮らしていた。一一月にナポレオン支配下のパリに着く。ナポレオンにも会うことができたが熱狂はなかった。北ドイツで知り合っていた将軍マチュ・デュマにも再会する。学者、芸術家とも会う。三ヵ月ほど滞在した。ヤコービはナポレオンにはいかなる期待もしたことはなく、アンシャン・レジームに代る、新たな専制主義として激しく拒絶している。一八〇二年三月にアーヘンへ戻る。この頃、目と身体の不調が彼をおそう。一八〇三年になってようやく健康を回復することができた。

一八〇四年にはアーヘンから、心を沈ませる報告が届く。クレールモン家と共同で営んでいた事業がうまくいかなくなり、彼の財産は大きく目減りしてしまい、住んでいる家を売り払わなければならないほどであった。この苦境を救ってくれたのはデュッセルフドルフ時代からの友であり、秘書でもあったハインリヒ・シェンクであった。一八〇四年九月、ハインリヒ・シェンクから――彼は一七九九年から枢密顧問官としてミュンヘンにいたのであるが――一七五九年創立されたバイエルン学術アカデミーの再編のためにこちらに来ないかという誘いがあり、ヤコービは、カトリックの強いバイエルンについては多くの不利なことを聞いていたのでなかなか決心がつかなかったが、最終的にはこの招聘に応じることになる。(45)

シュトルベルクは一八〇〇年の秋にカトリックに改宗してミュンスターに、その二年後にはフォスもイェーナにと、このオイティンの町を去って行ってしまっていた。一八〇五年のはじめには、ニコロヴィウスもまた故郷のケーニヒスベルクの宮廷へ招かれ、去って行った。

七　北からミュンヘンへ

二人の妹、息子と娘をつれて一八〇五年の五月、ベルリン、ヴァイマール、ライプツィヒ、ドレスデン、フランクフルトを経て八月一一日にミュンヘンに到着する。途中、ヴァイマールではゲーテとも会い、旧交をあたためた。一七九二年のゲーテのペンペルフォルト訪問以来の再会であった。この年の初めからゲーテは体調が悪く、またシラーの死も重なり、ふさぎこんでいた。ヤコービの訪問は彼を元気づけたようである。その時の様子をケッペン宛（七月二四日）に書いている。「だんだんとゲーテは上機嫌になり、最後の二日間は私の知っている昔のゲーテのようでした」。さらに続けて、次のような意味深い言葉がこの書簡には書かれている。「彼〔ゲーテ〕の大きな関心事は、私の哲学を完全に経験し、そのあとで、それを彼の哲学と調和させようとするものでした。彼は、私のすべての真実を彼の体系の中へと受け入れることができること、しかし、私の体系には彼の体系のもつ幾つかの真実が欠けていることを明らかにしたかったのだと思いました。〔それから〕私が、パスカルが言っているように、幾何学を超越する事柄は、私たちの知力を超越している、こと、また、それゆえ彼〔ゲーテ〕の思弁的な自然学は、近代の考え方からすれば幻影に過ぎないかもしれない、と説明した時は、ほとんど怒ったようになりました。しかし、私が機嫌良く、その証拠を述べ続け、最近のすべての同一体系と比べて私の二元論の徹底性を明らかにした時には、彼はすぐ元気になりました」と。ヴァイマールからヤコービはマインツ、コブレンツまで足をのばす。

バイエルンはこの時代、ナポレオンとオーストリアとの間のアウステルリッツの戦いの前夜であり、喧騒に満ちていた。ミュンヘンはフランスの兵士たちに占領されていて、ミュンヘン郊外のヤコービの家もフランス兵たちを受け入れもした。しかしペンペルフォルト時代からの友人ハインリヒ・シェンクとミュンヘンで共に生活することはヤコービに大きな慰めを与えてくれた。しかしミュンヘンの地において事態は複雑に動いていく。ヤコービの年齢はこのとき六二歳であった。

ミュンヘンに移ったヤコービはバイエルン学術アカデミーに迎え入れられ、哲学クラスの会員、すなわち哲学の教授となった。一八〇七年には王からも信頼され、また同僚の学者たちからも尊敬されていたヤコービはアカデミーの長に指名される。ペンペルフォルト、ホルシュタインにおいてと同様に、ヤコービはここミュンヘンでも抜きんでた尊敬（Verehrung）の対象であり、一八一二年にアカデミーの長を退いた後もそのことには変わりなかったとアカデミーの事務総長をしていたシュリヒテグロールは証言している。

一八〇七年七月二七日にバイエルンのアカデミーの新たな発足式が行われる。ここでヤコービはアカデミーの長として「学術団体、その精神と目的について」という講演を行う。この中でヤコービは有用的なものに反対し、哲学がおこなう事柄を擁護し、国家がどれほど真正な智慧を必要としているかを様々な例を挙げて示した。その際、北ドイツと南ドイツの教養の違いが言及され、教養がなおざりにされた時代まで暗に示された。新しく発足したアカデミー、北から招かれた学者たち、とりわけ新しく任命された会長に対して、半ば憤懣、嫉妬、憎悪、そして追求の声が高まり、公然たる暴行事件にまで悪化していった[46]。

この講演がもたらした激しい「論争」はマクシミリアン一世の厳命がでる一八一一年の三月まで続く。一八〇九年、バイエルンはナポレオンと共にオーストリアと戦う。ヤコービと彼の友人たち、すなわちミュンヘン・アカデミーの再興のために招聘された人々、アンゼルム・フォイエルバッハ、アドルフ・シュリヒテグロール、フリードリヒ・ヤーコプス、フリードリヒ・ティールシュたちは、北ドイツ人、プロテスタント、ナポレオンの敵、オーストリアの支持者と言われ、誹謗中傷の標的になってしまう。

こうした状況のなかで、ヤコービは、一七九六年から始めたマティアス・クラウディウスの作品の批評としての「啓示」の概念についての仕事を継続していく。一八一一年の『神的事物とその啓示について』が――一八〇二年、ヘーゲルが「信仰と知」でヤコービをきびしく批判したので、翌年、弟子のケッペンにシェリング批判の書『シェリングの学説、あるいは、絶対無の哲学の全貌、関連する内容のヤコービの三通の手紙を付す』を書かせていた――その集大成である。この重要な第三の哲学的著作『神的事物とその啓示について』、すなわち「哲学の遺言書」においてヤコービの有神論者としての神あるいは自然についての見解を述べることになる。パスカルの引用(47)で始まるこの書において、自らの立場は二五年以上前の『スピノザ書簡』における立場と変わりないことを断りつつ、シェリングの自然哲学が批判される。『神的事物』においてまず、アリストテレスにならい哲学者が次のように分けられる。すなわち「哲学者には二つのクラスだけがある、すなわち、より完全なものをより不完全なものから生じさせ、次第に進展させる哲学者と、最も完全なものが第一に存在し、それとともに、またそこからすべてが始まるのであり、あるいは事物の自然が先行するのではなく、先行するのは道徳原理であり、知恵を備えた、意欲し、活動する叡智者――創造者――神であり、これがすべてのものの始原であると主張する哲学者が存在する」と。言うまでもなくシェリングは前者のクラスの哲学者とみなされる。また「自然は至る所で運命だけを、始めも終りもない作用因だけの絶え間のない連鎖を表しているだけであるから、自然は神を隠しているのである……人間は、精神でもって自然に打ち勝ち、この精神によって、克服しがたい力としての自然と対抗することにより、自然に依存しない神を明らかにするのである」とヤコービは主張する。

他方、シェリングは一八〇七年のアカデミーの講演「造形芸術の自然への関係について」において「自然あるいは絶対的な産出性は聖なる、永遠に創造する世界の根源力であり、この力がすべての事物を自己自身から生み出し、活動的に産出するのである。こうした自然がひとり真なる神であり、生きた神である」と述べていた。すなわち「すべては自然であり、自然の他に、自然の上には何ものも存在しない」のであると。この自然の神格化、絶対化は、メカニカルな自然、人間的な自然は、自然を超えたものにおいて、無制約者において根拠づけられ、包摂されているとする『スピノザ書簡』の「第七付録」のヤコービの主張とは全く相いれないことは明らかである。

シェリングは翌年、『ヤコービ氏の神的事物に関する著書およびその中で彼〔シェリング〕は意図的に欺き嘘をつく無神論だという非難の記念碑』という論駁書で答える。シェリングは、自然主義と有神論は相容れないのではなく、この二つをお互いに結びつけることが必然と考える。「有神論は自然主義がなければ、始まることすらできないのであり、……空虚の中に漂うだけである」と述べている。自然主義者としてのシェリングにとって、「自然主義とは何らかの外面的自然に関係する体系ではなく、神における自然を主張する体系である。まさしくこのように理解された自然主義は有神論の土台であり、必然的に先行するものを形づくらなければならない(48)」のである。このシェリングの「戦闘的な」反論は『神的事物』を読んでから大急ぎで書かれたものであり、「ヤコービを完全に打ち負かす以外の目的をもたない、手厳しい、容赦のない攻撃である(49)」と言われている。シェリング自身は、彼の反論を「爆弾のように町に落ちた」と言っている。カロリーネ・パウルスは「彼のヤコービに反論する本を読んだことと思います。これは驚くほど荒っぽいものであり、ミュンヘン中が憤慨しているという噂です」とヘーゲルに書いている。シュテッフェンス、バーダーはシェリング側に立ち、アカデミーの同僚たち、ティールシュ、ニートハンマー、ロートはヤコービの側に立った(50)。シェリングの反論にはヤコービは答えることはなかった(51)。

ここで触れておかねばならないことは『神的事物』の出版によって引き起こされたヤコービとゲーテの関係である。一八一二年四月八日のクネーベル宛の手紙において、「ヤコービがあのようなことで終るだろう、終るに違いないと以前から予見していた」と、さらに「神的事物に関する神的ならざる本の中には、私が公に自然と芸術に関係する論文と著作のなかで公表し、私の人生と努力の導きの糸となしてきた私の最良の確信に反するかなり厳しい箇所があります」と容赦のない、二人の関係を壊しかねない言葉を伝えている。

さらに五月一〇日には直接ヤコービに書いている、「私がきみに、この小冊子が私を不機嫌にしたことを黙っていたら、昔からの純粋さと誠実さを傷つけることになるでしょう。私はエフェソの銀細工師の一人で、驚嘆に値する女神の神殿を観照し、驚いて凝視し、尊敬し、またその秘密に満ちた姿を模写することに生涯を過ごしてきたのです」と。ゲーテは、シェリングに与するわけではないが、自然界の草木、石などの一つ一つの個物に神の顕れをみるいわゆるスピノザ的な立場から、ヤコービの、個物、人間を含む自然界は超自然性に制約されているとする有神論的、二層的自然観を批判するのである。

同年の暮れになってから、ようやくヤコービは「私の小冊子が君を不機嫌にしてしまったことはとても残念です。一年後にもう一度読んで下さい。私はそのことを強く望みます」とゲーテに書く。この手紙がヤコービの最後の手紙となる。

翌年（一八一三年）の一月六日のゲーテからヤコービへの書簡を最後にして四〇年にわたる二人の往復書簡は途絶えてしまう。この手紙では次のようなことが書かれている。「人間は心によってひとつになり、意見によって分かれます。前者は私たちが一つになる単純なものであり、後者は私たちがばらばらになってしまう多様なものであります。青春の友情は前者に基づき、老年になっての不和は後者に原因があります。……私は、自分の性格の多様性ゆえに、ある一つの思考方法では満足できません。詩人として、芸術家として私は多神論者ですが、それに対して自然研究者として汎神論者です」。ヤコービの一八一五年の日付の投函されなかった草稿が二通残されているだけである。[52] ゲーテから一八一七年七月になって短い手紙がヤコービに届く。その手紙の最後の言葉は「それでは、どうかお元気でお過ごし下さい、そしてあなたの家族といる時も私のことを思い出して下さい。

良き歳月を心に刻んで　ゲーテ」と書かれている。ヤコービはこれには答えることはなかった。「何という時間、何という日々であったでしょうか――真夜中に、まだ真っ暗な中できみがぼくをさがし出してくれたのです――ぼくは生まれ変わった魂になりました。このぼくはきみをもはや放すことはできなかったのです[53]」という初めての出会いから四〇年以上にわたり、お互いを「du」で呼び合ったゲーテとヤコービの往復書簡はこの書簡で終りを告げることになる。十数年後のボワスレーに宛たゲーテの書簡をヤコービはもはや読むことはなかった[54]。

一八一二年のアカデミーでの講演後、カトリックの愛国者たちによるヤコービへの、また招聘された学者たちへの何年にもわたる誹謗、中傷の件、著作集出版の件、また体調もすぐれないこともあり、ヤコービは辞職を申し出て、九月に辞職の願いが受け入れられる。そして翌年、貴族に列せられている[55]。会長職の後継者は十数年もの長い空席の後に、シェリングが一八二七年にその任に就く。論争後、ヤコービとシェリングの「一緒に散歩をして、哲学的会話をした」という表面的な友好関係は終る。

この関係と相前後してヤコービは一八一二年六月、ニュルンベルクで当時ギムナジウムの校長をしていたヘーゲルと初めて個人的に知り合う。一八一五年九月にはヘーゲルがミュンヘンに二週間ほど滞在し、ヤコービを訪問する。一〇月にはベルリン大学のフィヒテの椅子の後任が問題になった時、ヤコービはヘーゲルのために尽力する。かつて北ドイツのオイティーンで共に生活したことがあり、当時プロイセンの内務省の枢密顧問官となっていたニコロヴィウスにこの件で手紙を書く[56]。一八一七年には『ハイデルベルク文芸年報』にヘーゲルの「『ヤコービ著作集第三巻』書評」がでる。この書評は一八〇二年の『信仰と知』での手厳しい批判とは全く違う論調で、改めてヤコービの哲学的業績を称揚している[57]。

アカデミーの長を辞してからもヤコービの学への、同時代の精神的な潮流への関心は衰えることもなく、また

「高貴で、穏和な」ヤコービは生涯の終りまで「哲学の教皇」[58]として人望を集めていた。一八一七年にはプロイセンの初代文部大臣となるアルテンシュタインもヤコービを訪問している。翌年の秋にはミュンヘンを訪れたシュライエルマッハーも、滞在期間中、毎日のようにヤコービを訪問している[59]。ヤコービの家の扉は、彼が若き日を過ごしたジュネーブのル・サージュの家がそうであったように、教養ある旅人や若者にいつも開かれていた。私的な時間にはラインホルトの哲学の基礎づけを研究し、死の直前には、ティットマンとハルムスによって引き起こされた超自然主義と合理主義についての神学的、哲学的論争のすべての著作を読んでもいた。身体的な苦しみがありながら、日々の生活において、学問と人間性への静かな務めは果たしていく。

他方、弟子であるフリードリヒ・ケッペンとフリードリヒ・ロートの援助のもとで厳密な校閲と仕上げを自ら行い、著作集の出版へと力を傾ける。それらは全六巻としてライプツィッヒのゲルハルト・フライシャー社から出版された。第一巻が一八一二年に出る。一八一五年に刊行された第二巻に序文とともに著者の哲学上のすべての著作への諸言をおいている。ここで一八一一年、一二年のシェリングとの対決がさらに展開されている。第三巻は一八一六年に出る。三巻から六巻まで、著作集の責任者はフリードリヒ・ロートが行い、第五巻は一八二〇年に、第六巻は一八二五年に刊行される。

校閲されていた第四巻をみることなくヤコービは一八一九年三月一〇日、短い病の後に亡くなる。享年七六歳であった。多くの人々がこの人物を愛と友情でもって偲んだと言われている。

若き日に『アルヴィル』、『スピノザ書簡』第二版、『ヴォルデマール』を読み、徹底的に議論したと言われるヘーゲルもヤコービの訃報を聞き、「若い時から仰ぎ見てきたこれらの古い樹木が枯れていけばいくほど、それだけますます寂しく感じるものです。彼は、時代と個人の精神的教養の転換点を形づくり、私たちが私たちの現実存在をそこに思い描く世界のためのしっかりした支えとなる人々の一人でした」[60]とニートハンマーに書いている。ヤコービの亡きがらは、一八一三年にすでに亡くなった心の友であり、恩人のハインリヒ・シェンクの墓の隣に埋葬された。墓銘にはキリストの言葉である「純粋なこころのものは幸いである、なぜならかれらは神を見るだろうから」と書かれている。

一八一九年五月一日にはミュンヘンの学術アカデミーでは三人の人物がヤコービに敬意を表するための哀悼のスピーチを行う。すなわちシュリヒテグロールがヤコービのアカデミーにおける活動を、ティールシュが政治的、経済的側面を、ヴァイラーが思弁的な側面を褒め称えた。

いま一度、『スピノザ書簡』という事件を振り返ってみたい。ヤコービは幼少期から「別の世界」についての被造物的な哀しみを抱え、一七五九年に一六歳でジュネーブに留学し、フランス啓蒙主義の代表者であるヴォルテールとルソーの作品に触れ、精神の新生を体験する。帰国後、家業を継ぎ、一七七二年からは公国の財務官、枢密顧問官という実務を共和主義的志向でもって遂行するようになってからも、その傍らで独学者（Autodidakt）として二十数年にわたるたゆみない哲学的研鑽を続けていたのである。一七八五年、ヤコービは『スピノザ書簡』で哲学の世界にデビューした。「スピノザ」の哲学を「その真の形において、またその体系の諸部分の必然的な関係に従って」（本書一五三頁）はじめて解き明かしたこの『スピノザ書簡』はゲーテが『詩と真実』で言うように文字どおり「爆発」（Explosion）であった。当時の知的風景を一変させるほどの衝撃をもっていた。この経緯をビルギット・ザントカウレンは「一七八五年における『スピノザ書簡』の公刊はセンセーションとして作用します。世界はレッシングのスピノザ主義について経験し、ヤコービの二重哲学について経験し、それまでは公的な言説から締め出されていたスピノザを驚くべきかつ並はずれて魅力的なものと見て、哲学の舞台に引き上げたのでした。それとともに世界はまさに、メンデルスゾーンの合理主義が決定的に終わったということも経験するのです。すでにカントはこの合理主義を徹底的に批判していました。いまや、残念ながらスピノザを問題にすることすらしなかったカントとは別様に、思考を合理主義に導いていくことの挫折がすっかり白日のもとに晒されています。時代の先端を行くためには、学校哲学的合理主義の背後にまわって一七世紀に立ち戻らなければならない、というのがまさに『スピノザ書簡』のメッセージなのであります。つまり追放され、死んだと言われたスピノザの『エチカ』に戻らなければならないというのです。この革命的メッセージは、ヘーゲルの言葉に従えば、「晴天の霹靂のように」精神世界を震撼させたのです[61]」と述べている。ヘーゲルが後に『哲学史講義』においてカントの『純粋理性批判』よりもヤコービの『スピノザ書簡』を先に論じていることはその震撼の大きさを物語っているだろう。

『スピノザ書簡』を契機にヘーゲルは「哲学的思索を始めるときには、スピノザ主義者にならなければならない」(『哲学史講義』)、シェリングは「少なくとも一度は生涯においてスピノザ主義の深淵に沈潜したことのないものは、哲学において真なるもの、完成されたものへと進みゆくことを望むことはできない」(『近世哲学史講義』)、フィヒテは「完全に首尾一貫した二つの体系があるだけである、すなわち〈我在り〉を認める批判主義的体系か〈我在り〉をとび越えるスピノザ主義的体系かである」(『全知識学の基礎』第一章)とそれぞれが主張していく。

ではヤコービはなぜ一七世紀に立ち戻らなければならなかったのか。何をヤコービは『エチカ』に見たのだろうか。ヤコービの独特の二重哲学という立ち位置から帰結する二つのものがみえてくるだろう。一つはザントカウレンの言葉で言えば「スピノザの内在の形而上学は一貫した思惟そのものの比類なき範例である」ということである。ヤコービは、スピノザの定理、証明、備考からなる哲学体系を、自己完結した究極の自然主義の哲学体系として見てとると同時に「スピノザの神はすべての現実的なものにおける現実性の純粋な原理であり、すべての現存在における存在の純粋な原理」とするスピノザ哲学の真の内実を見のがすことはなかった。このことは発見にも等しいことであった。つまりシュミットの『エチカ』独訳に附されたヴォルフの「反駁」以来、夢想家、無神論者として失墜状態にあったスピノザの『エチカ』に、世界原因としての「内在するエンソフ」の措定を見、哲学の時代を一世紀遡らなければならないと主張したのはヤコービが最初の人であった。

見えてくるものはもうひとつある。それはヤコービが『エチカ』を読解するにあたって『エチカ』の一体どの部分に関心を寄せているかという問題である。

従来の研究ではヤコービの「信」（Glaube）〔確実性〕の根拠として、「真の観念を有する者は、同時に、自分が真の観念を有することを知り、かつそのことの真理を疑うことができない……光が光自身と闇とを顕わすように、真理は真理自身と虚偽との規範である」とする『エチカ』第二部定理四三とその備考が挙げられることが多かった。しかし、ここでは『エチカ』第二部定理一三と証明の「人間精神を構成する観念の対象は身体である、あるいは現実に存在するある延長の様態である、そしてそれ以外の何ものでもない。……我々は身体の変状の観念を有する。ゆえに人間精神を構成する観念の対象は身体であり、しかも現実に存在する身体である」、あるいは、『エチカ』第二部定理一九「人間精神は身体が受ける刺激〔変状〕（affectionum）の観念によってのみ人間身体を認識し、またそれの存在することを知る」という言葉にも注目したい。

ヤコービの関心のありかは『エチカ』第二部、三部の身体に関する定理に集中しているといっても過言ではないのである。この定理の説明はメンデルスゾーン宛てに送った「スピノザ哲学」の体系についてのきわめて精緻な「四四のテーゼ」の注で特に詳しく述べられている。たとえば「テーゼ三九」では次のように書かれている。「すべての個物は互いを前提とし、また互いに関係し合っている。したがって、その個物も残りの個物なしでは、またすべての他の個物もおのれ以外の個物なしでは存在することも、考えることもできない。すなわち、すべての個物は協力して一つの切り離すことのできない全体を形づくっている」。ヤコービはスピノザの延長世界の根底に動的な「絶えず活動する力」（本書二八三頁）を見据えながら、精神（意識）の身体への優位ではなく、「身体を拠り所に」、身体として相互に触発し合う、有限な様態、すなわち人間存在の根本的在りようを読みこんでいる。当時、ヤコービをおいて、このような身体と精神の問題を『エチカ』に即して考えた人がいただろうか。この様態相互の理解はジル・ドゥルーズの『スピノザ――実践の哲学』における「ひとつの体（身体や物体）をスピノザはどのように規定するのか。すなわち、一方で一つの体は、たとえそれがどんなに小さくとも、つねに無限数の微粒子（Teilchen）をもって成り立っている。ひとつの体の個体性を規定しているのは、まず、こうした微粒子群のあいだの運動と静止、速さと遅さの複合関係（構成関係）なのである。他方また、一つの体は他の諸々の体を触発し、あるいは触発される。ひとつの体をその個体性において規定しているのは、また、その体のもつこうした触発し（affizieren）あるいは触発される力（変様能力）なのである」という主張とそれほどかけ離れていないことも言い添えておきたい。

『スピノザ書簡』刊行後、一七九九年の『フィヒテ宛公開書簡』におけるフィヒテとの無神論論争、そして一八一一年、一二年のシェリングとの有神論論争もヤコービによれば「いかなる神も存在しないということの学説の目標に達しても、私達の振る舞いは首尾一貫するであろうことを説明しようとしたのである」という言葉の延長線上でなされていく。その際のヤコービの主要な関心が、共同存在としての汝と我という対話的志向にあったのか、「個体性と自由」の問題にあったのかはこれから十分検討されねばならない問題であるだろう。

注

（1） Heraeus [1928], S. 10.

（2） Ibid., 13.

（3） Ibid., 15.

（4） Hammacher [1978], S. 327-347.
また次の証言も参照。「ヴォルテールはヤコービにフランス啓蒙主義の立場からの哲学の知識を与えた。多くの人が後になると拒否したにもかかわらず、ヤコービは知性的な創造神としてのヴォルテールの有神論的な神についての概念をもちつづける。また自由な作家としてのヴォルテールの生活様式が彼に感銘を与えた」(Düsseldorf als Zentrum [1985], S. 15)。

（5） Christ [1998], S. 37.

（6） AB [1970], S. X.

（7） AB [1970], S. X.

（8） Christ [1988], S. 20ff.
『神におけるすべてのもの』の成立が一七六九年とすれば、正確にいえばスピノザ研究の途上でヤコービはこの作品と出会ったということになるだろう。というのも一七七一年七月のフュルステンベルク宛の書簡において、「十二年間のたゆみない哲学研究」と述べているのでヤコービの哲学研究はジュネーヴ大学留学直後（一七五九年）から始められており、本格的にスピノザの著作と向き合っていくのは『ヒューム』論に書かれているように、帰国（一七六三年）した直後からである。（8）の訳注を参照。

（9） カントの『唯一の証明根拠』をヤコービがどのように読んだかをバイザーが次のように述べている。「この作品は、彼をとても刺激したので――彼〔ヤコービ〕は後になって告白するのであるが――胸の高鳴りを抑えるために、ときどき読むのをやめなければならないほどあった。ヤコービは、カントの神の存在についての新しい証明を熱狂をもって確認した。しかし彼はそれをある重要な留保をつけて受け入れた。その留保とは、カントをぞっとさせたであろうものであった。すなわち、カントのいう神はスピノザの神にのみあてはまるのである、というものであった。ヤコービからすると、カントは知らず知らずのうちに汎神論の必然性を証明していたのであった」(Beiser [1993], S.55.)。

(10) JW. 2. S. 184.

(11) Scmid [1908], S. 3.

(12) 「ヤコービは、彼の文学的な経歴においてくり返しフランス語からドイツ語、またドイツ語からフランス語への翻訳をつくり上げていく。彼はそのことによって特にドイツとフランスの思想を仲介しようとした」(Düsseldorf als Zentrum [1985], S. 37)。

(13) 「フリッツ・ヤコービ夫人の非常な快活さは、私たちの心をいよいよ、かの地方へと誘った。後者〔ベティー〕はすっかり私を魅了する力があった。感傷的なところは微塵もなくて正しく物事を感じ、元気のいい話ぶりの彼女は、官能的な表情はなく、しっかりした性質によってルーベンスの女を思い出させる立派なオランダ婦人であった」(HA. B. 10, S. 31)。

(14) 「彼らの祖国愛は夢想でもなく、盲目の熱狂などでもまったくありません。それは彼らの政治体制の結果です。この体制はすべての精神と心の諸能力を活動させ、それらを永続的に習熟させ、また社交という衝動を――これは私たちの性質のなかで最も高貴なる衝動であり、真なるすべての徳の唯一の源泉ですが――最高度まで強くして、発展させるのを助けるということのために本来は作られていたように思えます。古代の人々が名誉を非常に得ようとしたのは真実です。――そして私は、私たちが天国においてさえもまだ名誉を得ようと努めるのだろうと思います。ところで私たちは何を得ようとしているのでしょうか。私はすべての国家の、すべての階級を見てまわっています。大きな原動力は至るところで富と優越です。なぜこのことが今、あらゆる一人一人の人間の努力の究極の目的でしょうか。――人々はそれを贅沢や感性的楽しみの対象と交換することができるからです。社交の衝動が私たちのところで消えてしまいました。私たちの最良の能力はマヒさせられています。私たちは官能主義者です。敬虔な人、聖者でさえも、官能主義者です。

このことについてギリシャ人はどんなに違っていたでしょうか。

彼らは、感覚を満足させるという術(Kunst)を、私たちよりもずっとまさって営んでいました。彼らは、私たちより強くこの楽しみを愛し、そしてそれらの価値は彼らにとってどれほど大きいかを率直に打ち明けたのでした。それでいて祖国の名誉の合図が彼らの耳に入ると、彼らは嫌がることなく、労働と苦難を引き受け、遊びに行く時でも、喜んで危険と死を走って迎え入れたのでした。私たちは一人の若者を、それをこの人生で取り戻させ、あるいはそれに対しての他の埋め合わせを受け取ることなしに、平手打ちを受け入れるよう説きすすめることは可能かもしれません。しかし私たちの時代において、一人のアリスティデス、一人のエパミノンダス、一人のティレモンを作り上げようと思うことは世界の中でもっとも不合理な陰謀でしょう。

………

あとの二つのことだけ哲学という分野について言わなければなりません。この学問を私は一二年間とても頑固に勉強してきました。このことができるのは衝動と暇をもったわずかな研究者だけです。それゆえいずれにせよ、この学問は徹底して総合的ではなく、分析的に扱わねばならないという独断的意見を述べることは私に許されているかもしれません。私はこの意見に対する大部分の私の根拠が挙げられているある著作を参照してもらうことができます。それはメンデルスゾーン的な学説であると悪口を言われた形而上学の学説の『明証』についてのカントの学位請求論文です。そしてそれは様々な識者の判断によればメンデルスゾーンの論文より賞を得るに値したということでした。ヘルダーの断片にもまた哲学について教えられねばならないようないくつかの全くもってすばらしい章があります。ランベルトの建築学をはじめて読みはじめました。最初のページから残りのページへの、とても大きな期待を私に与えてくれています」（一七七一年七月一七日付ヤコービからフュルステンベルク宛書簡。BW. I, 1 S. 120）。

（15）フレデリック・バイサー『啓蒙・革命・ロマン主義』（杉田孝夫訳）法政大学出版局、二〇一〇年、二七五頁。ヤコービはユーリッヒ・ベルク公国の産業状態についての包括的な調査をするため幾度も生産地域へと足を運んだ。それに基づいて作り上げた、洞察力のある、丹念な報告書は政府において大きな注目を浴びることとなった。

（16）「私の愛するヤコービ、私はあなたが、あなたの才能と、すなわち私たち国民のための作家になるという才能と、どれほど固く結びついているかをあなたに言っておかなければなりません。私たちの兄弟のいくつかの作品へのあなたの序文は何とすばらしいのでしょうか」（一七七一年四月一一日付ヴィーラントからヤコービ宛書簡。BW. I, aa.O., S. 105）。

（17）Bielschowsky [1906], S. 150.

ゲーテは青春の快活な高慢さと天才の優れた力でもって文章を書き、固陋な人々をひと騒動になるほど攻撃した。ヘルダーの言葉では「ゲーテは、恐ろしいほどに引っ掻く鶏の足をもった快活で高慢な若殿様である」と。こうした若きゲーテの態度について「ゲーテの的確なヤコービ家の商人気質と感傷性についての嘲笑は同時に、『フランクフルト学芸報知』とは違って、『ドイツ・メルクール』誌の成功への嫉妬もいくらか示している」とする証言も留保つきながら載せておきたい。Düsseldorf als Zentrum [1985], S. 37.

後年この時代を思い出しているゲーテの以下の言葉も参照。「グライムとゲオルク・ヤコービとが互いに公然と相手の長所を喜び合っている書簡や詩は、私たちに色々の諧謔のきっかけを与えたのであった。いい気持ちでいる他人に苦汁を嘗めさせる所行には、自分や朋友によけいな親切をつくす場合と同じような己惚れが必要である、ということを私たちは深く考えてみなかったのである」(ゲーテ『詩と真実』HA, B. 10, S. 30)。

(18) AB [1970], S.210.

(19) この経緯をクルト・クリストは次のように述べている。「あらゆる予想に反して、当初のうわべの関係が、個人的に知り合ったあと、熱狂的な友情崇拝から親密な関係へと変化した主たる理由として——そしてここで再び重要となるものは、のちにメンデルスゾーンとの論争点を描くことになっていくものであるが——ヤコービの、明らかに当時すでに獲得されていたスピノザの哲学の知識があった。この知識でヤコービは当時二五歳の、哲学的な模範を探していたゲーテの心を深く捉えたのであった。ゲーテはヤコービに心中を打ち明け、スピノザの『エチカ』が彼に及ぼした大きな魅力を描いてみせた。おそらくこの時代においてゲーテのスピノザにおける模索を導くことを心得ていたヤコービ以外に、若きゲーテの心の状態をより良くつかみとり、彼の気分を正しく評価できる人はいなかったことは本当だろう」(Christ [1988], S. 37)。

さらにヤコービとゲーテの初めての出会いに際してのギュンター・バウムの次の証言も参照。「政治的な活動が、ヤコービの人生観において、はじめから本質的な要素であった。彼はデュッセルドルフとラインラントの歴史と密接な関係があるだけでなく、彼の地位のおかげで高い社会的名声をもっていたので、最初の〔二人の〕出会いに際し、成熟した、自己においてくつろいだ人格として、また経済的な問題と国家の仕事により、経験をつんだ人間として、内面的には未熟な、不安定なゲーテを出迎えることが出来た。

一七六五年にデュッセルドルフに「完全な友愛」というフリーメーソンの結社が設立された時、ヤコービはすでに最初の、全権を有する唯一の市民としてこの結社に所属したのである。そこにはユーリヒ・ベルク公国の高位の貴族たちが集結していた。他の寄進者と比べ、プロテスタントであったヤコービが設立に際して会計課長に任命されたことは、デュッセルドルフで若くして彼が享受していた名声への明らかな証拠となるだろう」（Baum [1974], S. 106-107)。

（20） Briefwechsel [2005], S. 32.

（21）「フリッツ・ヤコービは、私がこの混沌の状態をうち明けた最初の人であった。その本性が同じように最も深いところで働いていた彼は、私の告白を心から受け入れ、彼もまた、心をうち開いて曖昧な努力を導き、解明しようとしてくれた、そうして私を彼の考えに導き入れようとつとめた。彼もまた、言い表わしがたい精神上の要求を感じていた。ヤコービはそれを他の助けを借りて鎮めるのではなく、自分自身からつくりあげ、解き明かそうとしたのであった。彼が自分の心の状態について私に伝えたことは、自分自身の心についてまったくわからなかっただけに、なおさら私に理解できることではなかった。だが哲学的な思考、スピノザの考察においてさえも、私よりはるかに進んでいた彼は、私の曖昧な努力を導き、解き明かそうとしてくれた。このような、純粋な精神の親和性はわたしには初めてであったので、もっと語り合いたいという激しい願望が呼び起こされた。夜、一度別れて、寝室へ退いてしまってから、私はもう一度彼を訪れた。月光は広いラインの河面にきらきらゆれていた。私たちは窓際に立ちながら、精神が展開をみせるあのすばらしい時代に豊かに湧き出てくる思想の交換の充溢に耽ったのであった」（ゲーテ『詩と真実』。HA. B.10. S. 35ff)。

　ここに書かれている「豊かに湧き出てくる思想の交換の充溢」とはヤコービとゲーテ二人の『エチカ』読解がもたらしたある種興奮、あるいは熱狂に近いものだろう。それぞれが何かをスピノザに読み込み、打たれたのである。何がそこで読みこまれたかは、一七八〇年以降の汎神論論争がやがて明らかにしていくこととなる。

　ところでゲーテはいつ、初めて『エチカ』を読んだのだろう。諸説があるが、本格的に『エチカ』の読解に取り組むのは一七七三年の春だと推察される。すなわち、ヤコービと出会う一年あまり前である。この年の四（五）月七日、友人であり、ギーセン大学の法律学の教授であるヘプフナー（Höpfner）宛書簡で次のように述べているからである。「あなたのスピノザをメルクがぼくにくれました。少しのあいだ、ぼくのところに置いておくことは構いませんね。ぼくは、この人の鉱坑と坑道の中を、どれほどまで従い、ついて行けるかを見たいのです」。

（22） 一七八三年六月一六日付ヤコービからハーマン宛書簡を参照。この書簡において『スピノザ書簡』のレッシングとの対話においてヤコービが述べた「現存在を露わにする」という言葉が再びハーマンに語られ、その具体的な意味が示されている。

すなわち「『アルヴィル』においても『ヴォルデマール』においても、そして『芸術の庭』においても、私の主たる対象は、人間の博物学（Naturgeschichte）への貢献をすることでした。私たちの哲学は邪道を進んでいると思われます。というのも、その哲学は事物の説明にかかずらうあまり、事物そのものを置き忘れてしまうからです。このことによって学問はもちろん、とても明解なものになり、そして頭脳は明晰になりますが、しかし、また同じ程度に空虚で浅いものになります。私の判断によれば研究者の最大の功績は現存在を露わにすることです。説明は彼にとって手段であり、目標への方策であり、決して究極の目的ではなく、最も近い目標です。彼の究極の目的は説明され得ないものです。すなわち、単純なもの、解決できないものです。――このことについて何がしかのことを提示し、感覚を活動させ、直観によって納得いくものにすることが私の意図でした。……たとえば『アルヴィルの書簡』の三つの最初の手紙は単なる心の不安からできたものです。そしてまた多くの他のものも魂の吐露以外のなにものでもありません。しかし嘘偽りのなさが至るところにあります。つまり、いかなる詩も、本来の意味における歴史よりも道徳的である必要はない、と私は思っていましたし、今なお思っています、また、現実の自然よりも信仰心をおこさせる必要もない、と。私は、自分が贋金づくりであったとはまったく思っていません。そして道徳的な錬金術師の役を演じようと思ったことなど間違いなくありません」。

さらに一七八一年一〇月二三日のエリーゼ・ライマールスの兄への書簡も参照。

「私の目からすれば、読者から事物の真の価値をだまし取る作家だけが危険な作家です。すなわち、哲学的あるいは道徳的な贋金づくりです。

私の判断によれば、そのそばにいるのが道徳的な錬金術師です。彼は、私を大真面目に豊かにしようとしますが、しかしながら私の熱狂が彼に関係する限り、私のすべての財産は消えてしまい、贋金作りがそうするよりも、確かに私をもっと貧しくしてしまうでしょう。

しかし私は次のような作家を非難すべきではないと思います。――その人は最も有用な作家と呼ばれることはありえませんが、最も無垢な作家の一人であると思います――すなわち、私に、すべての事物をその固有な、真の姿で、またそれぞれの人間的な力をその真なる現実の程度において示そうと努力している作家のことです。その際、彼は、神のすべての創造より信仰心をおこさせようとはしません。つまり忠実な自然研究者（Naturforscher）であり、とらわれない予言者（Seher）である作家です」。

なお邦訳『初期観念論と初期ロマン主義』（ヴァルター・イェシュケ、ヘルムート・ホルツァイ編、一九九四年、昭和堂）所収のクラウス・ハマッハーの「ヤコービのロマーン理論」（門脇健訳）が彼の哲学小説の歴史的な位置を論じている。

最後にヤコービが『エドゥアルト・アルヴィル書簡集』を『ドイツ・メルクール』誌に発表した時、ゲーテの『若きヴェルテルの悩み』に似ているのではと言われたことに対して、一七七七年四月一九日にゾフィー・ラ・ロッシュに宛て「もしあなたが、私がゲーテをまねていると思うなら、あなたは間違っています。私の作品をゲーテに帰したことは、皆が誰かを言い当てることができなかったからです。私の書き方はゲーテよりもラーヴァターに近いとおそらく思います」という言葉も忘れてはならないだろう。

(23)『ヴォルデマール』のパロディー化はゲーテひとりにとどまらず、大公妃のアンナ・アマーリアまでもこのパロディーをある題名をつけ印刷所で刷らせ配ったということである。Cf. Christ [1988], S. 40.

(24)「ヤコービの友人の中にはドーム、ヴィーラント、レッシング、フォルスターといった啓蒙主義者がいた。後世の歴史家たちはヤコービに夢想家という烙印を押したが、彼の友人たちのほとんどがそうしなかったということは、まったく印象的である。ヤコービは、自分が暗黒の諸勢力に抗してともに闘っていることで友人たちと結びついていると、認識していたのである」（フレデリック・バイザー『啓蒙・革命・ロマン主義』二七五頁）。こうした見方に立てば、また、ヤコービの生涯を考える時、ゲーテがフォン・ミュラーに「思弁〔形而上学的な思弁〕がヤコービの不幸となったのです。というのも、彼は元々そういうふうには生まれておらず、また教育もされてこなかったからです。彼には自然科学が欠けていました。そして少しばかりの道徳心では大きな世界観は摑むことはまったくできません。彼はむしろ、親切な、洗練された宮廷人、世俗的な人間に生まれついていたのです」という発言は修正を迫られることになるだろう（『ゲーテ対話録』第三巻、W＆F・ビーダーマン編（国松孝二訳）白水社、一九六五年、一八九頁。GA, B. 23, S. 372）。この問題については本解説の注（58）を参照のこと。

(25) ヤコービはレッシングとの対話において、「スピノザは私も十分気に入っていますが、しかし彼の名前に見出すのは悪しき救済です」と言いつつも「私はスピノザを愛しています、なぜなら、彼は他のどんな哲学者よりも、ある種の事柄は説明を許さないという完全なる確信に私を導いてくれたからです。すなわち、それらの事柄に目を閉じてはならず、それらを見出すままに受け取らなければならない」という反スピノザ的でありながらスピノザ的であるという読者を困惑させる表現をしている。この絶対的拒絶と承認のあいだの揺れをクルト・クリストは、次のように述べている、「このための理由づけとして一七八四年六月三〇日のヘルダーに宛たヤコービの書簡の凝縮された文章の一節が役に立つかもしれない。そこにおいてヤコービは、スピノザ哲学のもつ二つの顔を分析している。ここで彼はスピノザの全作品において、唯物論的に、汎神論的に理解された自然の神と、神の知的愛において経験された愛の神を概念的に正確に区別している。すなわち「あなたは、バハターが彼の『エルキダリウス・カバリスティクス』でのように、そして他には善意の気持ちをもったあまたの哲学者、キリスト教徒のようにスピノザを解釈する傾向があります。私たちが、スピノザ主義をスピノザの学説から区別すれば、そこから待ち望んでいる無神論ではないはずの哲学が生じるかもしれません。これに対して『エチカ』のスピノザの学説は、摂理への信、世界の計画への信、すなわち単に被造物においてだけでなく、自分自身において固有な存在をもち、自分自身を意識し、完全にかれらの犠牲となっている（……）神への信とはいかなる仕方であろうと一致することはありえないのです。このことを、私は、過去の、現在の、やがてやって来るかも知れない偉大な精神の人々に対して、愛するヘルダーよ、あなた自身に対しても決定的な勝利でもってあえて主張するのです」(Christ [1988], S. 166)。

(26) シュミットによる『エチカ』ドイツ語訳の出版のタイトル名は『われわれの時代の有名な哲学者、クリスティアン・ヴォルフ氏によって反駁されたベネディクト・フォン・スピノザの倫理学、ラテン語からの翻訳』である。この書は、一七四四年に出版され、一七九三年まで約五〇年もの間、唯一の『エチカ』のドイツ語訳として、一七五五年のメンデルスゾーンの『哲学対話』から八〇年代の汎神論論争まで学者、文学者、またラテン語の知識のない教養ある婦人たちにも参照できる基本の文献となっていた。『信をめぐるデイヴィッド・ヒューム』によれば、ヤコービもこの書で『エチカ』を読んでいた。

ヴォルフのスピノザ批判の要点は、「スピノザ哲学は不合理なものばかりで成り立っていて、無神論と宿命論の独特の体系である。エチカの第一部の定義は間違いであり、その定理は混乱している」というものであった。

スピノザの全集は一八〇二年のパウルス版まで待たなければならなかった。ドイツではスピノザの著作に関して『エチカ』の翻訳が先行したが、フランスにおいては一六七八年に、イギリスにおいては一六八九年に『神学・政治論』の翻訳が先に出版された。『エチカ』はフランスでは一八世紀の半ば、イギリスでは一九世紀になって初めて出版された。Cf. Manfred Walter [1994], S. 121.

(27) ディルタイ『シュライアーマッハーの生涯』上（森田孝・麻生建ほか編集・校閲）〈ディルタイ全集第9巻〉、法政大学出版局、二〇一四年、二七六—二七七頁。

(28) ハンナ・アレント『暗い時代の人々』(阿部斉訳) 河出書房新社、一九七二年、四〇頁。

(29) スピノザにいきわたっている精神についてヤコービは、ここでさらに続けて詳しく述べていく。「どんな比喩や言葉で表現しようとも、無限におけるいずれの生成によろうとも、無限におけるいずれの変化によろうとも、無からあるものが措定されるということを。それゆえ彼は無限から有限への移行を斥けます。彼は一時的な原因をことごとく斥けました、それが二次的なものであれ、遠くはなれたものであれ。そして流出する原因《エンソフ》の代りに内在するだけの原因《エンソフ》を措定しました。すなわちそれ自身において永遠に変わることのない、世界の固有な原因を。これはそこから生じる結果と一体になって同一であることでしょう」(本書七四頁)。

(30) フレデリック・バイザー『啓蒙・革命・ロマン主義』二八六頁。

(31) ここで使われている「Glaube」というヤコービの使う言葉は、キリスト教の「信仰」とはいかなる関係もないということをまず言っておかなければならない。ヤコービ自身の言葉にあるようにあくまでも「見えない教会」への信である。単にキリスト教の信仰を意味するものではない。ボルノー (Bollnow) も次のように言っている、「ヤコービは根本的に、少なくともキリスト教の意味において非宗教的な人間であった。このことは彼を理解するのに決定的なことである」と。

「Glaube」の具体的な説明についてはデイヴィッド・ヒュームの『人間知性研究』の以下の箇所を参照。「「信〔ずること〕」(belief) とは、ある対象に関して、想像が獲得できるものよりも、一層生き生きしていて、活発であり、力強く、堅固で安定したものに他ならないのである。このように多くの言葉を使うのは非哲学的と思われるかもしれないが、それは、諸々の実在、あるいは実在と考えられるものを、虚構以上にありありと私たちに提示させ、〔それらに〕思考においてより重みを付与し、また情念と想像に対して優越的な影響力を与えるところの心の活動を表現することが意図されているにすぎないのである。……信は、観念の特殊な本性、あるいは秩序ではなく、それらの観念を思い浮かべる「仕方」とそれらの心にとっての「感じ」のうちに存することは明白である。この感じ、あるいは思い浮かべる仕方を説明することは全く不可能である、と私は認める。私たちはそれに近い何かを表現する言葉を利用することはできるだろう。しかしその真なる、適切な名称は、私たちが先にみたように「信ずること」である」(Hume [2004], S. 30f)。

(32) 一七八五年、『スピノザ書簡』の第一版が出版されてから数ヵ月後の一二月一三日付ゲーテ宛書簡のなかでヤコービは「私はこの秋、カントに再び取りかかりました。そして自分をさらにしなやかにするために、本来の意味において彼を詳細に研究しました。目下、彼を徹底的に解明することに取り組んでいます。この動物はやたらと人に噛みついたりしません。しかしやはり行く手を遮っています。そして人々は通りすぎていいものかどうかわからなくなるのです。私自身もそうでした。さしあたり、私はベルリンの人々に対抗するために片方の手にこの動物を、またもう一方の手にはヘムステルホイスを携えていくつもりです。彼らは、私の指揮のもとで優れた力を発揮し、最悪の攻撃から私を守ってくれるものと考えています」と伝えている。翌日の手紙では「小生の本が刊行された時、カントはおおきな好奇心をもって読みました、そして本の措辞と全体の内容に非常に満足したということでした。スピノザから彼は一つの意味さえ引き出すことはできませんでした。彼は今でも意味を引き出すことはできないと言っているのです」(Briefwechsel [2005], S. 99ff)。

このゲーテ宛書簡の数年後、一七八八年一二月二〇日のフォルスター宛書簡におけるヤコービのカント評も参照。「私はカント自身を非凡な精神の持ち主として尊敬しています。しかし、彼の体系は、デカルト学派の命題、すなわち〈我思うゆえに我在り〉を最高度にまで遂行しているものです。私はこの命題を転覆させたいのです。そしてそれゆえ、この変革がデカルト学派の学説の最後の変革となるだろうという、いくらかの期待をもっております。この機会に私は、東洋人と西洋人の言語の違い、特に、動詞に現れる違いについての言葉を読んだことを思い出します。すなわち、前者では一人称ではなく三人称が残り二つの人称の形態を規定している、と」(JW. 3. S. 518f)。

さらにヤコービは、カントを学問の領域の強力な征服者、賢明な立法者として尊敬しつつ、一七九〇年二月にカール・ラインホルトに宛て、次のような踏み込んだカント批評をしている。「あなたは、カントが古い世代とまったく対立する完全に新しい体系を築いたと思っています。それに対し私は、彼は古い世代の哲学を完成しただけであり、もはや押しとどめることのできない一つの革命をひき起こしたのです。つまり彼は時代を劃したのであり、英雄です。私は、彼が戦いをしている間は進んで彼の味方になります。しかし彼の立法のもとでは私は生きていくことができませんし、彼が講和を結ぶ限り、私は彼に敵対するのです」。

他方、カントは『スピノザ書簡』の第二版の刊行直後、一七八九年八月三〇日、ヤコービに次のように書いている。「お送りいただいたすばらしい作品『スピノザの学説に関して』の最新版に対しても心から感謝いたします。あなたはこの著書によって神学への目的論的道程を取り囲み、そしてスピノザを動かして、おそらくその体系を構成することを可能にさせた困刊行直後のカントの評言は一七八六年四月七日のマックス・ヘルツ宛書簡を参照。
難なもろもろの箇所をはじめて最も明白に描き出すという功績をたてられました。……ヘルダーの『神』におけるスピノザ主義の理神論との折衷主義をあなたは徹底的に反駁いたしました。総じて、すべての折衷主義の根底には誠実さの欠如があります、こうした心情の特性は、この偉大な、手品の芸術家には特に固有なものです。……私は才能、学問、公正さをもった人々には、たとえ意見がかけ離れていても尊敬の念で接することを義務と考えてきました。こうした観点からあなたもまた『ベルリン月報』の『思考の方向を定める問題』を判断なさるでしょう」と（KB [1972], S. 413ff）。『スピノザ書簡』第一版刊行直後のカントの評言は一七八六年四月七日のマックス・ヘルツ宛書簡を参照。

このカントの『スピノザ書簡』第二版対する批評の翌年、一七九〇年一月二四日にカール・レオンハルト・ラインホルトもヤコービに次のように書いている。「私が、あなたの『スピノザ書簡』について、この体系について書かれた最良のものであるとお手紙で書いたことは、お世辞などではまったくありません。私の詳細な判断は、『カント哲学についての書簡』の第一部を、そして、おそらく『一般文芸新聞』に発表されているのを目にしたと思いますが、私の雑誌（哲学者たちの従来の誤解を正すための寄与）の第一分冊を書き終えた時に初めて言葉にできます。『書簡』の第二部で書かれる予定のある手紙が、表象能力に関する私の理論において打ち立てられた原理によってスピノザ主義を明らかにすることになっております」と（JN [1869], B. 1. S. 128）。

(33)　ゲーテのヤコービ宛書簡、一七八五年七月一一日、「きみはスピノザ主義全体の根拠である最高の実在性を認めています。すべてのものはこれに基づき、ここから流出しています。彼〔スピノザ〕は神の存在を証明しているのではなく、存在が神です。それゆえ他の人々が彼を無神論者と非難するならば、わたしは彼を最大のキリスト教者と呼び、褒め称えたいと思います。……神的な存在の話題になると沈黙しがちになることを許して下さい。神的存在を私はただ個物において、個物からのみ認識しています。こうした個々の事物へのより詳細な、深遠な考察へ駆り立てることができる人はスピノザその人以外誰もいません。ただ彼のまなざしの前では個々の事物がすべて消えていくように思えますが」（GB, B. 1. S. 475ff.）。

さらにヘルダーの同年六月六日のヤコービ宛書簡も参照。「きみの手紙と本はとても喜ばしいものでした。本は統一がとれていました。そして結語において、私が原稿の段階ではまだ読んでいなかったものにおいて、きみのゲーニウスが善をおこなう良き精神のように私のまわりを漂いました。目下スピノザ主義への憤激が生じています。メンデルスゾーンがいかにそれを解消しようとするのか見ていましょう。きみは真の、正統なキリスト教徒です。というのもきみは申し分のない世界外の神をもち、さらにきみの魂を救済しているからです。きみもまた、だれがそのまわりを走り回ろうとも「スピノザ主義は無神論である」などの公理でもって杭を打ち込みました。私はさしあたり介入いたしません。……私たちは昨晩ゲーテの処にいました、そしてそこで一同が、教義問答のなかのいくつかの難しい文字を取り去って、そこから文字を組み合わせて、うまい具合に無神論をとり出しました。さしあたり無神論から教義問答へと戻ることは私には許されておりません。その間、きみがこの件から離れていることは良いことです。火は点火されました。その火をしずめるもの、また煽るものが誰であれ、ほうっておきましょう」(GB, B. 1, S. 748ff)。

(34) この二つの精神の違いを三木清が『パスカル研究』において具体的、かつ的確に述べているので引用する。「パスカルは図形と量とを研究する幾何学を数学的思惟の典型とみなすと同時に、この方法の打勝ちがたき制限を紛うところなく理解した。……繊細の心は幾何学的なる心とは全く相違したはたらきの仕方をもっている。それは具体的存在、現実なる形象と出来事を、それの全き具体性と現実性において理解する方法である。この方法はこの存在の数量的或いは論理的構造を分析するのではなく、生ける尽くし難く豊富なる存在そのものの特質と性格とを全体として把捉する。……繊細の心はむしろ全体の存在を、それの経験的内容と先験的本質との生ける綜合において、直接に理解する仕方である」(三木清『パスカルにおける人間の研究』岩波書店、一九六八、七六頁)。

(35)『信をめぐるデイヴィッド・ヒューム』の「序文」におけるこの「感覚の認識」の主張に続いて、次のように述べられている。「……ところで私は次のことを認めなければなりません。すなわち同一命題を肯定することは、たしかに必然的であり、絶対的な確実性なるものを伴っている、と。そして、私の表象の外部にある事物についての存在そのものを肯定することは、そうした必然的な肯定ではありえないということ、また絶対的な確実性を伴うこともできないということも認めなければなりません。それゆえ、観念論者は、この区別に基づいて、私の外部にある現実的な諸事物の現存在についての確信は、信〔ずること〕にすぎないことを認めるよう迫ってきます。そこで私は、実在論者として次のように言わなければなりません。すなわち、すべての認識は信〔ずること〕からのみ生じることできるのである、と。なぜなら、私が諸関係を理解することができる前に、諸事物が私に与えられていなければならないからです」(BW, 1, S. 8f)。

(36) KF [2007], S. 177-78.

(37) JW2, S. 186. ここで引用されたヤコービの思いは様々な所で変奏されている。たとえば彼の小説『ヴォルデマール』では

「人間は自分を自分自身においてよりもむしろ他者において感じるのです」と書かれている。

（38）「第六付録」、「第七付録」の以下の文を参照。
「スピノザ主義はその個体化の側面によってのみ論駁されうるのである。それに対しては、ライプニッツのモナドあるいはエレア学派の不可知論（Akatalepsie）が代りをしなければならない」（本書二六六頁）。

「私は人間を部分に分けるのではなく、全体として考えている。そして人間の意識は二つの根源的な表象、すなわち制約されたもの〔被制約者〕と制約されないものという二つの表象から構成されていることに気づく。この両者は離れがたく結び合っている。しかし、制約されたものの表象は制約されないものの表象を前提とし、後者においてしか与えられることはないのである」（本書三一〇頁）。

「制約されないものは、自然の外にあり、またそれは自然とのあらゆる自然的な連関の外にあり、しかし自然は、すなわち制約されたものの総体は、制約されないものにおいて、根拠づけられていて、それゆえ、これと結びつけられているので、この制約されないものは、超自然的なものと呼ばれ、それ以外で呼ばれることはあり得ないのである。この超自然的なものから、自然的なもの、あるいは宇宙は、超自然的な仕方以外では生じることもできず、また生じもしなかっただろう。その上、制約されたものの連関の外にあるすべてのものは、すなわち自然的に媒介されているものの外にあるすべてのものは、私たちの明確な認識の外にあり、そして概念によっては理解され得ないので、超自然的なものは、それが私たちに与えられている以外のいかなる仕方でも、私たちによって捉えられることはないのである。すなわち事実として。――それは存在している！　この超自然的なもの、すべての存在の中のこの存在を、すべての人は神と呼ぶ」（本書三一二頁）。

（39）『滞仏陣営記』一七九二年一一月「ヤコービは独自の道を歩みながら、重要なすべてのことを知っていた。オランダの隣にいることも、文学のみならず、個人的にもあのサークルへ彼を引きいれるのに非常に役に立った。彼はすこぶる美しい姿をしていて、容貌もきわめて　好ましい印象を与えていた。振る舞いは威厳があったが、きわめて好ましいものであり、すべての教養のある人々の集まりにおいていつも異彩を放っていた」（HA, B. 10. S. 312）。さらに一八二七年四月一一日付ゲーテとエッカーマンとの対話のヤコービ評も参照（GA, B. 24, S. 241）。

（40）Zirngiebl [1867], S. 102.

（41）JW, 3, S. 10.

(42) JW, 3, S. 20.
(43) JW, 3, S. 17.
(44) JW, 3, S. 24–25.
『フィヒテ宛公開書簡』では「私が知っていること、おそらく、あなたよりうまく説明できることを私に教えないで下さい、すなわち、普遍的に妥当する、道徳性の学問的にきびしい体系が成立されねばならないとするならば、私たちは必然的にその根底に、何も意欲しない意志、非人格的な人格性、いかなる自己もない自我性というかの裸の自我性、一言でいえばまったくの純然たる非実在物が必然的に根底におかれていなければならないことを。学問の確かな歩みへの愛のために、あなたがたは――それ以外できません！――良心（より確かな精神）を合理性という生きつつ、死んでいるものに従属させねばなりません」(JW, 3, S. 39)。またヤコービの一八〇〇年三月一六日のジャン・パウル宛書簡も参照。「個体性は根本的な感情です。個体性は、知性およびあらゆる認識の根源となるものです。個体性を欠くなら実体性はなく、実体性を欠くならどこにも何もないことになります」(JN, B. 2, S. 238)。邦訳として一七九五年から一八〇五年の論争に関する『初期観念論と初期ロマン主義』（ヴァルター・イェシュケ／ヘルムート・ホルツァイ編、一九九四年、昭和堂）所収のゲッツ・ミュラーの「ジャン・パウルの美学――初期ロマン主義とドイツ観念論のコンテキストのなかで」（青山勝訳）で展開されるフィヒテ批判も参照。
(45) 一八〇五年二月五日、北ドイツからミュンヘンのハインリヒ・シェンクに宛て「私が町の外に住むようになることは、大切なことであり、多くのものを補ってくれます。郊外の狭い家のほうが壁に囲まれた広大な家より好ましいのです。神がどうか私のためにあなたをお守りくださいますように。他のすべてのことは私には不安ではありません。誰でも、私たちのように長いあいだ心が一つであれば、多くのことを乗り越えていく強い信念があります。私たちがお互いに過ごしたことのない至福の時が目の前に迫っています」と書いている（AB, B. 2 [1970], S. 364)。
(46) Deychs [1848], S. 145–146.
この講演がもたらした混乱の一つは、北ドイツと南ドイツの違いを次のように明言したことも一因であるように思われる。「北ドイツにおいては、すべてが大通りと小道において文学的な黄金時代という風景に近づいていました。南ドイツにおいては学識のあらゆる改善を抑制するという多くの事情が結びついてしまったのです。ここではすべての騎士団と団体が若者の教育を引きうけ、彼らをカトリックの宗教の中にしっかりと結びつけ、この点で危険に思えるすべてを遠ざけようとしてきただけですから」(Gesamtausgabe, Bd. 5. 1. S. 367)。

クーノー・フィッシャー『近代哲学史』第七巻『Shellings Leben,Werke und Lehre』およびハンス・レーヴェ (Hans Loeve) による『フリドリヒ・ティールシュ』(*Friedrich Thiersch*) の記述が詳細を報告している。新たなアカデミーには、様々な分野の知識人がバイエルン以外から招聘された。すなわち法律部門ではアンゼルム・フォイエルバッハ、教育制度ではフリードリヒ・ニートハンマー、アカデミーの事務総長としてアドルフ・シュリヒテグロール、文献学ではフリードリヒ・ヤーコプス、ギムナジウムにはフリードリヒ・ティールシュ〔後の文献学の教授〕であった。バイエルンでは当時、新しい王国を素早い改革と啓蒙主義的な経済発展によって文化国家にしていきたい勢力と、古きバイエルン的なものを堅く守り、それをプロテスタント的、北ドイツ的な侵攻から防ごうとする勢力が対立していた。すなわち一方は反ナポレオン、プロテスタント的な人々であり、他方はナポレオン支持者で、フランス人に友好的な、カトリックの人々との対立であった。ヤコービのアカデミーの就任演説以来、対立は悪化し、ヤコービをはじめとする招聘された学者たちへの攻撃がはじまり、誹謗文が掲載されたり、張り出されたりした。扇動された暴徒はヤコービとフォイエルバッハの家にまで押し掛け、襲撃しようとした。召使いの護衛と懐中拳銃なしでは夜は歩くこともできないような状態であった。もっともひどい目にあったのはティールシュであった。一八一一年二月二八日夕方、ヤコービの家での夜会の帰り、家へ入ろうとする時に、短剣で殺されそうになった。幸いにも首の傷は浅く死を逃れることができた。このことは北ドイツでもセンセーションを引き起こしたようである。これを煽っていたのは保守派の論客クリストーフ・アレティン (Aretin) であった。彼の主張は、「ナポレオンによって、カトリックの教会はプロテスタントの世界に勝つだろう」というものであった。彼はローマ・カトリック教の敵を、特にプロテスタントの学者たちをナポレオンの敵として中傷する。暗殺計画まで露見して、マクシミリアン一世は対立をやめるよう厳命した。ヤコービは王の保護のもと、保守派からの迫害を逃れた。表面的な争いはようやく終息していくが、本質的な対立は残った。アレティンは他の国へと移される。ヘーゲルの友で、学校改革のため教育部門にいたニートハンマーもやがて少数派となっていく。こうしたアカデミーの新人文主義的改革派と愛国的な保守派の激しい対立のなかでヤコービの『神的事物とその啓示について』は一八一一年の一〇月に出版されたのである。

(47)「神の真理は自然を無限に超えている。神だけがそれらを魂の中に置くことができる。神は神的真理が心情から精神に入っていくことを望み、精神から心情に入っていくことは望みませんでした。このことから人間的な事柄は、それらを愛することができるためには、知らねばならないが、神的な事柄は、知ることができるためには、愛さなければならないのである」（パスカル『幾何学精神ついて』（前田陽一・由木康訳）〈世界の名著24〉一九六六年、五一六頁）。

(48) Weischedel [1964], S. 62.

(49) Ford [1965], p. 85.

(50) Brüggen [1971], S. 215.

(51) 大きな枠組みの中でのこの論争に関しては以下の記述を参照。「シェリングは、彼の『神的な事物についての著作の記念碑…』の中で、哲学者としてのヤコービに容赦なく止めの一刺を加えているのである」（リヒャルト・クローナー『ドイツ観念論の発展――カントからヘーゲルまで Ⅱ』（上妻精・北岡崇監訳）理想社、二〇〇〇年、五頁）。カール・ホーマンの「同時代の自然哲学が、自然科学と哲学が分かれていくことを防ごうとする試みを行っていることをヤコービは見えなかったか、あるいはこの試みを始めから展望なきものと思っていたのである」とする論文を参照（Homann [1973], S. 144）。

ヴァルター・イエシュケはシェリングの『近世哲学史』を組上にのせて上記の二人とは別の見解を述べている。すなわち「シェリングが、哲学史講義の「ヤコービ」の章において、一方では彼の以前の、烈しい論争は取り消すつもりはないということ、他方では新しい哲学概念に関して重大なものをヤコービに対してあまり差し出すことができないという明らかなジレンマに陥ってしまっていることは驚くことではない」と。さらに「こうした知が存在するということ、そしてこの知が哲学的学問としてまた学問的な哲学として説明されうるということにおいて後期シェリングの意見に従う人は、少なくともヤコービが彼の批判により批判する人シェリングを、ヤコービ自身が到達することがかなわないと思われるほどの洞察の高みへと駆り立てたことをヤコービに認めなければならない。それに対してシェリングによって主張される知の現実性について、また彼の学問的な説明の可能性について納得できない人は、ヤコービの持続的な批判がシェリングを、ヤコービを凌駕しようという試みへ、さらにそれゆえこの批判がシェリングを……私たちがヤコービにおいて参照できる理由からして、現実にはもはや果たされることのない解決へとせき立てたと判断するだろう」と（Jaeschke [1998], S. 151-152）。

(52) 以下は、ゲーテからの手紙に対して、投函されなかったヤコービの一八一五年一一月の手紙の草案。「……きみはこの手紙と一緒に私の著作集の第二巻を受け取るでしょう。どうかこの第二巻が、第一巻よりも運よく、きみからの感謝の言葉をもらえますように。『昔からの純粋さと誠実さを傷つけないために、私もきみに沈黙していることは許されないでしょう』――一八一三年一月六日の手紙の初めから終りまで読んで気づいた、またいかなる経過も説明できていない私への不機嫌さが今度またもきみに対しての不機嫌さとなりました。その後すぐ、きみの嘲笑の歌『エフェゾスのディアーナは偉大なり』が出てきました。そしてまったくきっかけもないままに添えられている強迫のために、この銀細工師が私にはとても失礼に感じられました。きみがそのあとで腹を立てたということですが、そのことが私にはきみに対して腹が立つこととなりました。というのも初めのうち、きみは異教徒の使徒にそれほど憤慨しておらず、はっきりと、きわめてほがらかな、愛らしい仕方で使徒については悪くとらないと説明していたからです……」と。

この長い草案にはヤコービが『詩と真実』の第Ⅲ巻を受け取り、初めての二人の出会いの箇所を読み進めていくとゲーテの次の文章に出会い、困惑したことが書かれている、つまり「こうして私たちは永遠に結ばれているというこの上もない幸せな気持ちで最後は別れたのである。しかし、私たちの努力がそれぞれの人生の歩みにおいて示されたように、まったく正反対の方向を取るだろうとは予感すらしませんでした」という箇所である。これに対してヤコービは次のような文を残している。「私たちの日々における努力についての違いを私はよく知っていました。この違いは、人生の歩みの中で、後になって初めてはっきりしたわけでは全くありません。私は、それを私たちが知り合った初めから知っていました。そしてこのことは、愛する人よ、きみの場合も同じだったのです。一七七五年、フランクフルトで初めて二人がゆっくり過ごしながら、私たちはお互い遠慮なく胸襟をひらき合ったのでした。……きみがぼくと初めて出会った後、数週間たって、「ぼくの言うことを信じて下さい、ぼくたちはこれから無言のままで、互いに対立しあいながら、少し経ってから、あたかも手を携えていくかのように再び出会うこともできるでしょう」（一七七四年八月四日）と言ったことがいま正しいことだとわかりました。しかし、きみの以前の言葉は、私たちがペンペルフォルトで三度目に再会した時には、全く異なったものに思えました。きみは、私をフランクフルトにそれより前に招待してくれ、そこできみは私と一緒になつかしい思い出を温め直すことを切に望み、そして私にきみの家庭の仔細なことについて話してくれました――」（Briefwechsel [2005], S. 240ff）。

（53） Briefwechsel [2005], S. 237.

（54） 「さて哲学者たちのことに移りましょう。シェリングが大声でヘーゲルに反対していますが、そこから何が生じるでしょうか。私たちは［このことが］過ぎ去るのを待たなければなりません。そして、そこにあるのは北ドイツと南ドイツの哲学との、どちらが優位であるかというきわめて難解な点についての争いです。誰がこのことで調停し判断をすることになるのでしょうか。弟子たちはそのようなことはほとんどできません。あなたが伝えているように、シェリングはまず初めに弟子たちを裁く人に据えていますが。私は、批判主義、観念論そして内密主義（インティミスムス）を役立てた後では、いつもシェリングの近くで自分を維持してきました。シェリングは自然を相手にし、それを賞賛し、そして自然の権利を主張しようとしました。私は、彼が仕事をはじめる仕方を分かち合うこともできませんでしたが、このことで私には十分でした。それから論争家としては、彼は決して幸せではありませんでした。彼のヤコービに対する人身攻撃は誰も是認することができませんでした。たとえ良いこと、正しいことをヤコービに対して言うことが可能であったにせよ。ヤコービにとって、彼の神は自然によって隠されてしまったのです。そして彼は、私たちは二つの目よりも一つの目の方がよく見える、と思っていたのでした」（一八二八年三月二日のゲーテのボワスレー宛ての手紙。GB, B. 4, S. 271）。

（55） Rose [1993], S. 30.

（56） 「私が非常に驚いたことですが、二、三日前にエアランゲンの教授メーメルがフィヒテの後任にベルリンに招聘されていると聞きました。いったいフリースほどの人ではなく、こうした平凡な人をどうして選ぶことができたのでしょうか。私はヘーゲル自身について知っているのですが、彼もまたこの地位を得ようと運動していました。彼はこちらにいて、私はヘーゲルのことをあなたに述べることを約束しました。彼はイェーナにいた時の人間では全くありません。そしてそちらでフリースに反対する一派が強すぎたので、私は彼をあなたにフリースの後釜に推薦することができました。このことを私はどうしてもしたかったのです、しかもきわめて強力に」（一八一五年一〇月二一日のニコロヴィウス宛の手紙。Brüggen [1971], S. 224）。

一八一八年八月五日、ヘーゲルはミュンヘンをおとずれようとしているフランスの哲学者、ヴィクトル・クザンに「ヤコービ氏に私が抱いているこのうえない尊敬と愛の気持ちを氏に示して下さるようお願いします、そしてまた、私のベルリンへの初めての招聘へと尽力してくれたのはヤコービ氏であることを忘れたことはありません、と氏にお伝え下さるようお願い致します」と書いている（HB, B. 2 [1953], S. 193）。

ここで言われている初めての招聘の尽力は上述のヤコービのニコロヴィウス宛書簡を指すものと思われる。周知のように、ヘーゲルがプロイセンの文相アルテンシュタインの招きでベルリン大学に旅立つのは一八一八年九月である。

(57)「ヤコービとカントの共通の仕事は、以前の形而上学に、その内容ではなく、その認識の様式に関して終止符を打ち、そしてそのことで論理的なものについての完全に変化してしまった見解の必然性を基礎づけたことである。このことは簡単には認識されないだろう。ヤコービはこのことによって、ドイツの哲学の歴史において――ドイツ以外では哲学はまったくおちぶれ、衰退してしまっているので――哲学一般の歴史において永続的な時代を画したのである」(ヘーゲル「『ヤコービ著作集第三巻』批評」HW. B. 4. S. 455)。

(58) ルイス・フォードが用いるこの「教皇」という表現は一見奇異な感もする。ヤコービは哲学の歴史において「感情の哲学者」あるいは単に問題の「提起者」として述べられているだけであるから。

第一の原因としては、ゲーテのこのペンペルフォルトの思想家(der Pempelforter Denker)の『スピノザ書簡』あるいは『神的事物』に対する低い評価があったことは確かだろう。低い評価というよりも全面的な否定と思える発言をしているのである。

クラウス・ハマッハーはこのことに関して次のように言っている。「ヤコービが異例の精神と言われるようになったのは、おそらくゲーテに方向づけられたからであろう。ゲーテはヤコービの形而上学について、いくつかの侮蔑的な(abfällig)発言を残している」。たとえば『スピノザ書簡』を公刊したあとのヤコービ宛書簡でも「信仰の詭弁者」、「神は君を形而上学で罰した」といった徹底した否定的な言葉をあびせたり、また『イタリア紀行』において、ヘルダーの『神』を称賛しながら、他方ではヤコービの永遠についての問題、そこから生じる神と不滅性の問題を「空虚な小児的な頭脳の感覚の神聖化」ときめつけたりしている。これらの言葉をハマッハーは「ヤコービの病的な観念を示すのではなく、むしろゲーテにおける形而上学的な思惟方法に対する特異な気質(Idiosynkrasie)を示している」といっている。観念論哲学に対しただ一人、非哲学をもって生涯対峙したヤコービは確かに哲学者としては「アノマリー」であっただろう。しかし「スピノザの哲学体系をその真の姿において、また体系の必然的な関係に従い叙述しようとする」という『スピノザ書簡』のヤコービ自身の言葉はゲーテにどのように受け止められたのだろうか。そこには形而上学嫌いの詩人としてのゲーテがいたのだろうか。アノマリー的なものへの忌諱感情があったのだろうか。詩人と哲学者の違いとすればことは収まるかもしれないが、ゲーテのカント哲学についての、あるいはヘーゲルへの発言を考えるとき、ヤコービへの酷評はゲーテのいう「確信のアンティノミー」だけで収まる問題ではないようにも思えてしまうのである。さしあたり言えることは、ヤコービの哲学の出発点であり、心臓部分である『スピノザ書簡』こそヤコービの理解には欠かせないということである。なぜならウルリッヒ・シュナイダーの言うように、ヤコービのスピノザ哲学の叙述は「ヨーロッパの精神史において哲学を初めて批判的、理性的に再構成する試み」であり「スピノザを哲学者として初めて理解したのはヤコービである」からである。ゲーテはヤコービが二十年以上もの長い間、独学者としてスピノザ哲学の定理、証明、備考から成り立つ堅牢な地下の坑道に降り立ち研究してきたことを理解していないように思える。この『書簡』によって時代はヘーゲルのいうように、「哲学はスピノザ主義か、あるいはそうでないか」という時代に入っていくのである。

ヤコービがペンペルフォルト、ホルシュタイン、ミュンヘンというそれぞれの時代において「特別の尊敬の対象」であったという証言、ゲーテ、ヘーゲル、フィヒテ、シェリングをはじめとする時代の知的エリートたちとの哲学的論争と精神的な交流、また厖大な数の彼らとの往復書簡なども併せて考える時、先の表現もうなずけるかもしれないのである。ジャック・ドント『ベルリンのヘーゲル』（花田圭介監訳）法政大学出版局、一九八三年、五四頁を参照。

最近のヤコービ研究の中で、ギュンター・バウムは「『生涯にわたり哲学のテキストを熱心に研究し、問い続けた思想家、そのほとんど唯一の情熱が、彼自身の告白によれば哲学であり、そしてこのことを、よく言われるように多少とも天才的な疾風怒涛的な告白という手法においてではなく、彼にふさわしい認識と洞察を世間に認められた巨匠たちの思考の歩みと一致させようとする真面目な試みにおいてなした思想家』という言葉こそ彼にふさわしいように思われる」と書いている（Baum [1968], S. xi）。

またディーター・ヘンリッヒは「ヤコービは、最も十全な意味において最初の真正な Poeta Doctus〔学識ある詩人〕であった」と言っている（Henrich [2003], S. 74）。

(59) ヤコービの書簡の『遺稿』を編集したルードルフ・ツェプリッツは次のように述べている。「二人の人物の本質的違いは、おそらく次のことにあった、すなわちシュライエルマッハーにおいては頭（Kopf）が心（Herz）に勝ち、ヤコービにおいては心が頭に勝っているのです。両者とも信仰の世界を知の世界と宥和させることはありませんでした。しかし、シュライエルマッハーの方がはるかに天賦の才があったにもかかわらず、ヤコービが彼よりこの関係の解決、より正しく言えば説明には到達していたように私たちには思えます」と（JN. B. 2 [1869], S. 139）。

(60) HB. B. 2 [1953], S. 213.

(61) ビルギット・ザントカウレン「ヤコービの「スピノザとアンチ・スピノザ」」(下田和宣訳)、『スピノザーナ』第13号、スピノザ協会、二〇一二年、四四頁—四五頁。

訳者あとがき

本翻訳（『スピノザの学説に関する書簡』一七八五年）は私自身三〇年来参加している学際的な研究会である「ゲーテ自然科学の集い」（一九六九年設立）が発行している機関誌『モルフォロギア』に二〇年前からほぼ毎年掲載された訳稿が元になっている。

翻訳のテキストである『スピノザ書簡』には第一版（一七八五年）、第二版（一七八九年）、第三版（一八一九年）がある。『モルフォロギア』に掲載した翻訳は第三版に拠った（一九九八年に『全集版』、二〇〇〇年には『哲学文庫版』が出る）。翻訳の定本になりうるのは、重要な付録が増補された二版か、この三版のどちらかになると思われる。訳者は、第一版、第二版の序文に加えて、ヤコービの覚書からケッペンが編集した「なぜスピノザ書簡は書かれたのか」という文章も序文として載っており、なおかつ形の上でも整った第三版によって翻訳をすめてきた。凡例に引用したマリオン・ラオシュケも言うように、第二版と第三には根本的な違いはない。

翻訳の仕事にまつわる私的な思い出を語ることを許してもらいたい。

ヤコービの話をすると、どこでヤコービを知ったのか、どういう人物であるかと会う人すべてが問いかけてくる。ゲーテを研究していますと言っても、こうした質問はあまり聞かれない。

「どこで」に対しては、『詩と真実』でゲーテとヤコービが初めて出会い、スピノザについて語り合った際の思い出の「記述」、あるいは汎神論論争時のゲーテのヤコービ宛書簡などからであると答えている。「どういう人物」ということについては、一人でスピノザを研究し、ゲーテの時代で一番スピノザを理解していた人と答えている。これからは本訳書の後に付した解説「ヤコービの生涯と著作」をお読みいただきたいと答えたい。ハイネのあの悪口は措くとしても、内外の研究者の従来のヤコービ評はつい最近まで「シュトルム・ウント・ドラング以降、ヤコービは成長していない」、あるいは単なる「Anreger」（問題提起者）というものであった。『スピノザ書簡』そのものの理解、位置づけがしっかりなされていなかったように思われる。『スピノザ書簡』におけるヤコービによる「体系の諸部分の必然的な関係にしたがって」説明された『エチカ』の叙述はヤコービ像の新たな位置づけを読む者に迫ってくるものがあった。それゆえヤコービを「ゲーテの時代」の中に一度おいてみる作業が必要と思われた。

折よく二〇一五年一〇月、一橋大学で行われた「科研費プロジェクト スピノザ・コネクション」主催のシンポジウムで、来日したドイツ古典哲学研究所の所長であり、またヤコービ研究では第一人者のボーフム大学のザントカウレン教授にお会いすることができた。二日間、シンポジウムに出席し、先生に個人的にいろいろと質問する機会をもてた。ザントカウレン女史が強調したことは、ゲーテは Dichter（詩人）であり、ヤコービは Philosoph（哲学者）であるということであった。この言葉は訳者自身の漠然と感じていたものに方向性を与えてくれた。文学と哲学の境界にいるディレッタントではなく、「スピノザ哲学をその内的な一貫性において再構築する最初の人であった」（ザントカウレン教授の言葉）ということが理解されねばならないと。教授からは帰国されてからもお手紙をいただき翻訳の仕事、評伝の仕事を進めていくうえで大きな励みとなった。

『モルフォロギア』に連載されて、一応の完結を見た『スピノザ書簡』の翻訳においてはたくさんの人々にお世話になってきた。その中でも特に編集長を務められ、査読にあたられた前田富士男先生、高橋義人先生、粂川麻里生先生には心から感謝の気持ちを伝えたい。また先日お亡くなりになった南大路振一先生にも翻訳原稿を幾度も見ていただいたことは忘れられない思い出である。とりわけ重要な「レッシングとヤコービの対話」の訳出はドイツ文学の学匠であられた先生のお力がなかったら不可能であった。いろいろな箇所に朱が入り，ある箇所は「再考」と書かれた原稿をこちらに送り返していただいたことを感謝の念とともに懐かしく思い出している。

出版という具体化の道筋をつけてくれたのは東洋大学の長島隆先生であった。先生は遠くから『スピノザ書簡』の翻訳の仕事をいつも気に懸けてくれていた。ある時先生からお電話をいただき、出版へのお誘いのうれしい知らせを受けたのであった。新宿の紀伊國屋書店の前で待ち合わせして、喫茶店に行き、出版するに当たってのイロハを教えていただいた。本文だけでなく、凡例、索引、年譜なども大切であり、注意して仕事を進めるよう助言をいただいた。訥々と語りながら、この翻訳は「ドイツ観念論」のもう一つの流れを知るためにどうしても必要なものであると強調されたのをはっきりと覚えている。先生の哲学という学問を愛する気持ちがいたく伝わってきた。

それから再び翻訳の原稿すべてにもう一度目をとおす日々が始まった。読み直しをして見ると、曖昧な箇所がかなりでてきた。その際お世話になったお二人の名前を挙げておきたい。東京国際大学の吉田量彦先生と神戸大学の久山雄甫先生である。吉田先生には勤務先の大学が拙宅から近いこともあり、また先生の人柄にも魅かれて、しばしば研究室に伺っては難解な箇所を、特にラテン語などが引用されている箇所のご教示をうけた。久山先生には全体に目をとおしていただき、とりわけ難しい第三版序文、第一付録等を緻密に読んでいただいた。改めてお礼を述べたい。翻訳に関してかなりの文献、資料が必要であった。手に入りにくい資料等をいろいろな所にあたり、探し出してくれた八重洲ブックセンターの荒井敏生さんにも大変お世話になった。また大学時代からの友人である高野秀樹さんにも難しい箇所でお世話になった。

翻訳が最終局面を迎えた際にも長島先生には再びお世話になった。先生には哲学の視点から最終稿のすべてのページにわたって厳密な点検をしていただき、曖昧で、不明確な箇所すべてについて、改善すべく適切な助言をいただいた。改めて深い感謝の念を表する次第である。

身近にいてあたたかく見守ってくれたひとたちのことも感謝の念とともに触れておきたい。最初に浮かぶのは『モルフォロギア』を送ると丁寧に読んでくれ、批評的な文と励ましの返事を必ずくれた、アルプスに囲まれた伊那谷の高校時代の恩師である足助厚先生である。時代が揺れ動いていた六〇年代の終りころ先生は吉本隆明の初期詩篇「小さな群れへの挨拶」を引用した文章を生徒会誌に寄稿された。先生の生のある苦悩を語る詩的な文章に導かれ、現代詩の世界に触れ、鮎川信夫、長田弘の名を知るようになっていった。彼ら詩人の行間には田舎の高校生では味わうことのなかったメタフィジカルな世界が生の哀しみとともにひろがっていて、それらが心の奥底に沈み、自分の原点のようなものとなっていった。いまもときどき詩の言葉が浮かんでくる。また川越でこれまで二〇年にわたり、ゲーテ（詩と真実）、グリム童話などを読んでいる読書会の仲間たちにもひとこと感謝の気持ちを伝えたい。二週間に一度のなごやかな読書会をたのしみにしていますと。

最後になってしまったが、別の秩序の世界にいってしまった今はなき妻伸子と慣れない家事を毎日してくれる一人娘の美和子にありがとうと言いたい。

＊　＊

出版が困難な時代、このような翻訳をひきうけていただいた知泉書館の小山光夫氏に感謝するばかりである。

小山氏は「社会の根底を支えていくものを出版していきたい」と言われた。この言葉は訳書を完成することの励みとなった。また本書の編集担当であった斎藤裕之氏には再三にわたる校正にも辛抱強くお付き合い下さり、心から感謝をしたい。

二〇一八年一月

田中　光

田中　光（たなか・あきら）
1948 年長野県生まれ。東京都立大学人文学部卒業、東京都立大学大学院人文科学研究科独文学専攻修士課程修了。現在日本大学文理学部非常勤講師。研究領域：ゲーテとその時代の思想。〔論文〕「ゲーテの「タウリスのイフィゲーニエ」についての一考察」など。

〔スピノザの学説に関する書簡〕　ISBN978-4-86285-273-1

2018 年 4 月 10 日　第 1 刷印刷
2018 年 4 月 15 日　第 1 刷発行

訳　者　田　中　　　光
発行者　小　山　光　夫
印刷者　藤　原　愛　子

発行所　〒113-0033 東京都文京区本郷 1-13-2
電話03(3814)6161　振替00120-6-117170
http://www.chisen.co.jp
株式会社　知泉書館

Printed in Japan　印刷・製本／藤原印刷

人名索引

ア　行

アヴィケブロン（Avicebron, Avencebrol, 1029/21-1058/70）……239
アリストテレス（Aristoteles, B.C. 384-322）……17, 35, 69, 177, 180, 219, 221, 227, 239, 246, 287, 296, 301, 322, 344, 397
アリオスト（Ludovico Ariosto, 1474-1533）……128
アルクィヌス（Alcuinus, 735-804）……205
アルドゥアン（le père Hardouin）……201
アルノー（Antoine Arnauld, 1612-1694）……280
アレティン（Johann Christoph von Aretin, 1772-1824）……420
アントニヌス（Marcus Aurelius Antoninus, 121-180）……54
イェーニッシュ（Daniel Jenisch, 1762-1804）……180
イェルザーレム（Johann Friedrich Wilhelm Jerusalem, 1709-1789）……205
イサーク・ルリア（Isaac Luria, 1534-1572）……91
ヴァイラー（Cajetan Weiller, 1761-1826）……402
ヴァーグナー（Rudolf Christian Wagner, 1671-1741）……166
ヴァハター（Johann Georg Wachter, 1673-1757）……153, 177
ヴァルヒ（Christian Wilhelm Franz Walch, 1726-1784）……71
ヴィソヴァティウス（Andreas Wissowatius, 1608-1678）……318
ヴィツェンマン（Thomas Wizenmann, 1759-1787）……177, 180, 252
ヴィーラント（Christoph Martin Wieland, 1733-1813）……370–72, 408, 412
ヴィンディッシュ＝グラーツ（Joseph Nicolaus Graf Windisch-Graetz, 1744-1802）……58
ウェルギリウス（Vergilius, B.C. 70-19）……239, 390
ヴォルテール（本名フランソワ＝マリー・アルエ）（Voltaire（François-Marie Arouet), 1694-1778）……7, 37, 365–68, 385, 402, 406
ヴォルケ（Christian Heinrich Wolke, 1741-1825）……90
ヴォルフ（Christian Wolff, 1679-1754）……80, 109, 114, 115, 128, 129, 181, 284, 285, 291, 295–98, 336, 374–77, 404, 413
ウジェーヌ公（Eugen von Savoyen, 1663-1736）……293
ウーツ（Johann Peter Uz, 1720-1796）……113
エッカーマン（Johann Peter Eckermann, 1792-1854）……418
エピクテトス（Epiktetos, 55-135）……54, 205
エルヴェシウス（Claude Adrien Helvétius, 1715-1771）……205
エンペドクレス（Empedokles, B.C. 493-433）……238

オウィディウス（Publius Ovidius Naso, B.C. 43-A.D. 17）……190, 239
オルデンブルク（Henry Oldenburg, 1618-1677）……111, 176
オルフェウス（Orpheus）……247

カ　行

ガッサンディ（Pierre Gassendi, 1592-1655）……279, 289, 296
カッシーラー（Ernst Cassirer, 1874-1945）……31
カトゥルス（Gaius Valerius Catullus, B.C. 84-54）……190
ガリツィン侯爵夫人（Adelheid Amalia Fürstin von Gallitzin, 1748-1806）……42, 45, 104, 114, 252-54, 374, 388
ガルヴェ（Christian Garve, 1724-1798）……325, 326
カント（Immanuel Kant, 1724-1804）……11-13, 19, 20, 28, 31, 33, 171, 201, 203, 204, 206, 260, 263, 273, 343, 368, 375, 383, 386, 387, 391, 392, 401, 403, 406-08, 415, 416, 421, 424
キケロ（Marcus Tullius Cicero, B.C. 106-43）……239, 316, 325, 326
クザーヌス（Nicolaus Cusanus, 1401-64）……111
クザン（Victor Cousin, 1792-1867）……423
クセノファネス（Xenophanes）……90
クネーベル（Carl Ludwig von Knebel, 1744-1834）……398
クライスト（Ewald Christian von Kleist, 1715-1759）……113
グライム（Johann Wilhelm Ludwig Gleim, 1719-1803）……94, 99, 113, 114, 337, 378, 409
クラウス（Christian Jakob Kraus, 1753-1807）……203, 206, 262
クラウディウス（Matthias Claudius, 1740-1815）……45, 69, 374, 390, 396
クラマー（Johann Andreas Cramer, 1723-1788）……316, 318
クロイカー（Johann Friedrich Kleuker, 1749-1827）……321
クロゼ（Maturin Veyssière de La Croze, 1661-1739）……40
クロプシュトック（Friedrich Gottlieb Klopstock, 1724-1803）……252, 371, 374, 378, 390
ゲッツェ（Johann Melchio Goeze, 1717-1786）……376
ケッペン（Johann Friedrich Köppen, 1775-1858）……8, 28, 395, 396, 401
ゲーテ（Johann Wolfgang von Goethe, 1749-1832）……33, 85, 90, 177, 179, 206, 336, 363, 369-74, 382, 386, 389, 394, 395, 398-400, 402, 409, 410, 412, 414-18, 421-25
ケプラー（Johannes Kepler, 1571-1630）……247
ゲルステンベルク（Heinrich Wilhelm von Gerstenberg, 1737-1823）……390
ゴットシェト（Johann Christoph Gottsched, 1700-1766）……299
ゴルトシュタイン（Johann Ludwig von Goltstein, 1717-1779）……370
コルドモア（Géraud de Cordemoy, 1626-1684）……282
コルネリア・ゲーテ（Cornelia Friederike Christiane Goethe, 1750-1777）……371
コンウェイ（Anne Conway, 1631-1679）……177
コンパレ（Jean-Antoine Comparet, 1722-1796）……366

サ　行

サウンダスン（Nicholas Saunderson, 1682-1739）……353
サルスティウス（Sallustius Crispus Gaius, B.C. 86-35）……204, 206
サルティコフ（Boris Mihajlović, Fürst Saltykov, 1723-1808）……366
シェリング（Friedrich Wilhelm Joseph von Schelling, 1775-1854）……31, 34, 389, 397-401, 403, 405, 421-23, 425
シェンク（Heinrich von Schenk, 1748-1813）……394, 395, 402, 419
ジグヴァルト（Heinrich Christoph Wilhelm Sigwart, 1789-1844）……316
シャフツベリー（Anthony Ashley-Cooper Shaftesbury, 1671-1713）……105, 115, 365
ジャン・パウル（Jean Paul（Johann Paul Friedrich Richter), 1763-1825）……419
シュテッフェンス（Heinrich Steffens, 1773-1845）……398
シュトルベルク（Friedrich Leopold Graf zu Stolberg, 1750-1819）……45, 390, 394
シュミット（Johann Lorenz Schmidt, 1702-1749）……128, 375, 404, 413
シュライエルマッハー（Friedrich Daniel Ernst Schleiermacher, 1768-1834）……401, 425
シュリヒテグロール（Adolf Heinrich Friedrich von Schlichtegroll, 1765-1822）……396, 402, 420
シュレーゲル（Karl Wilhelm Friedrich Schlegel, 1772-1829）……30
シュロッサー（Johann Georg Schlosser, 1739-1799）……371
シラー（Johann Christoph Friedrich von Schiller, 1759-1805）……389, 395
スキュデリー（Madeleine de Scudéry, 1607-1701）……128
ストラトン（Straton von Lampsakos, B.C. 340-268）……206
スピノザ（Baruch de Spinoza, 1632-1677）……18-21, 29, 31-33, 37, 41-43, 45, 47, 55, 58-62, 67, 69, 73-75, 77, 78, 80-84, 88-91, 96-105, 108, 111, 112, 114-31, 133, 135, 138, 139, 141, 143, 145, 146, 148, 150-55, 158-60, 171-81, 183, 184, 200-03, 211, 238, 252, 253, 261-72, 274, 275, 277-79, 282-87, 295-98, 300, 303-06, 316-19, 321, 323, 329-31, 335, 336, 343, 344, 349, 368, 372, 375-80, 382-84, 388, 389, 392, 399, 402-07, 409, 410, 412-16, 424, 425
スミス（Adam Smith, 1723-1790）……370
ゼノン（Zenon von Kition, B.C. 335-263）……90, 239
ソクラテス（Sokrates, B.C. ca. 469-399）……12, 13, 17, 22, 24, 30, 115, 206, 245, 247, 327
ソフォクレス（Sophokles, B.C. ca. 496-406）……354

タ　行

チルンハウス（Ehrenfried Walther von Tschirnhaus, 1651-1708）……180, 298
ディーツ（Heinrich Friedrich von Diez, 1751-1817）……111, 112, 115
ティーデマン（Dieterich Tiedemann, 1748-1803）……201-03
ティールシュ（Friedrich Wilhelm von Thiersch, 1784-1860）……396, 398, 402, 420
ディドロ（Denis Diderot, 1713-1784）……96, 114, 188, 336, 365, 374

ディルタイ（Wilhelm Christian Ludwig Dilthey, 1833-1911）……………………375,413
テオドール（Karl Theodor, 1724-1799）……………………………………………363,372
デカルト（René Descartes, 1596-1650）…… 42,91,171,174,179,246,249,253,267,271,272,
274,279,281-83,289,291,292,293,303,360,384,415
デ・ボス（Bartholomäus Des Bosse, 1668-1738）…………………………106,291,298
デ・メゾー（Piere des Maizeaux, 1666-1745）……………………………288,291,294
デモクリトス（Demokritos, B.C. 460-370）………………………239,287,289,303,321
デモステネス（Demosthenes, B.C. ca. 384-322）………………………………………241
デュタン（Louis Dutens, 1730-1812）…………………………………………288,293
デュマ（Mathieu Dumas, 1753-1837）…………………………………………………393
デュラン（David Durand, 1680-1763）…………………………………………69,365
テンネマン（Wilhelm Gottlieb Tennemann, 1761-1819）………… 28,44,111,202,203,318
ドゥンス・スコトゥス（Johannes Duns Scotus, 1265-1308）…………………………40
ド・テルトゥル（Rodolphe Du Tertre, 1677-1762）……………………………290,291
トマジウス（Jacob Thomasius, 1622-1684）……………………………………279,288
トマス・アクィナス（Thomas Aquinas, 1225-1274）……………………………………40
ドーム（Christian Konrad Wilhelm von Dohm, 1751-1820）…………………………412
ドルバック（Paul-Henri Thiry Baron d'Holbach,1723-1789）……………………336,365

ナ　行

ナポレオン（Napoléon Bonaparte, 1769-1821）………………………363,393,395,396,420
ニコラウス・クザーヌス（Nicolaus Cusanus, 1401-1464）……………………………111
ニコロヴィウス（Georg Heinrich Ludwig Nicolovius, 1767-1839）……… 390,394,400,423
ニートハンマー（Friedrich Immanuel Niethammer, 1766-1848）……………398,402,420
ニーブール（Barthold Georg Niebuhr, 1776-1831）……………………………………390
ニュートン（Isaac Newton, 1643-1727）……………………………142,143,198,247,248,297

ハ　行

ハイデンライヒ（Karl Heinrich Heydenreich, 1764-1801）………275,284,285,294,297,341
ハインゼ（Johann Jakob Wilhelm Heinse, 1746-1803）…………………………………374
パウルス（Caroline Paulus, 1767-1844）…………………………………………398,413
バークリー（George Berkeley, 1685-1753）……………………………………………365
パスカル（Blaise Pascal, 1623-1662）…19,31,127,129,186,204,205,367,368,385,386,395,
397,417,421
バゼドウ（Johann Bernhard Basedow, 1724-1790）……………………………………371
バーダー（Franz Xaver von Baader, 1765-1841）………………………………………398
ハチソン（Francis Hutcheson, 1694-1746）……………………………………………365
バハター（Johann Georg Wachter, 1673-1757）…………………………………………362

ハーマン（Johann Georg Hamann, 1730-1788）……27,29,42,45,70,90,177,180,204,206,255,257,258,352,374,382,392,410,411
パルメニデス（Parmenides, B.C. 544-501）……90,238,240,287
ハンシュ（Michael Gottlieb Hansch, 1683-1752）……106,107
ビースター（Johann Erich Biester, 1749-1816）……383
ヒューム（David Hume, 1711-1776）……115,336,366,387,414
ピュタゴラス（Pythagoras, B.C. 582-497）……69,131,220,222,232,238,287
ファーガソン（Adam Ferguson, 1723-1816）……350,351,365
ファルマー（Johanna Fahlmer, 1744-1821）……364,371,373
フィヒテ（Johann Gottlieb Fichte,1762-1814）……31,34,391,392,400,403,405,419,423,425
フェヌロン（François de Salignac de La Mothe de Fénelon, 1651-1715）……13
フォイエルバッハ（Paul Johann Anselm von Feuerbach, 1775-1833）……396,420
フォス（Johann Heinrich Voß, 1751-1826）……390,394
フォルスター（Georg Forster, 1754-1794）……276,374,412,415
フーシェ（Simon Foucher, 1644-1697）……293,298,299
プフェニンガー（Konrad Johann Pfenninger, 1747-1792）……358
フュルステンベルク（Franz Friedrich Wilhelm Freiherr v. Fürstenberg,1729-1810）……104,369,371,406,408
フュレボルン（Georg Gustav Fülleborn, 1769-1803）……44
フラット（Johann Friedrich Flatt, 1759-1821）……362
プラトン（Platon, B.C. 427-347）……69,131,145,150,224,232,238,246,253,288
フリース（Jacob Friedrich Fries, 1773-1843）……423
フリードリヒ大王（老フリッツ）（Friedrich der Grosse, 1712-1786）……66
プリニウス（Gaius Plinius Secundus Plinius, 23-79）……201
ブルッカー（Johann Jakob Brucker, 1696-1770）……40,44
ブルーノ（Giordano Bruno, 1548-1600）……40,41,44,108,176,211,213,234,235,238,388
ブルゲ（Louis Bourguet, 1678-1742）……278,318,323,324
ブルフ（Albert Burgh, 1650-1708）……89
ブーレ（Johann Gottlieb Buhle, 1763-1821）……44,203
ブレイエンベルフ（Willem van Blijenbergh, ?-1696）……111
プロティノス（Plotinos, 205-269）……202,206,225,238,287
フンボルト（Wilhelm Humboldt, 1767-1835）……374
ヘーゲル（Georg Wilhelm Friedrich Hegel, 1770-1831）……33,240,384,396,398,400,401,403,420-25
ペトルス・ロンバルドゥス（Petrus Lombardus, ?-1160）……301,321
ペトロニウス（Gaius Petronius）……190
ヘプフナー（Ludwig Julius Friedrich Höpfner, 1743-1797）……371,410
ヘムステルホイス（Franz Hemsterhuis, 1721-1790）……37,42,45,96,97,103,104,110,114,

126, 130, 147, 149, 155, 160, 164, 174, 178, 182, 252–54, 285, 298, 330, 341, 348, 374, 380, 388, 415
ヘラクレイトス（Herakleitos, B.C. 540-?）……240, 345
ベール（Pierre Bayle, 1647-1706）……40, 100, 101, 119, 263, 284, 286, 290, 293, 294, 298, 299
ヘルダー（Johann Gottfried Herder, 1744-1803）……29, 42, 107, 113, 178, 179, 259–66, 268, 270, 271, 274, 275, 354, 357, 370, 371, 382, 383, 389, 408, 409, 413, 416, 424
ペルテス（Friedrich Christoph Perthes, 1772-1843）……393
ヘルモント（Jan Baptista van Helmont, 1579-1644）……113, 170, 177
ヘルモントの息子（Franciscus Mercurius van Helmont, 1614-1699）……362
ヘルバルト（Johann Friedrich Herbart, 1776-1841）……203, 262, 263, 316
ホイヘンス（Christiaan Huygens, 1629-1695）……247, 281, 289
ホイマン（Christoph August Heumann, 1681-1764）……40
ボシュエ（Jacques- Benigne Bossuet, 1627-1704）……316, 318
ホッブス（Thomas Hobbes, 1588-1679）……69
ボネ（Charles Bonne, 1720-1793）……95, 114, 206, 365
ボワスレー（Sulpiz Boisserée, 1783-1854）……400, 423

マ　行

マイエル（Lodewijk Meyer, 1629-1681）……69, 100, 176
マイナース（Christoph Meiners, 1747-1810）……345
マホメット（Muhammad, 570-632）……14, 54
マルゼルブ（Chrétien Guillaume de Lamoignon de Malesherbes, 1721-1794）……201
マルティアリス（Marcus Valerius Martialis, ca. 40-104）……190
マルブランシュ（Nicolas de Malebranche, 1638-1715）……172, 282, 290, 291, 296, 368
ムルトウ（Paul-Claude Moultou, 1731-1787）……366
メグナン（Emmanuel Maignan, 1601-1676）……296
メーメル（Gottlieb Ernst August Mehmel, 1735-1840）……423
メルク（Johann Heinrich Merck, 1741-1791）……204, 371, 410
メンデルスゾーン（Moses Mendelssohn, 1729-1786）……6, 25, 29, 32, 37, 39, 42, 43, 59–63, 65–68, 80, 89, 104, 106, 107, 111, 112, 116, 125, 126, 146–49, 151–53, 164, 167, 169, 170, 178–80, 182–84, 205, 206, 252, 264, 270–72, 274–76, 284, 285, 292, 296, 297, 317, 329, 334, 337–43, 348, 349, 366, 368, 369, 375–83, 403, 404, 408, 409, 413, 416
モア（Henry More, 1614-1687）……93, 113, 178

ヤ　行

ヤコービ，ヘレーネ・エリザベト（Helene Elisabeth Jacobi, 1743-1784，ヤコービ夫人）……369, 371, 382
——，ヨハン・コンラート（Johann Konrad Jacobi, 1715-1788，ヤコービの父）……363

——，ヨハンナ・マリア（Johanna Maria Jacobi, 1713-1746, ヤコービの母）…………363
——，ヨハン・ゲオルク（Johann Georg Jacobi, 1740-1814, ヤコービの兄）……363, 370, 371, 409
——，ヨハン・フリードリヒ（Johann Friedrich Jacobi, 1765-1831, ヤコービの長男）……383, 393
——，ヨハン・ゲオルク・アーノルト（Johann Georg Arnold Jacobi, 1768-1845, ヤコービの次男）……383, 393
——，カール・ヴィガント・マクシミリアン（Carl Wigand Maximilian Jacobi, 1775-1858, ヤコービの五男）……383
——，クララ・フランツィスカ（Clara Franziska Jacobi, 1777-1849, ヤコービの三女）……383, 390, 394
——，アンナ・カタリナ・シャルロッテ（ロッテ）（Anna Catharina Charlotte Jacobi, 1752-1832, ヤコービの義妹）……364, 371, 383, 390, 394
——，ズザンナ・ヘレーネ（Susanna Helene Jacobi, 1757-1830, ヤコービの義妹）……364, 382, 383, 390, 394
——，ヨハン・ペーター（Johann Peter Jacobi, 1760-1830, ヤコービの義弟）…………364
ヤーコプ（Ludwig Heinrich von Jakob, 1759-1827）……203, 206, 362
ヤーコプス（Friedrich Jacobs, 1764-1847）……396, 420

ラ　行

ライプニッツ（Gottfried Wilhelm Leibniz, 1646-1716）……11, 12, 42, 43, 78–81, 88, 91, 101, 106, 107, 119, 121, 123, 127, 128, 165, 166, 172, 180, 181, 263, 269, 271, 272, 277–88, 290–99, 306, 318–20, 323, 324, 329–31, 343, 375, 377, 387, 389, 418
ライマールス，エリーゼ（エミーリエ）（Elise Reimarus, 1735-1805）…21, 59, 63, 65, 114, 151, 252, 334, 377, 378, 411
——（Hermann Samuel Reimarus, ライマールス兄妹の父）……70, 151, 377
——（Johann Albert Heinrich Reimarus, 1729-1814, エリーゼ・ライマールスの兄）……27, 111, 112, 151, 183, 252, 338, 374, 378
ラインホルト（Carl Leonhard Reinhold, 1757-1823）……401, 415, 416
ラーヴァター（Kaspar Lavater, 1741-1801）……206, 347, 371, 373, 374, 412
ラオスベルク（Marie Katharina Lausberg, 1728-1763）……364
ラ・フォルジュ（Louis de La Forge, 1632-1666）……296
ラミ（Dom François Lamy, 1636-1711）……290, 293, 296, 298, 299
ラ・ロッシュ（Sophie v. La Roche, 1731-1804）……70, 369, 371
ランガー（Ernst Theodor Langer, 1743-1820）……115
ランゲ（Joachim Lange, 1670-1744）……128, 129, 284, 285, 296, 297
リード（Thomas Reid, 1710-1796）……115, 367, 387
リヒテンベルク（Georg Christoph Lichtenberg, 1742-1799）……29, 391

ルイ十六世（König von Frankreich Ludwig XVI, 1754-1793）……………………………… 389
ルキアノス（Loukianos, B.C. 120-80）…………………………………………………………… 336
ルクレティウス（Titus Carus Lucretius, B.C. ca. 94-55）………………………………… 348
ル・サージュ（Georges-Louis Le Sage, 1724-1803）……………………69,114,365,370,401
ルター（Martin Luther, 1483-1546）……………………………………………………24,28,356
ルソー（Jean-Jacques Rousseau, 1712-1778）……………………………………365,366,402
レイ（Marc Michel Rey, 1720-1780）…………………………………………………111,366,368
レウキッポス（Leukippos）………………………………………………………………………239,321
レッシング（Gotthold Ephraim Lessing, 1729-1781）…… 20,42,44,59,60,61-63,65-67,69-79,81-85,88-91,93-105,108,109,112,114,115,117,120,122,126,128,151,155,164,165,205,252,259,260,264,265-68,270,272,275,276,295,297,318,319,323,329,334,335,337,338,369,374-78,383,386,402,412
レーベルク（August Wilhelm Rehberg, 1757-1836）………………… 204,206,255,345,346
レモン（Nicolas Remon, ?-1716）…………………………………………180,289-91,293,298
ロック（John Locke, 1632-1704）……………………………………………64,122,128,257
ローデンシュタイン（Jodocus van Lodenstein, 1620-1677）………………………………… 364
ロート（Friedrich von Roth, 1780-1852）…………………………………44,367,398,401

事項索引

あ　行

愛（Liebe）…… 7,23,30,51,56,57,77,97,114,122,168,196,199,233,251,275,352,356,372,375,401,413,419,423
アウクスブルクの帝国議会の決議（Reichstagsschluss zu Augsburg）……………………83
アカデミア派（akademiker, académicien）…………………………………………………… 288
頭の数だけ意見あり（Quot capita, tot sensus）……………………………………257,258
アナクレオン派（Anakreontiker）……………………………………………………………113,364
意志（Wille）…· 12,19,25,39,49,53,54,56,74,75,77,89,114,117,118,127,129,134,137-41,159,162,168,177,193,197,198,244,261,262,268,270,273,275,308,313,314,354,357
意識の同一性（Identität des Bewußtseins）………………………………………………………50
依存関係の継起（Folge der Dependenz）…………………………………………………… 305
一にして全（Eins und Alles, 'Eν και παν〈ヘン・カイ・パーン〉）……72,73,90,98,104,112,229,258,287,303,374
異論（Erinnerungen）……·43,104,105,116,125-27,146,149,152-55,164,169,170,179,184,205,274,341,349,378-80
因果性（Kausalität）…………………………………………………17,34,202,262,307,314,321
宇宙（Universum）…·18,41,43,56,95,143,201,206,214,215,216,217,223,224,228-31,235-38,242,244,245,248,249,258,274,278,280,294,302,312,319,321,418
宇宙の生きた鏡（lebendige Spiegel des Universi）………………………………………… 278
宇宙を動かす人（Beweger des Alls）……………………………………………………………… 202
宇宙（万有）の建築士（Baumeister des Weltalls）………………………………………… 300
宇宙有神論（Cosmotheismus）……………………………………………………………… 19,25
運動と静止（Bewegung und Ruhe）…………………… 158,159,163,171,274,278,305,405
栄光ある悲惨さ（Splendida miseria）……………………………………………204,257,258
叡智（者）　（Intelligenz）………………………31,56,260,261,263,277,308,314,316,397
謁見の間（la chambre d'audience）……………………………………………………………… 290
エレア学派（Eleaten）……………………………………………………………… 90,278,418
エンテレケイア（Entelechie, entelecheia）………………………… 106,123,165,287,289

か　行

懐疑論者（les Pyrrhoniens,Skeptiker）……………………………… 19,82,127,186,385
懐疑論（Skeptizismus）……………………………………………………………82,127,186,385
確実性（Gewißheit）…………………145,167,168,176,178,179,310,379,381,391,404,417,

確信（Überzeugung）…… 10,11,13,17,19,20,22,24,32,33,35,56,62,64,68,80,82,98,145,152,167,174,178,182,183,191,200,220,256,260,305,315,342,368,374,375,379,387,388,398,412,417,424
活動性（Wirksamkeit）……10,34,134,135,136,138,226
可能態・能力（Potenz）……219,222-24,237,238
カバラ主義者（Kabbalisten）……74,287,377
神性における三位（drei Personen in der Gottheit）……300
神的なもの（Göttliche）……15,177,192,225
神の息吹（Odem Gottes）……55,353
神の現存在（Daseyn Gottes）……32,266,275,313,368
神の人格性（Persönlichkeit Gottes）……260
神の摂理（Vorsehung）……34,47,88,296
神の智恵（sagesse divine）……319
感情（Gefühl）……12,13,19,20,22-24,32,33,54,56-58,63,80,114,122,132,134,140,144,145,175,188,233,234,242-44,292,320,346,350,351,359,361,384,386,393,419
惰性（Trägheit）……135
機会原因論（Occasionalismus）……282,290,296
機械論的な（mechanisch）……34,47,50,52,129,270,271,287,303,312,314,320
幾何学（Geometrie）……100,130,247,248,250,274,397,417
機制（Mechanismus）……50-52,55,76,202,270,271,309,311,313,314,320
基体（Subjekt）……219,220,225,232,233,281,322,346
キニク学派（Zyniker）……218
キュレネ学派（Kyrenaiker）……218
共存（Mitdasein）……47,51,124,163,302,313
偶有性（zufällige Beschaffenheit）……219,221,282
区別するもの（Unterscheider）……30,131,214,257
経験概念（Erfahrungsbegriff）……305,307,321
啓示（明らかにすること）（Offenbarung）……13,17,20,21,22,28,29,31,34,93,115,167,168,178,182,320,344,365,386,396,420
形而上学（Metaphysik）……130,131,146,287,288,289,296,329,330,375,403,408,424
形而上学的な交通（die metaphysische Communication）……281
形相因（formelle Ursache）……213,214,216,217
形相的に（formaliter）……158,159
決定論者（Determinist）……74,80,89,118,119,329
原因（Ursache）……5,18,25,31,34,74,75,76,79,80,89,116,118,119,121,127,133,134,136,137,140,144,160,172,175,198,202,213-17,244,249,259-62,270,273,278,284,289,291,296,305-07,315,319,321,326,327,330,340,341,375,379,389,399
原因（Ensoph）……74,91,116,404,414

原材料（Urstoff）……75,117,118,158
現実性の原理（das Principium der Wirklichkeit）……123
限定は否定である（determinatio est negatio, Bestimmung ist Negation）……158
行為（Handlung）……18,49,50,52–55,57,58,83,118,120,132,141,144,145,150,156,170,192,197,216,223,226,228,234,239,261,262,269,271,280,308,321
悟性の因果性の原理（Causalitätprincip des Verstandes）……17
個体化の原理（principium individuationis）……279
根源的な表象（ursprüngliche Vorstellungen）……310,418
根本原則（Grundsatz）……7,49,159,204,282,333,346

さ　行

最高善（das höchste Gut）……15,234
最高存在者（höchstes Wesen）……13,21,42,227,260,263,331
最高の叡智者（die höchste Intelligenz）……260
最小のものについて（De Minimo）……40,234
材料（Stoff）……21,122,189,217,220,231
作用（Wirkung）……34,77,107,108,116,121,123,128,133–37,139,142,144,145,150,165,214,215,227,249,256,260,263–68,270,271,275,280,288,291,296,302,304,326,347,402
作用因（wirkende Ursache）……81,213,214,216,217,271,278,397
三段論法（Syllogismus）……55,198,320
思惟と延長（Denken und Ausdehnung）……267,274,275
自我（Ich）……366,393
時間（Zeit）……5,9,102,104,112,148,157,169,171,175,229,273,275,308,317,321–23
自己意識（Selbstbewusstsein）……81,274
思考することの様態（modus cogitandi）……343
自己活動（Selbstthätigkeit）……52,53
自己結果（Effectus sui）……319
自己原因（Causa sui）……150,319
自然誌（博物学）（Naturgeschichte）……201,411
自然的なもの（das Natürliche）……31,93,300,314,418
自然哲学（Naturlehre）……31,34,113,238,397,421
自然は懐疑論者たちを困惑させ，理性は独断論者たちを困惑させる（La Nature confond les Pyrrhoniens et la Raison confond les Dogmatistes）……19,127,186,385
自然必然性（Naturnotwendigkeit）……150,271
持続（Dauer）……26,75,144,148,155,170,185,229,246,255,288,318,322,374,421
実在性（Realität）……21,139,164,221,248,273,322,381,416
実践的理性の全体系（System der praktischen Vernunft）……49
実体（Substanz）……10,20,21,56,78,81,117,118,120–22,125,132,142,150,158,159,160,

165, 166, 172-74, 202, 217-19, 221, 223, 225, 226, 230-33, 240, 268, 274, 275, 277, 278, 280, 282, 283, 288, 291, 293, 294, 298, 301, 304-06, 312, 315, 316, 322, 323, 330, 332, 343, 379, 380, 381, 392
実体形相（die substanziellen Formen, les formes substantielles）……………277, 287, 295
実体的紐帯（vinculum substantiale）……………91
質料（Materie）……………122, 126, 213-16, 218-30, 232, 237, 238, 239, 288, 316, 360, 379
質料的原理（materielles Princip）……………219, 224
自動機械の精神（des automates spirituels）……………81
死の跳躍（Salto mortale）……………33, 76, 85, 119, 270
思弁哲学（spekulative Philosophie）……………184, 202, 203, 300, 391, 392
自由意志（freier Wille）……………23, 77, 83, 118, 146, 185, 187, 296, 330
充足理由律（Satz des zureichenden Grundes , principium rationis sufficientis）……128, 307, 314, 320
宿命論（Fatalismus）……74, 76, 80, 83, 89, 139, 141, 142, 150, 181, 202, 263, 297, 300, 329, 330, 331, 413
受動性（Passivität）……………136, 307, 321, 367
受動的な原理（das leidende Prinzip）……………291
純化された汎神論（der verfeinerte Pantheismus）……………275
純粋意識（reines Bewußtsein）……………272
純粋な愛の原理（Prinzip reiner Liebe）……………57
情動（Affect）……………58, 76, 122, 384, 386, 392
衝動（Trieb）……24, 29, 48, 51, 53, 56, 57, 140, 143, 144, 186, 239, 242, 244, 325, 327, 340, 350, 351, 407, 408
所産的自然（natura naturata）……………98, 159, 275, 295, 305
助力の体系（systema assistentiae）……………281
思慮深さ（Tiefsinn）……………64, 65, 69, 70, 246, 334
信（じること）（Glaube）……22, 24, 54-56, 91, 96, 167, 168, 178, 179, 182, 378, 379, 381, 383, 386, 404, 413, 414
信仰（Glaube）…20, 24, 25, 32, 95, 114, 123, 145, 153, 166-68, 179, 192, 193, 227, 246, 250, 291, 319, 347, 354, 357, 379, 414, 424, 425
神学的信仰条項（theologischer Glaubensartikel）……………291
人格的存在（persönliches Dasein）……………24, 261, 263
人格的な神性（persönliche Gottheit）……………108
神学論争（theologische Streitigkeiten）……………70, 151, 376
神人同感同情論的（anthropopathisch）……………259, 269
神人同形論（擬人観）（Anthropomorphismus）……………18, 25
神性（Gottheit）……58, 72, 78, 94, 98, 108, 117, 118, 123, 124, 145, 149, 169, 197, 203, 224, 227, 241, 243, 245, 248, 250, 252, 266, 278, 300, 317, 374

真の観念（idea vera）……89,404
神秘主義（Mysticismus）……113,178
信憑（Fürwahrhalten）……178,179
真理の控えの間（Vorzimmer der Wahrheit）……289
数学（Mathematik）……69,204,233,238,253,287,298,304,365
スピノザ主義者（Spinozist）……20,67,73,78,82,96,97,99,104,112,121,122,125,200,275,277,297,319,369,378,380,403
スピノザ主義の打ち勝ちがたさ（Die Unüberwindlichkeit des Spinozismus）……19,383
すべての形相の形相にして源泉（aller Formen Form und Quelle）……222
生成（Werden）……43,90,111,116,155,156,233,238,240,278,304,317,318,320,414
生命（Leben）……7,14,78,166,189,195,196,198,214,215,217,218,222,227,231,232,236,237,239,279,283,302,327,334,345
制約されたもの，被制約者（das Bedingte）……22,125,309,310,312,380,389,418
制約されないもの，無制約者（das Unbedingte）……57,309,310,311,312,389,397,418
世界外的な（außerweltlich）……261
世界の構築者（Weltmeister）……214,238
世界の眼（Auge der Welt）……214
世界霊魂（Weltseele）……94,108,123,165,214,216,217,227,238
絶対的な欲望（die absolute Begierde）……48
摂理（Vorsehung）……29,197,199,202,335,352,390,413
先験的（超越論的）（transzendental）……147,164,175,381,417
先験的な統一（transzendentale Einheit）……75,98,117,123,124,
先験的（超越論的）統覚（die transzendentale Apperzeption）……175,272,276
全体は必然的に部分に先立つ（totum parte prius esse necesse est）……341
想像力（Einbildungskraft）……14,143,243,246,247,249,250,257,258,302,393
想念的に（objective）……158,159,162
ゾロアスター教の最高神（Ormuzd）……24
存在の感情（le sentiment de l'être）……142,174,298

た　行

第一（の）原因（die erste Ursache）…50,75,117,134,138,142,144,145,146,213,248,260,261,313,315,424
第一性質（Qualitates primitives）……122,128
第二性質（Qualitates secundarias）……128
対立するものの例外なき一致（durchgängige Koinzidenz des Entgegengesetzten）……233
単純な実体（les substances simples）……165,288
力と方向の保存（la coservation de la force & de la direction）……289

知と意志（Wissen und Willen） …… 19,25
中項（medium terminum） …… 319
超感性的なもの（das Übersinnliche） …… 11-14
超自然学（Hyperphysik） …… 203
超自然的なもの（das Übernatürliche） …… 17,31,93,300,312-14,316,321,418
超世界的な原因（supramundane Ursache） …… 261
デカルト主義（cartésianisme） ……282,290
電光放射（Fulguration） ……79
同一性（Identität） …… 48,49,98,123,128,204,213,233,260,300,319,330,360,387
統覚（Apperzeption） ……175,272,276
道徳（Moral） …… 15,62,140,169,189,190,301,350,368
徳性（Tugend） ……14,24,419
独断論者（les Dogmatistes） ……19,127,186,385

な　行

内在的なコナトゥス（conatu immanent） ……80,286
二元論（Dualismus） ……43,91,271,272,274,275,282,291,387,395
ニヒリズム（Nihilismus） …… 392
ノアの洪水（Sündfluth） ……24
能産的自然（natura naturans） ……98,150,157,159,223,224,260,268,274,275,306,392
能動的原理（das tätige Prinzip） …… 291

は　行

媒介の無限性（Unendlichkeit von Vermittelung） …… 310
万人の万人に対する戦い（bellum　omnium contra omnes） …… 279
汎神論者（Pantheist） ……18,73,399
汎神論論争（Pantheismusstreit） …… 128,296,410,413,427
非スピノザ主義者（Nicht-Spinozist） ……20
非哲学（Unphilosophie） ……8,358,384,385,392,414,424
フィロソフィア・ノラーナ（philosophia Nolana） ……41
不可知論（Akatalepsie） ……278,418
不可入性（Undurchdringlichkeit） ……279,303
フーシェの異議（Einwürfe des Foucher） ……293,298
不死性（Unsterblichkeit） ……11,55,58,78
物理的な交通（die physische Communication） …… 281
普遍的な知性（allgemeiner Verstand） …… 214
フリードリヒ・ハインリヒ・ヤコービ性（Friedrich-H einrich-Jacobiheit） ……30
ペリパトス学派（Peripatetiker） …… 225

膨張と収縮（Expansion und Kontraktion）……79,318,319

ま　行

見えない教会（unsichtbare Kirche）……27,414
無限性（Unendlichkeit）……75,117,118,226,227,244,245,310
無神論（Atheismus）……19,32,42,69,72,113,115,146,172,181,200-02,241,242,245-47,250-53,296,383,388,398,404,413,416,417
無神論論争（Atheismusstreit）……391,405
無知（Nichtwissen）……22,23,34,100,139,248,273,384,385
〈無からは何物も生じない〉（a nihilo nihil fit）……377
無に近いもの（prope nihil）……226
明敏さ（Scharfsinn）……65,69,70,334
名誉の原理（Prinzip der Ehre）……53,56
目的因（Endursache）……76,80-82,131,140,146,150,213,214,216,217,270,271,277
モナド（Monade）……80,106,165,166,177,278,279,281,285,288,291-93,330,389,418
モナドロジー（Monadologie, Monadenlehre）……91,285,292
物自体（Ding an sich）……161,387

や　行

有神論者（Theist）……72,97,201,335,337,397
有神論論争（Theismusstreit）……405
様態（Modifikation）……118,119,157-62,171,173,175,268,275,278,296,305,380,404,405
欲望（Begierde）……8,47-51,53,54,75,139,140,141,270,274,275,286,293,327,340,357
欲望の原理（Prinzip der Begierde）……57
欲求（Appetitum）……10,65,80,89,138,144,150,165,248,302,334,376
予定調和（die vorbestimmte Harmonie, Harmonia praestabilia）……42,80,275,277,278,281,282,284,286,293,294,296-99,375

ら　行

理神論（Deismus）……202,335,337,416
力学の究極理由（les dernieres raisons du mécanisme）……287
理性（Vernunft）……11,12,14-16,18,19,21-23,26,29,47,53,57,77,88,91,106,113,121,123,127,166,168,169,177,186,193,196,198,200,220,244,250,260,271,296,301-03,306,308-10,313,316-18,321-23,333,348,352,361,377,383,389,390,393
理性概念（Vernunftbegriff）……305,321
理性信仰（Vernunftreligion）……366
理性的存在者（vernünftiges Wesen）……48,49
理性の有（entia rationis）……257,258

理性法（Vernunftgesetze）……………………………………………………………346
理由（根拠）（Grund）………………………………………………………………306
理由の概念（Begriff des Grundes）………………………………………306,307,321
量（Quantität）……………………………48,49,125,171,186,194,303,306,322,417
類似性（Ähnlichkeit）…………………34,213,261,282,283,290,293,319,342,345,375,389
ルター派の信者（Lutheraner）………………………………………………………83
霊気（spiritus）…………………………………………………………………………18
隷属（Sklaverey）……………………………………………………………87,313
連結するもの（vinculum）……………………………………………………………80
論理的熱狂（logischer Enthusiasmus）…………………………………………7,30

文献索引

［原題後の（　）内は著者名］

あ　行

『悪についての対話』*Gespräche über das Böse*（ヘルバルト）……262

『朝の時間，あるいは神の現存在についての講義』*Morgenstunden oder Vorlesungen über das Daseyn Gottes*（メンデルスゾーン）……182, 271

『アリステ』*Aristée ou de la Divinité*（ヘムステルホイス）……96, 103, 145

『アルヴィル書簡集』*Eduard Allwills Briefsammmlung*（ヤコービ）……6, 28

『アレクシスあるいは黄金時代』*Alexis oder Von dem goldenen Weltalter*（ヘムステルホイス）……388

「ある孤独な思索家の心情の吐露」Zufällige Ergießungen eines einsamen Denkers（ヤコービ）……28, 389

「ある注目すべき著作についてのさまざまな人々の考え」Gedanken Verschiedener bey Gelegenheit einer merkwürdigen Schrift（ヤコービ）……66

『イェーナ一般文芸新聞』*Die Jenaische Allgemeine Literatur Zeitung*……44

『遺稿集』*Opera posthuma*（スピノザ）……80, 88, 89, 100, 172, 175, 176, 291, 292, 318

「一般ドイツ文庫」(Die Allgemeine Deutsche Bibliothek（発行者：シュッツ・フーフェラント）……32

『一般文芸新聞』*Die Allgemeine Literatur Zeitung*……361, 362

「ヴィソヴァティウスの反論」Des Andreas Wissowatius Einwürfe wider die Dreynigkeit（レッシング）……318

『ヴォルデマール』*Woldemar*（ヤコービ）……29, 30, 110, 337, 372, 373, 376, 389, 401, 411, 412, 418

『オイディプス王』*Oedipus Tyrannus*（ソポクレス）……354, 356

『エウデモス倫理学』*Ethic. ad Eudemum*（アリストテレス）……177, 180

『エルキダリウス・カバリスティクス』*Elucidarius Cabalisticus*（バハター）……153, 177, 413

『エルサレムあるいは宗教的力とユダヤ教について』*Jerusalem oder über religiöse Macht und Judentum*（メンデルスゾーン）……180

か　行

『学芸ヨーロッパ』*Europe Savante*……292

『学識ある無知について』*De docta ignorantia*（クザーヌス）……111

『学者の使命に関するいくつかの講義』*Einige Vorlesung über die Bestimmung des Gelehrten*（フィヒテ）……391

「学術団体，その精神と目的について」(Über gelehrte Gesellschaften , ihren Geist und Zweck（ヤコービ） ……29
『神についての対話』(『神』) *Gott: Einige Gespräche*（ヘルダー） ……107,108,115,179,259,262,263,265,270,272,273,274,275
『神の存在証明の唯一可能な証明根拠』*Der einzig mögliche Beweisgrund zu einer Demonstration des Daseins Gottes*（カント） …… 368
『神の理性的崇拝者のための弁明あるいは弁護の書』*Apologie oder Schutzschrift für die vernünftigen Verehrer Gottes*（ヘルマン・ザムエル・ライマールス） ……70,151
『近世哲学史講義』*Zur Geschichte der neueren Philosophie*（シェリング） ……403,421
『寓話』*Eine Parabel*（レッシング） …… 376
『形而上学的思想』*Cogitata Metaphysica*（スピノザ） ……171,172,292
「形而上学的学問の明証についての論文」Abhanndlung über die Evidenz in Metaphysischen Wissenschaften（メンデルスゾーン） …… 368
『芸術の庭』*Kunstgarten*（ヤコービ） …… 411
『ゲッティンゲン学芸報知』*Göttingischer gelehrte Anzeige* …… 5
「ケッペン宛の三通の手紙」Drei Briefe an Köppen（ヤコービ） …… 391
『原因・原理・一者について』*De la causa, principio e Vno, Von der Ursache, dem Prinzip und dem Einen*（ブルーノ） …… 40,211,388
「『言語起源論』においてヘルダー氏によって提出された動物の熟練さと芸術衝動の発生論的な説明についての考察」Betrachtungen über die von Herrn Herder in seiner Abhandlung vom Ursprung der Sprache vorgelegte genetische Erklärung der thierischen Kunstfertigkeiten und Kunsttriebe（ヤコービ） …… 370
『個体化の原理について』*De principio individvi*（ライプニッツ） …… 279
『国家』*Der Staat*（プラトン） …… 224
『ゴルゴタとシェブリミニ』*Golgatha und Scheblimini! Von einem Prediger in der Wüsten*（ハーマン） …… 177

さ　行

『サヴァン』誌　*Journal des savants, Tagebuch der Gelehrten* …… 289,292,293,298,299
『シェリングの学説あるいは絶対無の哲学の全貌。関連する内容のヤコービの三通の手紙を付す』*Shellings Lehre oder das Ganze der Philosophie des absoluten Nichts. Nebst drey Briefen verwandten Inhalts von F. H. Jacobi*（ケッペン） …… 396
「思考の方向を定める問題」Was heißt: Sich im Denken orientieren?（カント） ……31,32,383
『自然及び恩恵の原理』*Principes de la nature & de la grace, fondés en raison*（ライプニッツ） ……91,166
『自然宗教についての対話』*Dialogues Concerning Natural Religion, Gespräche über die natürliche Religion*（ヒューム） …… 272

『自然神学』*Theologia naturalis*（ヴォルフ）……125
『自然哲学の改善されたフィヒテ哲学への真なる関係の説明』*Darlegung des wahren Verhältnisses der Naturphilosophie zu der verbesserten Fichte'schen Lehre*（シェリング）……31
『自然哲学の考案』*Ideen zu einer Philosophie der Natur*（シェリング）……34
『実践理性批判』*Kritik der praktischen Vernunft*（カント）……31,203,204,262,263,346
『実体の本性と実体相互の交渉ならびに心身結合についての新たな説』*Système nouveau de la nature & de la communication des substances , aussi bien que de l'union qu'il y a entre l'ame & le corps*（ライプニッツ）……295
『詩と真実』*Dichtung und Wahrheit*（ゲーテ）……85,206,369,370,372,409,410,422,427
『思弁哲学の精神』*Geist der spekulativen Philosophie*（ティーデマン）……202,203
『事物の本性について』*De Rerum Natura*（ルクレティウス）……348
『市民社会の歴史』*An Essay on the history of Civil Society*（ファーガソン）……350,351
『純粋理性批判』*Kritik der reinen Vernunft*（カント）……28,31,171,175,179,180,203,262,263,276,387,403
『神学研究に関する書簡』*Briefe, das Studium der Theologie betreffend*（ヘルダー）……205
『神学・政治論』*Tractatus theologico- politicus*（スピノザ）……61,100,111
『神的事物とその啓示について』*Von den Göttlichen Dingen und ihrer Offenbarung*（ヤコービ）……28,29,34,320,396,420
『心理学の試論』*Essai de psychologie*（シャルル・ボネ）……365
『人類最古の記録』*Älteste Urkunde des Menschengeschlechts*（ヘルダー）……357
『人類の教育』*Die Erziehung des Menschengeschlechts*（レッシング）……60,98,111
『信をめぐるデイヴィッド・ヒューム，あるいは観念論と実在論』*David Hume über den Glauben, oder Idealismus und Realismus. Ein Gespräch*（ヤコービ）……5,6,28,69,106,115,204,205,255,274,277,291,295,317,320,321,329,330,331,344,361,362,364,366,368,381,385,386,387,388,406,413,417
『スピノザによる自然と神』*Natur und Gott nach Spinoza*（ハイデンライヒ）……275,294,341
『スピノザの学説に関する書簡』（『スピノザ書簡』）*Über die Lehre des Spinoza in Briefen an Herrn Moses Mendelssohn*（ヤコービ）……5,6,11,32,45,58,115,178,179,203,252,253,261,262,297,321,329,336,364,368,378,382,383,384,385,386,387,388,392,397,401,402,403,405,410,414,415,416,424,425,427,428,429
『スピノザ主義のデカルト学派の哲学との関係について』（*Über den Zusammenhang des Spinozismus mit der Cartesianischen Philosophie*（ジグヴァルト））……316
「政治的叙事詩」Eine politische Rhapsodie（ヤコービ）……30
『全集版』（デュタン版）*Opera omnia*（ライプニッツ）……288
『全知識学の基礎』*Grundlage der gesamten Wissenschaftslehre*（フィヒテ）……403

『ソフィール』*Sophyle ou de la philosophie*（ヘムステルホイス）……………………96

た 行

『魂の能力についての分析的試論』*Essai analytique sur les fucultés de l'âme*（シャルル・ボネ）……………………365
『知性改善論』*Tractatus de intellectus emendatione, Abhandlung ueber die Verbesserung des Verstandes*（スピノザ）……………………89,171,172,179
「超越論的観念論について」Über den transzendentalen Idealismus（ヤコービ）……………………29,389
『彫刻についての書簡』*lettre sur la sculpture*（ヘムステルホイス）……………………96
『ティマイオス』*Timaios*（プラトン）……………………224,238
『デカルトの哲学原理』*Renati Des Cartes Principiorum Philosophiae, Descartes' Prinzipien der Philosophie in der geometrischer Weise dargestellt*（スピノザ）……61,69,100,111,171
『哲学史講義』*Vorlesungen über die Geschichte der Philosophie*（ヘーゲル）……403
『哲学史綱要』*Grundriß der Geschichte der Philosophie. Für den akademischen Unterricht*（テンネマン）……………………28
『哲学書簡』*Lettres philosophiques*（ヴォルテール）……………………367,385
『哲学対話』*Philosophische Gespräche*（メンデルスゾーン）……297,368,375,376,413
『哲学的輪廻』*Philosophische Palingenesie*（シャルル・ボネ）……………………95
『哲学等の文書集』*Recuil de diverses pièces, sur la philpsophie, la religion naturelle, l'histoire, les matimatiques, &c. Par Mrs. Leibniz, Clarke, Newton, & autres auteurs célèbres*（デ・メゾー）……………………172,343
『哲学の批判的歴史』*Historia critica philosophiae*（ブルッカー）……………………44
『哲学の歴史』*Geschichte der Philosophie*（テンネマン）……28,110,202,203,318
『哲学の歴史の教本』*Lehrbuch der Geschichte der Philosophie und einer kritischen Literatur derselben*（ブーレ）……………………203
『ドイツ・ムゼーウム』誌 *Deutsches Museum*……345,360,372,378
『ドイツ・メルクール』誌 *Der Deutsche Merkur (ab Bd.2: Der Teutshe Merkur*……90,204,369,370,371,372,409,412
『道徳の形而上学原論』*Grundlegung zur Metaphysik der Sitten*（カント）……316
『動力学試論』*Specimen Dynamicum*（ライプニッツ）……………………279
「動力学の確定され，説明されるべきさまざまな事柄について」pro dynamicis suis confirmandis illustrandisque（ライプニッツ）……………………279
『匿名氏の断片』*Fragment eines Ungenannten*（執筆：ヘルマン・ザムエル・ライマールス／発表：レッシング）……………………70,151

な　行

『ナータン』*Nathan der Weise*（レッシング）……76, 376
『人間知性研究』*An Enquiry Concerning Human Understanding*（ヒューム）……414
『人間知性新論』*Nouveaux essais sur l'entendement humain*（ライプニッツ）……79, 277
『人間とその関係についての書簡』*Lettre sur l'homme et ses rapports*（ヘムステルホイス）……96, 149

は　行

『ハイデルベルク文学年報』*Heidelberger Jahrbuch der Literatur* (1808-1872)……400
『ハイラスとフィロナスの三つの対話』*Trois dialogues entre Hylas et Philonous, Three Dialogues between Hylas and Philonous*（バークリ）……365
『測りがたいものと数えきれないものについて』*De immenso et innumerabilibus*（ブルーノ）……40
『ハレ一般文芸新聞』*Die Hallesche Allgemeine Literatur Zeitung*……44
「汎神論について」Über den Pantheismus（クラウス）……203
『パンセ』*Pensées*（パスカル）……31, 129, 204, 205, 368, 385
『フィヒテ宛公開書簡』*Sendschreiben an Fichte*（ヤコービ）……29, 34, 58, 384, 391, 393, 405, 419
『フェードン』*Phaedon oder über die Unsterblichkeit der Seele in drey Gesprächen*（メンデルスゾーン）……367, 368
『ベルリン月報』*Berlinische Monatsschrift*……153, 383, 416
『弁神論』*Essais de Théodicée*（ライプニッツ）……79, 80, 88, 91, 101, 127, 166, 289

ま　行

「マルブランシュ神父の原理の考察」Examen des principes du R. P. Malebranche, Entretiens de Philarete et d'Ariste（ライプニッツ）……290
『無限，宇宙及び諸世界について』*De l'infinito universo et mondi*（ブルーノ）……41
「メンデルスゾーンの非難に抗して」Wider Mendelssohns Beschuldigungen betreffend die Briefe über die Lehre des Spinoza（ヤコービ）……297
「もう一つの政治的叙事詩」Noch eine politische Rhapsodie（ヤコービ）……30

や　行

『ヤコービ氏の神的事物についての著作の記念碑』*Denkmal der Schrift von den göttlichen Dingen ec. Des Herrn Friedrich Heinrich Jacobi*（シェリング）……398
『ヤコービ哲学とメンデルスゾーン哲学の結果』*Die Resultate der Jacobischen und Mendelssohnschen Philosophie von einem Freywilligen*（ヴィツェンマン）……177, 180
『友情と愛』*Freundschaft und Liebe*（ヤコービ）……114, 372

『ユダヤ教におけるスピノザ主義』*Der Spinozismus Im Jüdenthumb*（バハター） …… 177
「ヨブ記」Hiob …… 193
『ライプツィヒ学報』*Acta Eruditorum* …… 279, 288, 293
「ライプニッツ，永遠なる罰について」Leibniz, Von den ewigen Strafen（レッシング） …… 318
「理性を悟性にもたらそうとする批判主義の企てについて」Über das Unternehmen des Kriticismus, die Vernunft zu Verstand zu bringen（ヤコービ） …… 29, 391
「リヒテンベルクの予言について」Über eine Weissagung Lichtenbergs（ヤコービ） …… 391
『ルターの教え』*Die Weisheit D. Martin Luther's*（ルター） …… 28
『歴史批評辞典』*Dictionnaire historique et critique*（ピエール・ベール） …… 69, 293, 299
『レッシングが語ったあること』*Etwas das Lessing gesagt hat*（ヤコービ） …… 29, 378
『レッシングの友へ』*An die Freunde Lessings*（メンデルスゾーン） …… 127, 379, 383

ヤコービ年譜

（＊が付いている箇所はその年関連の出来事）

1743年（0歳）

フリードリヒ・ハインリヒ・ヤコービは富裕な実業家である父ヨハン・コンラート・ヤコービ，母は商業顧問官の娘，ヨハンナ・マリア・ファルマーの次男として1月25日にデュッセルドルフに生まれる。3歳上の兄はアナクレオン派の詩人であり，ハレ大学，フライブルク大学の哲学の教授となるゲオルク・ヤコービ。

1744年（1歳）

8月25日　ヘルダーが東プロイセンの町モールンゲンに生まれる。

ロレンツ・シュミット（Johann Lorenz Schmidt）によるスピノザの『エチカ』のドイツ語訳が『われわれの時代の有名な哲学者，クリスティアン・ヴォルフ氏によって反駁されたベネディクト・フォン・スピノザの倫理学，ラテン語からの翻訳』というタイトルで出版される。

1746年（3歳）

9月19日　ヤコービの母死去。

1748年（5歳）

ヤコービの父はワイン商人の娘マリア・カタリーナ・ラオスベルクと再婚する。後に3人の子供が生まれる。

1749年（6歳）

8月28日　ゲーテがフランクフルトに生まれる。

1751年（8歳）

この頃から魂の永遠について思い悩む。寡黙で，思い煩う子供であった。

1752年（9歳）

2月9日　異母妹のシャルロッテ・ヤコービ生まれる。

1753年（10歳）

3月28日　異母妹のヘレーネ・ヤコービ生まれる。

1755年（12歳）

メンデルゾーンは『哲学対話』（*Philosophische Gespräche*）を刊行する。この書においてメンデルスゾーンは哲学史におけるスピノザの名誉回復を図ろうとする。

1757年（14歳）

オランダ人，ヨドクス・フォン・ローデンシュタインによって創設された敬虔主義の団体「上品な人々」に加入する。

1759年（16歳）

父親から家業（砂糖工場と織物業）の後継者となることを決められていたヤコービは，商人としての見習いのためフランクフルトに行くが，生

まれ持った内向的な性格から周囲になじめず，短期間で家に帰る。父親は商売取引の修業のためヤコービをジュネーヴへ行かせる。数学者であり物理学者でもあったル・サージュのもとでシャルル・ボネ，ルソーの友人たち，出版者ミッシェル・レイとの出会い。フランス語とフランス文学を徹底的に習得する。
若いロシア人の伯爵サルティコフは文学，哲学に抗いがたい愛着をもっていたヤコービをジュネーヴ近郊のフェルネーにいたヴォルテールに引き合わせてくれる。ヴォルテールの著作に触れていく契機となる。またイギリスの哲学者（バークリー，ハチソン，ファーガソン）たちの作品も知るようになっていく。
ジュネーヴ大学では医学部に在籍していたヤコービは，滞在が終わろうとするとき，家業を継ぐことより，イギリスのグラスゴー大学の医学部でさらに勉学し，学者の道を進みたい意向であったが，諸事情のため断念する。
＊この年の夏にカント，ハーマンの交流始まる（カント宛ハーマン書簡）。

1760 年（17 歳）
異母弟ペーター生まれる。

1761 年（18 歳）
ジュネーヴからデュッセルドルフに戻る。父親の仕事（織物業と砂糖工場）を次第に任されるようになる。帰国後もヴォルテールの著作を読み続ける。特にヤコ―ビを惹き付けた著作は『哲学書簡』であった。

1762 年（19 歳）
＊カント『神の存在の論証の唯一可能な証明根拠』（12 月）刊行。

1763 年（20 歳）
カントの前年出版された『神の存在証明の唯一の可能な証明根拠』を熱狂して読む。この年のベルリンアカデミーの懸賞論文で一席となったメンデルスゾーンの「形而上学的学問の明証についての論文」を読む。

1764 年（21 歳）
7 月 26 日　織物業で財をなしたアーヘンのクレールモン家の娘，ヘレーネ・エリザベト・クレール モンと結婚する。

1765 年（22 歳）
7 月　長男ヨーハン・フリードリヒ生まれる。デュッセルドルフのフリーメイスンの結社「完全なる友愛」の会計課長に任命される。

1766 年（23 歳）
＊ブルッカー『哲学の批判的歴史』刊行（翌年完結）。

1767 年（24 歳）
2 月　長女ユリアーネ生まれるが，5 日後に死去。
＊メンデルスゾーン『フェードンあるいは三つの対話における魂の不死性について』刊行。

1768年（25歳）
3月　二男ゲオルク・アーノルト生まれる。
1769年（26歳）
7月　二女ゲリンデ生まれるが，8ヵ月後に死去。
1770年（27歳）
9月　ゲーテはシュトラースブルクで眼病の治療に来たヘルダーを訪問する（初めての出会い）。
1771年（28歳）
6月　コブレンツのエーレンブライトシュタインで二人の作家，ゾフィー・ラ・ロッシュ，マルティン・ヴィーラントと兄ゲオルクの紹介により知り合う。
7月　フランツ・フォン・フュルステンベルク宛の重要な哲学書簡。この書簡においてヤコービは，古代においては公民の教育と陶冶が目標であったが，近代では「富」と「優越」を追求することだけが目標となっていることを指摘している。また「この学問〔哲学〕を私は一二年間とても頑固に勤勉に勉強してきました」と述べている。
9月　三男マクシミリアン生まれるが，11ヵ月後に死去。
1772年（29歳）
1月2日　ヤコービはデュッセルドルフの総督ゴルトシュタインの提議をうけ，選帝侯カール・テオドールによってユーリッヒ・ベルク公国の鉱山および関税問題の宮廷財務官に任命される（プロテスタントとしては初めて）。
1月　メルクが『フランクフルト学芸報知』の編集を引き受け，ゲーテ，ヘルダー，ゲオルク・シュロッサー（ゲーテの妹コルネリアと73年に結婚）らが同人となる。
10月　ゲーテの辛辣な風刺劇「ヤコービ兄弟の不幸」が書かれる。この劇でとりわけ嘲笑されたのはアナクレオン派の詩人でもあった兄ゲオルク・ヤコービとヨーハン・ヴィルヘルム・グライムの往復書簡（1768年刊行）である。
＊ヘルダー『言語起源論』刊行。
1773年（30歳）
2月　『ドイツ・メルクール』誌の第一号をヴィーラントと協力して刊行。この号にヤコービはシャルル・ボネとヘルマン・ザムエル・ライマールスの研究が論の中心に置かれている最初の論文「言語起源論においてヘルダー氏によって提出された動物の熟練さと芸術衝動の発生論的な説明についての考察」を掲載する。（5月25日，ゲオルク・クリストフ・リヒテンベルクが「この論文は最近の雑誌の中で唯一注目に値するものである」とA. シェルンハーゲンに書いている）。これ以降もヤコービはヘルダーの作品に特別の関心を持ち続ける（1781年の夏，ヘルダーの『神学の書簡』を読み，強い共感を覚える）。
4月7日　ゲーテはヘプフナーに宛て「メルクが君のスピノザをくれました。もう

	少し手元において差し支えありませんか。僕はこの人の鉱脈，坑道の中をどれほどまで追求していけるかやってみたいのです」と書く。
4月	ヤコービの妻エリザベトとヤコービの妹シャルロッテの二人はフランクフルトに行く。ここでヨハンナ・ファルマー（のちにゲーテの義弟のシュロッサーの二番目の妻となる）の仲介でゲーテと会う。二人はゲーテの妹コルネリアとも親しい関係を築く。
8月	デニス・ディドロがデュッセルドルフのヤコービの家を訪問。
9月15日	ゲーテはケストナー宛てに，ヴィーランとヤコービが創刊した『ドイツ・メルクール』誌を「愚劣な雑誌」と非難し，その一方で，先頃会ったヤコービの妻エリザベトを「まことに愛すべき立派な婦人で，彼女とは全く気持ちよく交際できた。ぼくは一切の説明を避け，まるで彼女には夫も，義兄もないかのように振る舞った」と書いている。
10月	四男フランツ生まれる。
1774年（31歳）	
7月半ば	ゲーテ，ラーヴァター，バーゼドーはライン下りの旅。21日，3人はデュッセルドルフに到着。7月22日，エルバーフェルトでゲーテとの初めての出会い。24日の夜にはケルンの宿で二人は時を忘れ，スピノザについて語り合う。『詩と真実』第三部ではこの時の様子が次のように書かれている。 「哲学的な思考，スピノザの考察においてさえも，私よりはるかに進んでいた彼は，私の曖昧な努力を導き，解き明かそうとしてくれた。このような，純粋な精神の親和性はわたしには初めてであったので，もっと語り合いたいという激しい願望が呼び起こされた。夜，一度別れて，寝室へ退いてしまってから，私はもう一度彼を訪れた。月光は広いラインの河面にきらきらゆれていた。私たちは窓際に立ちながら，精神が繰り広げられるあのすばらしい時代に豊かに湧き出てくる思想の交換の充溢に耽ったのであった。」
8月13，14日	ゲーテからヤコービへの手紙でもって「ゲーテ＝ヤコービ往復書簡」が始められる（ヤコービからゲーテへの初めての手紙は8月26日付）。 レッシングはヘルマン・ザームエル・ライマールスの『神の理性的崇拝者のための弁明あるいは弁護の書』の一部を「無名氏の断片」として発表する。このことがやがてハンブルクのカタリーナ教会の主席牧師ゲッツェとの激しい「神学論争」へと至る。 ＊ゲーテ『若きヴェルターの悩み』（4月）刊行。
1775年（32歳）	
	1月の初めから約四週間フランクフルトに仕事で滞在したヤコービは2度ゲーテを訪問する。
4月	五男マクシミリアン生まれる。
8月	書簡小説『アルヴィル』の最初の部分が『イーリス』誌の第四巻，第二号に掲載される（最終版・1792年）。

11月7日	ゲーテはザクセン＝ヴァイマール公，カール・アウグストの招聘を受け入れ，ヴァイマールに移住。
1776年（33歳）	
6月	妻エリザベトの母（ヘレーネ・マルガレーテ・フォン・クレールモン）の死。莫大な遺産をエリザベトに残す。10月，ヘルダーはゲーテ，ヴィーランとの尽力によって，新教の宗務総監督となる。 ＊アダム・スミス『諸国民の富』刊行。
1777年（34歳）	
	ヤコービは『友情と愛。真実の物語』を『ドイツ・メルクール』誌に数度に分け，掲載する。後に哲学的小説『ヴォルデマール』（最終版・1796年）となる。
2月	三女クララ生まれる。
3月	ゲーテ『シュテラ』発表。この作品をヤコービは道徳的に認めがたく，二人の関係は冷えていく。 ＊この年の終わりにゲーテの戯曲『感傷主義の勝利』の第一稿が書かれる。
1778年（35歳）	
9月	ゲオルク・フォルスターがペンペルフォルトを初めて訪問する。フォルスターの仲立ちでクリストフ・リヒテンベルク，クリスティアン・ドームと知り合いになる。プファルツの選帝侯カール・テオドールがバイエルンの選帝侯にもなる。 ＊レッシング『寓話』（3月）刊行。
1779年（36歳）	
	この年の初め，宮廷財務官としての仕事が評価され，バイエルンの財務大臣，ホムペッシュ（Franz Karl Joseph Anton von Hompesch）の推薦によりバイエルン公国の枢密顧問官及び参事官に任命され，ミュンヘンに行く。ヤコービは自由貿易，農民の君主への依存関係の減少などの改革を提案するが，宮廷内部からの猛反対に遭い，挫折する。 5月に帰郷。ヤコービは「二つの政治的叙事詩」を『美しく，有益な文学のためのバイエルン論集』（*Baierische Beyträge zur schönen und nützlichen Literatur*）第一巻，第五号（1779）に発表する。 6月の終わり，あるいは7月の初めに，ゲーテはエッテルスベルクの公園でヴァイマールの宮廷の人々を前にしてヤコービの小説『ヴォルデマール』をかしわの木に釘で刺し，聖十字架称賛を行う。ヤコービは深く傷つけられ，ゲーテに説明を求めるが，ゲーテは沈黙して語らない。二人の関係は悪化する（断絶した関係は1782年10月2日付ゲーテからヤコービ宛の和解の手紙まで続く）。
8月	ヤコービが『ヴォルデマール』を送ったお礼としてレッシングから『賢者ナータン』が送られてくる。ヤコービはレッシングに翌年のヴォルフェンビュッテルへの旅を約束する。

1780年（37歳）

7月　北ドイツへ11週間の旅。7月5日にヴォルフェンビュッテルに到着。レッシングとの対話が行われる。ヤコービからゲーテの詩「プロメテウス」を読むよう勧められ，二人で言葉が交わされる（本書68頁）。

「私〔ヤコービ〕：あなたはこの詩をじかに知っていたのですか。

レッシング：読んだことは一度もなかったのですが，いいものだと思います。

私：私もそれなりにいいものだと思います。そうでなければあなたにお見せしなかったでしょう。

レッシング：私は違ったふうに思っています。……この詩が出てきた視点は，私自身の視点でもあります。神性についての正統的な概念はもはや私には合いません。私はそれを享受することができません。〈一にして全《ヘン・カイ・パーン》〉（'Εν και παν），私はこれ以外のものを知りません。この詩もまたこのことをめざしています。そしてこの詩がたいへん気に入っていることを認めざるを得ません。

私：そうであればあなたはスピノザの見解にかなり賛成ですね。

レッシング：私を誰かにちなんで名付けよと言われれば，私は彼以外の人を知りません。

私：スピノザは私も十分気に入ってますが，しかし彼の名前に見いだすのは悪しき救済です。」

さらにヤコービはスピノザの精神はと問われ，「それはまさしく古代的なものでした。すなわち〈無からは何物も生じない〉ということです」と答える。続く対話の中でヤコービによって初めて定式化された言葉が述べられる。

「私の判断では研究者の最大の現功績は存在を露わにし，明らかにすること（Dasein zu enthüllen, und offenbaren）であります。説明することはかれにとって手段であり，目標への道であり，もっとも近い目的ですが最終目的ではありません。彼の最終目的は，説明され得ないもの，すなわち解決できないもの，直接的なもの，単純なものです。」

この対話の記録から，ヤコービは三年後の7月21日にエリーゼ・ライマールスに「レッシングはスピノザ主義者〔汎神論論者〕であった」と伝える。

7月11日までヴォルフェンブッテルに滞在。このあとハンブルクに行き3週間滞在する。クロプシュトック，ライマールス兄妹と会う。クロプシュトックとは2週間ほど毎日会う。それからヴァンツベックのマティアス・クラウディウスのもとを訪ねる。彼のところで二人の子供（長男のヨーハン・フリードリヒと次男のゲオルク・アーノルト）を養育してもらっていた。リューベックでゲルステンベルクとも会う。帰路，8月10日，ブラウンシュヴァイクで再びレッシングと会う。12日から15日まで二人でハルバーシュタットのグライム邸に滞在。レッシングはこ

の滞在の折，グライム邸の園亭《あずまや》の壁紙に〈一にして全《ヘン・カイ・パーン》〉（Ἑν και παν）という標語を書き入れる。

12月4日	ヤコービはレッシングから「落ち着いて，『ヴォルデマール』を完成させなさい」という励ましの手紙をもらう。 ＊レッシング『人類の教育』（復活祭）刊行。
1781年（38歳）	
2月15日	レッシング死去。
2月	フランツ・ヘムステルホイスとガリツィン侯爵夫人がペンペルフォルトを訪問。
3月	ラーヴァターと交流がはじまる。
7月の初め	ヤコービはヴィーラントの支配する側を擁護する論文「当局の神的権利について」（1777年11月『ドイツ・メルクール』誌に掲載）への反論として『ドイツ・ムゼウーム』誌，第六号に「権利と力について」を発表する。
8月	ヤコービ作品集第一部（『芸術の庭』（『ヴォルデマール』の改作）と『アルヴィル書簡集』）を刊行する。
10月	ヤコービはこの作品集をクリスティアン・ドームの仲介により，次のような言葉，すなわち「尊敬するメンデルスゾーン先生へ，長年の感謝を感じている生徒である著者より，1781年10月23日，ペンペルフォルトにて」を添えてメンデルスゾーンに献呈する。 ＊カント『純粋理性批判』第一版（5月）刊行。
1782年（39歳）	
11月	『レッシングが語ったあること』がベルリンの出版社「デッカー」（Decker）から匿名で発行される。この論文はスイスの歴史家，ヨハネス・ミュラーがヤコービに『教皇たちの旅』と題する書を贈ったことが契機となり書かれる。ミュラーはオーストリアのヨーゼフ二世の啓蒙主義的な理念による，上からの独裁的な改革に対する批判する。「国家の唯一の目的は個人の権利を保護する」ことであり，幸福，徳，敬虔さは国家が教えるものではなく，個人の自発性によってのみ生ずるとヤコービは主張する。
1783年（40歳）	
	「スピノザ論争」（汎神論論争）が始まる。
3月25日	エリーゼ・ライマールス（ヘルマン・ザムエル・ライマールスの娘）はヤコービにメンデルスゾーンがレッシングの特性について書く計画があることを伝える。
5月29日	ヘルダーからヤコービへの初めての書簡（この書簡はヘルダーがヴァンツベックのマティアス・クラウディウスの家に滞在している折に書かれた）。
7月21日	ヤコービはエリーゼに「レッシングはスピノザ主義者であった」ことを

メンデルスゾーンは知っているかどうか尋ねる。

8月4日　エリーゼはこの知らせをメンデルスゾーンに知らせる。

8月16日　メンデルスゾーンは30年来の友がスピノザ主義者だったと言われたことに驚き，当惑して，より詳しいことを知りたい旨，エリーゼに書く。

11月4日　ヤコービは1780年7月のレッシングと交わした対話のすべて（四折版約36頁）を，エリーゼを介してメンデルスゾーンに送る。

11月8日　メンデルスゾーンはエリーゼに，ヤコービを誤解していたと告げ，次のように書いている。

「私はヤコービ氏を誤解していたことをはっきりと認めます。私は，彼が気晴らしとして哲学ニュースに興味を持っていた才人だと思っていました。私は，彼が思考することを自らの仕事としてやってきた人物であり，権威から距離をとり，彼自身の道を追求することができることを十分感じている人物だと思います。」

1784年（41歳）

1月8日　四男フランツ死去。

2月9日　ヤコービの妻エリザベト，40歳で亡くなる。

8月1日　メンデルスゾーンがヤコービにレッシングとの「対話」におけるヤコービのスピノザ主義の理解に対する「異論」を送る。

8月7日　ヤコービはメンデルスゾーンに「スピノザの学説の第一の叙述」である「ハーグのヘムステルホイス氏への書簡の写し」を送る。

9月18-29日　ヤコービはマティアス・クラウディウスと義妹のシャルロッテとともに，ヴァイマールにゲーテを訪問する。またヘルダーとも会う。ヤコービはこの訪問の際，ゲーテとヘルダーに『スピノザ書簡』の原稿を渡す。ゲーテ，ヘルダーさらにクネーベルも加わり，ヤコービとスピノザ哲学についての意見が交わされる。

11月2日　ヘルダーはヤコービにハーマンの『理性の純粋主義についてのメタクリティーク』の写しを送る。

＊ヘルダー『人類歴史哲学考』第一部発表（翌年第二部発表）。

1785年（42歳）

1月6日　「ハーマン＝ヤコービ往復書簡」が始まる。1788年6月まで多く（100以上）の書簡が交わされる。

4月26日　ヤコービはメンデルスゾーンに「スピノザ哲学の第二の叙述」であるスピノザ哲学に関する「四四のテーゼ」を送る。この書簡の終わりの部分でヤコービは信ずること（Glaube）について次のように述べている。

「信により私たちは私たちが身体をもつことを，また私たちの外部に他の物体や他の思惟するものが存在することを知るのです。このことは実にすばらしい啓示です！というのも，私たちはあれこれの性質を具えた身体だけを感じるのですから。私たちは，身体があれやこれやの性質を具えていることを感じることにより，私たちは身体の変化だけでなく，単なる感覚でもなく，思考でもない，身体とは全く違った

何かに，すなわち他の現実的なものに気づくのです，しかも，それでもって私たちが私たち自身に気づくまさに同じ確実性でもって。というのも汝なしには我は不可能なのですから。」

6月9日　ゲーテはヤコービ宛の手紙で前年の9月にヤコービのヴァイマール訪問の際に渡された『スピノザ書簡』の原稿の感想を述べている。

「きみはスピノザ主義全体の根拠である最高の実在性を認めています。すべてのものはこれに基づき，ここから流出しています。彼〔スピノザ〕は神の存在を証明しているのではなく，存在が神です。それゆえ他の人々が彼を無神論者と非難するならば，わたしは彼を最大のキリスト教者と呼び，褒め称えたいと思います。」

8月　メンデルスゾーンの『朝の時間』出版される。ここでは有神論者と汎神論者の中間の道が模索され，レッシングは「浄化されたスピノザ主義者〔汎神論者〕の擁護者」（der Vertheidiger des geläuterten Spinozismus）と言われる。また「純化された汎神論（der ver feinerte Pantheismus）は宗教の，道徳の教えの真理ととてもよく両立することができること，その違いは，単に人間の行為や幸福には少しも影響を与えることのない洗練されすぎた思弁にある」と主張する。

9月　『スピノザ書簡』（第一版）がブレスラウの出版社「レーヴェ」（Löwe）から刊行される（ゲーテは9月11日に『スピノザ書簡』を受け取る）。この第一版を構成している主な内容は「レッシングとヤコービの対話」，スピノザ主義についての「第一，第二の叙述」と最終章の「スピノザ主義は無神論である」から始まり，「人間のあらゆる認識と活動の基本要素は信（Glaube）である」で終わる六つのテーゼで成り立っている。ヤコービのこの書には「盲目的信仰の説教者」，「理性を軽視する者」あるいは「学問特に哲学を軽視する者」という非難が浴びせられる。このことが『信をめぐるデイヴィッド・ヒューム』を書く決意をさせる。

9月16日　ヘルダーはヤコービ宛の手紙で贈られた『スピノザ書簡』の感想を述べている。

「きみの手紙と本はとても喜ばしいものでした。本は統一がとれていました。そして結語において，私が原稿の段階ではまだ読んでいなかったものにおいて，きみのゲーニウスが善をおこなう良き精神のように私のまわりを漂いました。目下スピノザ主義への憤激が生じています。メンデルスゾーンがいかにそれを解消しようとするのか見ていましょう。きみは真の，正統なキリスト教徒です。というのもきみは申し分のない世界外の神をもち，さらにきみの魂を救済しているからです。きみもまた，だれがそのまわりを走り回ろうとも「スピノザ主義は無神論である」などの公理でもって杭を打ち込みました。私はさしあたり介入いたしません。」

9月28日　ハーマンもまたヤコービ宛の手紙で『スピノザ書簡』の感想を述べている。

	「私は，メンデルスゾーンに先んじるというあなたの決定に，またあなたが論争の本質をつくり上げた方法に完全に満足しています。この本がどのように受け取られようとも，この事におけるあなたの志しているものと手続きは正しく，興味深いのです。……あなたの問題は言語と理性に関する私の『メタクリティーク』の焦点になるでしょう。」
9月終わり	ヤコービはメンデルスゾーンに『スピノザ書簡』を送る。10月初めにメンデルスゾーンはヤコービに『朝の時間』を送る。
10月初め	ヘルダーはハーマンに書いている。 「あなたは私たちのヤコービの「スピノザ主義あるいはアンチ・スピノザ主義」を受け取ったことと思います。そして本当のことを言えば，メンデルスゾーンと同様に，彼〔ヤコービ〕が説明しようとすればするほど，私にとっては事の真相が遠ざかっていってしまうと言わざるを得ません。」
10月16日	メンデルスゾーンはカントに宛て「ヤコービ氏の著作〔『スピノザ書簡』〕は珍奇な混合物で，頭はゲーテ，身体はスピノザ，脚はラーヴァターといった，ほとんど怪物のように生まれついたものです」と書く。
11月15日	カントは「ヘルダーの『人類歴史哲学考』第二部の論評」を『一般文芸』誌に発表する（この年の1月，3月にも論評する）。
	この年は，思い肺病を患っていたヴィツェンマンをペンペルフォルトに迎え，世話をする。ヴィツェンマンは父親に次のように書いている。 「きわめて高貴な人々の一人であるデュッセルドルフの顧問官（ヤコービ）は私を彼の家に迎えてくれ，兄弟のように私の世話をしてくれています。」
1786年（43歳）	
1月4日	メンデルスゾーン死去。
1月6日	メンデルスゾーンの『レッシングの友に』が出版される。ここでメンデルスゾーンは次のように述べている。 「私の友がひそかな瀆神者，それゆえ偽善者として告発されない限り，私にとって「レッシングはスピノザ主義者だ」という知らせはどうでもいいことでした。というのも「浄化されたスピノザ主義」（ein geläuterter Spinozismus）もまた存在することも知っていましたから。この「浄化されたスピノザ主義」は宗教と道徳の教えが実際に持っているすべてのものと調和していることは，私が『朝の時間』で詳細に示したとおりです。」
4月7日	カントのマックス・ヘルツ宛書簡。 「ヤコービの狂想は何ら真面目なものではなくて，名声を博さんがための気取った天才狂にすぎず，それゆえほとんど真面目に反駁するに値しません。わたしは『ベルリン月報』に何か寄稿してこの欺瞞を暴露しようかと思っています。」
4月中旬	ヤコービはメンデルスゾーンの『レッシングの友に』に対して「『スピ

ノザの学説に関する書簡』についてのメンデルスゾーンの非難に抗して」を発表する。

5月5日　ゲーテはヤコービから上記の「メンデルスゾーンの非難に抗して」を送付された時の感想を述べている。

「きみの小冊子を関心を持って読みました。しかし喜びをもってというわけではありませんでした。これは論難書であり，哲学的なものです。……きみにはうらやましいことがたくさんあります。家，屋敷，ペンペルフォルト，富，子供，姉妹，友人たち，そしてまだ続く等等。それに対して神はきみを形而上学でもって罰し，きみの体に刺を打ち込んだのでした。それとは反対に神は私を物理学でもって祝福してくれました。それは神のつくられたものを直観することにしあわせを感じるためです。……きみが，神は信じることができるだけであるというのであれば（101頁），私は直観を大いに尊重するといいます。」

5月　ヴィツェンマンは『ある篤志家によって批判的に考察されたヤコービの哲学とメンデルスゾーンの哲学との結果』刊行。その中でヴィツェンマンは道徳的，宗教的な信（仰）に関してヤコービとメンデルスゾーンにおいては重要な違いがあると主張している。

6月11日　ビースターのカント宛書簡。

「あなたのミネルヴァの治療石を狂人どもに投げつけ，H. ヤコービはあなたを誤解しているのだということを，またあなたがキリスト教社会において無神論と狂信を促進させるような仲間ではけっしてあり得ないということを，少なくとも近いうちに力強く読者に教えて下さるよう切願致します。」

6月13日から8月10日まで伯爵レーヴェントゥロウの夫人ユリアの招待を受け，ロンドン，リッチモンドへの旅をする。ロンドンではデンマークの代理大使のシェーンボルン（Gottlieb Friedrich Ernst Schönborn）と集中した，哲学的な対話をする。

10月　カント「思考の方向を定める問題」を『ベルリン月報』10月号に発表する。この論文でカントが提出した「理性信仰」という概念はヤコービにとって折衷的なものであり，満足のいくものではなかった。このことがカント批判の「超越論的観念論について」を書くきっかけとなっていく。

＊ラインホルト『カント哲学についての書簡』を『ドイツ・メルクール』誌に8月より発表。

1787年（44歳）

3月　ヤコービは『信をめぐるデイヴィッド・ヒューム，あるいは観念論と実在論』，付録として「超越論的観念論について」をブレスラウの出版社「レーヴェ」から刊行する。この著作は，始めの計画では第一の対話が『信をめぐるデイヴィッド・ヒューム』，第二の対話が『観念論と実在論』，第三の対話が『ライプニッツあるいは理性』という題名で別々の

本として刊行される予定であった。この書においてヤコービは「感覚による単一な認識を主張し」，実在論に与することをはっきりと述べている。また付録の「超越論的観念論」には哲学史に残った次のような言葉が書かれている。

「私は，ここ数年間，『純粋理性批判』を幾度も繰り返して，新たに，読み始めなければなりませんでした。なぜなら，かの〔物自体の〕前提なしには体系にはいることはできず，かの前提をもってはその体系のうちには留まりえなかったということについて，私は絶えず迷っていたからです。この前提でもってカントの体系に留まることは，どうしても不可能です。」

8月　ヤコービ，ヘムステルホイス『アレクシスあるいは黄金時代』の翻訳を完成する。

8月12日から10月の終わりまで，ハーマンがペンペルフォルトに滞在。

＊カント『純粋理性批判』第二版（6月）。

1788年（45歳）

1月　ヤコービ「善意の嘘と理性ではないある理性についての考察」を『ドイツムゼーウム』誌，第一分冊に発表する。

6月21日　ハーマン死去。

10月終わり　ヴィルヘルム・フォン・フンボルがペンペルフォルトを訪問する。その時の様子をヤコービは兄ゲオルク・ヤコービに宛て次のように言っている。

「フンボルトはわずかの人だけが持っている思弁的な頭脳の持ち主です。友人のヴィツェンマンの死以来，フンボルトと過ごした6日間ほど哲学的思索にふけることができたことはありませんでした。」

＊カント『実践理性批判』（12月）刊行。

1789年（46歳）

『スピノザ書簡』第二版が刊行される。この版では大幅な増補がなされた。初版にはなかったすべての記録的文書，すなわちレッシングとメンデルスゾーンの書簡が載せられ，さらに第一付録から第八付録までの独立した論文が掲載される。第一付録では「汎神論者」としてのジョルダーノ・ブルーノが再発見され，第六付録ではヘルダーの『神についての対話』が批判される。第六，第七付録でヤコービは哲学の初めての歴史哲学的な解釈の輪郭を描いている。

8月30日　カントはヤコービに宛て，「ヘルダーの『神』における理神論とスピノザ主義との折衷主義を，あなたは根本的に反駁なさいました。つまり，あらゆる折衷主義の根底には概して誠実性の欠如ということがありますが，このような心情の性格は，この偉大な手品師には特に固有なものです」と書く。

＊ハイデンライヒ『スピノザによる自然と神』刊行。

1790年（47歳）

3月28-30日　ゲオルク・フォルスターがアレキサンダー・フォン・フンボルトと一緒にペンペルフォルトに滞在する。
9月3日　ヘムステルホイス死去。
＊カント『判断力批判』(復活祭) 刊行。

1791年 (48歳)
8月12日　詩人のフリードリヒ・レオポルド・シュトルベルク伯爵がヤコービの次男のゲオルク・アーノルトと共にイタリア旅行からペンペルフォルトに帰ってくる。(1800年のシュトルベルク伯爵のカトリックへの改宗はヤコービにとって大きな衝撃を与える)。ヘーゲル，ヘルダーリンが『スピノザ書簡』を読む。
＊ルイ16世処刑される (1月)。
＊ティーデマン (Tiedemann)『思弁哲学の歴史』第一巻刊行 (1797年に全6巻完結)。

1792年 (49歳)
11月6日から12月4日までゲーテの2度目のペンペルフォルト滞在 (この時の様子はゲーテの「帯仏陣営記」の「ペンペルフォルト，1792年11日」の章参照)。
＊フランスでは王政廃止 (8月)。

1793年 (50歳)
＊シュライエルマッハーが『スピノザ書簡』を読む。
＊ゲーテ『光学論考』完成。

1794年 (51歳)
6月24日　「ゲーテ＝シラー往復書簡」始まる。
8月24日　シラーから『ホーレン』誌への寄稿を頼まれる。
9月　フランス革命軍の侵攻により，ヤコービは義妹のヘレーネと娘のクララを連れてペンペルフォルトからハンブルク，ホルシュタインへと逃れて行く。このときから，ミュンヘンのバイエルン・アカデミーの招聘まで10年近くを北ドイツで過ごすことになる。北ドイツでヤコービを迎えてくれた人々は伯爵クリスティアン・レヴェントゥロウ，フリードリヒ，レオポルド・ツー・シュトルベルク，マティアス・クラウディウス，クロプシュトック，ゲルステンベルク，フォスである。
＊フィヒテ『全知識学の基礎』第一部・第二部刊行。

1795年 (52歳)
7月20日　シラーは論文「ある孤独な思索者の心中の吐露」に関してゲーテに書く。
「ヤコービが彼の論文を送ってくれました。この論文には優れたものが多くあります，とりわけ他の人々の考え方への判断における公平さがあります。そしてあらゆる点において自由な哲学の香りがします。」
8月　ヤコービの論文「ある孤独な思索者の心中の吐露」がシラーの推薦で『ホーレン』誌 (Die Horen) 第八号に掲載される。
＊シェリング『哲学の原理としての自我について』刊行，『独断論と批

判主義に関する哲学的書簡』を匿名で雑誌に連載。

1796年（53歳）

4月26日　フィヒテはヤコービ宛に次のように書いている。

「あなた以外の誰一人，私にとって明らかであるように，私があなたと一致していることを気づいていないことはとてもあり得るだろうと思います。もう一度繰り返します，あなた以外の誰一人，と。なぜなら，あなたはスピノザにおいて，スピノザの入り組んだ理論装置から一つの体系を取り出し，スピノザの精神を純粋に提出することができることを，そして，諸部分から，諸部分が属している全体へと推論することができることを示してくれたからです。私はあなたよりずっと年下です。私は，すべての精神的な才能を統一することに関してはあなたの後塵を拝するものですが，目標と究極目的によってあなたの友情を受けるに値すると思います。そしてそれゆえ私はあなたに良心に恥じることなく，私に友情を与え，それを持ち続けることをお願い致します。」

5月　カントは「哲学において最近高まってきた高尚な口調について」（『ベルリン月報』5月号）を発表する。ゲオルク・シュロッサーの『シラクサの国家改革に関する書簡』が批判される。カントの言葉で言えば「理性の声」ではなく「感情によって哲学する人々」が俎上に載せられる。

12月26日付のゲーテの手紙を最後に約三年間，「ゲーテ＝ヤコービ往復書簡」は中断する（1799年12月9日付ヤコービからゲーテ宛書簡まで)。この「往復書簡」の中断の原因は，ゲーテの完成した『ヴィルヘルム・マイスター』（6月完成）についてのヤコービの批評をめぐって軋轢が生じたからである。

ヴィルヘルム・フォン・フンボルトが北ドイツの旅の途中，ヤコービの住まいに立ち寄り，その時のヤコービの様子が書かれている。

「とても注目すべきはヤコービにおける真面目な真理への熱意であり，それでもって彼が真理を探し出そうとする努力である。彼が，言葉では表現できないほどの根気強さでカントを研究してきたことだけでも，そのことは本当に驚嘆に値する。」

この年，『マティアス・クラウディウス選集』第六巻，『ヴァンツベックの使者』の書評を引き受ける（この書評の構想が，無神論論争にも巻き込まれながら，脹らんでいき，「宗教的な実在論と観念論についての考察」となって一三年後の『神的事物とその啓示について』となる)。

1797年（54歳）

ヤコービはホルシュタインの「北のヴァイマール」と言われたオイティーン（Eutin）に定住を決める。

＊フィヒテ『知識学への第一序論』を『哲学雑誌』に掲載。

＊シェリング『自然哲学の考案』刊行。

1798年（55歳）

10月13日　ジャン・パウルからヤコービ宛書簡で二人の交流が始まる。

この年の終わり頃，フィヒテ「神の世界統治にたいする我々の信仰の根拠について」を発表し，「無神論論争」始まる（翌年，7月にフィヒテはイェーナを去る）。

＊シェリング『世界霊について』刊行。

＊シュレーゲル兄弟『アテネーウム』創刊（5月）。

＊テンネマン『哲学の歴史』第一巻（1819年に全10巻完結）刊行。

1799年（56歳）

この年の初め，ハインリッヒ・シェンクは枢密院顧問官としてミュンヘンに行く。

カール・レオンハルト・ラインホルトは復活祭にオイティーンにいるヤコービを訪問し，しばらく滞在する。

秋，『フィヒテ宛公開書簡』（論文「自由と啓示の概念の理性の概念からの不可分離性について」を含む）をハンブルクの出版社「ペルテス」（Perthes）から刊行。ヤコービは，フィヒテを人格的には無神論的ではあり得ないとフィヒテを擁護する一方で，純粋理性の営みを化学過程と捉え，それによって理性のみで成り立つ体系のそとではすべてが無へと変容されていってしまうと，すなわちニヒリズムに至ると主張する。

＊ヘルダー『純粋理性批判のメタクリティーク』刊行。

＊シュライエルマッハー『宗教論』刊行。

1800年（57歳）

＊ハーマン『理性の純粋主義についてのメタクリティーク』刊行。

＊ヘルダー『神についての対話』第二版刊行。

＊フィヒテ『人間の使命』刊行。

＊シェリング『超越論的観念論の体系』刊行。

1801年（58歳）

ヤコービは「リヒテンベルクの予言について」をヨハン・ゲオルク・ヤコービ（ヤコービの兄）が編集する『一八〇二年の手帳』に発表し，また「理性を悟性へともたらし，哲学一般に新しい意図を与える批判主義の企てについて」をカール・レオンハルト・ラインホルトが編集する『一九世紀初頭における哲学の状態を容易に概観するための寄与』第三号に発表する。

10月から翌年5月にかけ，デュッセルドルフ，アーヘン，パリへの旅。パリで芸術家，軍人，さらにナポレオンとも会う。ヤコービはナポレオンについて「根本において，全く平凡な人間である」（1806年4月24日付シュロッサー宛）と述べている。

1802年（59歳）

パリへの旅で体調が悪くなり，回復に一年ほどかかる。

＊『信仰と知』がヘーゲルとシェリングの編集による『哲学批判雑誌』第二巻第一分冊に匿名で掲載（7月）。

＊シェリング『ブルーノ』刊行。
＊1677年のスピノザ『遺稿集』以来の初めての，ハインリヒ・エーベルハルト・ゴットリープ・パウルスによるラテン語版全集の刊行開始（1850年までに第二のラテン語版全集も出る）。

1803年（60歳）
4月28日　ジャン・パウルに生活の困窮を訴えている。「私の収入が，過去8年間そうであったような比率で減り続けていくならば，最後には食べていけないことになってしまうでしょう」。
5月　ヤコービの「ケッペン宛三通の書簡」が発表される。フリードリヒ・ケッペンは『シェリングの学説，あるいは，絶対無の哲学の全貌，関連するヤコービの三通の手紙を付す』をハンブルクの出版社「ペルテス」から刊行する。
11月29日　スタール夫人よりヘルダーに推薦文を依頼され，ヤコービはヘルダーに書く。
「彼女には推薦文は必要ないでしょう。なぜなら，きみは彼女の著作のいくつかは読み，そこに才智ある，全く独創的な女性を認めているでしょうから。私は，特にボナパルトが彼女に腹を立てているだけに，私は彼女に本当に親切にしているのです」。
スタール夫人は12月14日，ヴァイマールに到着し，ゲーテ，シラーと会う。
12月18日　ヘルダー死去。
＊フリース『ラインホルト，フィヒテ，シェリング』刊行。

1804年（61歳）
この年の初めにアーヘンからクレールモン家と共同で営んでいた事業について悪い知らせが届く。生活はさらに困窮する。
9月　ミュンヘンにいるペンペルフォルト時代の友人ハインリヒ・シェンクから1759年に創立されたバイエルン学術アカデミーの再編のために招聘される。

1805年（62歳）
5月　バイエルン学術アカデミーの招聘を受け入れ，娘のクララ，息子のマクシミリアン，義妹のシャルロッテとヘレーネとともにオイティーンを去り，ミュンヘンへ旅立つ。
5月9日　シラー死去。
6月23日から7月1日，ヤコービはヴァイマールのゲーテを訪問する。(これが最後の対面であった)。
8月11日　ミュンヘンに着く。
＊フリース『知識，信仰，予感』刊行。

1806年（63歳）
4月終わり　ヤコービはヴュルツブルクからミュンヘンに移ってきたシェリングと知り合う。

8月6日　南ドイツの16の君主がナポレオンの保護のもとに「ライン同盟」を締結。
＊ゲーテ『ファウスト』第一部完成。

1807年（64歳）

7月27日　ヤコービは新しく再編されたバイエルン学術アカデミーの初代会長として「学術団体，その精神と目的について」の就任講演を行う。この講演でヤコービは有用的なものに反対し，国家にとっての真正な知恵である哲学の必要性を述べ，その際北ドイツと南ドイツの教養の違いにも触れた。このことが保守的な人々の反感を買い，北から呼ばれた学者たちへの誹謗，中傷，暴行事件へと発展していく。

10月12日　シェリングは「造形芸術の自然との関係について」の講演を学術アカデミーで行う。この講演を契機にヤコービとシェリングの関係は疎遠となる。ミュンヘン学術アカデミーの再編に招聘された北ドイツの，またプロテスタントの学者たち（ヤコービ，アンゼルム・フォエルバッハ，フリードリヒ・ヤーコプス，アドルフ・シュリヒテグロール，フリードリヒ・ティールシュ）に反ナポレオン主義者という嫌疑がかけられる。
＊ヘーゲル『精神現象学』刊行。

1809年（66歳）

ヤコービのアカデミー就任講演以来，バイエルン学術アカデミーの副会長であるクリストーフ・アレティン（Christoph Aretin）によって指導された，招聘された学者たちへの新聞での誹謗，中傷が続いていく。アレティンの主張は「ナポレオンによってカトリックの教会はプロテスタントの世界に勝つだろう」というものである。ヤコービや彼の同僚たちはアレティンを告訴する。
＊シェリング『人間的自由の本質』刊行。

1810年（67歳）

1月12日　ヤコービ，ゲーテの小説『親和力』の批評をケッペン宛に書く。
＊ゲーテ『色彩論』完成。

1811年（68歳）

2月28日　フリードリヒ・ティールシュへの暗殺未遂事件が起こる。3月にマクシミリアン1世の厳命が出て，北からきた学者たちへの攻撃はやむ。アレティンはノイブルクに配置換えとなる。

10月5日　ヤコービは『神的事物とその啓示について』をライプツィッヒのフライシャー（Fleischer）から刊行する。
＊ゲーテ『詩と真実』第一部完成。

1812年（69歳）

シェリングは『神的事物』において彼の哲学が自然主義と見なされたことに対し，『ヤコービ氏の神的事物に関する論文の記念碑』を発表し，論争となる（有神論論争）。

4月8日　ゲーテはクネーベルにヤコービの『神的事物とその啓示についての』を

批判する書簡を再び書く。
6月　南ドイツへの旅。ニュルンベルクでヘーゲルを訪ねる。
9月　ヤコービはアカデミーの会長職を退く。
ヤコービ，F. ケッペンと F. ロートの協力を得て『ヤコービ著作集』の第一巻を刊行。

1813年（70歳）
1月6日　ゲーテはヤコービに次のように書いている。
「人間は心によって一つになり，意見によって分かれます。前者は私たちが一つになる単純なものであり，後者は私たちがばらばらになってしまう多様なものであります。青春の友情は前者に基づき，老年になっての不和は後者に原因があります。……私は，自分の性格の多様性ゆえに，ある一つの思考方法では満足できません。詩人として，芸術家として私は多神論者ですが，それに対して自然研究者としては汎神論者です。」
ヤコービはこの手紙に応えることはなかった。40年近く続いた「ゲーテ＝ヤコービ往復書簡」は終わりを告げる。
貴族の称号を授与される。

1815年（72歳）
9月　ミュンヘンを訪れたヘーゲルがヤコービを訪問する。
『ヤコービ著作集』第二巻刊行。

1816年（73歳）
『ヤコービ著作集』第三巻刊行。

1817年（74歳）
1月5日　ナポレオンの決定的な敗北後，ドイツの将来に関し悲観的な見方をシャルル・ヴァンダーブール（Charles Vanderbour）宛に書いている。
「勝利を治めた君主たちは現在もっとも恐れられている。なぜなら彼らは，長いナポレオンの支配の後で失われたものを取り戻そうとし，ナポレオンと張合おうとするからです。」
春　ヘーゲル「『ヤコービ著作集 第三巻』批評」を『ハイデルベルク文学年報』（*Heidelbergische Jahrbücher der Literatur*）第一号，第二号に書く。
7月3日　ゲーテからヤコービへの最後の書簡。

1818年（75歳）
シュライエルマッハーがヤコービを訪問。

1819年（76歳）
3月10日　ヤコービ永眠。墓碑銘には「純粋なこころのものは幸いである。なぜならかれらは神を見るだろうから」と書かれている。
3月26日　ヘーゲルはヤコービの死を悼み，「彼〔ヤコービ〕は時代と個人の精神的教養の転回点を形づくり，私たちが私たちの現実存在をそこに思い描く世界のためのしっかりした支えとなる人々の一人でした」とニートハンマーに書く。

4月　ヤコービ著作集第四巻（『スピノザ書簡』第三版（本訳書）と「メンデルスゾーンの非難に抗して」を含む）がフリードリヒ・ケッペンの編集によって刊行される。新たに『スピノザ書簡』第三版に付けられた序文はヤコービの「覚え書き」から弟子のケッペンが編纂したものである。この序文においてヤコービはなぜ『スピノザ書簡』が書かれたかを以下のように述べている。

「スピノザの学説に関する私の書簡はそれゆえ，ある体系を別の体系によって押しのけるために書かれたものではない。私はただスピノザ主義の打ち勝ちがたさを論理的な悟性使用の側面から説明しようとしたのである。またいかなる神も存在しないというこの学説の目標に達しても，私たちの振る舞いは首尾一貫するであろうことを説明しようとしたのである。この学説はそれ自身からは反駁されることはあり得なかった。それにもかかわらず，私は別の哲学的確信を持っていたので，こうしたことを一つの事実になぞらえて話をしたのである。つまりどういう意味でレッシングがスピノザ主義者であったか，そしてどういう意味で私はそうでなかったか，という事実である。」

5月1日　ヤコービを偲び，バイエルン学術アカデミーによる追悼式が行われ，シュリヒテグロール，ヴァイラー，ティールシュがヤコービの生涯と業績を称える。シュリヒテグロールは次のように述べている。

「私たち若者は，あの時代に私たちの目をデュッセルドルフとペンペルフォルトに目を向けることが好きでした。そして私たちは，ドイツの大学における私たちの生活，大学の著名な学者との交わりが私たちに提供することのない生き生きとした，魅力的な，ゆたかな〔ペンペルフォルトの〕光景を喜んでいました。」

文　献　表

『スピノザ書簡』翻訳に関して

Baruch de Spinoza, *Sämtliche Werke Bd.2 Ethik in geometrischer Ordnung dargestellt*, Neu übersetzt, herausgegeben, mit einer Einleitung versehen von Wolfgang Bartuschat, Felix Meiner, Hamburg 1999.

Bruno, Giordano, *Über die Ursache, das Prinzip und das Eine*, Übersetzung und Anmerkung von Philipp Rippel, Philipp Reclam, Stuttgart 1986.

――――*Von der Ursache, dem Prinzip und dem Einen*, übersetzt von A. Lasson, hrsg. von Paul R. Blum, Felix Meiner, Hamburg 1993.

――――*Von der Ursache, dem Anfangsgrund und dem Einen*, Verdeutscht und erläutert von Ludwig Kuhlenbeck, Eugen Diedrichs, Jena 1906.

―――― *Cause, Principle and Unity*, Translated and edited by Richard J. Blackwell and Robert De Lucca, Cambridge University Press, New York 1998.

Herder, Johann Gottfried, *Gott. Einige Gespräche*, in Sämtliche Werke, hrsg. von B. Suphan, Band XVI, Nd Hildesheim 1967.

Herder, Johann Gottfried, *Herder Werke*, Deutscher Klassiker Verlag, Frankfurt am Main 1994.

Lessing, Gotthold Ephaim, *Gesammelte Werke*, hrsg. von P. Rilla, Aufbau-Verlag, Berlin und Weimar 1968.

――――*Lessing Werke*, hrsg. von Kurt Wölfel, Insel Verlag, Frankfurt am Main 1967.

Mendelssohn, Moses, *Ausgewählte Werke*, hrsg. von Christoph Schulte, Andreas Kennecke und Grazyna Jurewicz, Wissenschaftliche Buchgesellschaft, Darmstadt 2009.

Mendelssohn, Moses, *Philosophical Writings*, edited by Daniel O. Dahlstrom, Cambridge University Press, New York 1997.

ブルーノ，ジョルダーノ『原因・原理・一者について』（加藤守通訳）〈ジョルダーノ・ブルーノ著作集 3〉東信堂，1998。

ヘーゲル『信仰と知』（上妻精訳）岩波書店，1993。

ヘルダー『神についての会話』（植田敏郎訳）第三書房，1968。

ライプニッツ『単子論』（河野与一訳）岩波文庫，1951。

加藤紫苑「F・H・ヤコービ「ジョルダーノ・ブルーノ『原因・原理・一者について』抜粋」翻訳」，京都大学文学研究科西洋近世哲学史研究室『Prolegomena：西洋近世哲学史研究室紀要』6（1），2015。

「ヤコービの生涯と著作」に関して（[ ]は略号）

Altmann, Alexander, *Moses Mendelssohn A Biographical Study*, The Littman Library of Jewish Civilization 1998.

Altmann, A., Moses Mendelssohn on Leibniz and Spinoza, in *Studies in Rationalism, Judaism & Universalism*, 1966.

Aus F. H. Jacobis Nachlaß: Ungedruckte Briefe von und an Jacobi und Andere, hrsg. von Rudolf Zoeppritz 2 Bde., Wilhelm Engelmann, Leipzig 1869. [JN]

Baum, Günter, *Veränderungen 1774:1794 Goethe, Jacobi und der Kreis von Münster*, hrsg von Jörn Göres, 1974. [Baum]

Beiser, Frederic C., *The Fate of Reason*, Harvard University Press, Cambridge 1993. [Beiser]

Bielschowsky, Albert, *Goethe, Sein Leben und Seine Wer*ke, C. H. Beck, München 1906. [Bielschowsky]

Bollnow, Otto Friedrich, *Die Lebensphilosophie F. H. Jacobis*, W. Kohlhammer Verlag Stuutgart 1933.

Briefe von und an Hegel, hrsg. von Johannes Hoffmeister, Felix Meiner, Hamburg 1953. [HB]

Briefwechsel zwischen Goethe und Jacobi, hrsg. von Max Jacobi, Weidmannsche Verlagsbuchhandlung GmbH, Hildesheim 2005. [Briefwechsel]

Brüggen, Michael, 'Jacobi, Schelling und Hegel', in *Friedrich Heinrich Jacobi Philosophie und Literat der Goethezeit*, Vittorio Klostermann 1971. [Brüggen]

Christ, Kurt, *Jacobi und Mendelssohn Eine Analyse des Spinozastreits*, Königshausen & Neumann, Würzburg 1988. [Christ]

Christ, Kurt, *Friedrich Heinrich Jacobi Rousseaus deutscher Adept*, Königshausen & Neumann, Würzburg 1998. [Adept]

Deychs, Ferdinand, *Friedrich Heinrich Jacobi im Verhältniss zu seinen Zeitgenossen*, besonders zu Goethe, Hermann, Frankfurt am Main 1848. [Deychs]

Fischer, Kuno, *Shellings Leben, Werke und Lehre*, C. Winter, Heidelberg 1902.

Ford, Lewis S., 'The Controversy Between Shelling and Jacobi', in *Journal of the History of Philosophy*, Berkeley 1965. [Ford]

Friedrich Heinrich Jacobi's auserlesener Briefwechsel, hrsg. von Friedrich Roth. 2Bde., Leipzig 1825-27 (Nachdruck Bern 1970). [AB]

Friedrich Heinrich Jacobi (1743-1819)·Düsseldorf als Zentrum von Wirtschaftsreform, Literatur und Philosophie im 18. Jahrhundert. Eine Ausstellung des Heinrich—Heine—Instituts, zusammengestellt von Klaus Hammacher, erläutert von K. Hammacher und K. Christ, Droste Verlag, Düsseldorf 1985. [Düsseldorf als Zentrum]

Friedrich Heinrich Jacobi Nach Seinem Leben, Lehren Und Wirken: Bey der akademischen

Feier seines Andenkens am ersten May 1819 dargestellt von Schlichtegroll, Weiller und Thiersch, Fleischmann'schen Buchhandlung, München 1819.

Friedrich Heinrich Jacobis Werke 6 Bde., Leipzig 1812-1825 (Nachdruck Darmstadt 1968). [JW]

Goethes Briefe Hamburger Ausgabe in 4 Bänden 1968. [GF]

Gedenkausgabe der Werke, Briefe und Gespräche, Artemis Verlag, Zürich 1949. [GB]

Hegel, G. W. F., *Theorie Werkausgabe Werke 4*, hrsg. von E. Moldenhauer und K. M. Michel, Suhrkamp, Frankfurt am Main 1970. [HW]

Hammacher, Klaus, 'Ein Bemerkenswerter Einfluß französsichen Denkens: Friedrich Heinrich Jacobis (1743-1819) Auseinandersetzung mit Voltaire und Rousseau', in *Revue internationale de philosophie. N124-125*, 1978, pp. 327-347. [Hammmacher 1978]

———'Über Friedrich Heinrich Jacobis Beziehung zu Lessing im Zusammenhang mit dem Streit um Spinoza, in *Lessing und der Kreis seiner Freunde*, hrsg. von Günter Schulz, Lanbert Schneider, Heidelberg 1985. [Hammacher 1985]

Henrich, Dieter, *Between Kant and Hegel*, Harvard University Press, Cambridge 2003. [Henrich]

Heraeus, Otto, *Fritz Jacobi und der Sturm und Drang*, Carl Winter's Universitätsbuchhandlung, Heidelberg 1928. [Heraeus]

Homann, Karl, *F. H. Jacobis Philosophie der Freiheit*, Verlag Karl Alber, Freiburg München 1973. [Homann]

Hume, David, *An Enquiry Concerning Human Understanding*, Dover Philosophical Classics, 2004. [Hume]

Jaeschke, Walter, *Zwischen Wissen und Wissenschaft*, Fichte-Studien 1998, Bd.14, S. 151-152. [Jaeschke]

Johann Gottlieb Fichte Briefe, hrsg. von Manfred Buhr, Philipp Reclam, Leipzig 1986.

Johann Wolfgang von Goethe Werke Hamburger Ausgabe in 14 Bänden. [HA]

Kant, Immanuel, *Briefwechsel*, Felix Meiner 1972. [KB]

Kant und der Frühidealismus, hrsg. von Jürgen Stolzenberg, Felix Meiner, Hamburg 2007. [KF]

Loeve, Hans, *Friedrich Thiersch Ein Humanistenleben im Rahmen der Geistesgeschichte seiner Zeit*, Verlag R. Oldenbourg, München 1925. [Loeve]

Morris, Max, *Der jünge Goethe*. Neue Ausgabe, 5 Bände, Insel Verlag, Leipzig 1909-1912.

Philosophisch-theologische Streitsachen Pantheismusstreit-Atheismusstreit- Theismusstreit, hrsg. von Essen, Georg & Danz, Christian, Wissenschaftliche Buchgesellschaft, Darmstadt 2012.

Rose, Ulrich, *Friedrich Heinrich Jacobi Eine Biographie*, J. B. Metzler, Stuttgart 1993. [Rose]

Sandkaulen, Birgit, 'Jacobis „Spinoza und Antispinoza"', *Philosophia OSAKA No.8*, Osaka University, 2013.

Schmid, Friedrich Alfred, *Friedrich Heinrich Jacobi*, Carl Winter, Heidelberg 1908. [Scmid]

Schmoldt, Hans, *Der Spinozastreit*, Konrad Triltsch Verlag, Würzburg 1938.

Schneider, Ulrich Johannes, *Die Vergangenheit des Geistes Eine Archäologie der Philosophiegeschichte*, Suhrkamp, Furankfurt am Main 1990. [Schneider]

SPINOZA in der europäischen Geistesgeschichte, hrsg. von Hanna Delf, Julius H. Schoeps, Manfred Walter, Edtion Henrich, Berlin 1994. [Manfred Walter]

Weischedel, Wilhelm, *Streit um die göttlichen Dinge. Die Auseinandersetzung zwischen Jacobi und Schelling*, Wissenschaftliche Buchgesellschaft, Darmstadt 1964. [Weischedel]

Zirngiebl, Eberhard, *Friedrich Heinrich Jacobis Leben, Dichten und Denken*, Wilhelm Braumüller, Wien 1867. [Zirngiebl]

アレント，ハンナ『暗い時代の人々』（阿部斉訳）ちくま学芸文庫，2005。

ミュラー，ゲッツ「ジャン・パウルの美学」（青山勝訳），ヴァルター・イェシュケ／ヘルムート・ホルツァイ編『初期観念論と初期ロマン主義――美学の諸原理を巡る論争（1795-1805年）』（相良憲一・岩城見一・藤田正勝監訳）昭和堂，1994。

クローナー，リヒャルト『ドイツ観念論の発展――カントからヘーゲルまで II』（上妻精・北岡崇監訳，高野敏行・菅原潤訳）理想社，2000。

ゲーテ『イタリア紀行』下（相良守峯訳）岩波文庫，1960。

――――『ゲーテ対話録』第三巻，ビーダーマン，W. & F.編（国松孝二訳）白水社，1965。

シェリング『近世哲学史講義』（細谷貞雄訳）福村書店，1950。

『シェリング初期著作集』（高月義照・池田俊彦・中村玄二郎・小西邦雄訳）日清堂書店，1977。

ディルタイ『シュライアーマッハーの生涯』上（森田孝・麻生建ほか編集・校閲）〈ディルタイ全集 第9巻〉法政大学出版局，2014。

ドゥルーズ，ジル『経験論と主体性――ヒュームにおける人間的自然についての試論』（木田元・財津理訳）河出書房新社，2000。

――――『スピノザと表現の問題』（工藤喜作・小柴康子・小谷晴勇訳）法政大学出版局，1991。

ドント，ジャック『知られざるヘーゲル』（飯塚勝久・飯島勉訳）未来社，1980。

――――『ベルリンのヘーゲル』（花田圭介監訳・杉山吉弘訳）法政大学出版局，1983。

フィヒテ『初期知識学』（隈元忠敬訳）〈フィヒテ全集 4〉哲書房，1997。

三木清『パスカルにおける人間の研究』岩波文庫，1980。

参考文献

Altmann, A., 'Lessing und Jacobi : Das Gespräch über den Spinozismus', in *Lessing Yearbook 3*, 1971.

Bauer, E. J., *Das Denken Spinozas und seine Interpretation durch Jacobi*, Peter Lang, Frankfurt a. M. 1989.

Baum, Günter, *Vernunft und Erkenntnis*, H. Bouvier u.Co. Verlag, Bonn 1968.

Der Familienkreis Friedrich Heinrich Jacobi und Helene Elisabeth von Clermon, Bildnisse und Zeitzeugnisse, hrsg. vom Goethe-Museum Düsseldorf/Anton -und-Katharina-Kippenberg-Stiftung, Bernstein-Verlag, Bonn 2011.

Friedrich Heinrich Jacobi Philosoph und Literat der Goethezeit, hrsg. Klaus Hammacher, Vittorio Klostermann, Frankfurt am Main 1971.

Friedrich Heinrich Jacobi Ein Wendepunkt der geistigen Bildung der Zeit, hrsg. Walter Jaeschke und Birgit Sandkaulen, Felix Meiner Verlag, Hamburg 2004.

Hammacher, Klaus, *Die Philosophie Friedrich Heinrich Jacobis*, Wilhelm Fink, München 1969.

Haym, Rudolf, *Herder 1, 2*. Aufbau-Verlag, Berlin 1954.

Hebeisen, Alfred, *Friedrich Heinrich Jacobi, Seine Auseinandersetzung mit Spinoza*, Verlag Paul Haupt, Bern 1960.

Langenfeld, Klaus, *Eutin und seine Dichter Die große Zeit der kleinen Residenz*, Verlag Schmidt & Klaunig, Kiel 2001.

Lord, Beth, *Kant and Spinozism: Transcendental Idealism and Immanence from Jacobi to Deleuze*, Palgrave Macmillan, U.K. 2011.

Mendelssohn, Moses, *Morgenstunden oder Vorlesungen über das Dasein Gottes*, hrsg. von Dominique Bourel, Philipp Reclam, Stuutgart 1979.

Nicolai, Heinz, *Goethe und Jacobi Studien zur Geschichte Ihrer Freundschaft*, J. B. Metzlersche Verlagsbuchhandlung, Stuttgart 1965.

Sandkaulen, Birgit, *Grund und Ursache*, Wilhelm Fink Verlag, München 2000.

Schumacher, Nicole, *Friedrich Heinrich Jacobi und Blaise Pascal*, Königshausen & Neumann, Würzburg 2003.

Spinoza-Affektenlehre und amor Dei intellectualis, hrsg. von Violetta L. Waibel, Felix Meiner, Hamburg 2012.

Spinoza —Aufklärung— Idealismus Die Substanz der Moderne, hrsg. von Detlev Pätzold, Koninklijke Van Gorcum, Assen 2002.

Timm, Hermann, *Gott und Freiheit*, Vittorio Klostermann, Frankfurt am Main 1974.

Wiese, Benno von, 'Friedrich Heinrich Jacobi', in *Deutsche Dichter Des 18. Jahrhunderts*, Erich Schmidt Verlag, Berlin 1977.

スピノザ関連

ドゥルーズ，ジル『スピノザと表現の問題』（工藤喜作・小柴康子・小谷晴勇訳）法政大学出版局，1991。

モロー，ピエール＝フランソワ『スピノザ入門』（松田克進・樋口善郎訳）〈文庫クセジュ〉白水社，2008。

上野修『スピノザの世界』講談社現代新書，2005。

桂壽一『スピノザ研究』東京大学出版会，1965。

工藤喜作『スピノザ哲学研究』東海大学出版会，1972。

國分功一郎『スピノザの方法』みすず書房，2011。

酒田健一『フリードリヒ・シュレーゲルの「生の哲学」の諸相』御茶の水書房，2017。

波多野精一「四　スピノーザに關する後世哲學者の判斷」，『哲學史漫錄』〈波多野精一全集 第五巻〉岩波書店，1969。

福居純『スピノザ『エチカ』の研究――『エチカ』読解入門』知泉書館，2002。

平尾昌宏「二つのスピノザ論争――啓蒙思潮とドイツ観念論における宗教思想」，『ヘーゲル哲学研究』第 17 号，こぶし書房，2011。

『思想　no.1080　スピノザというトラウマ』岩波書店，2014。

レッシング／メンデルスゾーン関連

大津真作『啓蒙主義の辺境への旅』世界思想社，1986。

南大路振一『18 世紀ドイツ文学論集』三修社，1983。

安酸敏眞『レッシングとドイツ啓蒙――レッシング宗教哲学の研究』創文社，1998。

良知力『ドイツ社会思想史』未来社，1996。

渡邉直樹『レッシング――啓蒙精神の文芸と批評』同学社，2002。

後藤正英「モーゼス・メンデルスゾーンと神学――政治問題」第三回スピノザ・コネクション（一橋大学）発表，2015。

平尾昌宏「メンデルスゾーンとスピノザ主義の水脈――その源流」，『スピノザーナ』第 11 号，スピノザ協会，2010。

ゲーテ関連

ベンヤミン，ヴァルター「ゲーテ」（浅井健二郎訳），『ベンヤミン・コレクション 2　エッセイの思想』ちくま学芸文庫，2003。

大畑末吉『ゲーテ哲学研究――ゲーテにおけるスピノチスムス』河出書房新社，1964。

木村謹二『若きゲーテ研究〈改訂版〉』弘文堂書房，1938。

高橋義人『形態と象徴――ゲーテと「緑の自然科学」』岩波書店，1988。

――――「相対性か絶対性か――ゲーテ色彩論とシェリング自然哲学」，『思想』no.805，岩波書店，1991。

文 献 表

ヤコービ関連

イェシュケ，ヴァルター編『論争の哲学史』（高山守・藤田正勝監訳）理想社，2001。

ハーマン『北方の博士・ハーマン著作選』（川中子義勝訳）沖積舎，2002。

ヘーゲル『哲学史』下巻の三（藤田健治訳）〈ヘーゲル全集 14c〉岩波書店，1997。

――――『ヘーゲル批評集』（海老澤善一訳編）梓出版，1991。

ヤコービ，F. H.『信念をめぐるデヴィッド・ヒュームもしくは観念論と実在論』（栗原隆・阿部ふく子訳）新潟大学人文学部，哲学・人間学研究会，『知のトポス』第 6，7 号，2011-12。

――――『フィヒテ宛て公開書簡』（栗原隆・阿部ふく子訳）新潟大学人文学部，哲学・人間学研究会，『知のトポス』第 9 号，2014。

伊坂青司「ヤコービとシェリングの交錯」，ゲーテ自然科学の集い編『モルフォロギア』第 18 号，ナカニシヤ出版，1996。

伊藤功「ヘーゲルと一者の形而上学――ヤコービ「ブルーノ抜粋」を通じたヘーゲルと新プラトン主義との出会い」，『新プラトン主義研究』第 2 号，新プラトン主義協会，2003。

加藤尚武『ヘーゲル哲学のなりたち』〈加藤尚武著作集 1〉未来社，2017。

栗原隆『ドイツ観念論からヘーゲルへ』未来社，2011。

久保陽一「シェリングとヤコービ――有限者と無限者の連関をめぐって」，『理想』第 674 号，理想社，2005。

坂部恵「カント――メービウスの帯 1　啓蒙主義と信仰哲学の間」，『「ふれる」ことの哲学――人称的世界とその根底』岩波書店，1983。

笹澤豊「ヘーゲルとヤコービ」，『講座 ドイツ観念論 5　ヘーゲル―時代との対話』弘文堂，1990。

佐山圭司「ヤコービとヘルダーのスピノザ「改」釈」，『スピノザーナ』第 7 号，スピノザ協会，2006。

下田和宣「直接性と媒介――ヤコービ－ヘーゲル関係の再検討」，『宗教哲学研究』第 29 号，宗教哲学会，2012。

徳沢得二「ディドロと F. H. ヤコービ」，『世界文学』第 15 号，世界文学会，1958。

中井真之『ゲーテ『親和力』における「倫理的なもの」――F・H・ヤコービの「スピノザ主義」批判との関連において』鳥影社，2010。

中川明才『フィヒテ知識学の根本構造』晃洋書房，2004。

長島隆「存在と虚無――ヤコービとシェリングの論争」，『シェリング読本』法政大学出版局，1994。

山口誠一「感情と精神――ヘーゲルの魂の友ヤコービ」，『ヘーゲル読本』法政大学出版局，1987。

渡辺二郎「ヤコービのフィヒテ宛書翰」，『実存主義』第 80 号，以文社，1977。

ヘルダー関連

『ヘルダー旅日記』（嶋田洋一郎訳）九州大学出版会，2002。

ヘルデル『民族詩論』（中野康存訳）桜井書店，1945。

大村晴雄『ヘルダーとカント』高文堂出版社，1986。

嶋田洋一郎『ヘルダー論集』花書院，2007。

濱田真『ヘルダーのビルドゥング思想』鳥影社，2014。

『思想　no.1105　J・G・ヘルダー――近代の詩的思考』岩波書店，2016。